DAVID WALLACE-WELLS

**DIE
UNBEWOHNBARE
ERDE**

DAVID WALLACE-WELLS

DIE UNBEWOHNBARE ERDE

Leben nach der Erderwärmung

Aus dem Amerikanischen
von Elisabeth Schmalen

LUDWiG

Die Originalausgabe erschien 2019 unter dem Titel
»The Uninhabitable Earth«
bei Tim Duggan Books.

Sollte diese Publikation Links auf Webseiten Dritter enthalten,
so übernehmen wir für deren Inhalte keine Haftung, da wir uns diese
nicht zu eigen machen, sondern lediglich auf deren Stand
zum Zeitpunkt der Erstveröffentlichung verweisen.

Verlagsgruppe Random House FSC® N001967

7. Auflage
Deutsche Erstausgabe 7/2019

© by David Wallace-Wells 2019
© der deutschsprachigen Ausgabe 2019 by Ludwig Verlag, München,
in der Verlagsgruppe Random House GmbH,
Neumarkter Straße 28, 81673 München
Redaktion: Thomas Tilcher
Umschlaggestaltung: Eisele Grafik Design, München
unter Verwendung eines Motives von: Getty Images/jcrosemann
Satz: Leingärtner, Nabburg
Druck und Bindung: CPI books GmbH, Leck
Printed in Germany
ISBN: 978-3-453-28118-9

www.Ludwig-Verlag.de

*Für Risa und Rocca,
für meine Mutter und meinen Vater*

Inhalt

I Kaskaden 9

II Elemente des Chaos 53
    Hitzetod 55
    Hunger 66
    Ertrinken 76
    Flächenbrand 88
    Naturkatastrophen, die keine mehr sind 96
    Süßwassermangel 105
    Sterbende Meere 113
    Verpestete Luft 119
    Seuchenalarm 128
    Wirtschaftskollaps 135
    Klimakonflikte 145
    »Systeme« 152

III Das Klimakaleidoskop 165
    Erzählungen 167
    Krisenwirtschaft 184
    Die Kirche der Technologie 199
    Konsumpolitik 215
    Geschichte jenseits des Fortschritts 228
    Ethik am Ende der Welt 236

IV Das anthropische Prinzip 251

Dank 265

Quellen 269

Anmerkungen 271

I
Kaskaden

Es ist schlimmer, viel schlimmer, als Sie denken. Das langsame Voranschreiten des Klimawandels ist ein Märchen, das vielleicht ebenso viel Schaden anrichtet wie die Behauptung, es gäbe ihn gar nicht. Und gemeinsam mit einigen anderen fügt sich dieses Märchen zu einer Anthologie tröstlichen Irrglaubens: dass die Erderwärmung eine arktische Sage sei, die sich weit von uns entfernt abspielt; dass es ausschließlich um die Höhe des Meeresspiegels und den Verlauf der Küsten ginge, nicht um eine umfassende Krise, die keinen Ort unberührt und kein Leben unverändert lässt; dass es sich um eine Krise der »Natur« handle und mit den Menschen nichts zu tun habe; dass sich diese beiden Bereiche trennen ließen und wir heute außerhalb, abseits oder zumindest vor der Natur geschützt lebten statt unentrinnbar und buchstäblich in ihrer Mitte; dass Wohlstand ein Schutzschild gegen die Verheerungen der Erwärmung bilde; dass das Verbrennen fossiler Energieträger der Preis des beständigen Wirtschaftswachstums sei; dass uns das Wachstum und die Technologien, die es hervorbringt, zwangsläufig einen Weg aus der Umweltkatastrophe bahnen wird; dass es in der langen Geschichte der Menschheit irgendetwas gegeben hätte, dessen Ausmaß und Tragweite mit dieser Bedrohung vergleichbar gewesen wären, und dass wir deshalb zuversichtlich davon ausgehen könnten, es sei möglich, sie mit dem Blick zu bannen.

Nichts davon stimmt. Aber fangen wir damit an, wie schnell die Veränderungen ablaufen. Die Erde hat vor dem Massenaussterben, das wir gerade durchmachen, bereits fünf andere erlebt, von denen jedes einzelne den Bestand der Lebewesen so umfassend reduzierte, dass es einem Drücken des Reset-Knopfs gleichkam.[1] Der phylogenetische Baum der Erde dehnte sich immer wieder aus und zog sich zusammen, wie eine Lunge: Vor 450 Millionen Jahren waren 86 Prozent aller Arten ausgestorben, 70 Millionen Jahre später dann 75 Prozent, wiederum 100 Millionen Jahre später 96 Prozent, noch einmal 50 Millionen Jahre später 80 Prozent und 150 Millionen Jahre danach erneut 75 Prozent.[2] Wenn Sie dem Teenageralter entwachsen sind, haben Sie in der Schule wahrscheinlich gelernt, dass diese Massenaussterben auf Asteroideneinschläge zurückzuführen seien. Doch in Wahrheit hingen alle – bis auf die Katastrophe, die die Dinosaurier auslöschte – mit einem Klimawandel durch Treibhausgase zusammen.[3] Das berüchtigtste Ereignis spielte sich vor 252 Millionen Jahren ab: Es begann damit, dass die Temperatur auf der Erde durch Kohlendioxid um fünf Grad anstieg; dann nahm es an Fahrt auf, als durch diese Erhitzung Methan freigesetzt wurde – ein anderes Treibhausgas –, und endete damit, dass bis auf einen kleinen Bruchteil alles Leben auf unserem Planeten tot war.[4] Heute setzen wir der Atmosphäre deutlich schneller Kohlendioxid zu – den meisten Schätzungen zufolge etwa zehnmal so schnell.[5] Das ist hundertmal so schnell wie zu jedem anderen Zeitpunkt in der Geschichte der Menschheit vor dem Beginn der Industrialisierung.[6] Und schon jetzt befindet sich ein Drittel mehr Kohlendioxid in der Atmosphäre als je zuvor in den letzten 800 000 Jahren[7] – vielleicht sogar in den letzten 15 Millionen Jahren.[8] Damals gab es keine Menschen. Der Meeresspiegel lag mehr als 30 Meter höher.[9]

Viele Menschen verstehen den Klimawandel im Grunde als moralische und wirtschaftliche Schulden, die sich seit dem Beginn der industriellen Revolution angehäuft haben und jetzt nach mehreren Jahrhunderten zurückgezahlt werden müssen. Dabei ist mehr als die Hälfte des durch das Verbrennen fossiler Energieträger in die Atmosphäre beförderten Kohlendioxids in den letzten drei Jahrzehnten dorthin gelangt.[10] Das heißt, dass wir dem Planeten und seiner Fähigkeit, Menschen und ihrer Zivilisation ein Zuhause zu bieten, in der Zeit, die verstrichen ist, seit Al Gore sein erstes Buch über den Klimawandel veröffentlicht hat, mehr Schaden zugefügt haben als in allen Jahrhunderten – allen Jahrtausenden – zuvor. Die Vereinten Nationen gaben 1992 die Klimarahmenkonvention heraus, in der sie der Welt unmissverständliche Forschungsergebnisse präsentierten; demnach haben wir also mittlerweile genauso viel Schaden wissentlich angerichtet wie unwissentlich. Die Erderwärmung mag uns wie ein aufgeblähtes Moralstück vorkommen, das sich während mehrerer Jahrhunderte abspielt und eine Art alttestamentarische Strafe über die Urururenkel derer bringt, die dafür verantwortlich sind, da es die im 18. Jahrhundert in England einsetzende Kohleverbrennung war, die alles, was später kam, auslöste; doch diese Erzählweise weist die Schuld historischen Schurken zu und spricht uns, die wir heute leben, davon frei – unberechtigterweise. Der Großteil des Kohlendioxids gelangte erst in die Atmosphäre, als die erste Folge der amerikanischen Sitcom *Seinfeld* schon ausgestrahlt worden war. Seit dem Ende des Zweiten Weltkriegs sind es etwa 85 Prozent.[11] Die Geschichte dieses Kamikazeflugs der industrialisierten Welt umfasst nur eine einzige Lebensspanne – wir haben die Erde innerhalb der Zeit, die zwischen einer Taufe oder einer Bar-Mizwa und einer Beerdigung vergeht, aus einem robust wirkenden Zustand an den Rand der Katastrophe gebracht.

Diese Lebensspanne ist uns allen vertraut. Als mein Vater 1938 geboren wurde – zu seinen ersten Erinnerungen zählten die Nachricht des Angriffs auf Pearl Harbor und die Bilder der sagenumwobenen Air Force in den darauf folgenden Propagandafilmen –, erschien das Klimasystem den meisten Menschen stabil. Zwar hatten die Wissenschaftler den Treibhauseffekt da bereits seit einem dreiviertel Jahrhundert verstanden und wussten, dass das Kohlendioxid, das beim Verbrennen von Holz, Kohle und Öl entstand, die Erde aufheizen und alles durcheinanderbringen konnte, aber beobachtet hatten sie den Effekt bisher nicht – nicht so richtig, noch nicht –, wodurch er weniger wie eine Tatsache als mehr wie eine dunkle Prophezeiung wirkte, die sich erst in einer weit entfernten Zukunft bewahrheiten sollte, oder vielleicht nie.[12] Als mein Vater 2016 starb, nur wenige Wochen nachdem Politiker aus aller Welt verzweifelt das Pariser Klimaschutzabkommen unterzeichnet hatten, war das Klimasystem dabei, in Richtung Katastrophe zu kippen, da die Grenze, die die Umweltwissenschaftler der modernen Industrie beim CO_2 jahrelang als leuchtend rote Linie mit der Aufschrift *Kein Durchlass* vor die Nase gesetzt hatten – 400 ppm (Parts per Million) in der Erdatmosphäre, wie es in der unheimlich banalen Sprache der Klimatologen heißt –, gerade überschritten worden war.[13] Und damit war das Ende natürlich noch nicht erreicht: Zwei Jahre später betrug der Monatsdurchschnitt 411, und mittlerweile ist die Luft genauso mit Schuldgefühlen durchsetzt wie mit Kohlendioxid, obwohl wir gern glauben wollen, unsere Atemluft sei frei davon.[14]

Die Lebensspanne lässt sich auch am Beispiel meiner Mutter darstellen: Sie kam 1945 als Kind einer jüdisch-deutschen Familie zur Welt, die vor den Schornsteinen floh, durch die die Asche ihrer Verwandten aufstieg, und genießt heute ihr 73. Lebensjahr im amerikanischen Konsumgüterparadies – ein Paradies, das durch Fabriken in Schwellenländern aufrechterhalten wird, die sich ebenfalls innerhalb einer Lebensspanne ihren Weg in die globale Mittelschicht erarbeitet haben, mit all den Verlockungen und durch fossile Brennstoffe verfügbaren Privilegien, die mit einem solchen Aufstieg einhergehen: Elektrizität, Autos, Flugreisen, rotes Fleisch. Meine Mutter hat 58 dieser Jahre als Raucherin verbracht, ihre filterlosen Zigaretten bestellt sie heute stangenweise aus China.

Es ist auch die Lebensspanne vieler der Wissenschaftler, die als Erste auf das Problem des Klimawandels aufmerksam machten, und einige von ihnen sind, so unglaublich es auch klingt, bis in die heutige Zeit aktiv – so schnell sind wir an dieser Klippe angelangt. Einige dieser Wissenschaftler forschten sogar mit Mitteln von Exxon, einem Unternehmen, das sich mittlerweile einer Reihe von Klagen ausgesetzt sieht, in denen es um die Verantwortung für die auf uns zurollende Klimaentwicklung geht, die Teile der Erde bis zum Ende des Jahrhunderts – vorbehaltlich eines Kurswechsels in Bezug auf die fossilen Brennstoffe – für Menschen mehr oder weniger unbewohnbar zu machen droht. Denn das ist der Pfad, den wir heute so unbekümmert beschreiten – hin zu einer Erwärmung um mehr als vier Grad bis 2100.[15] Laut einigen Schätzungen würde das bedeuten, dass große Gebiete in Afrika, Australien und den Vereinigten Staaten, die Teile von Südamerika, die nördlich von Patagonien liegen, und ganz Asien südlich von Sibirien durch Hitze, Verwüstung und Überschwemmungen unbewohnbar wären.[16] Ganz sicher wären sie und viele weitere Regionen unwirtlich. So sieht unser Fahrplan für die Zukunft aus, zumindest sind das die Eckpunkte. Und wenn unser Planet innerhalb der Lebensspanne einer Generation bis an den Rand einer Klimakatastrophe gebracht wurde, bedeutet das, dass die Verantwortung dafür, das abzuwenden, ebenfalls einer einzigen Generation zufällt. Wir wissen auch, wem – uns.

Ich bin kein Umweltschützer und sehe mich nicht einmal als Naturliebhaber. Ich habe mein gesamtes Leben in Städten verbracht und erfreue mich an Apparaten, die in industriellen Lieferketten entstehen, auf die ich kaum einen Gedanken verschwende. Ich war noch nie campen, zumindest nicht freiwillig, und obwohl ich es immer als eine gute Idee angesehen habe, die Flüsse und unsere Luft sauber zu halten, fand ich es auch schlüssig, dass man zwischen Wirtschaftswachstum und dem Preis, den die Natur dafür zahlt, abwägen müsse – und kam zu dem Schluss, dass in den meisten Fällen wohl das Wachstum vorging. Ich würde nicht mit meinen eigenen Händen eine Kuh schlachten, um einen Hamburger zu essen, habe aber auch nicht vor, Veganer zu werden. Ich neige zu der Ansicht, dass man es ruhig genießen kann, an der Spitze der Nahrungskette zu stehen, weil ich keine großen Schwierigkeiten damit habe, eine moralische Grenze zwischen uns und anderen Tieren zu ziehen, und es sogar herabsetzend gegenüber Frauen und Nichtweißen finde, dass plötzlich die Rede davon ist, Menschenaffen und Tintenfischen einen an die Menschenrechte angelehnten Rechtsschutz einzuräumen, nur ein oder zwei Generationen, nachdem wir endlich das Monopol der weißen Männer in dieser Hinsicht aufgebrochen haben. In diesen Aspekten – zumindest in vielen von ihnen – bin ich ein typischer Amerikaner, der sein Leben, was den Klimawandel angeht, verhängnisvoll selbstgefällig und vorsätzlich verblendet verbracht hat. Dabei ist dieser Klimawandel nicht nur die massivste Gefahr, der das menschliche Leben auf der Erde je ausgesetzt war, sondern schlicht eine Bedrohung von einer ganz neuen Größe und Reichweite. Denn sie betrifft das menschliche Leben in seinem gesamten Umfang.

Vor einigen Jahren begann ich, Geschichten über den Klimawandel zu sammeln, viele von ihnen so furchterregend, mitreißend oder unheimlich, dass selbst die kleinsten Anekdoten wie Fabeln wirkten: eine Gruppe von Arktisforschern, die vom schmelzenden Eis in ihrer Forschungsstation eingeschlossen wurde, auf einer Insel, auf der auch mehrere Eisbären lebten;[17] ein russischer Junge, der sich an einem aufgetauten Rentierkadaver, der viele Jahrzehnte lang im Permafrostboden eingefroren gewesen war, mit Milzbrand ansteckte und daran starb.[18] Anfangs schien es, als bildeten diese Nachrichten eine neue Form der Allegorie. Aber natürlich ist der Klimawandel keine Allegorie.

Ab 2011 strömten ungefähr eine Million syrische Flüchtlinge nach Europa, die ein durch den Klimawandel und Dürren befeuerter Bürgerkrieg aus ihrer Heimat vertrieben hatte – und ein großer Teil des »populistischen Moments«, das der gesamte Westen gerade erlebt, ist eine Folge der Panik, die diese Massenmigration ausgelöst hat.[19] Die bevorstehende Überflutung von Bangladesch droht, die Anzahl der Flüchtlinge mindestens zu verzehnfachen und sie in eine Welt zu entsenden, die noch stärker durch das Klimachaos destabilisiert und – so muss man befürchten – umso weniger aufgeschlossen ist, je brauner die Haut der Menschen in Not ist.[20] Hinzu kommen die Flüchtlinge aus weiteren Regionen Südasiens, den Ländern Afrikas, die südlich der Sahara liegen, und aus Lateinamerika – 140 Millionen bis 2050, schätzt die Weltbank,[21] also mehr als hundertmal so viele wie im Verlauf der europäischen Syrien-»Krise«[22].

Die Vorhersagen der Vereinten Nationen sind noch erschreckender.[23] 200 Millionen Klimaflüchtlinge bis 2050.[24] Das entspricht der gesamten Weltbevölkerung in der Blütezeit des Römischen Reiches, falls man sich vorstellen kann, dass jeder Mensch, der damals irgendwo auf der Erde lebte, sein Zuhause verlor und sich auf den Weg durch unwirtliche Gegenden machte, um ein neues zu finden. Und das obere Ende dessen, was in den nächsten 30 Jahren denkbar ist, sieht laut den Vereinten Nationen deutlich schlimmer aus: »eine Milliarde oder mehr Gefährdete, die kaum eine andere Wahl haben, als zu kämpfen oder zu fliehen«[25]. Eine Milliarde oder mehr. Das sind mehr Menschen, als heute in Nord- und Südamerika zusammen leben, und so viele, wie es noch 1820, als die industrielle Revolution im vollen Gange war, auf der ganzen Welt gab.[26] Das legt nahe, dass wir die Geschichte nicht als eine Abfolge von Jahren auf einem Zeitstrahl betrachten sollten, sondern eher als einen sich immer weiter aufblähenden Ballon des Bevölkerungswachstums, das dafür sorgt, dass sich die Menschheit immer weiter über den ganzen Globus ausbreitet, bis der Ballon eine pralle Kugelform erreicht. Einer der Gründe, warum der Kohlendioxidausstoß in der letzten Generation so stark angestiegen ist, bietet gleichzeitig eine Erklärung dafür, warum die Geschichte so viel schneller abzulaufen scheint und überall jedes Jahr so viel mehr passiert: So ist es eben, wenn es derart viel mehr Menschen gibt. Schätzungen zufolge sind 15 Prozent aller menschlichen Erfahrungen im Verlauf der Geschichte Menschen zuzuordnen, die heute noch am Leben sind und ihren ökologischen Fußabdruck auf der Erde hinterlassen.[27]

Diese Flüchtlingszahlen sind hoch gegriffen; sie wurden vor Jahren von Forschungsgruppen ausgegeben, die damit Aufmerksamkeit auf einen bestimmten Zweck oder ein bestimmtes Ziel lenken wollten. Die realen Zahlen werden mit großer Sicherheit geringer ausfallen, und Wissenschaftler schenken heute eher Projektionen Glauben, in denen von Dutzenden Millionen statt von Hunderten Millionen Menschen die Rede ist. Aber die Tatsache, dass die großen Zahlen nur das obere Ende der Skala des Möglichen darstellen, sollte uns nicht in

Selbstzufriedenheit wiegen – wenn wir das Worst-Case-Szenario außen vor lassen, verfälscht das unsere Sicht auf wahrscheinlichere Entwicklungen, weil wir diese dann als Schreckensszenarien betrachten, auf die wir uns nicht gewissenhaft einstellen müssen. Grenzwerte zeigen, was denkbar ist, damit wir aus dem, was dazwischen liegt, besser ablesen können, was wahrscheinlich ist. Und vielleicht stellen sie sich sogar doch als die besseren Richtwerte heraus, führt man sich vor Augen, dass die Optimisten in dem halben Jahrhundert der Klimafurcht, das wir bereits hinter uns haben, niemals richtig gelegen haben.

Meine Geschichtensammlung wuchs täglich, aber kaum etwas davon schaffte es in die Berichterstattung über den Klimawandel im Fernsehen oder in der Zeitung, selbst wenn es dabei um die neuesten Forschungsergebnisse ging, die in den renommiertesten Fachzeitschriften erschienen waren. Natürlich war der Klimawandel ein Thema in den Medien, und er wurde auch mit Sorge beobachtet. Aber die Diskussion möglicher Auswirkungen blieb auf einen täuschend engen Bereich begrenzt, fast ausschließlich auf den Anstieg des Meeresspiegels. Ebenso besorgniserregend war, wie optimistisch die Berichterstattung alles in allem klang. Schon 1997, als das grundlegende Kyoto-Protokoll unterzeichnet wurde, galt eine Erwärmung um zwei Grad als Grenzwert zur Katastrophe: überflutete Städte, dramatische Dürren und Hitzewellen, eine Erde, die täglich von Wirbelstürmen und Monsunregengüssen heimgesucht wurde, die wir bisher unter dem Begriff »Naturkatastrophen« kannten, aber bald wohl einfach »schlechtes Wetter« nennen werden. Vor Kurzem hat der Außenminister der Marshallinseln eine weitere Bezeichnung für einen derartigen Temperaturanstieg in den Raum geworfen: »Völkermord«.[28]

Es besteht kaum eine Chance, dieses Szenario abzuwenden. Das Kyoto-Protokoll hat praktisch nichts bewirkt; in den 20 Jahren, die seit der Unterzeichnung vergangen sind, haben sich unsere Emissionen trotz aller Bemühungen, Gesetze und Fortschritte im Bereich der erneuerbaren Energien im Vergleich zu den 20 Jahren davor erhöht.

2016 wurde die Erwärmung um höchstens zwei Grad im Pariser Klimaabkommen als globales Ziel festgeschrieben, und geht man nach den Zeitungen, ist eine Erwärmung um diesen Wert ungefähr das schlimmste Szenario, das man sich ausmalen darf, ohne als verantwortungslos zu gelten; doch ein paar Jahre danach macht kein Industrieland Anstalten, seine Zusagen einzuhalten, und das Zwei-Grad-Ziel wirkt nun eher wie ein Best-Case-Szenario, dessen Erreichen im Augenblick schwer vorstellbar scheint. Jenseits davon erstreckt sich eine ganze Glockenkurve schlimmerer Möglichkeiten, die aber sorgsam vor der Öffentlichkeit verborgen werden.[29]

Für diejenigen, die über das Klima berichten, gilt es mittlerweile irgendwie als unschicklich, diese hässlichen Szenarien – und die Tatsache, dass wir unsere Chance vertan haben, in der besseren Hälfte der Kurve zu landen – zu erwähnen. Die Gründe dafür sind fast zu zahlreich, um sie aufzulisten, und so unbestimmt, dass man sie besser als Impulse bezeichnet. Vielleicht haben wir aus Anstandsgründen beschlossen, nicht über eine Welt zu reden, die sich um mehr als zwei Grad erwärmt, oder aus schlichter Angst, oder aus Angst, der Panikmache bezichtigt zu werden. Vielleicht war es, weil wir vom Erfolg technischer Errungenschaften überzeugt sind – was im Grunde nichts anderes ist als Marktgläubigkeit – oder aus Rücksicht auf innerparteiliche Differenzen oder sogar auf die Prioritätensetzung einer Partei, oder aus Skepsis der umweltbewussten Linken gegenüber, wie ich sie immer gehegt habe, oder aus purem Desinteresse am Schicksal weit in der Zukunft liegender Ökosysteme, wie ich es ebenfalls immer gehabt habe. Die wissenschaftlichen Zusammenhänge, die vielen Fachbegriffe und die schwer zu durchblickenden Zahlen verwirrten uns, oder wir befürchteten zumindest, dass die wissenschaftlichen Zusammenhänge, die vielen Fachbegriffe und die schwer zu durchblickenden Zahlen andere verwirren könnten. Wir brauchten zu lange, um das Tempo des Klimawandels zu verstehen, gingen halb konspirativ von der Verantwortlichkeit der globalen Eliten und ihrer Institutionen aus oder huldigten diesen Eliten und Institutionen, was auch immer wir von ihnen hielten. Vielleicht wollten wir nicht an furchterregendere Voraussagen glauben, weil wir meinten, gerade zum ersten Mal von der Erwärmung gehört zu haben, und davon ausgingen, dass die Dinge seit der Ausstrahlung des Films *Eine unbequeme Wahrheit* doch noch gar so viel schlimmer geworden sein könnten, oder weil wir gern Auto fuhren, Fleisch aßen und lauter andere Dinge taten, über die wir nicht zu genau nachdenken wollten, oder weil wir uns so »postindustriell« fühlten, dass es schwer vorstellbar war, dass wir immer noch von etwas so Materiellem wie den Heizkesseln der fossilen Brennstoffe abhängig sind. Vielleicht lag es daran, dass wir gefährlich gut darin waren, schlechte Nachrichten in eine immer absurder werdende Vorstellung von »Normalität« einzubinden, oder dass wir aus dem Fenster schauten und dort noch alles gut aussah. Oder daran, dass es uns langweilte, immer wieder die gleiche Geschichte zu lesen und zu schreiben; oder daran, dass das Klima ein so globales und deshalb allgemeines Thema ist, dass es die abgedroschensten politischen Ideen auf den Plan ruft; oder daran, dass wir noch nicht überblickten, wie sehr der Klimawandel unser Leben verändern könnte; oder daran, dass wir ganz eigennützig kein Problem damit hatten, die Erde zu zerstören, wenn nur die Bewohner anderer Regionen oder die Menschen, die sie später wütend von uns erben würden, darunter leiden mussten. Oder daran, dass wir zu sehr an einen zielgerichteten Verlauf der Geschichte und an den ewigen Fortschritt glaubten, als dass wir auf die Idee gekommen wären, dass die Geschichte auch einen Bogen in Richtung Klimagerechtigkeit schlagen könnte. Oder dass wir, wenn wir wirklich ehrlich zu uns selbst waren, die Welt bereits jetzt als einen Nullsummen-Konkurrenzkampf um die Ressourcen betrachteten und davon ausgingen, dass wir letzten Endes wahrscheinlich doch wieder als Gewinner dastehen würden, zumindest relativ betrachtet – dank der Vorteile, über die wir ohnehin schon verfügten, und durch unser Glück in der Geburtslotterie. Vielleicht hatten wir zu viel Angst um unsere Jobs und unsere Wirtschaft, um uns über die Jobs und die Wirtschaft der Zukunft Gedanken zu machen; oder wir fürchteten uns vor Robotern oder starrten auf unsere neuen Handys. Vielleicht war es aber auch so, dass wir trotz unseres Untergangsreflexes in kulturellen Fragen und des Angstkomplexes der Politik an einer tief sitzenden Alleswird-gut-Illusion litten, wenn es um das große Ganze ging, oder es gab sonst irgendwelche Gründe – das Klimakaleidoskop, das unsere Instinkte hinsichtlich der Umweltzerstörung in eine unheimliche Selbstzufriedenheit überführt, setzt sich aus so vielen Aspekten zusammen, dass es schwierig ist, das gesamte Bild der Klimaverzerrung auszumachen. Aber egal, ob es eine Frage des Nichtwollens oder des Nichtkönnens war: Wir haben uns den wissenschaftlichen Erkenntnissen einfach nicht gestellt.

Dies ist kein Buch über die wissenschaftlichen Aspekte der Erderwärmung; vielmehr handelt es davon, wie sich diese Erwärmung auf unser Leben hier auf diesem Planeten auswirkt. Aber was haben die Forschungen denn ergeben? Sie unterliegen schwierigen Voraussetzungen, da sie von zwei ungewissen Faktoren abhängen: wie sich die Menschen verhalten werden, vor allem wenn es um den Ausstoß von Treibhausgasen geht, und wie das Klima darauf reagiert, sowohl hinsichtlich der direkten Erwärmung als auch einer Vielzahl von komplexeren und manchmal widersprüchlichen Rückkopplungseffekten. Doch trotz dieser Einschränkungen sprechen die Forschungsergebnisse eine klare – eine erschreckend klare – Sprache. Der Intergovernmental Panel on Climate Change der Vereinten Nationen (IPCC oder Weltklimarat, wie er im Deutschen oft genannt wird) liefert den Goldstandard, wenn es um die Einschätzung des Zustands unseres Planeten und den wahrscheinlichen Verlauf des Klimawandels geht – auch deshalb, weil es sich um eine konservative Institution handelt, die nur absolut unstrittige Forschungsergebnisse berücksichtigt. Der nächste Sachstandsbericht des Weltklimarats wird für das Jahr 2022 erwartet, aber schon der letzte besagte, dass wir, selbst wenn wir umgehend gegen die Emissionen vorgehen und sofort alle Maßnahmen in Angriff nehmen, die wir im Pariser Klimaschutzabkommen zugesagt, aber noch lange nicht umgesetzt haben, mit einer Erderwärmung um etwa 3,2 Grad rechnen müssen, also um knapp das Dreifache des Anstiegs, der sich seit Beginn der Industrialisierung ereignet hat.[30] Das würde das eigentlich undenkbare Schmelzen der Eisschilde der Erde nicht nur in den Bereich des Möglichen rücken, sondern es sogar ganz real machen.[31] Dann würden irgendwann nicht nur Miami und Dhaka unter Wasser stehen, sondern auch Shanghai, Hongkong und 100 weitere Städte auf der Welt.[32] Der Kipppunkt für diese Entwicklung soll bei rund zwei Grad liegen, und in der jüngeren Vergangenheit haben mehrere umstrittene Studien ergeben, dass wir selbst dann mit einem solchen Anstieg bis Ende des Jahrhunderts rechnen müssten, wenn wir rasch jeden CO_2-Ausstoß unterbänden.[33]

Die Verheerungen durch den Klimawandel werden 2100 kein plötzliches Ende nehmen, nur weil die meisten Modelle üblicherweise an jenem Punkt enden. Deshalb bezeichnen manche Forscher, die sich mit der Erderwärmung befassen, die darauffolgenden 100 Jahre als das »Höllenjahrhundert«[34]. Der Klimawandel geschieht schnell, viel schneller, als wir es anscheinend begreifen und anerkennen können, aber er hält lange an, fast länger, als wir in der Lage sind, uns vorzustellen.

In Texten über die Klimaerwärmung finden sich oft Analogien aus der Erdgeschichte: *Als es auf der Erde das letzte Mal so warm war,* heißt es da, *war der Meeresspiegel so und so hoch.* Diese Zusammenhänge sind kein Zufall. Vereinfacht gesagt gilt: Der Meeresspiegel war so hoch, *weil* es auf der Erde so warm war, und die geologischen Daten sind das beste Modell, das wir haben, um das höchst komplizierte Klimasystem zu verstehen und einzuschätzen, wie viel Schaden ein Temperaturanstieg um zwei oder vier oder sechs Grad anrichten wird. Besonders beunruhigend sind deshalb jüngste Untersuchungen der weit in der Vergangenheit liegenden Erdgeschichte, die nahelegen, dass unsere aktuellen Klimamodelle das Ausmaß der Erwärmung, das bis 2100 erreicht sein wird, um etwa die Hälfte unterschätzt haben.[35] Anders formuliert: Die Temperaturen könnten letztendlich um das Doppelte dessen steigen, was der Weltklimarat voraussagt. Selbst wenn wir die Vorgaben des Pariser Abkommens umsetzen, würde die Erwärmung dann vier Grad betragen, was eine grüne Sahara und eine von Bränden dominierte Savanne anstelle der tropischen Regenwälder zur Folge hätte.[36] Die Verfasser eines kürzlich veröffentlichten Artikels vertraten die Meinung, dass die Temperaturen sogar noch stärker steigen könnten – selbst bei einem kompletten Wegfall der Emissionen seien vier oder fünf Grad denkbar, was die Bewohnbarkeit der Erde ernsthaft gefährden würde. »Hitzekammer Erde« nannten sie dieses Szenario.[37]

Da es um so kleine Zahlen geht – eins, zwei, vier –, neigen wir dazu, die Unterschiede zwischen ihnen zu verwischen. Die bisherigen Erfahrungen und die Geschichte der Menschheit bieten keine guten Anhaltspunkte dafür, was uns bei diesen Werten erwartet, aber ähnlich wie bei Weltkriegen oder wiederkehrenden Krebstumoren gilt: Wir wollen nicht einmal einen davon erleben. Bei zwei Grad begännen die Eisschilde zu verschwinden,[38] 400 Millionen Menschen würden an Wassermangel leiden, die Großstädte rund um den Äquator würden unbewohnbar und selbst in den nördlichen Breitengraden würden Hitzewellen jeden Sommer Tausende Menschen das Leben kosten.[39] Es gäbe 32-mal so viele extreme Hitzeperioden in Indien wie heute, von denen jede einzelne fünfmal so lange andauern würde und die insgesamt 93-mal so viele Menschen beträfen.[40] Das ist das Best-Case-Szenario. Bei drei Grad würde Südeuropa dauerhaft verdorren, während die durchschnittliche Trockenzeit in Mittelamerika 19 Monate und in der Karibik 21 Monate länger andauern würde. In Nordafrika wären es 60 Monate mehr – fünf Jahre. Im Mittelmeerraum würde doppelt so viel Fläche Waldbränden zum Opfer fallen, in den USA sechsmal so viel oder noch mehr. Bei einer Erwärmung um vier Grad gäbe es allein in Lateinamerika jährlich acht Millionen mehr Denguefieber-Fälle und fast jährlich eine globale Nahrungsmittelkrise.[41] Die Anzahl der hitzebedingten Todesfälle könnte um 9 Prozent steigen.[42] Die Schäden durch über die Ufer tretende Flüsse würden sich in Bangladesch verdreißigfachen, in Indien verzwanzigfachen und in Großbritannien sogar versechzigfachen. An manchen Orten wäre es möglich, dass sechs klimabedingte Naturkatastrophen gleichzeitig auftreten, und die Schäden könnten weltweit über 600 Billionen Dollar betragen – das übersteigt das gesamte Vermögen, das es heute auf der ganzen Welt gibt. Die Anzahl der Kriege und Konflikte könnte sich verdoppeln.

Selbst wenn wir es schaffen, die Erwärmung bis 2100 auf unter zwei Grad zu begrenzen, enthält die Atmosphäre dann 500 ppm Kohlendioxid – vielleicht mehr. Das letzte Mal, als das der Fall war, vor 16 Millionen Jahren, war die Erde nicht zwei, sondern zwischen fünf und acht Grad wärmer, was zu einem Anstieg des Meeresspiegels um knapp 40 Meter führte.[43] Einige dieser Prozesse laufen über Jahrtausende ab, aber sie sind unumkehrbar und daher dauerhaft. Niemand sollte sich der Hoffnung hingeben, den Klimawandel einfach rückgängig zu machen. Das geht nicht. Er wird uns davonlaufen.

Das alles trägt dazu bei, dass der Klimawandel das ist, was der Wissenschaftler Timothy Morton ein »Hyperobjekt« nennt – ein Konzept, das so groß und komplex ist, dass es nie vollständig erfasst werden kann, wie das Internet.[44] Viele Aspekte des Klimawandels – sein Umfang, seine Tragweite, seine Brutalität – erfüllen diese Definition schon ganz allein; zusammen könnten sie ihn in eine noch höhere und noch unbegreifbarere begriffliche Kategorie aufsteigen lassen. Aber was unserem Geist vielleicht am meisten zu schaffen macht, sind die zeitlichen Dimensionen: Die schlimmsten Auswirkungen treffen so viel später ein, dass wir ihnen reflexhaft ihre Existenz absprechen.

Doch irgendwann werden diese Auswirkungen uns und unsere Wahrnehmung vorführen. Die ökologischen Dramen, die wir durch die Bodennutzung und das Verbrennen fossiler Energieträger – ein Jahrhundert lang ganz allmählich und seit ein paar Jahrzehnten sehr rasch – verursacht haben, werden sich über Jahrtausende hinziehen, über einen längeren Zeitraum, als es bisher Menschen gibt; zum Teil werden Lebewesen und Umgebungen eine Rolle spielen, die wir noch gar nicht kennen und die überhaupt erst durch die Kräfte der Erwärmung entstehen werden. Und daher haben wir mit uns selbst die praktische Abmachung getroffen, nur den Teil des Klimawandels zu betrachten, der in diesem Jahrhundert zu beobachten sein wird. Bis 2100 wird sich die Erde laut den Vereinten Nationen um 4,5 Grad erwärmt haben, wenn wir so weitermachen wie bisher.[45] Das wäre weiter von dem Weg entfernt, den das Pariser Abkommen vorgibt, als der Weg des Pariser Abkommens vom Zwei-Grad-Ziel entfernt ist, das die Schwelle zur Katastrophe darstellt und das wir dann um mehr als das Doppelte verfehlen würden.

Wie die amerikanische Wissenschaftlerin Naomi Oreskes geschrieben hat, enthalten unsere Modelle viel zu viele Ungewissheiten, um ihre Vorhersagen wortwörtlich zu nehmen.[46] Doch wenn man diese bestehenden Modelle immer wieder durchspielt, wie es Gernot Wagner und Martin Weitzman in ihrem Buch *Klimaschock* getan haben, landet man mit einer Wahrscheinlichkeit von 11 Prozent bei einer Erwärmung von über sechs Grad.[47] Ein kürzlich erschienener Text des Nobelpreisträgers William D. Nordhaus legt nahe, dass ein Wirtschaftswachstum, das die Erwartungen übertrifft, in mehr als einem Drittel der Fälle dafür sorgen würde, dass die Emissionen das Worst-Case-Szenario des »Weiter so«, das die UN ermittelt haben, übersteigen – mit anderen Worten, dass uns ein Temperaturanstieg um fünf Grad oder mehr bevorstünde.[48]

Für das Weiter-so-Szenario findet sich in der Einschätzung des Weltklimarats aus dem Jahr 2014 ein Maximalwert – also ein Worst-Case-Wert einer Worst-Case-Entwicklung – von acht Grad. Dann wäre es am Äquator und in den Tropen so heiß, dass die Menschen dort sich nicht im Freien bewegen könnten, ohne zu sterben.[49]

Doch in einer acht Grad wärmeren Welt wären die direkten Auswirkungen der Hitze das geringste Problem: Der Meeresspiegel würde irgendwann um 60 Meter ansteigen,[50] sodass zwei Drittel der heute größten Städte der Welt unter Wasser ständen,[51] auf kaum einer Landfläche ließen sich noch effizient die Pflanzen anbauen, von denen wir uns heute ernähren;[52] Wälder würden von tobenden Feuerstürmen und Küsten immer häufiger von immer heftigeren Wirbelstürmen heimgesucht. Die Tropenkrankheiten würden sich nach Norden ausbreiten und sich wie eine erstickende Decke selbst über Teile der Welt legen, die wir heute als Arktis bezeichnen,[53] ungefähr ein Drittel der Erde wäre durch die direkte Hitze unbewohnbar und das, was für uns heute buchstäblich beispiellose und unerträgliche Dürren und

Hitzewellen sind, würde dann zum Alltag der Menschen gehören, die unter diesen Umständen noch fortbestehen.

Diese acht Grad werden wir so gut wie sicher nicht erreichen. Einige kürzlich erschienene Artikel legen sogar nahe, dass unser Klima in Wahrheit gar nicht so empfindlich auf Emissionen reagiert, wie wir dachten, und dass selbst der Weiter-So-Pfad im schlimmsten Fall nur zu einem Anstieg um fünf Grad bis zum Ende des Jahrhunderts führen würde und es wahrscheinlich eher vier Grad wären.[54] Aber fünf Grad sind fast so unvorstellbar wie acht, und vier Grad sind nicht viel besser: Die Welt würde an einem ständigen Lebensmittelmangel leiden, und die Alpen wären so trocken wie das Atlasgebirge.[55]

Zwischen diesem Szenario und der Welt, in der wir jetzt leben, liegt nur die offene Frage nach dem Verhalten des Menschen. Eine gewisse weitere Erwärmung ist uns aufgrund der verzögerten Reaktion unseres Planeten auf die Treibhausgase heute schon sicher. Aber welchen der aufgezeichneten Pfade wir einschlagen – eine Erwärmung um zwei, um drei, um vier, fünf oder sogar acht Grad –, hängt in überwältigendem Maß davon ab, welche Entscheidungen wir jetzt treffen. Das einzige, was uns vor vier Grad bewahren könnte, ist unser Wille, einen neuen Kurs einzuschlagen, und den müssen wir erst noch unter Beweis stellen. Da die Erde so groß und so ökologisch vielfältig ist, wie sie ist, da der Mensch sich als anpassungsfähig erwiesen hat und sich wahrscheinlich weiter anpassen wird, um einer tödlichen Bedrohung zu entgehen, und weil die verheerenden Effekte der Erderwärmung schon bald endgültig zu gewaltig sein werden, um sie zu ignorieren oder sogar zu verleugnen, ist es unwahrscheinlich, dass der Klimawandel unseren Planeten tatsächlich unbewohnbar machen wird. Doch wenn wir nichts gegen den Kohlendioxidausstoß unternehmen, wenn die Industrie in den kommenden 30 Jahren genauso weitermacht wie bisher und immer mehr CO_2 freisetzt, wird das Leben in ganzen Regionen bis zum Ende des Jahrhunderts nach allen Standards, die wir heute haben, unerträglich sein.

Vor ein paar Jahren überlegte der Biologe E. O. Wilson unter dem Schlagwort »Die Hälfte der Erde«, ob wir uns an den vom Klimawandel ausgeübten Druck anpassen könnten, indem wir der Natur die halbe Erde überlassen, damit sie sich dort ungestört erholen kann, und den Menschen die andere, bewohnbare Hälfte des Planeten zuweisen.[56] Dieser Teil könnte auch kleiner ausfallen, vielleicht sogar beträchtlich kleiner, und das nicht ganz freiwillig – schließlich lautet der Untertitel von Wilsons Buches *Ein Planet kämpft um sein Leben*. Auf längere Sicht ist auch der noch erschreckendere Ausgang möglich – dass die bewohnbare Erde sich verdunkelt, während sie einem durch den Menschen verursachten Untergang entgegenstrebt.

Es wäre schon eine spektakuläre Kombination aus Pech und schlechten Entscheidungen nötig, um eine solche Art von Erdverschwinden innerhalb unserer Lebenszeit herbeizuführen. Aber die Tatsache, dass wir diesen Albtraum überhaupt ins Reich des Möglichen gerückt haben, ist vielleicht die erdrückendste kulturelle und historische Erkenntnis der Moderne – der Aspekt unserer Zeit, den die Historiker der Zukunft untersuchen werden und von dem wir gehofft hätten, dass schon die vorherigen Generationen die Weitsicht gehabt hätten, ihn ins Auge zu fassen. Was wir auch tun, um die Erwärmung aufzuhalten, und wie aggressiv wir uns auch gegen ihre Auswirkungen zu schützen versuchen, wir werden diejenigen sein, die die Zerstörung des menschlichen Lebens auf der Erde in Sichtweite geholt haben – nah genug, dass wir deutlich erkennen können, wie sie aussieht, und halbwegs genau wissen, wie sie unsere Kinder und Enkel bestrafen würde. Sogar nah genug, dass wir die Auswirkungen langsam selbst zu spüren bekommen, wenn wir nichts dagegen unternehmen.

Es ist fast schon schwer zu glauben, wie viel wie schnell passiert ist. Im Spätsommer 2017 entstanden im Atlantik drei Hurrikans auf einmal, die sich zunächst hintereinander in die gleiche Richtung bewegten, wie aufmarschierende Soldaten.[57] Hurrikan Harvey brachte, als er auf das Festland traf, einen derartig starken Sturzregen über Houston, dass mancherorts von einem »500 000-Jahres-Ereignis« die Rede war – was bedeutete, dass eine solche Niederschlagsmenge dort eigentlich nur alle 500 Jahrtausende zu erwarten wäre.[58]

Aufmerksame Beobachter von Umweltnachrichten wissen bereits, wie bedeutungslos der Klimawandel derartige Formulierungen gemacht hat. Aber in gewisser Hinsicht sind solche Zahlen doch nützlich: Sie zeigen uns, wie weit uns die Erderwärmung von allen Richtwerten entfernt hat, an denen sich unsere Großeltern beim Thema Naturkatastrophen noch orientierten. Nimmt man die gängigere Zahl von 500 Jahren als Beispiel, bedeutet das, dass ein solches Unwetter in der gesamten Zeit des Römischen Reiches einmal vorkommen sollte. Vor 500 Jahren hatten sich die Engländer noch nicht auf der anderen Seite des Atlantiks niedergelassen – wir reden hier also von *einem* Sturm im Verlauf der ganzen Zeit, in der die Europäer auf dem amerikanischen Kontinent eintrafen und Kolonien gründeten, in der die Kolonisten eine Revolution und die Amerikaner einen Bürgerkrieg und zwei Weltkriege bestritten, in der ihre Nachkommen ein Baumwollimperium auf dem Rücken von Sklaven errichteten, die Sklaven freiließen und dann deren Nachkommen malträtierten, in der eine Industrialisierung und eine Postindustrialisierung stattfanden, in der die Amerikaner im Kalten Krieg triumphierten, das »Ende der Geschichte« ausriefen und nur ein Jahrzehnt später deren dramatische Rückkehr erlebten. Ein Sturm in all diesen Jahren – das ist es, was wir laut der meteorologischen Aufzeichnungen erwarten dürften. Nur einer. Harvey brachte die dritte Fünfhundertjahresflut seit 2015 über Houston.[59] Und in manchen Gebieten war das Unwetter so heftig, wie es angeblich sogar noch tausendmal seltener vorkam.

Im gleichen Jahr wurde Irland von einem atlantischen Wirbelsturm heimgesucht,[60] verloren 45 Millionen Menschen in Südasien durch Überschwemmungen ihre Häuser,[61] legten beispiellose Flächenbrände weite Teile von Kalifornien in Schutt und Asche. Und dann war da noch eine ganz neue Kategorie des alltäglichen Albtraums, die einst unvorstellbare, vom Klimawandel erfundene Kategorie der unbemerkten Naturkatastrophen – Krisen von so gewaltigem Ausmaß, dass sie sich früher für Jahrhunderte in unser Gedächtnis eingebrannt hätten, ziehen heute einfach so an uns vorüber, ignoriert, übersehen oder vergessen. 2016 setzte eine »Jahrtausendflut« den kleinen Ort

Ellicott City im US-Bundesstaat Maryland unter Wasser, um nur ein beliebiges Beispiel herauszugreifen, und zwei Jahre später geschah das Gleiche noch einmal.[62] In einer Woche im Sommer 2018 litten Dutzende Orte überall auf der Welt unter Rekordhitzewellen, von Denver über Burlington bis nach Ottawa, von Glasgow über Shannon bis nach Belfast, von Tiflis über Eriwan bis hin zu ausgedehnten Landstrichen in Südrussland.[63] Im Monat zuvor war die Tagestemperatur in einer Stadt im Oman auf 50 Grad gestiegen und sank auch nachts nicht unter 42 Grad, während im kanadischen Quebec 54 Menschen durch die Hitze starben.[64] In der gleichen Woche loderten im Westen der USA 100 große Waldbrände,[65] darunter einer in Kalifornien, der sich an einem einzigen Tag um über 1 500 Hektar ausdehnte,[66] und ein anderer in Colorado, bei dem die Flammen wie bei einem Vulkanausbruch 100 Meter gen Himmel schossen, einen ganzen Vorort verschluckten und ganz nebenbei einen neuen Begriff prägten, den »Feuer-Tsunami«[67]. Auf der anderen Seite der Erde erlebte Japan sintflutartige Regengüsse, sodass 1,2 Millionen Menschen evakuiert werden mussten.[68] Später in jenem Sommer zwang der Taifun Mangkhut 2,45 Millionen Festlandchinesen, ihre Häuser zu verlassen,[69] in der gleichen Woche, in der der Hurrikan Florence über North und South Carolina hinwegfegte, die Hafenstadt Wilmington kurzzeitig in eine Insel verwandelte[70] und das Wasser in weiten Landstrichen durch Schweineexkremente und Asche verseuchte.[71] Unterwegs erzeugten die Ausläufer von Florence Dutzende von Tornados.[72] Im vorausgegangenen Monat hatte der indische Bundesstaat Kerala eine der schlimmsten Überschwemmungen seit fast 100 Jahren erlebt.[73] Im Oktober ließ ein Wirbelsturm im Pazifik die hawaiianische Insel East Island komplett im Meer versinken.[74] Und im November – traditionellerweise der Auftakt der Regensaison in Kalifornien – erlebte der US-Bundesstaat stattdessen einen der tödlichsten Brände seiner Geschichte, das sogenannte Camp Fire, das Hunderte Quadratkilometer rund um Chico verbrannte und zu Dutzenden Toten und vielen Vermissten führte, ironischerweise in einer Stadt mit dem Namen Paradise.[75] Die Zerstörungen waren so gewaltig, dass das Woolsey Fire, das gleichzeitig in der

Nähe von Los Angeles wütete und zur kurzfristigen Evakuierung von 170 000 Menschen führte, dagegen fast in den Hintergrund trat.

Die Verlockung ist groß, beim Blick auf diese lange Reihe von Ereignissen zu denken: *Der Klimawandel ist hier.* Und eine Reaktion darauf, Umstände eintreffen zu sehen, die schon lange vorhergesagt waren, ist das Gefühl, in eine neue Ära einzutreten, in der alles anders ist. So beschrieb auch der kalifornische Gouverneur Jerry Brown zunächst die Lage, als sich sein Staat mitten im Waldbrandchaos befand: »das neue Normal«[76].

Die Wahrheit ist allerdings viel beängstigender. Wir haben es mit dem Ende des Normalen zu tun, es wird kein Normal mehr geben. Wir haben die Umweltbedingungen, die es dem Menschen gestatteten, zu dem zu werden, was er ist, bereits hinter uns gelassen – im Rahmen einer ungewissen und ungeplanten Wette darauf, wie viel er wohl ertragen kann. Das Klimasystem, das uns und alles, was wir unter den Oberbegriffen »Gesellschaft« und »Zivilisation« kennen, großgezogen hat, ist gestorben, wie ein Elternteil. Doch das Klimasystem, das wir seit einigen Jahren beobachten, das immer und immer wieder auf die Erde einprügelt, bietet keinen Ausblick auf unsere düstere Zukunft. Es wäre zutreffender, es als Produkt unserer jüngeren Klimavergangenheit zu bezeichnen, das sich bereits jetzt auf dem Weg in den Mülleimer der Umweltnostalgie befindet. So etwas wie eine »Naturkatastrophe« gibt es nicht mehr, und es ist falsch zu sagen, dass die Lage sich verschlechtern wird – genau genommen ist das schon passiert. Selbst wenn die Menschheit wundersamerweise sofort damit aufhören würde, Kohlendioxid in die Luft zu pusten, stände uns immer noch ein gewisser Temperaturanstieg durch den bisherigen Ausstoß bevor. Und da unsere Emissionen weltweit betrachtet immer noch steigen, sind wir natürlich weit davon entfernt, der Atmosphäre kein CO_2 mehr zuzuführen, und damit auch weit davon entfernt, den Klimawandel aufzuhalten. Die desaströsen Auswirkungen, die wir heute überall um uns herum erleben, sind immer noch besser als das Best-Case-Szenario und die Klimakatastrophen, die die Erderwärmung mit sich bringen wird.

Das heißt, dass wir noch lange kein neues Gleichgewicht erreicht haben. Wir haben nur den ersten Schritt auf die Planke getan, die vom Piratenschiff aufs offene Meer hinausragt. Vielleicht liegt es an der ermüdenden, irreführenden Debatte darüber, ob der Klimawandel »real« ist, dass viele von uns den falschen Eindruck gewonnen haben, es drehe sich um eine Ja-oder-Nein-Frage. Aber das stimmt nicht, genauso wenig wie die Annahme, es ginge um »das heutige Wetter für immer« oder »den Weltuntergang morgen«. Es handelt sich um eine Entwicklung, die immer schlimmer werden wird, solange wir weiter Treibhausgase erzeugen. Daher werden wir das Leben in einem durch unser Tun entstandenen Klima auch nicht als Übergang von einem stabilen Ökosystem in ein anderes, etwas schlechteres erleben, egal wie degradiert oder zerstörerisch das Klima dann auch ist. Die Auswirkungen werden häufiger und extremer werden, je stärker sich die Erde aufheizt: von einem Grad auf 1,5 auf ziemlich sicher zwei Grad und darüber hinaus. Die Klimakatastrophen der letzten Jahre mögen den Eindruck erwecken, als könne der Planet nicht mehr aushalten. Dabei betreten wir diese schöne neue Welt, die in sich zusammenbricht, sobald wir den Fuß hineinsetzen, gerade erst.

Viele dieser Wetterereignisse wurden von Diskussionen über ihre Auslöser begleitet – darüber, wie viel dessen, was sie uns angetan haben, daraus resultiert, was wir der Erde angetan haben. Für diejenigen, die ganz genau wissen wollen, wie sich ein gewaltiger Wirbelsturm aus einem ruhigen Meer erhebt, lohnen sich diese Untersuchungen, doch für alle praktischen Fragen halten sich die Bedeutung und die Erkenntnisse der Debatte stark in Grenzen. Die Modelle könnten ergeben, dass ein konkreter Hurrikan vielleicht 40 Prozent seiner Kraft der menschengemachten Erderwärmung verdankt und eine bestimmte Dürreperiode heute möglicherweise um 50 Prozent schlimmer ausfällt als es im 17. Jahrhundert der Fall gewesen wäre. Aber der Klimawandel ist kein isolierter Hinweis, den wir am Tatort eines lokalen Verbrechens aufspüren können – eines Wirbelsturms, einer Hitzewelle, einer Hungersnot, eines Kriegs. Die Erderwärmung ist kein konkreter Täter, sondern eine Verschwörung. Wir alle leben innerhalb des Klimas und innerhalb der Veränderungen, die wir verursacht haben; sie schließen uns und alles, was wir tun, ein. Wenn Wirbelstürme einer bestimmten Stärke heute fünfmal häufiger in der Karibik auftreten als in präkolumbischen Zeiten, grenzt es an Belanglosigkeit, darüber zu streiten, ob dieser oder jener »klimabedingt« ist. Alle heutigen Hurrikans entstehen in den Wettersystemen, die wir verdorben haben, und deshalb gibt es mehr von ihnen und sie sind heftiger. Das Gleiche gilt für Flächenbrände: Das einzelne Feuer mag durch eine Grillparty oder ein defektes Stromkabel ausgelöst worden sein, aber dass die Brände insgesamt schneller, stärker und länger lodern, liegt an der Erderwärmung, die uns in der Feuersaison keine Atempause mehr gönnt. Der Klimawandel findet nicht hier oder dort statt, sondern überall, und überall gleichzeitig. Wenn wir uns nicht entschließen, ihm Einhalt zu gebieten, wird er niemals aufhören.

In den vergangenen Jahrzehnten ist der Begriff »Anthropozän« aus dem Wortschatz des akademischen Diskurses in den allgemeinen Sprachgebrauch hinübergewandert – als Bezeichnung des geologischen Zeitalters, in dem wir heute leben, und als Hinweis darauf, dass es sich um eine Ära handelt, die es durch das menschliche Eingreifen auf die Schautafel der Tiefenzeit geschafft hat. Eine Problematik des Begriffs besteht darin, dass er eine Eroberung der Natur impliziert, dass sogar die biblische »Herrschaft« darin nachhallt. Und egal, wie optimistisch Sie der Auffassung, wir hätten die Natur bereits verwüstet, gegenüberstehen – was mit Sicherheit der Fall ist –, so ist es doch noch etwas anderes, sich vorzustellen, dass wir sie nur provoziert haben und zunächst durch unsere Unwissenheit und später durch unser Leugnen ein Klimasystem geschaffen haben, das nun über Jahrhunderte hinweg Krieg gegen uns führen wird, vielleicht bis es uns vernichtet hat. Das ist es, was der Meeresforscher Wally Broecker, der onkelhafte Meeresforscher, der zur Verbreitung des Begriffs »globale Erderwärmung« beitrug, meint, wenn er die Erde als »zornige Bestie« bezeichnet.[77] Man könnte auch »Kriegsmaschine« sagen. Wir füttern sie jeden Tag mit neuen Waffen.

Die Auswirkungen des Klimawandels werden nicht in Form einzelner Ereignisse auftreten – das ist ein weiterer Irrglaube. Stattdessen werden sie in noch nie dagewesenen Kaskaden über uns hereinbrechen, Wasserfälle und Lawinen der Zerstörung, die unserem Planeten einen Schlag nach dem anderen verpassen, immer heftiger und aufeinander aufbauend, auf eine Weise, die unsere Reaktionsfähigkeit zersetzt und einen Großteil der Landschaft umpflügt, die wir seit Jahrhunderten als sicheren Grund betrachten, auf der wir uns bewegen, Häuser und Straßen bauen, unsere Kinder durch die Schulzeit bringen und sie ins Erwachsenenleben führen – immer in der Gewissheit, alles sei sicher. Diese Kaskaden untergraben das Versprechen, dass die Welt, die wir uns aus der Natur gebaut und erschaffen haben, uns auch gegen diese beschützen werde, statt sich mit den Kräften der Katastrophe gegen ihre Schöpfer zu verbünden.

Denken Sie an die Waldbrände in Kalifornien. Im März 2018 riefen die Verantwortlichen des County Santa Barbara die verpflichtende Evakuierung der Bewohner von Montecito, Goleta, Santa Barbara, Summerland und Carpinteria aus – wo schon im vorausgegangenen Dezember ein schlimmes Feuer gewütet hatte. Es war dort die vierte klimabedingte Evakuierungsanordnung innerhalb von nur drei Monaten, aber nur bei der ersten war ein Feuer die Ursache gewesen.[78] Bei den beiden anderen ging es um Erdrutsche, die dieses Feuer ermöglicht hatte, was dazu führte, dass die Bewohner eines der nobelsten Orte im glamourösesten Bundesstaat des bei Weitem mächtigsten Landes der Welt befürchten mussten, ihre geliebten Weinreben und Pferdeställe, ihre Weltklassestrände und die großzügig ausgestatteten Schulen könnten unter einer Schlammlawine begraben werden, wenn der ganze Ort ebenso gründlich verwüstet würde wie die ausladenden Siedlungen aus improvisierten Hütten, die die Rohingya-Flüchtlinge aus Myanmar in der Monsunregion in Bangladesch errichtet hatten.[79] Und so kam es dann auch. Mehr als ein Dutzend Menschen starben, darunter ein Kleinkind, das vom Schlamm mitgerissen und kilometerweit den Hang hinab bis zum Meer getragen wurde.[80] Die Schulen blieben geschlossen und die großen Verbindungsstraßen waren blockiert, sodass die Rettungsfahrzeuge nicht durchkamen und der Ort in eine Binneninsel verwandelt wurde, wie hinter einer Barrikade, erstickt durch eine Schlinge aus Schlamm.

Manche Klimakaskaden werden weltumspannend ablaufen – und ihr Ausmaß sorgt dafür, dass ihre Auswirkungen durch den merkwürdigen Taschenspielertrick der Umweltveränderungen fast unbemerkt bleiben. Eine wärmer werdende Erde führt zum Abschmelzen des arktischen Eises, was bedeutet, dass weniger Sonnenlicht reflektiert und dafür mehr absorbiert wird, wodurch sich die Erde noch schneller erwärmt, was wiederum dazu führt, dass die Meere weniger Kohlendioxid aus der Luft aufnehmen und sich die Erde noch schneller erwärmt. Eine wärmer werdende Erde lässt auch den Permafrostboden in der Arktis auftauen, der 1 800 Gigatonnen Kohlenstoff bindet[81] – mehr als doppelt so viel, wie sich momentan in der Erdatmosphäre befinden –, und der, wenn der Boden taut, teilweise in Form von Methan entweichen könnte, das auf ein Jahrhundert gerechnet ein 34-mal stärkeres Treibhausgas ist als Kohlendioxid.[82] Auf zwei Jahrzehnte betrachtet wirkt es sogar 86-mal so stark. Eine heißere Erde ist unterm Strich schlecht für die Pflanzenwelt, was ein Waldsterben auslösen würde – Dschungelgebiete so groß wie ganze Länder und Dickichte, die sich über so viele Kilometer erstrecken, dass sie Mythen und Legenden hervorgebracht haben, würden verkümmern und schrumpfen –, was der natürlichen Fähigkeit des Planeten, Kohlendioxid aufzunehmen und in Sauerstoff umzuwandeln, einen schweren Schlag versetzen würde, was zu noch höheren Temperaturen führt, was noch mehr Waldsterben auslöst und so weiter. Höhere Temperaturen bedeuten mehr Waldbrände, was wiederum weniger Bäume bedeutet, was eine geringere CO_2-Aufnahme bedeutet, was mehr Kohlendioxid in der Luft bedeutet, was eine noch wärmere Erde bedeutet – und so weiter. Eine wärmere Erde steigert den Wasserdampf in der Atmosphäre, und da Wasserdampf ein Treibhausgas ist, lässt auch das die Temperatur ansteigen – und so weiter. Wärmere Meere können weniger Hitze absorbieren, was heißt, dass mehr davon in der Luft verbleibt, und weniger Sauerstoff in sich lösen, was dem

Phytoplankton zusetzt, das im Ozean das erledigt, was die Pflanzen auf dem Land übernehmen: Es vertilgt Kohlenstoff und produziert Sauerstoff. Sein Verschwinden lässt die Kohlendioxidmenge steigen, was die Erde weiter erwärmt – und so weiter. Das ist es, was die Klimaforscher »Rückkopplungen« nennen, und es gibt noch mehr solche Systeme.[83] Manche wirken in die entgegengesetzte Richtung und schwächen den Klimawandel ab. Doch deutlich mehr von ihnen würden den Temperaturanstieg beschleunigen, wenn wir sie erst einmal auslösen. Und wie genau sich diese komplexen, gegenläufigen Systeme aufeinander auswirken – welche Effekte durch Rückkopplungen verstärkt und welche unterlaufen würden – ist unbekannt, was alle Bemühungen, für unsere Klimazukunft zu planen, in eine dunkle Wolke der Ungewissheit hüllt. Wir wissen, wie der bestmögliche Ausgang des Klimawandels aussieht – so unrealistisch er auch sein mag –, weil dieses Szenario der Welt, in der wir heute leben, ziemlich ähnlich sähe. Aber wir haben noch kaum einen Gedanken auf die Kaskaden verwendet, die uns in den höllenähnlichen Bereich der Glockenkurve befördern könnten.

Andere Kaskaden wirken sich regional aus, sie brechen über bestimmte Menschengruppen herein und zwingen sie in die Knie. Und das kann durchaus im Wortsinn gemeint sein – in der Schweiz hat der Klimawandel aufgrund von sogenannten »Regen auf Schnee«-Ereignissen eine ganz neue Form von Lawinen hervorgebracht, wie sie auch zum Überlaufen des Oroville-Staudamms in Nordkalifornien und den Überschwemmungen im kanadischen Alberta im Jahr 2013 führten, die Schäden in Höhe von fünf Milliarden Dollar anrichteten.[84] Aber schon jetzt gibt es auch andere Arten von Auswirkungen. Der klimabedingte Wassermangel und Ernteausfälle drängen Klimaflüchtlinge in die Nachbarregionen, die ohnehin schon unter Ressourcenknappheit leiden. Der Anstieg des Meeresspiegels überspült Anbauflächen mit Salzwasser; er verwandelt Ackerland in Brackwassersümpfe, die denjenigen, die auf sie angewiesen sind, nicht mehr genügend Nahrung liefern; er setzt Elektrizitätswerke unter Wasser und sorgt dadurch gerade dann, wenn der Strom am dringendsten gebraucht wird, für Ausfälle; und er beschädigt Chemiefabriken und Atomkraftwerke, sodass diese ihre giftigen Gase in die Luft blasen. Die Regenfälle, die auf das Camp Fire folgten, überschwemmten die Zeltstädte, die hastig für die Opfer der ersten Katastrophe errichtet worden waren. Im Fall der Erdrutsche von Santa Barbara verwandelte die Dürre einen ganzen Staat zunächst in trockenes Buschwerk, das nur auf einen Funken wartete, dann folgte ein Jahr mit außergewöhnlich starkem, monsunähnlichem Niederschlag, der die Pflanzen wachsen und gedeihen ließ, bevor die Brände sich durch die Landschaft fraßen und die Berghänge von allen Pflanzen befreiten, deren Wurzelwerk die Millionen Tonnen loser Erde des hoch aufragenden Küstengebirges, wo sich oft Wolkenberge auftürmen und abregnen, hätte festigen können.

So manch einer, der das Ganze aus der Ferne beobachtete, fragte sich ungläubig, wie ein Erdrutsch so viele Menschenleben kosten konnte. Die Antwort lautet: Genauso wie Wirbelstürme und Tornados – indem die Landschaft zur Waffe wird, sei sie »menschengemacht« oder »natürlichen Ursprungs«. Das Tödliche an Windkatastrophen ist nicht der Wind, so heftig er auch sein mag, sondern es sind Bäume, die aus der Erde gerissen werden und sich in Keulen verwandeln, Stromleitungen, die zu Peitschen und elektrisch geladenen Schlingen werden, Häuser, die über zusammengekauerten Bewohnern einstürzen, und Autos, die durch die Gegend wirbeln. Und dann sind da noch die Folgen – die Unterbrechung der Nahrungsmittel- und Medikamentenversorgung, die verschütteten Straßen, die den Ersthelfern den Zugang versperren, die zerstörten Telefonleitungen und Funkmasten, die dafür sorgen, dass alte und kranke Menschen still und ohne Unterstützung leiden und aufs Überleben hoffen müssen.

Doch ein Großteil der Welt ist nicht Santa Barbara mit seinem dick aufgetragenen, scheinbar unendlichen Wohlstand im Stil der spanischen Missionen. In den kommenden Jahrzehnten werden viele der schlimmsten Klimakatastrophen genau diejenigen Menschen treffen, die sich am wenigsten dagegen wehren und davon erholen können. Das ist es, was oft als das Problem der »Klimagerechtigkeit« bezeichnet wird – ein treffenderer, weniger schwammiger Begriff wäre »Klimakastenwesen«. Dieses Problem stellt sich auch innerhalb von Staaten, selbst reichen, wo die Bedürftigsten in den Sumpfgebieten, den Überflutungszonen, den unzureichend an die Wasserversorgung angeschlossenen Landstrichen leben, in denen die Infrastruktur am empfindlichsten ist – unterm Strich eine unbeabsichtigte Umweltapartheid. Allein in Texas leben 500 000 arme Latinos in heruntergekommenen Siedlungen namens »colonias«, wo es kein Abpumpsystem für die immer häufiger auftretenden Überschwemmungen gibt.[85]

Weltweit betrachtet geht die Schere noch weiter auseinander: Die ärmsten Bevölkerungsgruppen werden in unserer neuen heißen Welt stärker leiden. Mit Ausnahme von Australien verfügen alle Länder, in denen die Temperaturen am deutlichsten ansteigen, über ein niedriges Bruttoinlandsprodukt (BIP), und das, obwohl weite Teile des globalen Südens die Erdatmosphäre bisher noch nicht in großem Maße verschmutzt haben.[86] Das ist eine der vielen historischen Ironien des Klimawandels, die man eigentlich eher als Grausamkeiten bezeichnen müsste, so gnadenlos ist das Leid, das dadurch entsteht. Doch auch wenn die Verheerungen durch die Erderwärmung hauptsächlich die Ärmsten des Planeten treffen werden, kann doch auch die industrialisierte Welt sie nicht von sich fernhalten, so sehr die Bewohner der nördlichen Hemisphäre es sich – in einem wenig ehrenwerten Impuls – auch wünschen mögen. Dafür schlägt die Klimakatastrophe zu wahllos zu.

Der Glaube, dass das Klima von irgendeiner heute bestehenden Institution oder einem vom Menschen geschaffenen Instrument sinnvoll gelenkt oder beherrscht werden kann, ist vielmehr ein weiterer naiver Klimairrglaube. Die Erde hat viele Jahrtausende überstanden, ohne dass es so etwas wie eine Weltregierung gegeben hätte – sogar fast die gesamte Geschichte der menschlichen Zivilisation über, die meist aus miteinander konkurrierenden Stämmen, Sippen, Reichen und Nationalstaaten bestand und erst nach zwei brutalen Weltkriegen begann, häppchenweise eine Art Kooperationsplan zu entwerfen – nicht nur in Form des Völkerbundes und der Vereinten Nationen, sondern später auch in Form der Europäischen Union und sogar der globalisierten

Märkte, die trotz all ihrer Schwächen dennoch eine Vision einer nationenübergreifenden Beteiligung verfolgen, geprägt durch den neoliberalen Ethos, dass das Leben auf Erden ein Positivsummenspiel sei. Wenn man eine Bedrohung erfinden wollte, die groß und global genug ist, um tatsächlich ein System echter internationaler Zusammenarbeit herbeizuführen, käme dabei der Klimawandel heraus – die allgegenwärtige, überwältigende und absolute Gefahr. Und dennoch haben wir jetzt gerade, da eine derartige Kooperation dringend benötigt wird – ja, sogar unerlässlich ist, um die Welt, die wir kennen, in irgendeiner Form zu erhalten –, nichts Besseres zu tun, als diese Allianzen abzubauen, in unsere nationalistischen Schlupfwinkel zu kriechen und uns von der kollektiven Verantwortung und einander zurückzuziehen. Auch dieser rasante Vertrauensverlust zählt zu den Kaskaden.

Wie sehr die Welt unter unseren Füßen uns tatsächlich fremd sein wird, ist noch nicht klar, und wie sich die Veränderungen bemerkbar machen, bleibt eine offene Frage. Den Umweltfreunden, die die Natur lange als außerweltlichen Rückzugsort angepriesen haben, ist es zu verdanken, dass wir ihre Zerstörung nun als etwas betrachten, das fernab unseres modernen Lebens abläuft – so weit davon entfernt, dass die Verheerungen die bequemen Formen einer Parabel annehmen, wie Geschichten von Äsop; wir ästhetisieren sie, auch wenn wir wissen, dass die Verluste tragisch sind.

Der Klimawandel könnte bald schon bewirken, dass sich Bäume im Herbst einfach braun färben, und dann werden wir ganze Malerschulen, in denen sich jahrhundertelang alles darum drehte, die Rot- und Orangetöne zu treffen, die wir nicht mehr zu Gesicht bekommen, wenn wir auf der Straße aus dem Autofenster schauen, in einem völlig anderen Licht betrachten.[87] Die Kaffeepflanzen in Lateinamerika werden keine Früchte mehr tragen, und die Häuser am Strand werden trotz immer höherer Stelzen trotzdem noch überschwemmt werden.[88] In vielen Fällen reicht schon der Blick in die Gegenwart. Allein in den letzten 40 Jahren sind laut dem World Wildlife Fund mehr als die

Hälfte aller Wirbeltierarten ausgestorben, und die Anzahl der fliegenden Insekten ist in den letzten 25 Jahren um drei Viertel zurückgegangen, wie eine Studie deutscher Naturforscher ergab.[89] Der empfindliche Tanz der Blumen und ihrer Bestäuber ist gestört,[90] ebenso wie das Wanderverhalten des Kabeljaus, der von der amerikanischen Ostküste Richtung Arktis geflohen ist und sich so den Fischern entzieht, die seit Jahrhunderten mit ihm ihren Lebensunterhalt verdienen.[91] Ebenfalls gestört ist der Winterschlaf des Schwarzbären, viele der Tiere bleiben jetzt das ganze Jahr über wach.[92] Tierarten, die sich über Millionen Jahre auseinanderentwickelt haben, aber durch den Klimawandel örtlich zusammengeführt wurden, vermehren sich erstmals miteinander, was ganz neue Mischlingsformen hervorbringt, etwa den Pizzly-Bär und den Coywolf. Zoos sind bereits heute Naturkundemuseen, Kinderbücher hoffnungslos veraltet.[93]

Auch ältere Fabeln werden umgeschrieben: Die Geschichte von Atlantis, die seit Jahrtausenden existiert und fasziniert, wird sich mit der wahren Geschichte der Marshallinseln und von Miami Beach messen müssen, beides Orte, die sich durch ihr Versinken in Schnorchelparadiese verwandeln. Das merkwürdige Märchen vom Weihnachtsmann und seiner Geschenkewerkstatt in der Polarregion wird noch seltsamer klingen, wenn die Sommer in der Arktis eisfrei bleiben, und die Frage, wie wir die *Odyssee* lesen werden, wenn sich der Mittelmeerraum in eine Wüste verwandelt hat,[94] wie der Glanz der griechischen Inseln darunter leiden wird, wenn eine Decke aus Saharastaub dort dauerhaft den Blick in den Himmel trübt,[95] oder was es für den Stellenwert der Pyramiden bedeutet, wenn der Nil austrocknet,[96] löst schmerzliche Empfindungen aus. Außerdem werden wir die Grenze zwischen den USA und Mexiko wohl ganz anders betrachten, wenn sie nur noch eine Linie im trockenen Flussbett des Rio Grande ist – er wird schon heute »Rio Sand« genannt.[97] Der arrogante Westen hat fünf Jahrhunderte lang verächtlich auf diejenigen hinabgeschaut, die von tropischen Krankheiten heimgesucht wurden, und man fragt sich, wie sich das verändern wird, wenn die Malaria und Denguefieber übertragenden Moskitoarten auch in Kopenhagen und Chicago umherschwirren.

Wir verstehen Geschichten über die Natur jedoch schon so lange als Allegorien, dass wir anscheinend nicht in der Lage sind, zu erkennen, dass die Bedeutung des Klimawandels über eine Parabel hinausgeht. Er umgibt uns, beherrscht uns auf ganz reale Weise – unsere Ernteerträge, unsere Pandemien, unser Migrationsverhalten und unsere Bürgerkriege, Kriminalitätswellen und häusliche Gewalt, Hurrikans, Hitzewellen, Sturzregenfälle und Megadürren, den Verlauf unseres Wirtschaftswachstums und das, was damit zusammenhängt – und das ist heute nahezu alles. Allein in Südasien könnten sich laut der Weltbank die Lebensumstände von 800 Millionen Menschen bis 2050 rapide verschlechtern, wenn wir bei den Emissionen so weitermachen wie bisher,[98] und vielleicht würde eine Verlangsamung des Klimawandels sogar zeigen, dass der Wohlstand dessen, was der schwedische Humanökologe Andreas Malm als »fossilen Kapitalismus« bezeichnet,[99] nur eine Illusion ist, die allein dadurch ein paar Jahrhunderte lang aufrechterhalten wurde, dass wir den Energiewert der fossilen Brennstoffe zu dem hinzugerechnet haben, was vor Holz, Öl und Kohle eine ewige malthusianische Falle war. In dem Fall müssten wir das Bild, dass der Verlauf der Geschichte unaufhaltsam mit materiellem Fortschritt verbunden ist, korrigieren – zumindest in Bezug auf zuverlässigen und weltweiten Fortschritt – und irgendwie damit zurechtkommen, wie sehr dieses falsche Bild selbst unser Denken geprägt hat, oft auf tyrannische Art und Weise.

Anpassungen an den Klimawandel werden oft nur unter dem Gesichtspunkt betrachtet, was sie dem Markt einbringen, aber in den kommenden Jahrzehnten wird sich diese Sichtweise wohl drehen: Dann ist begrenzter Wohlstand etwas, das die aggressiveren Maßnahmen mit sich bringen. Jeder Grad Erwärmung, hat man errechnet, kostet ein Land in den gemäßigten Breiten, beispielsweise die USA, etwa ein Prozent des BIP, und laut einer kürzlich veröffentlichten Studie würde ein Temperaturanstieg um zwei statt um 1,5 Grad die Welt 20 Billionen Dollar kosten.[100] Denken Sie noch ein oder zwei Grad weiter, und die Zahl schießt nach oben – das ist der Zinseszins der Umweltkatastrophe; eine Erderwärmung um 3,7 Grad würde

Schäden im Wert von 551 Billionen Dollar verursachen,[101] laut mindestens einer Untersuchung; dabei beträgt das weltweite Vermögen heute gerade 280 Billionen Dollar.[102] Wenn sich unser CO_2-Ausstoß weiter so entwickelt wie bisher, ist die Erde 2100 vier Grad wärmer; setzt man pro Grad ein Prozent des BIP an, ist bis dahin jede Chance auf Wirtschaftswachstum mehr oder weniger vertan, denn das hat seit mehr als 40 Jahren nie die Grenze von 5 Prozent überstiegen.[103] Eine Randgruppe besorgter Wissenschaftler nennt diese Aussicht »stationäre Wirtschaft«[104], aber letztendlich bedeutet sie eine umfassende Abkehr von der Wirtschaft als Leitstern und vom Wachstum als Lingua franca, in der wir im modernen Leben all unsere Hoffnungen und Ziele ausdrücken. Der Begriff »stationär« passt auch zur schleichenden Angst, dass die Geschichte eben doch keine fortschreitende Entwicklung ist, wie wir eigentlich erst seit wenigen hundert Jahren glauben, sondern eher zyklisch abläuft, wie wir es in den Jahrtausenden zuvor für gesichert hielten. Mehr noch: In dem Bild, das uns das Konzept der stationären Wirtschaft von einem naturgegebenen Wettkampf um die Ressourcen vermittelt, erscheint alles von der Politik über den Handel bis hin zum Krieg wie ein brutales Nullsummenspiel.

Jahrhundertelang haben wir die Natur als Spiegel betrachtet, auf den wir uns erst projizieren und in dem wir uns dann beobachten. Aber worin besteht die Moral? Wir können nichts aus der Erderwärmung lernen, weil wir nicht genügend Zeit oder Abstand dazu haben, um über ihre Lehren nachzudenken. Schließlich erzählen wir die Geschichte nicht nur, sondern leben sie. Das heißt, wir versuchen es – die Bedrohung ist gewaltig. Wie gewaltig? Ein Aufsatz aus dem Jahr 2018 geht auf die furchtbaren Details ein. In der Fachzeitschrift *Nature Climate Change* versuchte ein Forscherteam rund um Drew Shindell, das Leiden, das vermieden werden könnte, falls wir es schaffen, die Erwärmung auf 1,5 statt auf zwei Grad zu beschränken, in Zahlen zu fassen – anders formuliert: wie viel zusätzliches Leid nur dieses halbe Grad mehr ausmachen würde. Die Antwort: In einer um zwei Grad wärmeren Welt würden 150 Millionen Menschen mehr an Luftverschmutzung sterben als in einer um 1,5 Grad wärmeren Welt.[105] Im gleichen Jahr erhöhte der Weltklimarat den Einsatz noch einmal: Die Lücke zwischen 1,5 Grad und zwei Grad gefährde Hunderte Millionen Leben.[106]

Derart große Zahlen können schwer zu fassen sein, aber 150 Millionen entsprechen 25 Holocausts. Es sind dreimal so viele Tote wie während des »Großen Sprungs nach vorn«, dem tödlichsten nichtmilitärischen Ereignis in der Geschichte der Menschheit, und doppelt so viele wie beim tödlichsten Ereignis in der Geschichte der Menschheit überhaupt – dem Zweiten Weltkrieg. Und natürlich steigen die Zahlen nicht erst, sobald 1,5 Grad erreicht sind. Es dürfte nicht überraschen, dass das bereits jetzt der Fall ist; jährlich finden mindestens sieben Millionen Menschen durch die Luftverschmutzung den Tod – jedes Jahr ein Holocaust, betrieben und geschützt durch welche Art von Nihilismus genau?[107]

Das ist damit gemeint, wenn der Klimawandel als »existenzielle Krise« bezeichnet wird – ein Drama, in dem wir planlos zwischen zwei höllischen Polen improvisieren. Der bestmögliche Ausgang wären Tod und Leiden im Ausmaß von 25 Holocausts, im schlechtesten Fall stünden wir vor dem Aussterben. Wenn es um den Klimawandel geht, fehlen uns oft die richtigen Worte, denn die einzigen sachlich angemessenen Formulierungen gehören zu denen, die in unserer Kultur des heiteren Alles-wird-gut-Optimismus kategorisch als Übertreibungen abgetan werden.

Doch die Fakten sind grotesk und die Dimensionen des Dramas, das sich zwischen diesen beiden Polen entfalten wird, unvorstellbar gewaltig – so gewaltig, dass es nicht nur um die gesamte heute lebende Menschheit geht, sondern auch um alles, was noch kommen könnte. Die Erderwärmung hat es irgendwie geschafft, die gesamte Geschichte unserer Zivilisation in zwei Generationen zu pressen. Da war zunächst das Projekt, die Erde so umzugestalten, dass sie unbestreitbar uns gehört – ein Projekt, dessen Abgase, die Gifte der Emissionen, sich nun so schnell durch über Jahrtausende hinweg entstandene Eisschichten fressen, dass man sie mit bloßem Auge schmelzen sehen kann, und dabei die Umweltbedingungen zerstören, die buchstäblich die gesamte Geschichte der Menschheit über stabil waren. Das ist das Werk einer einzigen Generation. Die zweite Generation sieht sich einer ganz anderen Aufgabe gegenüber: dem Projekt, uns allen eine Chance auf eine Zukunft zu bewahren, die Zerstörung abzuwenden und einen anderen Weg zu finden. Es gibt einfach nichts, was damit vergleichbar wäre, sofern man Mythen und religiöse Traktate – oder vielleicht auch die Perspektive der drohenden Atomschlacht im Kalten Krieg – nicht in Betracht zieht.

Kaum jemand fühlt sich angesichts der Klimaerwärmung wie ein Gott, aber dass wir auf die Übermacht des Klimawandels derart lethargisch reagieren müssten, ist ein weiterer Irrglaube. In der Folklore, in Comics, im Gottesdienst oder in Filmen lösen Geschichten über das Ende der Welt beim Publikum oft eine seltsame Passivität aus, und vielleicht sollte es uns nicht überraschen, dass es bei der Bedrohung durch den Klimawandel nicht anders ist. Als der Kalte Krieg zu Ende ging, hatte die Aussicht auf einen nuklearen Winter die Popkultur und die Psychologie bis in den letzten Winkel durchdrungen – als allgegenwärtiger Albtraum, dass dem gesamten menschlichen Experiment durch das taktische Ringen zweier stolzer Rivalen, durch einige wenige zuckende Hände über den Selbstzerstörungsknöpfen des Planeten ein Ende bereitet werden könne. Die Bedrohung durch den Klimawandel ist noch schlimmer, und letzten Endes demokratischer, weil wir alle selbst jetzt, da wir vor Angst zittern, unseren Anteil daran haben. Dennoch ist uns die Gefahr nur teilweise bewusst; wir haben sie wie üblich weder konkret noch im Detail erfasst, sondern schieben bestimmte Sorgen weg und erfinden dafür andere. Wir ignorieren bewusst die düsteren Aspekte der möglichen Zukunft und lassen unseren politischen Fatalismus und unseren Technikglauben vor unserem inneren Auge zu einer erstaunlich vertrauten Konsumfantasie verschwimmen: Irgendjemand wird das Problem schon für uns lösen, ohne dass es uns etwas kostet. Diejenigen, die sich am meisten Sorgen machen, führen oft ein kaum weniger selbstzufriedenes Dasein;

sie leben mit dem Klimafatalismus, als handle es sich um Klimaoptimismus.

In den vergangenen Jahren, als die Schläge des Klimas immer unausweichlicher wurden, sind die Skeptiker dazu übergegangen, nicht mehr den Klimawandel an sich zu bestreiten, da die Extremwetterereignisse das unmöglich machten, sondern darauf zu beharren, dass seine Gründe nicht klar seien – die Veränderungen, die wir sehen, seien die Folge natürlicher Abläufe, nicht des menschlichen Handelns und Eingreifens. Das ist ein sehr seltsames Argument, denn wenn die Erde sich rasend schnell und beängstigend stark erwärmt, sollte es uns doch wohl mehr Sorgen machen, nicht weniger, wenn diese Entwicklung sich unserer Kontrolle – und vielleicht sogar unserem Verständnis – entzieht.

Das Wissen, dass die Erderwärmung menschengemacht ist, sollte ein Trost sein, kein Grund zur Verzweiflung, so unfassbar groß und komplex die auslösenden Prozesse auch sein mögen; das Wissen, dass wir selbst für all diese schlimmen Auswirkungen verantwortlich sind, sollte uns im besten Sinne bestärken. Schließlich ist die Erderwärmung ein Machwerk des Menschen. Und die Kehrseite unserer Schuldgefühle ist, dass wir immer noch alles in der Hand haben. Egal, wie sehr das Klimasystem – mit seinen tosenden Wirbelstürmen, den beispiellosen Hungersnöten und Hitzewellen, den Flüchtlingskrisen und Klimakonflikten – außer Rand und Band geraten ist, wir alle sind die Urheber.

Manche, wie die Ölkonzerne und ihre politischen Unterstützer, sind fleißigere Urheber als andere. Aber die Last der Verantwortung ist zu groß, um sie nur auf einige wenige Schultern zu verteilen – so bequem der Glaube auch ist, es müssten nur ein paar Schurken gehen, und schon wäre alles gut. Jeder von uns schadet unserer Zukunft schon dann ein kleines bisschen, wenn er nur den Lichtschalter betätigt, ein Flugticket kauft oder nicht zur Wahl geht. Jetzt sind wir gemeinsam dafür zuständig, den nächsten Akt zu schreiben. Wir haben einen Weg gefunden, für Zerstörung zu sorgen, und müssen jetzt auch einen Weg wieder hinausfinden – oder besser gesagt einen Weg hin zu einem ramponierten Zwischenzustand, der einer neuen Generation aber trotzdem noch die Möglichkeit bietet, ihre eigenen Wege zu gehen, vielleicht in eine bessere Klimazukunft.

Seit ich über das Klima schreibe, bin ich oft gefragt worden, ob ich irgendeinen Anlass dafür sehe, optimistisch zu sein. Ich muss sagen: Ich *bin* optimistisch. Angesichts der Tatsache, dass die Menschen ein Klima erschaffen haben, das im Verlauf der kommenden Jahrhunderte sechs oder acht Grad wärmer werden könnte – und damit weite Teile der Erde nach unseren heutigen Definitionen unbewohnbar macht –, betrachte ich den ramponierten Zwischenzustand als eine ermutigende Aussicht. Eine Erwärmung um drei oder 3,5 Grad würde die Menschen schlimmer leiden lassen, als sie es in vielen Jahrtausenden voller Anstrengungen, Qualen und Krieg erlebt haben. Aber es ist kein fatalistisches Szenario, sondern deutlich besser als das, worauf wir gerade zustreben. Und wenn es um die Frage der Kohlenstoffabscheidung geht, also die Rückholung von CO_2 aus der Luft, oder um Geoengineering, bei dem die Erde abgekühlt würde, indem man Gas in die Atmosphäre ausbringt, oder irgendeiner anderen heute noch unvorstellbaren Technik, könnten wir neue Lösungen finden, die unseren Planeten näher an einen Zustand heranrücken, den wir aus heutiger Sicht nur als düster, nicht als katastrophal bezeichnen würden.

Ich bin auch schon oft gefragt worden, ob es eigentlich moralisch vertretbar ist, sich unter diesen Klimabedingungen fortzupflanzen, ob es verantwortungsvoll ist, Kinder zu bekommen, ob es dem Planeten oder – vielleicht noch wichtiger – den Kindern gegenüber fair ist.[108] Wie es der Zufall will, bin ich, während ich dieses Buch schrieb, Vater einer Tochter geworden, Rocca. Das ist zum Teil bedingt durch einen Irrglauben, durch bewusste Blindheit: Ich weiß, dass uns schreckliche Klimaentwicklungen bevorstehen, die sicherlich auch meine Kinder betreffen werden – das ist damit gemeint, wenn es heißt, dass die Erderwärmung eine allumfassende, flächendeckende Gefahr ist. Aber was genau passieren wird, ist noch nicht entschieden. Wir zementieren es, wenn wir nichts tun, doch unser Handeln kann es aufhalten. Der Klimawandel verheißt Finsteres für die kommenden Jahrzehnte, aber ich glaube nicht, dass die richtige Reaktion darauf der Rückzug, die Kapitulation ist. Ich glaube, dass wir alles tun müssen, was in unserer Macht steht, um die Welt zu einem lebenswerten und blühenden Ort zu machen, statt vorzeitig aufzugeben, bevor der Kampf gewonnen oder verloren ist, und uns auf eine trostlose Zukunft einzustellen, herbeigeführt von anderen, die sich weniger Gedanken über das Klima machen. Und der Kampf ist definitiv noch nicht verloren – er wird nie verloren sein, solange wir noch nicht ausgestorben sind, denn egal, wie warm die Erde wird – das folgende Jahrzehnt kann immer mehr oder weniger Leid mit sich bringen. Und ich muss zugeben, dass ich auch schon gespannt bin, was Rocca und ihre Brüder und Schwestern alles sehen, miterleben, tun werden. Sollte sie selbst Kinder bekommen, werden diese wahrscheinlich rund um das Jahr 2050 aufwachsen, wenn es viele Dutzende Millionen Klimaflüchtlinge gibt; und ins hohe Alter käme Rocca gegen Ende des Jahrhunderts, zum Endpunkt aller unserer Voraussagen in Bezug auf die Erderwärmung. Dazwischen wird sie mit ansehen, wie die Welt gegen eine wahrhaft existenzielle Bedrohung ankämpft und die Vertreter ihrer Generation sich und den Generationen, die sie selbst hervorbringen, eine Zukunft auf diesem Planeten verschaffen. Und sie wird nicht nur zuschauen, sondern auch mitwirken – an der buchstäblich größten Geschichte, die je erzählt wurde. Diese könnte durchaus ein gutes Ende nehmen.

Welchen Anlass gibt es zu dieser Hoffnung? Das Kohlendioxid bleibt für Jahrzehnte in der Luft, und einige der schlimmsten Rückkopplungen laufen über einen noch längeren Zeitraum ab – was der Erderwärmung den furchtbaren Anstrich einer endlosen Bedrohung gibt. Aber der Klimawandel ist kein uraltes Verbrechen, das wir heute lösen müssen; wir zerstören unseren Planeten Tag für Tag, oft mit einer Hand, während wir mit der anderen versuchen, ihn zu bewahren. Was bedeutet, wie es der amerikanische Umweltschützer Paul Hawken auf die vielleicht besonnenste Weise gezeigt hat, dass wir auf die gleiche Weise auch aufhören können, die Erde zu zerstören – gemeinsam, ohne festen Plan, durch ganz alltägliche Handlungen neben spektakulär wirkenden Maßnahmen.[109] Das Vorhaben, eine ganze industrialisierte Welt von den fossilen Brennstoffen zu entwöhnen, ist überwältigend und muss ziemlich rasch umgesetzt werden – bis 2040, meinen viele Wissenschaftler. Aber in der Zwischenzeit stehen uns viele Wege offen – weit offen, wenn wir nicht zu faul, zu borniert und zu selbstsüchtig sind, um sie zu gehen.

Sage und schreibe die Hälfte der britischen Emissionen, hat man vor Kurzem errechnet, sind auf ineffiziente Baumethoden sowie auf weggeworfene und ungenutzte Lebensmittel, Elektrogeräte und Kleidung zurückzuführen,[110] in den USA werden zwei Drittel der Energie verschwendet,[111] und laut IWF unterstützen wir die fossile Brennstoffindustrie jährlich weltweit mit Subventionen in Höhe von fünf Billionen Dollar.[112] Das kann man alles ändern. Zurückhaltung bei den Maßnahmen gegen den Klimawandel, hieß es in einem anderen optimistischen Artikel, könnte die Welt allein bis 2030 26 Billionen Dollar kosten.[113] Dagegen kann man vorgehen. Die Amerikaner schmeißen ein Viertel ihrer Lebensmittel weg, was bedeutet, dass der ökologische Fußabdruck jeder Mahlzeit im Durchschnitt ein Viertel größer ist, als er sein müsste.[114] Das kann man ändern. Vor fünf Jahren kannte kaum jemand abseits der dunkelsten Ecken des Internets die Kryptowährung Bitcoin, 2018 wurde flüchtig hochgerechnet, dass das »Mining« bald mehr Strom schlucken würde, als alle Solarpanels der Welt zusammen erzeugen.[115] Ein Crash des Bitcoin-Kurses verhinderte die Erfüllung dieser Prophezeiung, aber es ist weniger wahrscheinlich, dass der Erfolgskurs des Online-Streamings plötzlich einbrechen wird. 2019 schätzte eine Expertenkommission, dass Internetpornografie schon jetzt so viel Kohlenstoff produziert wie das Land Belgien.[116]

Das sind nur ein paar Gründe, warum das, was der kanadische Aktivist Stuart Parker als »Klimanihilismus« bezeichnet hat, ein weiterer Irrglaube ist. Was von nun an geschieht, liegt voll und ganz in unserer Hand. Die Zukunft unseres Planeten hängt größtenteils davon ab, wie das Wachstum in den Schwellen- und Entwicklungsländern verläuft – denn dort leben die meisten Menschen, in China und Indien und vermehrt auch in dem Teil Afrikas, der südlich der Sahara liegt. Aber das ist kein Freifahrtschein für den Westen, wo der Durchschnittsbürger allein durch seine Gewohnheiten deutlich mehr Kohlendioxid erzeugt als fast jeder Bewohner Asiens. Ich werfe Tonnen verdorbener Lebensmittel weg und recycle fast nichts, ich lasse die Klimaanlage laufen, ich bin zu Hoch-Zeiten in den Bitcoin-Markt eingestiegen. Auch das ist alles nicht nötig.

Aber es ist auch nicht nötig, dass die Menschen im Westen den Lebensstandard der Armen übernehmen. 70 Prozent der Energie, die der Planet hervorbringt, gehen Schätzungen zufolge in Form von Wärme verloren.[117] Wenn der durchschnittliche Amerikaner seinen ökologischen Fußabdruck dem seines europäischen Gegenstücks anpassen müsste, würde der CO_2-Ausstoß der USA um mehr als die Hälfte sinken.[118] Wenn die reichsten 10 Prozent der Erde sich auf diesen Fußabdruck beschränkten, würden die weltweiten Emissionen um ein Drittel zurückgehen.[119] Und warum sollten sie das nicht müssen? Während die Nachrichten aus der Wissenschaft immer düsterer werden, verschaffen sich die Liberalen im Westen fast schon als Prophylaxe gegen die Klimaschuld dadurch ein ruhiges Gewissen, dass sie ihr eigenes Konsumverhalten in ein moralisch und umwelttechnisch betrachtet makelloses Lehrstück verwandeln – weniger Fleisch, mehr E-Autos, weniger Transatlantikflüge. Aber einzelne Lebensstilentscheidungen bringen insgesamt gesehen kaum etwas, wenn sie nicht in die Politik eingehen. Abseits der Überbleibsel der amerikanischen Klimapartei sollte das eigentlich nicht unmöglich sein, wenn man versteht, was hier auf dem Spiel steht. Genau genommen darf es nicht unmöglich sein.

Die Auslöschung des Menschen ist nur das sehr schmale Ende der sehr langen Glockenkurve, und nichts hindert uns daran, diesem Schicksal entgegenzuwirken. Aber das, was zwischen uns und dem Aussterben liegt, ist schrecklich genug, und wir haben noch nicht einmal angefangen, darüber nachzudenken, wie ein Leben unter solchen Bedingungen aussehen würde – wie es sich auf unsere Politik, unsere Kultur und unser emotionales Gleichgewicht auswirken wird, auf unsere Wahrnehmung der Geschichte und unsere Beziehung zu ihr, unsere Wahrnehmung der Natur und unsere Beziehung zu ihr, wenn wir in einer Welt leben, die wir durch unsere eigene Hand zerstört haben und in der uns Menschen wenige Chancen bleiben. Vielleicht werden wir noch einen *Deus ex machina* erleben, der die Klimakatastrophe abwendet – oder besser gesagt: Vielleicht übernehmen wir die Schicksalsfügung selbst, in Form von Anlagen zur CO_2-Abscheidung oder von Geoengineering, oder aber durch eine Revolution der Art und Weise, wie wir Strom oder Macht erzeugen. Aber diese Lösung wird, falls sie je eintrifft, vor einem düsteren Horizont auftauchen, den unsere Emissionen verdunkeln wie ein Glaukom.

Vor allem diejenigen, die mehrere Jahrhunderte des westlichen Triumphalismus in sich aufgesogen haben, neigen dazu, die Geschichte der Menschheit als eine unaufhaltsame Eroberung der Erde zu betrachten statt als Saga einer unsicheren Spezies, die sich wie Schimmel tastend und willkürlich ausgebreitet hat. Die Brüchigkeit, die heute alles prägt, was die Menschen auf der Erde tun, ist die große existenzielle Erkenntnis der Erderwärmung, aber sie beginnt gerade erst an den Fundamenten des Triumphalismus zu nagen. Hätten wir allerdings schon vor einer Generation innegehalten und diese Möglichkeiten in Betracht gezogen, würde es uns wahrscheinlich nicht überraschen, in der Weltregion, die schon jetzt am schlimmsten unter der Erwärmung leidet – im Nahen Osten –, eine neue Form des politischen Nihilismus aufkommen zu sehen, die dort durch suizidale Zuckungen religiöser Gewalt zum Ausdruck kommt. Diese Region wurde einst vollmundig die »Wiege der Zivilisation« genannt. Heute strahlt der politische Nihilismus fast in alle Richtungen, durch die vielen Kulturen hindurch, die im Nahen Osten entstanden und sich dann verzweigten. Wir haben das enge Zeitfenster, in dem die Umweltbedingungen dem Menschen erlaubten, sich überhaupt zu entwickeln, schon längst hinter uns gelassen, aber in dieses Zeitfenster fiel nicht nur die Entwicklung des Menschen – es umschloss alles, was wir unter dem Begriff Geschichte fassen, als wertvollen Fortschritt betrachten und im Fach Politik untersuchen.[120] Wie wird es sein, außerhalb dieses Zeitfensters zu leben, wahrscheinlich weit davon entfernt? Diese Frage bildet das Thema dieses Buches.

Nichts davon ist neu. Die wissenschaftlichen Erkenntnisse, die in den folgenden zwölf Kapiteln aufgegriffen werden, sind Gesprächen mit Dutzenden Experten und Hunderten von Artikeln entnommen, die in den letzten zehn Jahren in den renommiertesten Fachzeitschriften erschienen. Wie in der Wissenschaft üblich, handelt es sich dabei um vorläufige Ergebnisse, die ständig überarbeitet werden, und manche der genannten Voraussagen werden sicherlich nicht genauso eintreffen. Doch es ist eine ehrliche und faire Darstellung dessen, wie die zahlreichen, sich vervielfachenden Gefahren eingeschätzt werden, denen wir alle als Bewohner eines sich erwärmenden Planeten, die hoffen, weiterhin auf unbeschränkte Zeit und ungestört dort zu leben, ausgesetzt sind.

Dabei geht es wenig um die »Natur« an sich, und gar nicht um das tragische Schicksal der Tiere auf Erden, auf das andere bereits so elegant und poetisch eingegangen sind, dass es, ähnlich wie unsere Meeresspiegel-Kurzsichtigkeit, zu verdecken droht, was die Erderwärmung für uns, das Menschentier, bedeutet. Bis heute scheint es uns weniger Mühe zu bereiten, uns in die Klimabedrängnis anderer Arten einzufühlen als in unsere eigene – vielleicht, weil es uns so schwerfällt, unsere eigene Verantwortung und Mittäterschaft bei dem, was sich gerade abspielt, anzuerkennen und zu verstehen, aber so viel leichter, die moralisch einfachere Situation der reinen Opfer zu bewerten.

Was nun folgt, ist ein Kaleidoskop der Kosten, die die Menschen dafür zahlen, so weiterzuleben, wie sie es seit einer Generation tun, und den Planeten auf diese Weise mit noch mehr Menschen zu bevölkern – der Auswirkungen, die die Erderwärmung auf die allgemeine Gesundheit hat, auf die Konflikte, die Politik, die Nahrungsmittelproduktion und die Popkultur, auf das Leben in den Städten, unsere geistige Gesundheit und die Art und Weise, wie wir uns die Zukunft vorstellen, während wir um uns herum eine Beschleunigung der Geschichte und die Verringerung der Möglichkeiten erkennen, die diese Beschleunigung wahrscheinlich mit sich bringt. Die Vergeltung wird uns durch die Natur in Kaskaden ereilen, aber die Kosten, die die Natur dafür zahlt, sind nur ein Teil der Geschichte; wir werden alle darunter leiden. Ich mag der einzige linke Umweltschützer sein, der nichts dagegen hätte, wenn die Welt einen Großteil dessen verlöre, was wir als »Natur« bezeichnen, solange wir so weiterleben können wie in der Welt, die wir zurücklassen. Doch das Problem ist: Das geht nicht.

II
Elemente des Chaos

Hitzetod

Menschen sind, wie alle Säugetiere, Verbrennungsmotoren. Um zu überleben, müssen sie ständig gekühlt werden, wie es Hunde durch Hecheln tun. Daher muss die Außentemperatur niedrig genug sein, dass die Luft als eine Art Kühlelement dienen kann, das der Haut Wärme entzieht, damit der Motor weiterlaufen kann. Bei einer Erderwärmung um sieben Grad wäre das in Teilen der Äquatorzone unmöglich, vor allem in den tropischen Gebieten, wo die Feuchtigkeit das Problem verstärkt.[121] Und dann ginge es ganz schnell: Nach ein paar Stunden wäre ein Mensch innerlich und äußerlich zu Tode gekocht.[122]

Bei einer Erwärmung um elf oder zwölf Grad würde mehr als die Hälfte der Weltbevölkerung, so wie sie heute auf der Erde verteilt ist, unmittelbar an der Hitze sterben. So heiß wird es in naher Zukunft ziemlich sicher nicht, auch wenn einige Modellrechnungen das bei unveränderten Emissionen in einigen Jahrhunderten für realistisch halten. Doch schon bei fünf Grad mehr wäre einigen Berechnungen zufolge das Leben für Menschen in weiten Teilen der Erde buchstäblich nicht möglich.[123] Sechs Grad würden im Sommer jede Art von Arbeit im Freien im Gebiet rund um den unteren Teil des Mississippi unmöglich machen, und sämtliche östlich der Rocky Mountains lebenden Menschen würden stärker unter der Hitze leiden als heute irgendjemand irgendwo auf der Welt.[124] Die Hitzebelastung in New York wäre dann größer als gegenwärtig in Bahrain, einem der heißesten Orte der Erde, und die Temperatur in Bahrain »würde selbst bei schlafenden Menschen zu Überhitzung führen«.[125]

Fünf oder sechs Grad bis 2100 sind eher unwahrscheinlich. Der Weltklimarat sagt bei weiterhin stetig ansteigenden Emissionen einen durchschnittlichen Temperaturanstieg um vier Grad voraus.[126] Doch auch das hätte Auswirkungen, die uns heute unvorstellbar erscheinen: Flächenbrände im Westen der USA, die 16-mal so viel Land verschlingen wie heute, und Hunderte von überfluteten Städten. In manchen

Städten in Indien und im Nahen Osten, in denen aktuell Millionen Menschen wohnen, wäre es so heiß, dass es lebensgefährlich wäre, im Sommer vor die Tür zu gehen – und dazu kommt es schon deutlich früher, bei einer Erwärmung um nur zwei Grad. Man muss sich nicht unbedingt die Worst-Case-Szenarios anschauen, um nervös zu werden.

Wenn es um die unmittelbaren Auswirkungen der Hitze geht, ist die sogenannte »Feuchtkugeltemperatur« entscheidend, eine kombinierte Methode, die so küchenlabormäßig funktioniert, wie der Begriff klingt, und auch die Luftfeuchtigkeit einbezieht: Die Temperatur wird ermittelt, indem man ein Thermometer in eine feuchte Socke steckt und es durch die Luft schwingt. Im Augenblick erreichen die meisten Regionen ein Feuchtkugelmaximum von 26 oder 27 Grad, während die rote Linie für die Bewohnbarkeit bei 35 Grad verläuft – jenseits davon kommt es zu ersten Todesfällen durch Hitze. Das lässt uns eine Lücke von acht Grad. Doch die sogenannte »Hitzebelastung« setzt deutlich früher ein.

Genau genommen ist der Punkt bereits erreicht. Seit 1980 hat die Anzahl der gefährlichen Hitzewellen auf der Erde um das Fünfzigfache zugenommen, Tendenz steigend.[127] Die fünf wärmsten Sommer, die es seit 1500 in Europa gegeben hat, fanden allesamt seit 2002 statt,[128] und der Weltklimarat warnt davor, dass es in Zukunft in Teilen der Erde bereits gesundheitsschädlich sein könnte, zu dieser Jahreszeit im Freien zu arbeiten.[129] Selbst wenn wir die Ziele des Pariser Klimaabkommens einhalten, werden Städte wie Karatschi und Kolkata (früher: Kalkutta) jedes Jahr tödliche Hitzewellen wie die im Jahr 2015 erleben, als die Hitze in Indien und Pakistan Tausende Menschen das Leben kostete.[130] Bei einer Erwärmung um vier Grad wird die tödliche Hitzewelle, die Europa 2003 heimsuchte und täglich 2 000 Opfer forderte, als normaler Sommer gelten.[131] Damals handelte es sich um eines der schlimmsten Wetterereignisse in der Geschichte des Kontinents, mit 35 000 Toten, darunter 14 000 in Frankreich. Absurderweise überstanden die Schwachen und Gebrechlichen diese Zeit relativ gut, schrieb der Journalist William Langewiesche, da die meisten von ihnen in den Pflegeheimen und Krankenhäusern dieser wohlhabenden

Länder betreut wurden.[132] Einen Großteil der Opfer machten die vergleichsweise gesunden alten Menschen aus, von denen viele von ihren Angehörigen im Stich gelassen wurden, als diese auf der Flucht vor der Hitze verreisten. Einige der Toten lagen wochenlang da und verwesten, bis ihre Familien zurückkehrten.

Es wird schlimmer werden. Ein Forschungsteam unter der Leitung von Ethan Coffel gelangte 2017 zu der Erkenntnis, dass die Anzahl der Tage, die wärmer sind als das, was bisher die wärmsten Tage des Jahres waren, im »Weiter so«-Szenario bis 2080 um das 100-Fache ansteigen könnten – möglicherweise sogar um das 250-Fache.[133] Coffel rechnete in der Einheit »Personentag«, einer Kombination aus der Anzahl der betroffenen Personen und der Anzahl der Tage. Der Studie zufolge gäbe es jedes Jahr zwischen 150 und 750 Millionen Personentage, an denen die Feuchtkugeltemperatur der der schwersten – das heißt ziemlich tödlichen – Hitzewellen der Gegenwart entspräche. Es käme zu jährlich einer Million Personentage, an denen eine unerträgliche Konstellation aus Hitze und Feuchtigkeit herrschen würde, in der der Mensch nicht überleben kann. Die Weltbank schätzt, dass die kühlsten Monate in den Tropenregionen Südamerikas, Afrikas und des Pazifiks Ende des Jahrhunderts wahrscheinlich wärmer sein werden als die wärmsten Monate Ende des 20. Jahrhunderts.[134]

Natürlich gab es auch damals schon Hitzewellen, teils mit tödlichen Folgen: 1998 forderte der Sommer in Indien 2 500 Todesopfer.[135] In letzter Zeit waren die Temperaturspitzen noch höher. 2010 führte eine Hitzewelle in Russland zu 55 000 Toten, allein in Moskau starben täglich 700 Menschen.[136] In der Hitzewelle, die den Nahen Osten 2016 mehrere Monate lang zum Kochen brachte, erreichten die Temperaturen im Irak im Mai 38 Grad Celsius, im Juni 43 Grad und im Juli 49 Grad. Unter 38 Grad fielen sie die meiste Zeit über nur nachts. (Ein schiitischer Geistlicher in Nadschaf erklärte laut dem *Wall Street Journal*, die Hitze sei auf einen elektromagnetischen Angriff der Amerikaner zurückzuführen, und einige irakische Meteorologen stimmten ihm zu.[137]) Im April 2018 wurde im Südosten Pakistans die wahrscheinlich höchste jemals gemessene Temperatur verzeichnet. In

Indien erhöht jeder einzelne Tag über 35 Grad die jährliche Sterberate um 0,75 Prozent, und 2016 gab es mehrere Tage über 49 Grad – im Mai. Saudi-Arabien, wo im Sommer häufig derartige Temperaturen erreicht werden, verbraucht zu dieser Jahreszeit täglich 700 000 Barrel Öl, hauptsächlich um damit Klimaanlagen zu betreiben.[138]

Diese helfen natürlich gegen die Hitze, aber Klimaanlagen und Ventilatoren machen bereits heute 10 Prozent des weltweiten Stromverbrauchs aus.[139] Man rechnet damit, dass sich dieser Wert bis 2050 verdrei- oder sogar vervierfachen wird; laut einer Schätzung werden schon bis 2030 700 Millionen Klimaanlagen hinzukommen.[140] Eine weitere Untersuchung legt nahe, dass es im Jahr 2050 mehr als neun Milliarden Kühlgeräte verschiedener Art auf der Welt geben wird.[141] Doch sieht man von den heruntergekühlten Einkaufszentren in den Emiraten am Persischen Golf ab, ist es nicht ansatzweise wirtschaftlich, geschweige denn ökologisch, die heißesten Regionen der Erde, die oft auch zu den ärmsten gehören, flächendeckend zu klimatisieren. Und die schlimmsten Auswirkungen der Entwicklung werden den Nahen Osten und den Persischen Golf treffen, wo 2015 Hitzeindex-Temperaturen im Bereich von knapp 73 Grad gemessen wurden. Schon in einigen Jahrzehnten wird der Hadsch für viele der zwei Millionen Muslime, die die Pilgerreise im Augenblick jährlich unternehmen, körperlich nicht mehr durchzuführen sein.[142]

Doch es betrifft nicht nur den Hadsch – und nicht nur Mekka. Im Zuckerrohrgebiet von El Salvador leidet ein Fünftel der Bevölkerung – und ein Viertel der Männer – an chronischer Nierenkrankheit, wahrscheinlich eine Folge der Dehydration, der sie bei der Ernte ausgesetzt sind, obwohl es noch vor zwei Jahrzehnten keine derartigen Probleme gab.[143] Mit einer Dialyse, die teuer ist, haben diese Nierenkranken eine Lebenserwartung von fünf Jahren; ohne bemisst sich die verbleibende Zeit in Wochen. Doch natürlich greift die Hitzebelastung neben den Nieren auch andere Teile unseres Körpers an. Während ich diesen Satz schreibe, beträgt die Temperatur draußen vor der Tür – Mitte Juni in der kalifornischen Wüste – 49 Grad. Das ist kein Rekordwert.

All das haben die Kosmologen im Kopf, wenn sie davon reden, wie extrem unwahrscheinlich es sei, dass etwas so Fortschrittliches wie die menschliche Intelligenz sich in einem so lebensfeindlichen Universum wie unserem entwickelt hat: Jeder unbewohnbare Planet dort draußen erinnert uns daran, welch eine einzigartige Konstellation von Bedingungen erforderlich ist, um das klimatische Gleichgewicht zu erzeugen, in dem Leben möglich ist. Soweit wir wissen, hat sich außerhalb des engen Temperaturfensters der habitablen Zone, in der das menschliche Leben entstand, nirgendwo im Universum Leben entwickelt, und diese Zone haben wir jetzt – wahrscheinlich dauerhaft – hinter uns gelassen.

Wie viel heißer wird es noch werden? Die Frage klingt vielleicht, als wäre sie etwas für Wissenschaftler und verlange Fachwissen, aber die Antwort hängt fast ausschließlich vom Menschen ab – und ist deshalb politisch. Die Gefahren, die vom Klimawandel ausgehen, sind schwer zu greifen; durch die Unwägbarkeiten ändern sie sich ständig. Wann wird sich die Erde um zwei Grad erwärmt haben, wann um drei? Um wie viel wird der Meeresspiegel 2030 angestiegen sein, oder 2050 oder 2100, wenn unsere Kinder den Planeten ihren Kindern und Enkeln überlassen? Welche Städte werden überflutet, welche Wälder vertrocknen, wessen Kornfelder verdorren? Die Ungewissheit zählt zu den folgenschwersten Metanarrativen, die der Klimawandel im Verlauf der nächsten Jahrzehnte in unsere Kultur tragen wird – ein gespenstischer Mangel an Klarheit darüber, wie die Welt, in der wir leben, in nur einem oder zwei Jahrzehnten aussehen wird, wenn wir immer noch in den gleichen Häusern wohnen, weiterhin die dafür aufgenommenen Kredite abbezahlen, die gleichen Fernsehsendungen gucken und die gleichen Richter am amerikanischen Supreme Court tätig sind. Doch obwohl es bei den Überlegungen, wie unser Klimasystem auf all das Kohlendioxid reagieren wird, das wir in die Atmosphäre gepustet haben, ein paar Dinge gibt, über die sich die Wissenschaft nicht im Klarem ist, ergibt sich die Ungewissheit, was passieren wird – diese unheimliche Ungewissheit –, nicht unbedingt aus der Ahnungslosigkeit der Wissenschaftler, sondern vor allem aus der unbeantworteten Frage, wie wir uns verhalten werden, also im Grunde: wie viel Kohlendioxid wir noch ausstoßen wollen, was keine Frage für die Natur-, sondern für die Geisteswissenschaften ist. Die Klimaforscher können bereits heute ungeheuer präzise voraussagen, wo ein Wirbelsturm auf die Küste treffen und wie stark er sein wird, und das bis zu einer Woche im Voraus, aber das liegt nicht nur daran, dass die Modelle gut sind, sondern auch daran, dass alle nötigen Daten vorliegen. Wenn es um die Erderwärmung geht, sind die Modelle ebenso gut, aber der wichtigste Faktor ist ein Mysterium: Wie werden wir uns verhalten?

Die Aussichten aufgrund der bisherigen Erfahrungswerte sind leider trübe: Seit die globale Erwärmung vor einem dreiviertel Jahrhundert als Problem ausgemacht wurde, haben wir weder an der Energieproduktion noch dem -verbrauch bedeutend etwas geändert, um der Situation Rechnung zu tragen und uns zu schützen. Über einen viel zu langen Zeitraum hinweg haben entspannte Klimabeobachter zugesehen, wie Wissenschaftler Wege zu einem stabilen Klima hin vorgezeichnet haben, und sind davon ausgegangen, dass die Welt sich entsprechend anpassen würde. Doch stattdessen hat die Welt im Grunde mehr oder weniger nichts getan – ganz so, als würden sich diese Vorschläge von selbst umsetzen. Die Kräfte des Marktes haben günstigeren und besser verfügbaren Ökostrom hervorgebracht, diese Innovationen aber auch gleich wieder verschluckt; sie haben also von ihnen profitiert und gleichzeitig die Emissionen ansteigen lassen. Die Politik hat Gesten enormer weltweiter Solidarität und Kooperation geliefert, ihre Versprechen dann aber sofort wieder verworfen. Klimaaktivisten verkünden gern, dass wir schon heute über alle nötigen Werkzeuge verfügen, um einen katastrophalen oder auch nur einen einschneidenden Klimawandel zu verhindern. Und das stimmt. Aber der politische Wille ist keine gering zu schätzende Zutat, und es ist nicht immer genügend davon vorhanden. Schließlich hätten wir auch die nötigen Hilfsmittel, um Armut, Epidemien und Gewalt gegen Frauen auszumerzen.

Es ist drei Jahre her, dass das gefeierte Pariser Klimaabkommen in

Kraft getreten ist – das eine Erderwärmung um maximal zwei Grad als verpflichtendes Ziel festsetzt und alle Länder der Erde dazu aufruft, auf dieses Ziel hinzuarbeiten –, doch die seitdem erfolgten Entwicklungen sind entmutigend. Im Jahr 2017 stieg der CO_2-Ausstoß laut der internationalen Energieagentur um 1,4 Prozent an, nach mehreren Jahren ohne klare Richtung, die Optimisten bereits als Abflachen oder Gipfelwert hatten werten wollen.[144] Stattdessen nehmen die Emissionen also weiter zu. Schon vor dem neuen Spitzenwert hatte sich keine der Industrienationen auf dem Weg dorthin befunden, die im Vertrag von Paris festgeschriebenen Verpflichtungen umzusetzen. Dabei würde die Erfüllung dieser Zusagen die Erderwärmung nur auf 3,2 Grad beschränken; um die Temperatur um weniger als zwei Grad ansteigen zu lassen, müssten alle unterzeichnenden Nationen ihre Versprechen deutlich ausweiten. Im Augenblick haben 195 Länder den Vertrag unterschrieben, doch nur bei den folgenden sind die Paris-Ziele »in Reichweite«: Marokko, Gambia, Bhutan, Costa Rica, Äthiopien, Indien und die Philippinen.[145] Das rückt Donald Trumps Beschluss, sich aus dem Vertrag zurückzuziehen, ins rechte Licht – seine Trotzreaktion könnte sich letztendlich verrückterweise als produktiv erweisen, weil der Rückzug der USA aus einer Führungsrolle beim Thema Klima China auf den Plan gerufen zu haben scheint – er bietet Xi Jinping die Gelegenheit und einen Anreiz, eine aktive Haltung in Bezug auf das Klima einzunehmen. Natürlich existieren die Verpflichtungen Chinas im Augenblick ebenfalls nur auf dem Papier; das Land hat bereits jetzt den größten ökologischen Fußabdruck der Welt, und in den ersten drei Monaten des Jahres 2018 stiegen die Emissionen dort um weitere 4 Prozent.[146] Die Hälfte aller Energie aus Kohlekraft wird in China erzeugt, und dabei laufen die Kraftwerke dort im Schnitt nur die halbe Zeit über – was bedeutet, dass die Leistung rasch hochgefahren werden könnte.[147] Weltweit betrachtet hat sich die Energiegewinnung aus Kohle seit 2000 fast verdoppelt. Eine Analyse ergab, dass sich die Erde bis 2100 um fünf Grad erwärmen würde, wenn die Welt als Ganzes Chinas Beispiel folgen würde.[148]

2018 sagten die Vereinten Nationen voraus, dass spätestens im Jahr 2040 eine Erwärmung um 1,5 Prozent erreicht sein werde, wenn die Emissionen so blieben, wie sie aktuell sind. Die Einschätzungen des amerikanischen National Climate Assessment ergaben 2017, dass wir, selbst wenn die CO_2-Konzentration ab sofort stabil bliebe, mit mehr als einem weiteren Temperaturanstieg um ein halbes Grad rechnen müssten. Deshalb ist das Zwei-Grad-Ziel wohl nur zu erreichen, wenn zur Verringerung des Kohlendioxidausstoßes auch noch sogenannte Negativemissionen hinzukommen. Das ist in zwei Formen möglich: Zum einen gibt es Technologien, die Kohlendioxid aus der Luft saugen und zum anderen neue Ansätze in den Bereichen Forst- und Landwirtschaft, die den gleichen Effekt für Pflanzen erzielen würden, allerdings auf etwas altmodischere Art und Weise.

Laut einer Fülle von jüngsten Untersuchungen sind jedoch beide Formen zumindest zum gegenwärtigen Zeitpunkt kaum mehr als Fantasiegespinste. 2018 ermittelte der European Academies' Science Advisory Council (EASAC), dass das Potenzial der bestehenden negativen Emissionstechnologien, die Zunahme der CO_2-Konzentration in der Atmosphäre auch nur abzubremsen, »begrenzt realistisch« sei – ganz zu schweigen davon, sie spürbar zu verringern.[149] Im gleichen Jahr bezeichnete die Fachzeitschrift *Nature* alle Szenarien, die auf Kohlenstoffbindung aufbauten, als »magisches Denken«[150]. Und dabei sind die Vorstellungen, um die es dabei geht, nicht einmal sonderlich verlockend. Insgesamt befindet sich gar nicht so viel Kohlendioxid in der Luft, etwa 410 ppm, aber dafür sind diese Partikel überall. Um weltweit Kohlendioxid aus der Luft abzuscheiden, wären wohl groß angelegte Filteranlagen an fast allen Orten der Erde nötig – der Planet würde sich in eine Art um die Sonne kreisende Luft-Recycling-Anlage verwandeln, in einen von Maschinen bedeckten Satelliten auf seiner Bahn durch das Sonnensystem. (Das ist nicht das, was die Wirtschaftswissenschaftlerin Barbara Ward oder der Designer und Schriftsteller Richard Buckminster Fuller vor Augen hatten, als sie vom »Raumschiff Erde« sprachen.) Und obwohl es sicherlich Fortschritte geben wird, die die Kosten reduzieren und zu effizienteren Maschinen führen, können wir darauf nicht mehr lange warten; uns fehlt einfach die Zeit. Eine Einschätzung besagt, dass wir, um uns noch Hoffnung auf das Erreichen des Zwei-Grad-Ziels zu machen, in den nächsten 70 Jahren jeden Tag anderthalb vollwertige Abscheidungsanlagen in Betrieb nehmen müssten.[151] 2018 waren es weltweit insgesamt 18.[152]

Das ist nicht gut, aber diese Gleichgültigkeit ist leider nichts Neues, wenn es um das Thema Klima geht. Die zukünftige Erderwärmung vorauszusagen ist angesichts der vielen ungewissen Faktoren, die das Ergebnis beeinflussen, ziemlicher Unsinn, aber obwohl das Best-Case-Szenario im Augenblick von einer Erwärmung zwischen 2 und 2,5 Grad bis 2100 ausgeht, scheint es so, als läge der wahrscheinlichste Verlauf, der dicke Bauch der Gauß'schen Glockenkurve, bei etwa drei Grad oder knapp darüber. Und selbst für diesen Wert wäre wohl eine bedeutende Negativemission nötig, zieht man in Betracht, dass unser CO_2-Verbrauch immer noch steigt. Außerdem besteht die Gefahr wissenschaftlicher Unwägbarkeiten, etwa die Möglichkeit, dass wir die Auswirkungen von Rückkopplungseffekten auf die natürlichen Systeme, über die wir nur wenig wissen, unterschätzen. Sollte das der Fall sein, ist es denkbar, dass die Erwärmung bis 2100 vier Grad betragen wird, trotz einer umfangreichen, wenn auch verspäteten, Verringerung der Emissionen in den kommenden Jahrzehnten. Doch die Erfahrungen seit dem Kyoto-Protokoll zeigen, dass es aufgrund der Kurzsichtigkeit des Menschen wenig sinnvoll ist, Vorhersagen darüber zu treffen, was in Bezug auf die Emissionen und die Erwärmung geschehen wird – es ist besser, darüber zu reden, was passieren *könnte*. Und da sind der Fantasie keine Grenzen gesetzt.

In der nahen Zukunft werden Städte der Hauptwohnort der Menschen sein, allerdings werden sie das Problem der hohen Temperaturen nur verschlimmern. Asphalt, Beton und alles andere, was eine Stadt verdichtet, auch menschliche Körper, absorbieren Wärme und speichern sie quasi eine Zeit lang, bevor sie sie wie eine langsam wirkende Giftpille wieder abgeben.[153] Das ist besonders kritisch, weil die nächtlichen Atempausen während einer Hitzewelle eigentlich nötig sind, damit sich der Körper erholen kann. Wenn diese Atempausen kürzer und weniger ausgeprägt sind, köchelt der Körper weiter vor sich hin. Beton und Asphalt in den Städten nehmen tagsüber so viel Hitze auf, dass es die Temperaturen bis zu zwölf Grad in die Höhe treiben kann,[154] wenn sie nachts freigesetzt wird, was erträglich heiße Tage in tödliche verwandeln kann – wie es 1995 bei der Hitzewelle in Chicago der Fall war, als 739 Menschen starben und die direkten Auswirkungen der Hitze durch Mängel in der öffentlichen Gesundheitsversorgung verschärft wurden.[155] Die oft zitierte Zahl spiegelt nur die unmittelbaren Todesfälle wider; fast die Hälfte der vielen tausend Menschen, die während der Hitzewelle ins Krankenhaus kamen, starben im weiteren Verlauf des Jahres. Andere erlitten bleibende Hirnschäden. Wissenschaftler nennen das den Hitzeinseleffekt – jede Stadt stellt einen in sich geschlossenen Raum dar, und je verdichteter der Raum ist, desto heißer wird es.

Dabei findet eine rasante Verstädterung statt; die Vereinten Nationen schätzen, dass 2050 zwei Drittel der Weltbevölkerung in Städten leben werden – das wären 2,5 Milliarden mehr Menschen als heute.[156] Seit mehr als einem Jahrhundert scheint die Stadt für einen Großteil der Menschen ein Inbegriff der Zukunft zu sein; es entstehen immer größere Metropolen mit mehr als fünf Millionen, mehr als zehn Millionen, mehr als 20 Millionen Einwohnern. Der Klimawandel wird an dieser Entwicklung wohl nicht viel ändern, aber er wird die großen Wanderungsbewegungen gefährlicher machen, wenn viele Millionen ehrgeizige Menschen in Städte strömen, in deren Jahresverlauf eine Reihe von tödlich heißen Tagen auftreten, und sich in diesen Megalopolen wie Motten rund ums Licht tummeln.

Theoretisch könnte der Klimawandel diesen Migrationsstrom umkehren, vielleicht sogar noch stärker, als es die Kriminalität im vergangenen Jahrhundert in vielen amerikanischen Städten bewirkt hat – er könnte die urbane Bevölkerung in bestimmten Regionen der Erde aus den Städten hinaustreiben, weil die Temperaturen dort unerträglich sind. In der Hitze schmelzen die Straßen und die Bahngleise verformen sich – das kommt heute schon vor, wird aber in den nächsten Jahrzehnten rapide zunehmen. Momentan gibt es 354 Städte, in denen die durchschnittliche Höchsttemperatur im Sommer 35 Grad oder mehr beträgt. 2050 könnte diese Liste auf 970 und die Anzahl der Menschen, die in diesen Städten wohnen und der tödlichen Hitze ausgesetzt sind, um das Achtfache auf 1,6 Milliarden angestiegen sein.[157] Allein in den Vereinigten Staaten haben seit 1992 70 000 Arbeiter schwere gesundheitliche Schäden durch die Hitze erlitten,[158] und man geht davon aus, dass bis 2050 255 000 Menschen an direkten Auswirkungen der Hitze sterben werden.[159] Schon heute kämpfen eine Milliarde Menschen weltweit mit der Hitzebelastung, und ein Drittel der Bevölkerung ist mindestens 20 Tage im Jahr tödlichen Hitzewellen ausgesetzt.[160] Bis 2100 wird aus diesem Drittel die Hälfte werden, selbst wenn wir es schaffen, die Erderwärmung auf unter zwei Grad zu begrenzen. Wenn nicht, könnte der Anteil auf drei Viertel steigen.

In den USA hat der Hitzschlag einen kläglichen Ruf – meist ist nur im Ferienlager davon die Rede, neben Muskelkrämpfen beim Schwimmen. Doch der Tod durch Hitze gehört zu den grausamsten Strafen für den menschlichen Körper und sorgt für ähnliche Schmerzen und Orientierungslosigkeit wie eine Unterkühlung.[161] Zuerst kommt es zur »Hitzeerschöpfung«, die größtenteils auf Dehydrierung zurückgeht: Schweißausbrüche, Übelkeit, Kopfschmerzen. Ab einem gewissen Punkt hilft Wasser nicht mehr – die Körperkerntemperatur steigt, weil der Körper Blut nach außen Richtung Haut leitet, in der verzweifelten Hoffnung, sie abzukühlen. Das führt oft zu Hautrötungen, die inneren Organe beginnen zu versagen. Irgendwann hört man auf zu schwitzen. Auch das Gehirn arbeitet nicht mehr zuverlässig, und manchmal endet der Verlauf nach einer unruhigen, aggressiven Phase mit einem tödlichen Herzinfarkt. »Bei extremer Hitze«, schreibt William Langewiesche, »kann man den Umständen genauso wenig entkommen, wie man sich seiner Haut entledigen kann.«

Hunger

Trotz aller Unterschiede der klimatischen Gegebenheiten und Pflanzen gilt für die verbreiteten Getreidearten, die bei optimalen Temperaturen angebaut werden, die Faustregel: Jeder Grad Erwärmung mindert den Ertrag um 10 Prozent.[162] In manchen Schätzungen liegt die Zahl noch höher.[163] Das bedeutet: Wenn die Erde am Ende des Jahrhunderts fünf Grad wärmer ist, stehen uns 50 Prozent weniger Getreide zur Verfügung, um damit die 50 Prozent mehr Menschen zu ernähren, die es laut Hochrechnungen dann geben wird. Oder sogar noch weniger, denn die Erträge sinken schneller, je wärmer es wird. Bei den Proteinen ist es noch schlimmer: Man braucht acht Kilo Getreide, um ein Kilo Hamburger-Fleisch zu erhalten, aus einer Kuh, die ihr Leben damit verbrachte, die Atmosphäre durch Methanrülpser zu erwärmen.[164]

Weltweit betrachtet macht Getreide etwa 40 Prozent unseres Speiseplans aus.[165] Rechnet man Sojabohnen und Mais dazu, kommt man auf zwei Drittel aller vom Menschen aufgenommenen Kalorien.[166] Insgesamt, so schätzen die Vereinten Nationen, wird die Erde 2050 fast doppelt so viel Nahrung brauchen wie heute – und obwohl diese Zahl auf Spekulationen beruht, ist sie nicht schlecht.[167] Optimistische Pflanzenphysiologen werden darauf hinweisen, dass die Getreidemathematik nur für die Regionen gilt, in denen bereits heute die optimale Anbautemperatur herrscht, und sie haben recht – theoretisch wird die Erderwärmung es uns erleichtern, Weizen in Grönland anzupflanzen. Doch wie ein wegweisender Aufsatz der Wissenschaftler Rosamond Naylor und David Battisti herausstellt, sind die Tropen bereits jetzt zu heiß, um dort effizient Getreide anzubauen, und die Regionen, in denen die großen Mengen produziert werden, verfügen heute über die beste Wachstumstemperatur – was bedeutet, dass schon ein kleiner Anstieg zu einer Abnahme der Erträge führen würde.[168] Das Gleiche gilt, über den Daumen gepeilt, auch für Mais. Bei einer Erwärmung um vier Grad würde die Maisernte in den USA, dem größten Erzeugerland, Schätzungen zufolge fast um die Hälfte zurückgehen. Bei den drei nächstgrößen Produzenten – China, Argentinien und Brasilien – wäre der Einbruch nicht ganz so dramatisch, doch jedes dieser Länder würde mindestens ein Fünftel der Ernte verlieren.[169]

Vor einem Jahrzehnt hätten die Klimatologen vielleicht noch gesagt, dass die direkte Hitze zwar das Pflanzenwachstum hemmen würde, das zusätzliche Kohlendioxid in der Luft aber einen gegenteiligen Effekt hätte – es würde wie eine Art Dünger aus der Luft wirken. Doch dieser Effekt macht sich am stärksten bei Unkraut und weniger bei Getreidepflanzen bemerkbar. Und bei einer höheren CO_2-Konzentration entwickeln Pflanzen dickere Blätter, was erst einmal harmlos klingt. Doch diese Blätter absorbieren weniger Kohlendioxid, was bis zum Ende des Jahrhunderts auf jährlich ganze 6,39 Gigatonnen zusätzliches CO_2 in der Atmosphäre hinauslaufen würde.[170]

Abgesehen vom Kohlendioxid müssen sich die Nutzpflanzen durch den Klimawandel gegen mehr Insekten zur Wehr setzen – deren erhöhte Aktivität könnte die Erträge um weitere 2 bis 4 Prozent mindern – und Pilzbefall und Krankheiten widerstehen, ganz zu schweigen von Überschwemmungen. Manche Sorten, wie die Sorghumhirse, sind robuster; doch selbst in den Regionen, in denen solche Alternativen verbreitet sind, ist der Ertrag in letzter Zeit zurückgegangen, und obwohl Pflanzenzüchter hoffen, hitzeresistentere Sorten zu schaffen, sind ihre jahrzehntelangen Versuche bisher nicht von Erfolg gekrönt. Der natürliche »Weizengürtel« der Erde verschiebt sich alle zehn Jahre um rund 250 Kilometer Richtung Norden, aber man kann nicht ohne Weiteres alle Felder um ein paar Hundert Kilometer verlegen – und das nicht nur, weil es schwierig ist, die entsprechenden Flächen von den Städten, Autobahnen, Bürokomplexen und Fabrikanlagen zu befreien, die sich dort jetzt befinden. Die Erträge von Feldern in abgelegeneren Regionen von Kanada und Russland wären selbst bei einer Erderwärmung um einige Grad beschränkt, da die Bodenqualität dort schlechter ist. Es dauert mehrere Jahrhunderte, bis die Erde an einer Stelle maximal fruchtbar ist. Die Flächen, für die das zutrifft, sind die, die wir bereits zum Anbau nutzen, und das Klima verändert sich viel zu schnell, als dass wir abwarten könnten, bis sich die weiter nördlich gelegenen Gebiete entsprechend entwickeln. Und der Boden – es ist kaum zu glauben – verschwindet sogar: Es gibt jedes Jahr 75 Milliarden Tonnen weniger davon.[171] In den Vereinigten Staaten wird zehnmal so viel Boden abgetragen wie von der Natur neu gebildet,[172] in China und Indien ist es 30- bis 40-mal so viel.[173]

Selbst wenn wir versuchen, uns anzupassen, sind wir zu langsam. Der Wirtschaftswissenschaftler Richard Hornbeck ist ein Fachmann für die Geschichte des *Dust Bowl*, eines Gebiets in den USA, das in den 1930er-Jahren nach einer Dürreperiode von schweren Staubstürmen heimgesucht wurde. Er sagt, die Farmer zu der Zeit hätten sich augenscheinlich an die damaligen Klimaveränderungen anpassen können, indem sie andere Pflanzen angebaut hätten. Aber das taten sie nicht, weil ihnen die nötigen Mittel fehlten, und so waren sie unfähig, die Lethargie, die Gewohnheiten und ihre tief verwurzelte Identität abzuschütteln.[174] Stattdessen starben die Pflanzen ab und lösten eine Flut von Folgen aus, die ganze Bundesstaaten der USA und alle ihre Bewohner mit sich riss.

Eine ganz ähnliche Entwicklung spielt sich gerade im Westen der USA ab. 1879 entdeckte der Forscher John Wesley Powell, der als Soldat in der Schlacht um Vicksburg seine freie Zeit damit verbrachte, das Gestein in den Schützengräben der Unionstruppen zu untersuchen, eine natürliche Trennlinie, die entlang des 100. Längengrades verlief.[175] Diese Linie trennte das feuchte – und daher urbare – Land des späteren Mittleren Westens vom trockenen, eindrucksvoll geformten, aber weniger für den Anbau geeigneten Land des echten Westens.[176] Sie verläuft durch Texas, Oklahoma, Kansas, Nebraska und die beiden Dakotas, erstreckt sich im Süden bis nach Mexiko und im Norden bis in die kanadische Provinz Manitoba und trennt die dichter bevölkerten Gebiete voller großer Höfe von dünner besiedelten, weiten Landschaften, die nie so richtig landwirtschaftlich genutzt wurden. Allein seit 1980 hat sich diese Grenze um ganze 225 Kilometer nach Osten verschoben, fast bis zum 98. Längengrad, und dabei Hunderttausende Quadratkilometer Ackerland vertrocknen lassen. Eine derartige Trennlinie findet sich auf der Erde nur ein weiteres Mal, zwischen der

Sahara und dem Rest von Afrika.[177] Auch dort hat sich die Wüste um 10 Prozent ausgedehnt; im Winter sind es sogar 18 Prozent.[178]

Die privilegierten Kinder des industrialisierten Westens haben lange über die Voraussagen des britischen Ökonomen Thomas Malthus gelacht, der glaubte, dass ein langfristiges Wirtschaftswachstum unmöglich sei, da jede Rekordernte oder Aufschwungphase letzten Endes mehr Kinder hervorbringe, die das Plus gleich wieder verschlängen – deshalb diene die Größe einer Bevölkerung, auch die der Erde als ganzer, immer als Gegengewicht zum materiellen Wohlstand. 1968 sprach der Biologe Paul R. Ehrlich in seinem weithin belächelten Werk *Die Bevölkerungsbombe* eine ähnliche Warnung aus, angepasst an das 21. Jahrhundert mit einer um ein Vielfaches gestiegenen Bevölkerungszahl. Er behauptete, dass die ökonomische und landwirtschaftliche Produktivität der Erde bereits ihre natürlichen Grenzen erreicht habe – sein Buch erschien zufällig genau zu dem Zeitpunkt, zu dem die Produktivitätszugewinne der sogenannten Grünen Revolution in den Fokus rückten. Dieser Begriff, der heute hin und wieder für Fortschritte im Bereich der sauberen Energien benutzt wird, entstand damals als Bezeichnung für den gewaltigen Anstieg der Agrarerträge, der Mitte des 20. Jahrhunderts durch Innovationen der Anbaumethoden erreicht wurde. In dem halben Jahrhundert, das seitdem vergangen ist, hat sich nicht nur die Weltbevölkerung verdoppelt – zudem ist auch die Anzahl der Menschen, die in extremer Armut leben, auf ein Sechstel geschrumpft, von gut der Hälfte der Menschheit auf 10 Prozent. In den Entwicklungsländern ist der Anteil der Unterernährten von mehr als 30 Prozent 1970 auf etwas mehr als 10 Prozent heute zurückgegangen.[179]

Diese Entwicklungen geben trotz aller Umweltprobleme Anlass zur Zuversicht, und in seinem kürzlich erschienenen Buch über die Bedeutung des Agrarbooms im 20. Jahrhundert unterscheidet der Wissenschaftsautor Charles G. Mann zwischen denen, die auf die bevorstehende Herausforderung einer Ressourcenknappheit mit reflexhaftem Optimismus reagieren – er nennt sie »Zauberer« –, und denen, die die

Welt immer kurz vorm Kollaps wähnen – den »Propheten«. Doch obwohl die Grüne Revolution fast schon zu perfekt ersonnen und durchgeführt wirkt, um Ehrlichs Panikmache zu widerlegen, ist sich Charles Mann nicht sicher, welche Lektionen sich daraus ableiten lassen. Es mag noch zu früh sein, um Ehrlich – oder sogar seinen Vorläufer Malthus – zu verurteilen, da sich fast alle erstaunlichen Produktivitätssteigerungen des vergangenen Jahrhunderts auf einen einzigen Mann zurückführen lassen, Norman Borlaug, der vielleicht besten Verkörperung der humanitären Tugenden des imperialen Jahrhunderts Amerikas. Der Sohn einer Bauernfamilie aus Iowa wurde 1914 geboren, besuchte die öffentliche Schule, fand eine Stelle beim Chemiekonzern DuPont und züchtete dann, unterstützt durch die Rockefeller-Stiftung, eine Reihe extrem ergiebiger, krankheitsresistenter Weizensorten, von denen es heute heißt, sie hätten einer Milliarde Menschen auf der Welt das Leben gerettet.[180] Doch wenn diese Entwicklung ein einmaliger Schub war – größtenteils ausgelöst durch einen einzigen Mann –, wie sehr können wir dann auf zukünftige Fortschritte dieser Art bauen?

Der Fachausdruck für den Gegenstand dieser Diskussion ist »Tragfähigkeit«: Wie viele Organismen kann ein bestimmter Lebensraum fassen, bevor er durch Überbeanspruchung geschädigt wird oder zusammenbricht? Doch es ist eine Sache, sich zu überlegen, was der Maximalertrag einer bestimmten Landfläche ist, aber eine andere, darüber nachzudenken, wie sehr dieser Wert von den Umweltsystemen bestimmt wird – Systemen, die so groß und schwer zu durchdringen sind, dass wohl nicht einmal ein herausragender Zauberer wie Borlaug sie bewusst hätte steuern können. Die Erderwärmung ist, mit anderen Worten, mehr als ein Faktor in der Gleichung zur Ermittlung der Tragfähigkeit; sie stellt die Rahmenbedingungen dar, unter denen alle Experimente zur Verbesserung dieser Tragfähigkeit durchgeführt werden müssen. Daher ist der Klimawandel nicht nur eine Herausforderung unter vielen, mit denen unser Planet, der bereits mit Unruhen, Krieg, furchtbarer Ungerechtigkeit und viel zu vielen weiteren unlösbaren Problemen zu kämpfen hat, konfrontiert ist, sondern die allumfassende Bühne, auf der all diese Dinge angegangen werden müssen – mit anderen Worten: die Sphäre, die buchstäblich alle zukünftigen Probleme der Welt und alle möglichen Lösungen enthält.

Merkwürdigerweise – absurderweise – könnten Problem und Lösung ein und dasselbe sein. Die Graphen, die die jüngsten Erfolge in den Entwicklungsländern abbilden – in Bezug auf Armut, Hunger, Bildung, Kindersterblichkeit, Lebenserwartung, Gleichberechtigung etc. –, sind praktisch deckungsgleich mit den Graphen, die den drastischen Anstieg des weltweiten CO_2-Ausstoßes anzeigen, der unseren Planeten an den Rand einer flächendeckenden Katastrophe geführt hat. Das ist ein Aspekt, um den es geht, wenn der Begriff »Klimagerechtigkeit« fällt. Denn nicht nur ist es unleugbar, dass die schlimmsten Auswirkungen des Klimawandels diejenigen treffen werden, die derartigen Tragödien am wenigsten entgegenzusetzen haben, sondern es gilt auch: Das, was man als »humanitäres Wachstum« der Mittelschicht in den Schwellen- und Entwicklungsländern seit dem Kalten Krieg bezeichnen könnte, ist größtenteils auf eine durch fossile Energien befeuerte Industrialisierung zurückzuführen – das Wohlergehen des Globalen Südens ist also erkauft durch Anleihen bei der ökologischen Zukunft des Planeten.

Das ist einer der Gründe, warum das Schicksal unseres Klimas zu einem überwältigenden Anteil von den Entwicklungsverläufen in China und Indien abhängt, die mit der tragischen Last zu kämpfen haben, dass sie versuchen, Aberhunderte Millionen Menschen den Zugang zur globalen Mittelschicht zu ermöglichen, während sie gleichzeitig wissen, dass die bequemen Wege, die jene Nationen beschritten haben, die sich im 19. oder auch 20. Jahrhundert industrialisiert haben, heute ins Klimachaos führen. Was aber nicht bedeutet, dass diese Länder sie nicht trotzdem einschlagen: Es wird erwartet, dass der Milchkonsum in China sich bis 2050 verdreifachen wird, weil die aufkommende Käuferschicht ihren Geschmack an den westlichen Vorlieben ausrichtet – und allein dieser Boom eines einzelnen Produkts in einem einzelnen Land könnte den weltweiten Treibhausgasausstoß durch Milchprodukte um 35 Prozent in die Höhe treiben.[181]

Schon heute geht ein Drittel aller Emissionen auf die Nahrungsmittelproduktion zurück.[182] Greenpeace schätzt, dass der weltweite Fleisch- und Milchproduktverzehr bis 2050 auf die Hälfte reduziert werden müsste, um einen gefährlichen Klimawandel zu verhindern, doch unsere Erfahrungen damit, was passiert, wenn der Wohlstand in einem Land steigt, deuten darauf hin, dass das nahezu unmöglich ist.[183] Und der Verzicht auf Milch wäre nur ein Schritt – die Forderung, sich billigen Strom, die massenhafte Verbreitung von Autos und die proteinhaltige Ernährung zu versagen, der die Wohlhabenden der Welt frönen, um dünn zu bleiben, ist noch schwerwiegender. Wir hier im postindustriellen Westen bemühen uns, nicht über diese Dinge nachzudenken, die uns so enorm viel Nutzen eingebracht haben. Wenn doch, plagen uns oft Schuldgefühle – wir verspüren das, was der Kritiker Kris Bartkus so bezeichnend »Malthusianische Tragik« nennt: die Unfähigkeit, dem Alltagsleben im gut situierten Westen angesichts der Verheerungen, die unser Wohlstand in der von uns eroberten Natur angerichtet hat, und dem Leid derer, die anderswo auf der Erde im Rennen um die endlosen materiellen Annehmlichkeiten zurückbleiben – und im Grunde dafür bezahlen müssen –, auch nur einen Rest von Unschuld abzugewinnen.[184]

Diese tragische oder auch selbstmitleidige Anschauungsweise trifft natürlich nur auf einen kleinen Teil der Menschen zu. Weitaus verbreiteter als die komplette Verleugnung oder restloser Fatalismus ist eine Mischung aus Unwissenheit und Gleichgültigkeit. Diese Klimakrankheit, die letztendlich mutwillig ist, auch wenn sie oft als Machtlosigkeit posiert, ist das Thema von William T. Vollmanns großem, zweibändigem Werk *Carbon Ideologies,* dessen erste Sätze – nach dem vorangestellten Motto von Steinbeck: »Verbrecher sind immer die anderen« – lauten: »Irgendwann, in vielleicht nicht allzu ferner Zukunft, fragen sich die Bewohner eines Planeten, der heißer, gefährlicher und biologisch dezimierter ist als derjenige, auf dem ich lebte, vielleicht einmal, was Sie und ich uns eigentlich dabei gedacht haben, oder ob wir überhaupt gedacht haben.« Ein Großteil des Vorworts ist in der Vergangenheit geschrieben, aus einer fiktiven, von Verheerungen geprägten Zukunft heraus. »Natürlich haben wir es uns selbst angetan, wir waren immer schon intellektuell träge, und je weniger man uns abverlangte, desto weniger hatten wir zu sagen«, schreibt Vollmann. »Wir alle lebten für Geld, und wir starben auch dafür.«

Dürren könnten ein noch größeres Problem für die Nahrungsmittelproduktion darstellen als die Hitze, weil ein Teil der urbaren Flächen der Erde sich rasch in Wüsten verwandelt. Bei einer Erwärmung um zwei Grad werden der Mittelmeerraum und weite Bereiche Indiens verdorren, und der Mais- und Hirseanbau auf der ganzen Welt wird beeinträchtigt sein, was zu Engpässen in der Nahrungsmittelversorgung führt.[185] Bei 2,5 Grad könnte die Erde, hauptsächlich bedingt durch Dürren, ein Ernährungsdefizit erleiden – das heißt, die Menschen würden mehr Kalorien verbrauchen, als der Planet erzeugen kann. Bei drei Grad würden sich die Dürren noch weiter ausbreiten – auf Mittelamerika, Pakistan, den Westen der USA und Australien. Bei fünf Grad wären dann »zwei den Globus umspannenden Gürtel beständiger Dürre« entstanden, wie es der Umweltschützer Mark Lynas bezeichnet.[186]

Bei Niederschlägen ist es ganz besonders schwierig, detaillierte Modelle aufzustellen, aber die Voraussagen für den späteren Teil unseres Jahrhunderts stimmen im Grunde alle überein: Es wird sowohl beispiellose Trockenperioden als auch beispiellose Überschwemmungen auslösende Regenfälle geben. Wenn wir die Emissionen nicht drastisch reduzieren, wird Südeuropa 2080 unter einer dauerhaften extremen Dürre leiden, viel schlimmer, als es im amerikanischen *Dust Bowl* je der Fall war.[187] Das Gleiche gilt für den Irak, Syrien und weite Teile des Nahen Ostens, für einige der am dichtesten besiedelten Bereiche Australiens, Afrikas und Südamerikas sowie für die Kornkammern Chinas.[188] Keine dieser Regionen, die heute einen bedeutenden Beitrag zur weltweiten Nahrungsmittelproduktion liefern, wäre dann noch ein zuverlässiges Anbaugebiet. Und was den ursprünglichen *Dust Bowl* angeht: Die Dürreperioden in den Inneren Ebenen und im Südwesten der USA wären nicht nur schlimmer als in den 1930er-

Jahren, wie eine NASA-Studie aus dem Jahr 2015 voraussagt, sondern schlimmer als alle Dürren des letzten Jahrtausends – einschließlich derer, die zwischen 1100 und 1300 wütete, alle Flüsse östlich der Sierra Nevada austrocknen ließ und möglicherweise zum Untergang der Anasazi-Kultur führte.[189]

Dabei muss man sich vor Augen führen, dass wir trotz der herausragenden Errungenschaften der letzten Jahrzehnte heute nicht in einer Welt ohne Hunger leben, im Gegenteil: Die meisten Schätzungen gehen davon aus, dass weltweit 800 Millionen Menschen unterernährt sind, davon 100 Millionen aufgrund von Klimaveränderungen.[190] Der sogenannte verborgene Hunger – Mangel- oder Fehlernährung – ist deutlich verbreiteter, von ihm sind mehr als eine Milliarde Menschen betroffen. Im Frühjahr 2017 erlebten Afrika und der Nahe Osten eine noch nie dagewesene, vierfache Hungersnot; die Vereinten Nationen warnten davor, dass die voneinander unabhängigen Ereignisse in Somalia, Südsudan, Nigeria und Jemen in jenem Jahr 20 Millionen Todesopfer fordern könnten. Und dabei ging es um ein einziges Jahr auf einem einzigen Kontinent, der mittlerweile eine Milliarde Menschen ernähren muss und dessen Bevölkerung sich Schätzungen zufolge im Verlauf des 21. Jahrhunderts auf vier Milliarden erhöhen, also vervierfachen wird.

Man kann nur hoffen, dass dieser Bevölkerungszuwachs weitere Borlaugs hervorbringen wird, am besten gleich eine ganze Reihe davon. Und es gibt bereits erste Hinweise auf mögliche technologische Durchbrüche: China investiert in individuell zugeschnittene Anbaumethoden, um die Produktivität zu steigern und den Einsatz von Treibhausgase freisetzenden Düngemitteln zu reduzieren;[191] in Großbritannien kündigte ein »erdbodenloses Start-up« 2018 die erste »Ernte« an;[192] in den USA ist schon von den Erfolgsaussichten des »vertikalen Anbaus« die Rede, bei dem Fläche eingespart wird, indem man im Inneren von Gebäuden mehrere Etagen von Pflanzen übereinandersetzt, und von im Labor gewonnenen Proteinen, die das gleiche Ziel verfolgen, indem man Fleisch in Reagenzgläsern heranzüchtet. Doch diese Technologien bilden die Avantgarde; sie sind ungleich über die Erde verteilt und so teuer, dass sie für die Bedürftigsten erst einmal nicht verfügbar sind. Vor einem Jahrzehnt herrschte große Zuversicht, dass gentechnisch veränderte Nutzpflanzen für eine weitere Grüne Revolution sorgen könnten, aber diese Methode ist bis heute hauptsächlich dafür genutzt worden, um Pflanzen widerstandsfähiger gegen Pestizide zu machen, die von den gleichen Firmen hergestellt und verkauft werden, die auch die Pflanzensorten vertreiben. Und der gesellschaftliche Widerstand gegen Gentechnik ist so schnell gewachsen, dass die amerikanische Biosupermarktkette Whole Foods das Wasser ihrer Hausmarke jetzt als »gentechnikfreies Mineralwasser« verkauft.

Dabei ist völlig unklar, welchen Nutzen selbst diejenigen, denen diese Avantgarde-Technologien zur Verfügung stehen, daraus ziehen können. In den vergangenen 15 Jahren hat der eigenwillige Mathematiker Irakli Loladze ermittelt, dass Kohlendioxid schwerwiegende Auswirkungen auf die Ernährung des Menschen hat, die die Pflanzenphysiologen nicht vorausgesehen haben: Das Gas macht Pflanzen größer, aber die größeren Pflanzen enthalten nicht mehr Nährstoffe. »Jedes Blatt und jeder Halm auf der Erde bilden mehr und mehr Zucker, wenn der CO_2-Gehalt weiter steigt«, erzählte er der amerikanischen Zeitung *Politico* im Rahmen eines Artikels über seine Arbeit, der die Überschrift »Der große Nährstoffkollaps« trug. »Wir erleben gerade die größte Zufuhr von Kohlenhydraten in die Biosphäre seit Menschengedenken – [eine] Zufuhr, die den Anteil anderer Nährstoffe in unserer Lebensmittelversorgung verringert.«[193]

Seit 1950 ist die Konzentration der guten Inhaltsstoffe – Protein, Kalzium, Eisen, Vitamin C, um nur vier davon zu nennen – in den Pflanzen, die wir anbauen, um ein Drittel zurückgegangen, zeigte eine richtungsweisende Studie 2004. Unser Essen wird immer mehr zu Junkfood.[194] Selbst der Proteingehalt von Blütenpollen ist um ein Drittel geschrumpft.[195]

Das Problem verschlimmert sich mit zunehmender Konzentration der Kohlenstoffverbindungen. Kürzlich schätzten Forscher, dass bis 2050 etwa 150 Millionen Menschen in den Entwicklungsländern infolge des Nährstoffkollapses an Proteinmangel leiden könnten, weil viele der Armen auf der Erde ihr Protein hauptsächlich aus Getreide beziehen, nicht aus Fleisch.[196] 138 Millionen könnten zu wenig Zink zu sich nehmen, ein Spurenelement, das wichtig ist für einen gesunden Schwangerschaftsverlauf,[197] und bei 1,4 Milliarden Menschen besteht die Gefahr, dass ihr Eisenverzehr deutlich zurückgeht, was eine rasante Ausbreitung der Blutarmut nach sich ziehen könnte.[198] 2018 untersuchte ein agrarwissenschaftliches Team unter der Leitung von Chunwu Zhu den Proteingehalt von 18 verschiedenen Sorten Reis, dem Grundnahrungsmittel von mehr als zwei Milliarden Menschen, und fand heraus, dass mehr Kohlendioxid in der Luft generell zu einem Rückgang des Nährstoffgehalts führt, sowohl in Bezug auf Proteine als auch auf Eisen, Zink und die Vitamine B_1, B_2, B_5 und B_9 – im Grunde allem außer Vitamin E.[199] Insgesamt kamen die Forscher zu dem Schluss, dass der Kohlendioxidausstoß allein durch seine Auswirkungen auf diese eine Pflanze, Reis, die Gesundheit von 600 Millionen Menschen beeinträchtigen könnte.

In vergangenen Jahrhunderten bildete diese Pflanze die Grundlage von Kaiserreichen. Der Klimawandel verspricht nun das Aufkommen eines weiteren Reichs, nämlich dem des Hungers unter den Armen der Welt.

Ertrinken

Dass das Meer sich irgendwann zum Killer entwickelt, ist gesichert. Ohne eine Verminderung der Emissionen wird der Meeresspiegel am Ende des Jahrhunderts um mindestens 1,20 und möglicherweise um bis zu 2,50 Meter angestiegen sein.[200] Selbst bei einer radikalen Reduzierung – so umfassend, dass das Pariser Zwei-Grad-Ziel wieder ein erreichbares, wenn auch optimistisches Vorhaben darstellen würde – könnte die Erhöhung bis 2100 immer noch zwei Meter betragen.[201]

Absurderweise wiegen uns Zahlen wie diese seit einer Generation in Sicherheit – wenn wir davon ausgehen, dass das Schlimmste, was der Klimawandel bewirken kann, ein maximal mannshoher Anstieg des Meeresspiegels ist, lehnt sich jeder, der auch nur ein Stück weit von der Küste entfernt wohnt, erst einmal entspannt zurück. In dieser Hinsicht sind selbst pessimistische Bestsellerwerke über die globale Erwärmung Opfer ihres eigenen Erfolgs geworden, weil ihr Fokus so sehr auf dem Anstieg des Meeresspiegels lag, dass die Leser für alle anderen Plagen, die die nachfolgenden Generationen bedrohen, blind wurden – Hitze, extreme Wetterlagen, Pandemien und so weiter. Doch so »vertraut« uns der Anstieg des Meeresspiegels auch vorkommen mag, er verdient dennoch einen Platz mitten in jeder Darstellung dessen, was der Klimawandel bringen wird. Die Tatsache, dass sich viele Menschen bereits an die Aussicht auf eine nahe Zukunft mit wesentlich ausgedehnteren Ozeanen gewöhnt haben, sollten wir als genauso entmutigend und beunruhigend empfinden, wie wenn wir uns schon mit der Unausweichlichkeit eines weitreichenden Atomkrieges abgefunden hätten – denn die Verheerungen, zu denen der steigende Pegel führen wird, sind ähnlich groß.

In seinem Buch *The Water Will Come* nennt der Autor Jeff Goodell nur einige der Monumente – in manchen Fällen ganze Kulturen –, die sich noch in diesem Jahrhundert in Relikte unter der Wasseroberfläche verwandeln werden, wie versunkene Schiffe: Alle Strände, an denen Sie je waren, die Firmenzentrale von Facebook, das Kennedy Space Center und der größte Marinestützpunkt der Vereinigten Staaten in Norfolk (US-Bundesstaat Virginia), die gesamten Malediven und Marshallinseln, ein Großteil von Bangladesch, einschließlich aller Mangrovenwälder, die seit Jahrtausenden dem Königstiger eine Heimat bieten, Miami Beach und weite Teile des Paradieses, das in Südflorida vor weniger als einem Jahrhundert von rabiaten Immobilienspekulanten aus Marsch, Sümpfen und Sandbänken herausgestampft wurde, der fast 1 000 Jahre alte Markusdom in Venedig, Venice Beach und Santa Monica in Los Angeles, das Weiße Haus in Washington sowie Trumps Winterresidenz in Mar-a-Lago, die von Richard Nixon in Key Biscayne und das ursprüngliche »Kleine Weiße Haus« von Harry

S. Truman in Key West.[202] Dabei ist Goodells Liste unvollständig. Wir schwelgen seit Jahrtausenden, seit Platons Zeiten, in den Legenden einer einzelnen versunkenen Kultur, Atlantis, die – falls es sie je gab – wahrscheinlich auf einem kleinen Archipel im Mittelmeer existierte und aus Tausenden, möglicherweise Zehntausenden Menschen bestand.[203] Wenn wir den Emissionen keinen Einhalt gebieten, werden 2100 5 Prozent der Weltbevölkerung jedes Jahr mit Überschwemmungen zu kämpfen haben.[204] Jakarta gehört zu den am schnellsten wachsenden Städten der Welt, schon heute leben dort zehn Millionen Menschen; aufgrund des steigenden Meeresspiegels und da die Stadt buchstäblich sinkt, könnte sie bereits 2050 komplett unter der Wasseroberfläche verschwunden sein.[205] China evakuiert schon heute jeden Sommer Hunderttausende Menschen, um sie vor den Überschwemmungen im Delta des Perlflusses zu schützen.[206]

Diese Fluten würden nicht nur die Häuser derer unter sich begraben, die vor ihnen fliehen – Hunderte Millionen Klimaflüchtlinge, in einer Welt, die augenblicklich nicht einmal die Grundbedürfnisse von ein paar Millionen stillen kann –, sondern ganze Dörfer, Schulen, Einkaufszentren, Anbauflächen, Bürogebäude und Hochhäuser: lokale Strukturen, die so ausgedehnt sind, dass wir sie vor einigen Jahrhunderten noch als eigene Reiche betrachtet hätten, die jetzt aber plötzlich zu Unterwassermuseen werden, in denen ausgestellt ist, wie das Leben in der ein oder zwei Jahrhunderte andauernden Phase aussah, in der die Menschen Unmengen von Gebäuden an der Küste hochzogen, statt eine sichere Distanz zu ihr zu wahren.

Es wird Tausende, vielleicht Millionen Jahre dauern, bis so viel Quarz und Feldspat zu Sand zerfallen, dass die Strände, die wir verlieren, wiederhergestellt sind. Ein Großteil der Infrastruktur des Internets, so eine Studie, könnte in weniger als zwei Jahrzehnten durch den Anstieg des Meeresspiegels überflutet sein, und die meisten Smartphones, mit denen wir heute darin surfen, werden in Shenzhen gebaut, einer Stadt im Delta des Perlflusses, die ebenfalls bald versinken könnte.[207] 2018 ermittelte die Union of Concerned Scientists, dass 2045 fast 311 000 Wohnhäusern in den Vereinigten Staaten die regelmäßige Überschwemmung drohen könnte – der Zeitraum bis dahin entspricht, wie die Organisation hervorhob, der Laufzeit eines Hauskredits.[208] Bis 2100 betrüge die Anzahl mehr als 2,4 Millionen Häuser im Wert von insgesamt einer Billion Dollar – sie alle ständen unter Wasser. Der Klimawandel könnte die Versicherung von Bauwerken an der Küste nicht nur unbezahlbar machen, sondern das Konzept der Versicherung gegen Naturkatastrophen an sich abschaffen; gegen Ende des Jahrhunderts könnten einige Regionen, wie eine Untersuchung ergab, von sechs unterschiedlichen durch das Klima verursachten Katastrophen gleichzeitig heimgesucht werden. Wenn wir keine signifikanten Schritte unternehmen, um die Emissionen zu reduzieren, könnten 2100 laut einer Schätzung weltweit *jährlich* Schäden im Wert von 100 Billionen Dollar entstehen. Das ist mehr als das jetzige Bruttoinlandsprodukt aller Länder zusammen. Die meisten Schätzungen liegen jedoch niedriger, bei 14 Billionen Dollar pro Jahr, was immer noch fast ein Fünftel des weltweiten BIPs ist.[209]

Doch das Hochwasser würde am Ende des Jahrhunderts nicht plötzlich stagnieren; der Anstieg des Meeresspiegels würde über Jahrtausende weitergehen,[210] bis er irgendwann, selbst wenn man vom optimistischen Zwei-Grad-Szenario ausgeht, sechs Meter erreicht hätte.[211] Wie würde das aussehen? Wir würden gut 1,15 Millionen Quadratkilometer Land verlieren, auf dem heute 375 Millionen Menschen leben – ein Viertel davon in China.[212] Genau genommen handelt es sich bei allen der 20 am schlimmsten betroffenen Städte um asiatische Megalopolen – darunter Shanghai, Hongkong, Mumbai und Kolkata.[213] Das trübt die Aussicht auf ein asiatisch geprägtes Jahrhundert, von dem die Propheten der wettbewerbsorientierten Geopolitik so selbstverständlich ausgehen, ganz beträchtlich. Wie auch immer der Klimawandel verlaufen wird: China wird seinen Aufstieg sicherlich fortsetzen, aber dabei auch gegen die Ozeane ankämpfen – vielleicht ist das ein Grund dafür, warum das Land so sehr darauf erpicht ist, die Macht über das Südchinesische Meer zu gewinnen.

Fast zwei Drittel der größten Städte der Erde befinden sich an der Küste – ganz zu schweigen von den dazugehörigen Kraftwerken,

Häfen, Marinestützpunkten, Ackerflächen, Fischereigebieten, Flussdeltas, Mooren und Reisfeldern –, und auch diejenigen, die mehr als drei Meter über dem Meeresspiegel liegen, werden deutlich schneller und häufiger überflutet werden, wenn das Wasser derart hoch steigt. Schon heute gibt es laut dem European Academies' Science Advisory Council viermal mehr Überschwemmungen als noch 1980 und doppelt so viele wie 2004.[214] Selbst wenn man von einem »mittelniedrigen« Anstieg ausgeht, könnte die Ostküste der USA »jeden zweiten Tag« ein Hochwasser erleben.[215]

Bei all dem haben wir die Überschwemmungen im Landesinneren ganz außen vor gelassen – wenn Flüsse über ihre Ufer treten, weil ihr Pegel durch sintflutartige Regengüsse oder Sturmfluten, die vom Meer aus ins Inland gedrückt werden, ansteigen. Zwischen 1995 und 2015 waren weltweit 2,3 Milliarden Menschen von solchen Ereignissen betroffen, 157 000 starben.[216] Selbst wenn wir die Emissionen maximal radikal reduzierten, würde die Erwärmung durch die Kohlenstoffverbindungen, die wir bereits in die Atmosphäre gepustet haben, die Regenmenge auf der Welt in einem Maße erhöhen, dass die Anzahl der Menschen, die in Südamerika von Flussüberschwemmungen betroffen wären, sich laut einer Untersuchung von sechs auf zwölf Millionen verdoppeln würde.[217] In Afrika stiege sie von 24 auf 35 Millionen, in Asien von 70 auf 156 Millionen. Bei einer Erderwärmung um nur 1,5 Grad würden die Schäden durch Überschwemmungen trotzdem um 160 bis 240 Prozent zunehmen, bei zwei Grad läge die Zahl der Todesopfer durch die Fluten um 50 Prozent höher als heute. In den Vereinigten Staaten ergab kürzlich ein Modell, dass die jüngsten Voraussagen der Federal Emergency Management Agency (FEMA), der nationalen Koordinationsstelle für Katastrophenhilfe, in Bezug auf das Überflutungsrisiko um den Faktor drei danebenlagen und dass mehr als 40 Millionen Amerikaner Gefahr laufen, eine Flutkatastrophe zu erleben.[218]

Dabei dürfen Sie nicht vergessen: All diese Auswirkungen treten selbst bei einer radikalen Verringerung der Emissionen ein. Ohne Schutzmaßnahmen werden weite Bereiche Nordeuropas und die gesamte östliche Hälfte der USA mindestens zehnmal so vielen Überschwemmungen durchleben wie bisher. In großen Teilen von Indien, Bangladesch und Südostasien, wo katastrophale Überflutungen schon zum Alltag gehören, könnte der Faktor derselbe sein – dabei ist der Ausgangswert heute schon so hoch, dass sich dort jedes Jahr humanitäre Krisen von einem derartigen Ausmaß ereignen, dass wir gern glauben würden, sie blieben uns über Generationen im Gedächtnis.

Stattdessen vergessen wir sie sofort. 2017 kosteten die Überschwemmungen in Südasien 1 200 Menschen das Leben und setzten zwei Drittel von Bangladesch unter Wasser;[219] António Guterres, der Generalsekretär der Vereinten Nationen, schätzte, dass 41 Millionen Menschen davon betroffen waren.[220] Wie bei so vielen Daten des Klimawandels fällt es uns auch bei dieser Zahl schwer, ihre Bedeutung zu erfassen, aber 41 Millionen sind achtmal so viele Menschen, wie zu Zeiten der Flutung des Schwarzen Meeres vor 7 600 Jahren insgesamt auf der Erde lebten[221] – und jene Überschwemmung war angeblich so dramatisch und katastrophal, dass sich daraus die Geschichte von Noah und seiner Arche entwickelte.[222] Gleichzeitig mit der Überschwemmung 2017 kamen fast 700 000 Rohingya-Flüchtlinge aus Myanmar in Bangladesch an, von denen sich die meisten in einer einzigen Ansiedlung niederließen, die innerhalb weniger Monate mehr Einwohner hatte als Lyon, die drittgrößte Stadt Frankreichs, und kurz vor Beginn der nächsten Monsunzeit in einem Erdrutschgebiet entstand.[223]

In welchem Maß wir uns an neue Küstenverläufe anpassen können, liegt hauptsächlich daran, wie schnell das Wasser steigt. In dieser Hinsicht verändern sich unsere Erkenntnisse erschreckend schnell. Als das Pariser Abkommen formuliert wurde, waren sich die Verfasser sicher, dass der antarktische Eisschild stabil bleiben würde, selbst wenn sich die Erde um mehrere Grad erwärmt; sie gingen davon aus, dass der Meeresspiegel bis zum Ende des Jahrhunderts höchstens um einen Meter steigen könnte.[224] Das war im Jahr 2015. Im gleichen Jahr fand die NASA heraus, dass diese Annahme hoffnungslos vermessen war, und verkündete, dass ein Meter nicht das Maximum, sondern eher das Minimum darstelle. 2017 vertrat die US-Behörde National Oceanic and Atmospheric Administration (NOAA) die Meinung, dass ein Anstieg um zweieinhalb Meter möglich sei – weiterhin nur in diesem Jahrhundert. An der Ostküste der USA haben die Forscher bereits einen neuen Begriff geprägt, »Sonnenscheinüberschwemmung« – wenn das Hochwasser von allein, ganz ohne Einwirkung von Regenfällen, eine Stadt überflutet.[225]

2018 ergab eine Untersuchung, dass die Entwicklung noch schneller vonstattengeht,[226] da sich die Schmelzgeschwindigkeit des antarktischen Eisschilds allein im letzten Jahrzehnt verdreifacht hat.[227] Zwischen 1992 und 1997 schrumpfte der Schild jedes Jahr um durchschnittlich 49 Milliarden Tonnen Eis, zwischen 2012 und 2017 waren es 219 Milliarden.[228] 2016 hatte der Klimaforscher James Hansen ermittelt, dass der Meeresspiegel innerhalb von 50 Jahren um mehrere Meter ansteigen könnte, wenn sich die Eisschmelze jedes Jahrzehnt verdoppeln würde; und nun war in diesem neuen Artikel von einer Verdreifachung die Rede.[229] Seit den 1950er-Jahren hat der Kontinent durch den schrumpfenden Eisschild eine Fläche von 33 500 Quadratkilometern verloren;[230] Experten sagen, dass sein letztendliches Schicksal wohl davon abhängt, was wir Menschen im nächsten Jahrzehnt tun.[231]

Jeder Aspekt des Klimawandels ist von Unwägbarkeiten geprägt, vor allem von der Ungewissheit, wie sich die Menschen verhalten werden – welche Maßnahmen sie ergreifen, und wann, um die dramatischen Veränderungen abzuwenden, die dem Leben auf diesem Planeten ohne drastisches Eingreifen bevorstehen. Alle Voraussagen, von den gleichgültigsten bis zu den extremsten, sind von einer Schicht des Zweifels umhüllt – sie beruhen auf so vielen Schätzungen und Annahmen, dass es töricht wäre, sie wörtlich zu nehmen.

Was den Anstieg des Meeresspiegels von anderen Aspekten der Klimawandelforschung, abgesehen vielleicht von der Wolkenbildung, unterscheidet, ist die Tatsache, dass zu dieser großen Unbekannten noch eine deutlich umfangreichere wissenschaftliche Unkenntnis hinzukommt. Wenn sich Wasser erwärmt, dehnt es sich aus; so viel wissen wir. Aber die Auflösung des Eises stellt quasi ein neues Teilgebiet der Physik dar, weil es so etwas in der Geschichte der Menschheit noch nicht gegeben hat und wir daher wenig darüber wissen.[232]

Dank der Beobachtungen der schnell voranschreitenden Eisschmelze in der Arktis gibt es mittlerweile Studien über die sogenannten Schädigungsprozesse des Eisschildverlusts.[233] Aber unser Verständnis dieser Dynamiken, die zu den wichtigsten Triebkräften hinter dem Anstieg des Meeresspiegels zählen, ist noch nicht gut genug, um zuverlässige Aussagen darüber zu treffen, wie schnell Eisschilde schmelzen werden. Und obwohl wir mittlerweile über ein gutes Bild der Klimageschichte des Planeten verfügen, hat es doch in der gesamten untersuchten Zeit niemals eine derart rasche Erwärmung gegeben – laut einer Schätzung zehnmal schneller als zu irgendeinem anderen Zeitpunkt in den letzten 66 Millionen Jahren.[234] Der jährliche CO_2-Ausstoß des durchschnittlichen Amerikaners reicht aus, um 10 000 Tonnen Eis des antarktischen Eisschilds schmelzen zu lassen – genug, um den Ozeanen 10 000 Kubikmeter Wasser hinzuzufügen. Das sind pro Minute rund 19 Liter.[235]

Eine Studie legt nahe, dass der Grönländische Eisschild bei einer Erderwärmung um nur 1,2 Grad einen Kipppunkt erreichen könnte.[236] Diesen Wert haben wir schon fast erreicht, wir sind heute bei 1,1 Grad. Allein das Schmelzen dieses Eisschilds könnte den Meeresspiegel im Verlauf der Jahrhunderte um sechs Meter ansteigen lassen und somit Miami, Manhattan, London, Shanghai, Bangkok und Mumbai unter Wasser setzen.[237] Und obwohl die Erderwärmung bis 2100 insgesamt knapp über vier Grad liegen dürfte, wenn wir so weitermachen wie bisher, könnte der Anstieg in der Arktis 13 Grad betragen, weil sich die Temperaturzunahme ungleich verteilt.

2014 erfuhren wir, dass der Westantarktische und der Grönländische Eisschild empfindlicher sind, als die Wissenschaftler gedacht hatten – der Westantarktische Eisschild hatte den Kipppunkt zum Kollaps sogar bereits überschritten; innerhalb von fünf Jahren hatte sich die Geschwindigkeit, in der das Eis schmilzt, verdoppelt.[238] Das Gleiche war in Grönland geschehen, wo nun jeden Tag fast eine Milliarde

Tonnen Eis verloren gehen.[239] Die beiden Schilde enthalten genug Eis, um den Meeresspiegel weltweit um drei bis sechs Meter ansteigen zu lassen – jeweils.[240] 2017 entdeckte man, dass auch zwei Gletscher im Ostantarktischen Schild beunruhigend schnell abschmelzen – sie verlieren jährlich 18 Milliarden Tonnen Eis – genug, um ganz New Jersey mit einer einen Meter dicken Eisschicht zu überziehen.[241] Wenn beide Gletscher verschwinden, rechnen Fachleute mit einem zusätzlichen Anstieg des Meeresspiegels um knapp fünf Meter. Insgesamt könnten die beiden antarktischen Eisschilde den Meeresspiegel um 60 Meter in die Höhe treiben; das würde die Küstenlinie in weiten Teilen der Welt um viele Kilometer verschieben. Als die Erde das letzte Mal vier Grad wärmer war, so schreibt der Wissenschaftsjournalist Peter Brannen, gab es an keinem der beiden Pole Eis, und der Meeresspiegel lag 80 Meter höher. In der Arktis wuchsen Palmen. Man denkt besser erst gar nicht darüber nach, wie das Leben am Äquator wohl aussah.

Wie für alle Aspekte des Klimas gilt auch für das Schmelzen der Eisvorkommen, dass es nicht in einem Vakuum stattfinden wird, und die Wissenschaftler sind sich noch nicht vollständig darüber im Klaren, welche Kaskadeneffekte ein solcher Kollaps auslösen wird. Ein großes Thema ist das Methan, vor allem das Methan, das freigesetzt werden könnte, wenn die Permafrostböden der Arktis auftauen, in denen bis zu 1 800 Gigatonnen Kohlenstoff gespeichert sind – deutlich mehr, als augenblicklich in der Erdatmosphäre gelöst ist.[242] Wenn die Böden auftauen, wird ein Teil davon als Methan in die Luft entweichen, ein Treibhausgas, das je nach Messverfahren mindestens mehrere Dutzend Mal schädlicher ist als Kohlendioxid.

Als ich begann, mich ernsthaft mit dem Klimawandel auseinanderzusetzen, galt das Risiko, das Methan aus den arktischen Permafrostböden könne plötzlich freigesetzt werden, noch als recht gering – so gering, dass die meisten Wissenschaftler diese Diskussion als verantwortungslose Panikmache abtaten und offenkundig skeptische Formulierungen wie »arktische Methan-Zeitbombe« und »Todesrülpser« für diese Klimagefahr verwendeten, auf die man ihrer Meinung nach in naher Zukunft keine großen Gedanken verschwenden musste. Die Neuigkeiten, die uns seitdem erreicht haben, sind nicht sonderlich ermutigend: Ein Artikel in der Zeitschrift *Nature* berichtet, dass die Freisetzung des arktischen Methans aus den Permafrostseen durch Schübe »abrupten Auftauens«, wie es genannt wird, stark beschleunigt werden könnte – und das geschehe bereits.[243] Der Methangehalt der Atmosphäre ist in den vergangenen Jahren rapide angestiegen, ohne dass die Forscher den Grund dafür ausmachen könnten;[244] neue Untersuchungen legen nahe, dass die Gasmengen, die von den arktischen Seen in die Atmosphäre abgegeben werden, sich in Zukunft verdoppeln könnten.[245] Es ist nicht klar, ob diese Methan-Freisetzung ein neues Phänomen ist, oder ob wir erst jetzt darauf aufmerksam geworden sind. Doch obwohl die einhellige Meinung immer noch lautet, dass eine jähe Freisetzung des Methans unwahrscheinlich ist, stellt die neue Untersuchung eine Fallstudie dafür dar, warum es sich doch lohnt, sich mit derartigen unwahrscheinlich-aber-durchaus-möglichen Klimagefahren auseinanderzusetzen und sie ernst zu nehmen. Wenn wir es für unverantwortlich erklären, alles jenseits eines engen Korridors an Möglichkeiten zu erwägen, zu thematisieren oder einzuplanen, können selbst unspektakuläre neue Forschungsergebnisse uns auf dem falschen Fuß erwischen.

Heute sind sich alle einig, dass die Permafrostböden tatsächlich schmelzen – ihre Grenze hat sich in Kanada in den letzten 50 Jahren um 130 Kilometer nach Norden verschoben. Die jüngste Einschätzung des Weltklimarats geht davon aus, dass im Jahr 2100 37 bis 81 Prozent der Oberflächen des Permafrostbodens aufgetaut sein könnten, auch wenn die meisten Wissenschaftler immer noch davon überzeugt sind, dass der Kohlenstoff langsam entweichen wird, und hauptsächlich in Form des weniger gefährlichen Kohlendioxids.[246] Aber bereits 2011 hatten die NOAA und das National Snow and Ice Data Center (NSIDC) vorausgesagt, dass der auftauende Permafrostboden die ganze Region schon in den 2020er-Jahren von einer sogenannten Kohlenstoffsenke, die Kohlenstoff speichert, in eine Kohlenstoffquelle verwandeln könnte, die das Element freisetzt.[247] Bis 2100 werde die

Arktis 100 Gigatonnen Kohlenstoff freisetzen, hieß es in der Studie.[248] Das entspricht der Hälfte des gesamten Kohlenstoffs, den die Menschheit seit Beginn der Industrialisierung erzeugt hat.

Dieser Rückkopplungseffekt in der Arktis bereitet vielen Klimaforschern für die nahe Zukunft keine großen Sorgen. Größere Kopfschmerzen macht ihnen zur Zeit der »Albedo-Effekt«: Eis ist weiß und wirft das Sonnenlicht daher zurück ins All, statt es zu absorbieren; je weniger Eis da ist, desto mehr Sonnenlicht wird aufgenommen, was die Erde weiter erwärmt; und das vollständige Verschwinden des Eises könnte, so schätzt der Ozeanphysiker Peter Wadhams, die Temperaturen noch einmal um das Gleiche ansteigen lassen, wie es die weltweiten Kohlenstoffemissionen in den vergangenen 25 Jahren bewirkt haben.[249] In diesen letzten 25 Jahren, muss man dabei bedenken, ist etwa die Hälfte des gesamten Kohlenstoffs freigesetzt worden, den die Menschheit je erzeugt hat – eine Menge, die den Planeten aus einer quasi stabilen klimatischen Lage an den Rand des Chaos katapultiert hat.

All das sind nur Spekulationen. Aber unsere Wissenslücken in Bezug auf diese Entwicklungen – den Kollaps der Eisschilde, das Methan in der Arktis, den Albedo-Effekt – beeinträchtigen nur unsere Kenntnisse darüber, wie schnell die Veränderungen eintreten werden, nicht über ihr Ausmaß. Wir wissen, was mit den Ozeanen letztendlich passieren wird, nur nicht, wann es so weit ist.

Und wie stark wird der Anstieg des Meeresspiegels ausfallen? Der Meereschemiker David Archer ist vielleicht der Forscher, der sich am eingehendsten mit diesen Folgen der Erderwärmung beschäftigt, dem »langen Tauen«, wie er es nennt. Es könnte Jahrhunderte dauern, sagt er, sogar Jahrtausende; aber er schätzt, dass der Meeresspiegel letzten Endes schon bei einer Erwärmung um nur drei Grad um mindestens 50 Meter ansteigen wird – das heißt hundertmal mehr, als in Paris für das Jahr 2100 vorausgesagt wurde.[250] Der U.S. Geological Survey beziffert das Endergebnis auf 80 Meter.

Die Welt wäre durch diese Überschwemmung zwar nicht buchstäblich bis zur Unkenntlichkeit entstellt, aber doch nicht weit davon entfernt. Montreal stände beinahe komplett unter Wasser, ebenso London. Die Vereinigten Staaten sind ein ganz besonderer Fall: Bei einem Anstieg um nur rund 50 Meter wären mehr als 97 Prozent von Florida versunken, übrig blieben nur ein paar Hügel im Panhandle. Auch knapp 97 Prozent von Delaware wären verschwunden. Das Meer würde 80 Prozent von Louisiana bedecken, 70 Prozent von New Jersey und halb South Carolina, Rhode Island und Maryland. San Francisco und Sacramento ständen unter Wasser, ebenso wie New York, Philadelphia, Providence, Houston, Seattle und Virginia Beach, neben Dutzenden weiteren Städten. An vielen Stellen hätte sich die Küste über 150 Kilometer ins Landesinnere verschoben. Arkansas und Vermont, zwei Bundesstaaten, die heute im Landesinneren liegen, hätten dann direkten Zugang zum Meer.[251]

Im Rest der Welt sähe es wohl noch schlimmer aus. Manaus, die Hauptstadt des brasilianischen Bundesstaats Amazonas, läge nicht nur am, sondern sogar unter Wasser, und das gilt auch für Buenos Aires und die größte Stadt im von Land umschlossenen Paraguay, Asunción, die momentan mehr als 800 Kilometer vom Meer entfernt ist.[252] In Europa wären neben London auch Dublin, Brüssel, Amsterdam, Kopenhagen und Stockholm überschwemmt, ebenso wie Riga, Helsinki und Sankt Petersburg. Istanbul stände unter Wasser, und das Schwarze Meer und das Mittelmeer bildeten eine Einheit. In Asien müssten Küstenstädte wie Doha, Dubai, Karatschi, Kolkata und Mumbai abgeschrieben werden (um nur ein paar zu nennen), und auch dort, wo sich heute das nah an der Wüste gelegene Bagdad und das 150 Kilometer vom Meer entfernte Peking erstrecken, könnte man dann Unterwasserstädte erforschen.

Dieser Anstieg um 80 Meter stellt die Obergrenze dar – aber wir können uns relativ sicher sein, dass wir irgendwann dort landen werden. Die Treibhausgase wirken einfach über einen zu langen Zeitraum hinweg, um das Szenario zu verhindern, doch wie die menschliche Zivilisation aussehen wird, wenn das Wasser so hoch gestiegen ist, ist noch ziemlich offen. Die angsteinflößendste Variable ist sicher die Frage, wie schnell die Flut kommen wird. Vielleicht dauert es bis dahin noch 1 000 Jahre, vielleicht ist es viel früher so weit. Heute leben mehr als 600 Millionen Menschen auf einer Höhe von zehn Metern über dem Meeresspiegel oder weniger.[253]

Flächenbrand

Die Zeit zwischen Thanksgiving und Weihnachten gilt in Südkalifornien im Allgemeinen als Beginn der Regensaison. Doch nicht so im Jahr 2017. Das sogenannte Thomas Fire, der schlimmste Brand, der in jenem Jahr in der Region wütete, breitete sich an einem Tag um über 200 Quadratkilometer aus, verwüstete insgesamt über 1 100 Quadratkilometer und zwang 100 000 Kalifornier, ihre Häuser zu verlassen.[254] Eine Woche nach seiner Entstehung war das Feuer, in der nichts Gutes erahnen lassenden, fast klinischen Sprache der Brandbekämpfer nur »zu 15 Prozent unter Kontrolle«[255]. Im übertragenen Sinne ist das nicht das schlechteste Bild dafür, wie groß unser Einfluss auf die Kräfte des Klimawandels ist, die diesen Brand und die vielen anderen Umweltkatastrophen, die auf die endzeitlichen Flammen folgen werden, ausgelöst haben. Nämlich: kaum vorhanden.

»Die brennende Stadt ist Los Angeles abgründigstes Bild seiner selbst«, schrieb die Schriftstellerin Joan Didion 1968 in ihrem Essay »Notizen aus Los Angeles«, der im Band *Stunde der Bestie* erschien.[256] Doch ganz so tief reicht die Prägung offenbar doch nicht, denn die Brände, die im Herbst 2017 ausbrachen, lösten in den Schlagzeilen, den Nachrichtensendungen und in anderen Meldungen eine erstaunliche Häufung der Wörter »undenkbar«, »beispiellos« und »unvorstellbar« aus. Joan Didion hatte über die Brände geschrieben, die 1956 in Malibu, 1961 in Bel Air, 1964 in Santa Barbara und 1965 in Watts gewütet hatten. Sie aktualisierte die Liste 1989 in ihrem Essay »Feuersaison«, in dem sie die Brände der Jahre 1968, 1970, 1975, 1978, 1979, 1980 und 1982 beschrieb: »Seit 1919, als damit begonnen wurde, Flächenbrände in diesem County aufzuzeichnen, sind manche Gebiete bereits achtmal abgebrannt.«

Diese Aufzählung von Jahren warnt auf der einen Seite vor überzogenem Waldbrand-Alarmismus – vor einer Art comichafter kalifornischer Umweltpanik, bei der alle Beobachter ganz im gegenwärtigen Unglück aufgehen. Doch nicht alle Feuer sind gleich. Fünf der 20 schlimmsten Brände der kalifornischen Geschichte trafen den Bundesstaat im Herbst 2017,[257] ein Jahr, in dem über 9000 davon ausbrachen und insgesamt mehr als 5000 Quadratkilometer niederbrannten und alles in Asche verwandelten.[258]

Im Oktober jenes Jahres entstanden in Nordkalifornien in nur zwei Tagen 172 Feuer – die Flammen waren so grausam und verheerend, dass in gleich zwei Lokalzeitungen zwei voneinander unabhängige Berichte darüber erschienen, wie ein älteres Paar vor lauter Verzweiflung in einem Swimmingpool Zuflucht suchte, während die Flammen ihr Haus verschlangen.[259] Ein Paar überlebte; als es nach sechs qualvollen Stunden wieder aus dem Wasser stieg, war sein Haus komplett abgebrannt.[260] Beim zweiten Paar überstand nur der Mann die Ereignisse, seine Frau, mit der er 55 Jahre lang verheiratet gewesen war, starb in seinen Armen.[261] Man kann es der Öffentlichkeit nicht verdenken, dass sie, nachdem die Brände unter Kontrolle waren, diese beiden Geschichten beim Austausch von Horrorgeschichten durcheinanderwarf – dass die Klimaschrecken so umfassend sein könnten, dass sie verschiedene Spielarten eines solchen Motivs hervorbrachten, war noch im September unvorstellbar gewesen.

Im folgenden Jahr tauchte eine weitere Variante auf. Im Sommer 2018 lag die Anzahl der Feuersbrünste niedriger, bei insgesamt nur 6000. Aber eine allein, die sich aus einem ganzen Netz von Bränden zusammensetzte und unter der Bezeichnung Mendocino-Komplex bekannt wurde, ließ rund 2000 Quadratkilometer in Flammen aufgehen und bedeckte fast das halbe Land mit Rauchschwaden.[262] Im Norden, in der kanadischen Provinz British Columbia, war es noch schlimmer: Dort brannten mehr als 12000 Quadratkilometer nieder, und der Rauch wäre – hätte er sich so ausgebreitet, wie es frühere Schwaden aus Kanada getan hatten – über den Atlantik bis nach Europa gezogen.[263] Im November folgten, wie bereits erwähnt, das

Woolsey Fire, das zur Evakuierung von 170 000 Menschen führte, und das Camp Fire, das noch gefährlicher war, weil es sich über gut 500 Quadratkilometer hinwegfraß und eine ganze Stadt so schnell in Schutt und Asche legte, dass die zur Flucht aufgerufenen Bewohner, 50 000 an der Zahl, an explodierenden Autos vorbeirennen mussten und dabei spürten, wie die Sohlen ihrer Turnschuhe auf dem Asphalt schmolzen. Es war der tödlichste Brand in der Geschichte Kaliforniens und brach damit einen fast ein Jahrhundert alten Rekord, den das Griffith Park Fire 1933 gesetzt hatte.

Wenn diese Brände an sich nichts völlig Neues waren, zumindest nicht in Kalifornien, warum nannten wir sie dann »beispiellos«? Wie der 11. September, der auf mehrere Jahrzehnte voller morbider Fantasien über das World Trade Center seitens der Amerikaner folgte, wirkte auch diese neue Form des Terrors auf das erschrockene Publikum wie eine aus der Angst geborene Klimaprophezeiung, die nun eingetreten war.

Und diese Prophezeiung umfasste drei Ebenen. Erstens, die simple Vorahnung, dass das Klima Schreckliches mit sich bringen könnte – ein zutiefst biblisch geprägtes Gefühl, denn dort besteht eine der Plagen, die über die Erde kommen, aus einem unkontrollierbaren Brand, einem Feuersturm. Zweitens, die stetige Ausweitung der Waldbrände, die in einem großen Teil des Westens mittlerweile gefühlt immer nur einen ungünstigen Windstoß entfernt sind. Doch am erschütterndsten war vielleicht die dritte der Ebenen, die unsere lebhaften Albträume zu bestätigen schienen: dass das Klimachaos in unsere mächtigsten Festungen einbrechen konnte – in unsere Städte.

Durch die Hurrikans Katrina, Sandy, Harvey, Irma und Michael haben sich die Amerikaner an drohende Überschwemmungen gewöhnt, aber das Wasser ist nur der Anfang. In den wohlhabenden Städten des Westens haben selbst diejenigen, die sich der klimatischen Veränderungen bewusst sind, die letzten Jahrzehnte damit verbracht, durch die Straßen zu laufen, über Autobahnen zu fahren, sich in überreichlich bestückten Supermärkten einzudecken, im allgegenwärtigen Internet zu surfen und dabei zu glauben, dass wir uns durch unsere Bauten der Natur entzogen hätten. Falsch. Los Angeles, die in einer Wüste errichtete paradiesische Traumlandschaft, war immer schon eine unmögliche Stadt, wie es der Soziologe Mike Davis so treffend formulierte.[264] Der Anblick der Flammen, die sich über den achtspurigen Interstate Highway 405 hinweg ausbreiteten, erinnerte uns daran, dass ihre Existenz immer noch unmöglich ist – sogar immer unmöglicher wird. Eine Zeit lang hatten wir daran geglaubt, dass sich die Zivilisation in die andere Richtung entwickelte – dass sie das Unmögliche erst möglich und dann zum Alltag machte. Doch mit dem Klimawandel bewegen wir uns auf die Natur und damit aufs Chaos zu, in eine neue Welt, in der Vergleiche mit bisherigen Erfahrungen nichts nützen.

Ein Zusammenspiel zweier Faktoren wird uns davon abhalten, derartige Brände in Zukunft für normal zu halten, auch wenn keiner von beiden Anlass zur Freude gibt. Der eine besteht darin, dass das extreme Wetter das nicht zulassen wird, weil es keinen stabilen Zustand kennt – es gibt triftige Hinweise darauf, dass diese Waldbrände, die heute in den Albträumen jedes Kaliforniers auftauchen, innerhalb eines Jahrzehnts als die »alte Normalität« bekannt sein werden – die gute alte Zeit.

Auch der zweite Faktor lässt sich aus den Bränden ablesen: Der Klimawandel kommt uns immer näher. Er trifft jetzt auch den wohlhabenden Westen. Die Brände in Kalifornien vernichteten 2017 die Weinernte des Bundesstaats,[265] zerstörten mehrere Millionen teure Ferienresidenzen und bedrohten sowohl das Getty Museum als auch das Anwesen von Rupert Murdoch in Bel-Air.[266] Zwei bessere Beispiele für den Machtanspruch des amerikanischen Geldes dürften schwer zu finden sein. Nicht weit davon entfernt nahm der Himmel über der glitzernden Traumwelt vieler Kinder, dem Disneyland, durch die sich näher schiebenden Flammen schon bald ein unheimliches Weltuntergangsorange an. Auf den örtlichen Golfplätzen trafen sich die Reichen der Westküste immer noch, um ein paar Bälle zu schlagen. Es gibt Fotos, auf denen sie ihre Schläger nur wenige Meter von den lodernden Flammen entfernt schwingen – besser hätte man die

Gleichgültigkeit des Geldadels nicht bloßstellen können. Im folgenden Jahr verfolgte die Welt per Instagram die Evakuierung der Kardashians.

Durch die geografischen Gegebenheiten und die Macht des Wohlstands sind die Vereinigten Staaten bisher größtenteils von den Verheerungen verschont geblieben, die der Klimawandel bereits über Teile der weniger entwickelten Welt gebracht hat – größtenteils. Die Tatsache, dass jetzt auch die reichsten Bürger die Klimaerwärmung zu spüren bekommen, führt nicht nur zu hässlichen Ausbrüchen von Schadenfreude bei manchen Liberalen, sondern ist auch ein Zeichen dafür, wie heftig und wie willkürlich sie sich auswirkt. Plötzlich ist es deutlich schwieriger, sich gegen das zu wappnen, was uns bevorsteht.

Was steht uns denn bevor? Deutlich mehr Brände, die sich deutlich häufiger auf deutlich größeren Flächen ausbreiten. Schon in den vergangenen fünf Jahrzehnten hat sich die Waldbrandzeit im Westen der USA um zweieinhalb Monate verlängert; neun der zehn Jahre, in denen die größte Brandaktivität verzeichnet wurde, fanden seit 2000 statt.[267] Weltweit hat sich die Feuersaison seit 1979 um fast 20 Prozent ausgedehnt, und in Amerika wüten die Brände heute auf einer doppelt so großen Fläche wie noch 1970.[268] Man rechnet damit, dass die Zerstörung durch die Flammen sich bis 2050 noch einmal verdoppeln wird, und in einigen Regionen der USA könnte sich die betroffene Fläche sogar verfünffachen.[269] Mit jedem weiteren Grad Erderwärmung könnte sie um den Faktor vier wachsen. Das bedeutet, dass bei einem Temperaturanstieg von drei Grad – dem Wert, der für das Ende des Jahrhunderts wahrscheinlich ist – in den Vereinigten Staaten 16-mal so viel Land durch die Flammen verwüstet werden könnte, wie es heute der Fall ist, da in einem einzigen Jahr über 40000 Quadratkilometer Land verbrannten.[270] Bei einer Erwärmung um vier Grad fiele die Feuersaison noch viermal schlimmer aus. Der Leiter der kalifornischen Feuerwehr hält den Begriff sowieso schon für überholt: »Wir nennen es nicht mehr Feuersaison«, sagte er 2017. »Lassen Sie den Begriff ›Saison‹ weg – sie hält das ganze Jahr über an.«[271]

Doch Flächenbrände sind kein rein amerikanisches Problem, sondern wüten überall auf der Erde. Im eisigen Grönland vernichteten Brände 2017 zehnmal mehr Fläche als 2014, und in Schweden gingen 2018 Wälder nördlich des Polarkreises in Flammen auf. Brände so weit im Norden wirken zunächst einmal relativ harmlos, weil die Gegend dort oben dünn besiedelt ist. Aber ihre Anzahl steigt noch stärker als die derjenigen in niederen Breiten, und sie bereiten den Klimaforschern große Sorgen: Der Ruß und die Asche, die sie verursachen, landen auf Eisflächen und färben diese dunkel, was dazu führt, dass sie mehr Sonnenlicht absorbieren und schneller schmelzen.[272] An der Grenze zwischen Russland und Finnland brach 2018 ein weiteres Feuer aus, und der Rauch der sibirischen Brände jenes Sommers zog bis in die Vereinigten Staaten hinüber. Im gleichen Monat suchte der zweittödlichste Waldbrand des 21. Jahrhunderts die griechische Küste heim und forderte 99 Todesopfer. In einem Urlaubsort versuchten Dutzende Menschen, den Flammen über eine enge Steintreppe zur Ägäis hinab zu entkommen, wurden aber unterwegs vom Feuer eingeschlossen und starben, während sie sich in den Armen hielten.[273]

Die Auswirkungen dieser Brände sind weder linear berechenbar noch lassen sie sich sauber summieren. Vielleicht wäre es zutreffender, zu sagen, dass sie eine Reihe neuer biologischer Kreisläufe auslösen. Wissenschaftler warnen davor, dass in Kalifornien, selbst wenn es durch eine trockenere Zukunft, die immer mehr und verheerendere Brände mit sich bringt, halb verkohlt sein wird, dennoch auch noch nie dagewesene Regenfälle wahrscheinlicher werden – es wird dreimal so häufig zu Ereignissen wie denen kommen, die die Große Flut von 1862 verursachten.[274] Und die klarsten Vorboten dafür, welche neuen Schrecken das mit sich bringen könnte, sind Erdrutsche. Im Januar 2018 wurden die niedrig gelegenen Häuser von Santa Barbara unter einer Lawine aus dem Gebirge begraben, die sich wie ein endloser brauner Fluss über den Abhang zum Meer hinab ergoss. Ein Vater setzte seine kleinen Kinder in einem Anflug von Panik auf die marmorne Küchenarbeitsplatte, weil er davon ausging, dass sie das stabilste Element im Haus sei, und erlebte dann, wie ein rollender

Felsblock in das Kinderzimmer einschlug, in dem sie sich wenige Augenblicke zuvor noch aufgehalten hatten. Ein Vorschulkind, das den Erdrutsch nicht überlebte, wurde in einer Senke nahe dem Meer gefunden, durch die Bahnschienen verliefen. Es war wohl durch eine einzige Schlammlawine dorthin befördert worden – rund drei Kilometer weit.

Jedes Jahr sterben weltweit zwischen 260 000 und 600 000 Menschen durch den Rauch, den die Waldbrände verursachen.[275] Der Rauch durch Flächenbrände in Kanada sorgt für einen sprunghaften Anstieg der Anzahl von Menschen, die an der Ostküste der USA ins Krankenhaus eingeliefert werden, und die Trinkwasserqualität in Colorado war jahrelang durch die Auswirkungen eines einzelnen Feuers im Jahr 2002 beeinträchtigt.[276] 2014 zogen Rauchschwaden über die Northwest Territories Kanadas, was dazu führte, dass 42 Prozent mehr Menschen aufgrund von Atembeschwerden ein Krankenhaus aufsuchten, und einen »tief greifenden«, wie es in einer Studie hieß, negativen Effekt auf das Wohlergehen des Einzelnen hatte.[277] »Zu den schlimmsten Erfahrungen, die die Menschen machten, zählte die Isolation«, sagte der federführende Forscher später. »Man hat das Gefühl, nicht entkommen zu können. Wohin soll man auch gehen? Der Rauch ist überall.«[278]

Wenn Bäume absterben – ob durch natürliche Ursachen, durch Brände oder durch die Hand des Menschen –, geben sie die Kohlenstoffverbindungen, die sie manchmal jahrhundertelang in sich gebunden haben, in die Atmosphäre ab. In dieser Hinsicht gleichen sie der Kohle. Deshalb zählen die Auswirkungen von Waldbränden auf den CO_2-Ausstoß zu einer der gefürchtetsten klimatischen Rückkopplungen – die Wälder der Welt, die normalerweise als Kohlenstoffsenken gelten, könnten zu Kohlenstoffquellen werden und die gespeicherten Gase freisetzen. Die Auswirkungen sind dann besonders dramatisch, wenn die Brände in Wäldern auf Torfboden wüten. Ein solcher Torfbrand setzte 1997 in Indonesien beispielsweise bis zu 2,6 Gigatonnen Kohlendioxid frei – 40 Prozent der Menge, die weltweit pro Jahr ausgestoßen wird.[279] Und mehr Brände bedeuten mehr Erwärmung, bedeutet mehr Brände. In Kalifornien kann ein einziger Flächenbrand alle Fortschritte zunichtemachen, die durch die offensive Umweltpolitik des Bundesstaates in einem Jahr erreicht wurden.[280] Feuer dieses Ausmaßes gibt es mittlerweile fast jedes Jahr. Das lässt alle technokratischen, gut gemeinten Ansätze zur Reduzierung der Emissionen fast lächerlich erscheinen. Und die Brände werden noch um das 16-Fache zunehmen; wenn wir so weitermachen wie bisher, könnte es bis Ende des Jahrhunderts sogar das 60-Fache sein. Im Amazonasgebiet, das 2010 die zweite »Jahrhundertdürre« innerhalb von fünf Jahren erlebte, wurden 2017 100 000 Brände verzeichnet.[281]

Im Augenblick speichern die Bäume im Amazonasgebiet ein Viertel des jährlich von den Wäldern der Erde absorbierten Kohlendioxids.[282] Doch 2018 wurde Jair Bolsonaro zum Präsidenten von Brasilien gewählt, der versprach, die Regenwaldregion zur Erschließung freizugeben – das heißt zur Abholzung. Wie viel Schaden kann ein einzelner Mensch dem Planeten zufügen? Eine Gruppe brasilianischer Forscher schätzt, dass Bolsonaros Abholzungspläne zwischen 2021 und 2030 einer Freisetzung von etwa 13,12 Gigatonnen CO_2 gleichkämen.[283] Die Emissionen der USA betrugen 2017 etwa fünf Gigatonnen. Das bedeutet, dass diese eine politische Entscheidung zwei- bis dreimal so starke Auswirkungen auf den Kohlendioxidausstoß haben könnte wie die gesamte amerikanische Wirtschaft mit all ihren Flugzeugen, Autos und Kohlekraftwerken. Den mit Abstand größten Ausstoß hat China, das Land war 2017 für 9,1 Gigatonnen CO_2-Emissionen verantwortlich. Bolsonaros Politik verschärft das Problem durch die fossilen Brennstoffe also so sehr, wie es ein weiteres China täte – wenn auch nur für ein Jahr –, plus ein zweites Mal die USA.

Weltweit verursacht das Roden der Wälder etwa 12 Prozent des Kohlendioxidausstoßes,[284] bei den Waldbränden sind es rund 25 Prozent.[285] Die Fähigkeit der Waldböden, Methan aufzunehmen, ist in nur drei Jahrzehnten um 77 Prozent zurückgegangen,[286] und einige der Wissenschaftler, die sich mit der Abholzung der tropischen Wälder befassen, glauben, dass diese die Temperatur der Erde um weitere

1,5 Grad ansteigen lassen könnte, selbst wenn die Emissionen durch fossile Brennstoffe sofort unterbunden würden.[287]

Historisch betrachtet war der Anteil, den die Abholzung von Wäldern an den Emissionen hatte, sogar noch höher; zwischen 1861 und 2000 machten das Fällen von Bäumen und das Planieren ganzer Waldflächen 30 Prozent des Ausstoßes aus.[288] Bis 1980 spielte die Rodung eine größere Rolle für die Rekordzahlen heißer Tage als der direkte Ausstoß von Treibhausgasen. Das wirkt sich auch auf die öffentliche Gesundheit aus: Jeder Quadratkilometer abgeholzten Waldes führt zu 27 neuen Malaria-Fällen, weil die Zahl der Überträger zunimmt – wenn die Bäume verschwinden, machen sich die Insekten breit.[289]

Das ist ein Phänomen, das sich nicht nur bei Waldbränden beobachten lässt: Jede Klimagefahr bringt solche schlimmen Kreisläufe mit sich. Die Brände sind schon furchterregend genug, aber die wahre Grausamkeit des Klimawandels zeigt sich erst durch die Kaskaden des Chaos, die darauf folgen – er kann alles, was wir je für verlässlich gehalten haben, auf den Kopf stellen und brutal gegen uns wenden. Unsere Häuser werden zu Waffen, Straßen zu Todesfallen, die Luft wird zu Gift. Und die idyllischen Gebirgspanoramen, in denen Generationen von Unternehmern und Spekulanten ganze Ansiedlungen von Ferienvillen erbaut haben, werden selbst zu willkürlich zuschlagenden Killern – und mit jedem destabilisierenden Ereignis ist es nur wahrscheinlicher, dass sie wieder zuschlagen.

Naturkatastrophen, die keine mehr sind

Früher beobachteten die Menschen das Wetter, um die Zukunft vorherzusagen; doch wir werden in seinem Toben bald die Rache der Vergangenheit spüren. In einer vier Grad wärmeren Welt wird das Ökosystem der Erde so viele Naturkatastrophen entfachen, dass wir sie schlicht »Wetter« nennen werden: gewaltige Taifune, Tornados, Überschwemmungen und Dürren. Die Erde wird regelmäßig von Wetterereignissen heimgesucht werden, die vor nicht allzu langer Zeit noch ganze Zivilisationen zerstörten. Es wird immer öfter extrem starke Wirbelstürme geben, und wir werden neue Kategorien einführen müssen, um sie zu beschreiben. Auch die Zahl der Tornados wird deutlich steigen, und die Schneisen der Verwüstung, die sie schlagen, könnten länger und breiter ausfallen.[290] Die Größe der Hagelkörner wird sich vervierfachen.

Frühe Naturforscher benutzten oft den Begriff »Tiefenzeit«, wenn sie zum Ausdruck bringen wollten, was sie beim Betrachten eines beeindruckenden Tales oder Felsbeckens, der immensen Langsamkeit der Natur, empfanden. Doch mit der Beschleunigung der Geschichte wandelt sich der Blick. Was uns heute erwartet, ähnelt eher dem, was die australischen Aborigines im Gespräch mit viktorianischen Anthropologen als »Traumzeit« bezeichneten: die halbmythische Erfahrung, im gegenwärtigen Augenblick die zeitlose Vergangenheit zu spüren, da die Vorfahren, Helden und Halbgötter eine epische Bühne bevölkern. Dieses Gefühl stellt sich bereits ein, wenn man sich Aufnahmen davon anschaut, wie ein Gletscher abbricht und ins Meer stürzt – es wirkt, als laufe die gesamte Geschichte auf einmal ab.

Und so ist es auch. Im Sommer 2017 erlebte die nördliche Erdhalbkugel ein noch nie dagewesenes Extremwetter: Über dem Atlantik entstanden in schneller Folge drei gewaltige Wirbelstürme;[291] die epischen Regengüsse (»nur einmal in 500 000 Jahren«), die Hurrikan Harvey mit sich brachte, ließen Houston in über 3 500 Kubikmetern Wasser pro Einwohner des gesamten Bundesstaates Texas versinken;[292] in Kalifornien verwüsteten über 9 000 Waldbrände mehr als 4 000 Quadratkilometer Land; in Grönland gab es zehnmal mehr Brände als noch 2014 und in Südasien vertrieben Überschwemmungen 45 Millionen Menschen aus ihren Häusern.

Dann kam der Rekordsommer 2018 und ließ 2017 fast schon idyllisch wirken.[293] Er brachte eine beispiellose weltweite Hitzewelle mit sich, mit Temperaturen von 42 Grad in Los Angeles, 50 Grad in Pakistan und 51 Grad in Algerien. Auf den Radaren tauchten sechs Hurrikans und Tropenstürme auf, die sich gleichzeitig über den Weltmeeren gebildet hatten. Einer von ihnen, der Taifun Mangkhut, wütete auf

den Philippinen und in Hongkong, forderte über 100 Todesopfer und
verursachte Schäden in Höhe von einer Milliarde Dollar, während ein
anderer, der Hurrikan Florence, die jährliche Regenmenge in North
Carolina auf das Doppelte trieb, mehr als 50 Menschen das Leben kostete und Schäden in Höhe von 17 Milliarden Dollar verursachte. Darüber hinaus gab es Waldbrände in Schweden, auch jenseits des Polarkreises, und derart viele im Westen der USA, dass der Qualm dem
halben Kontinent zusetzte. Insgesamt verbrannten rund 6 000 Quadratkilometer. Der Yosemite-Nationalpark wurde teilweise geschlossen, ebenso wie der Glacier-Nationalpark in Montana, wo die Temperaturen ebenfalls auf über 38 Grad stiegen. 1850 hatte es in der
Region noch 150 Gletscher gegeben, heute sind sie alle bis auf 26 geschmolzen.[294]

2040 wird uns ein Sommer wie 2018 wahrscheinlich ganz normal vorkommen. Doch extreme Wetterereignisse sind nicht »normal« – sie
sind die Randerscheinungen des immer schlimmer werdenden Klimageschehens, die uns nun heimsuchen. Das gehört zu den besonders
Furcht einflößenden Aspekten des schnell voranschreitenden Klimawandels: nicht die Tatsache, dass er sich auf unseren Alltag auswirkt – obwohl er das tut, und zwar auf dramatische Art und Weise –,
sondern dass er ehemals unvorstellbare Wetterausreißer zu einer gewohnten Erfahrung macht und ganz neue Kategorien von Katastrophen ins Reich der Möglichkeit holt. Schon heute hat sich die Anzahl
der Stürme laut dem European Academies' Science Advisory Council
seit 1980 verdoppelt;[295] einer aktuellen Einschätzung zufolge wird
New York alle 25 Jahre eine »Fünfhundertjahresflut« erleben.[296] Dabei
ist der Anstieg des Meeresspiegels in anderen Teilen der Erde viel ausgeprägter, was bedeutet, dass die Überflutungen durch Stürme in unterschiedlichem Maße zunehmen werden. Einige Orte werden noch
viel öfter von derartigen Unwettern heimgesucht werden. Das Ergebnis ist eine radikale Häufung der extremen Wetterereignisse – die Naturkatastrophen, die sich früher auf mehrere Jahrhunderte verteilten,
drängen sich nun in ein oder zwei Jahrzehnte – oder, wie im Fall von

East Island, einer zu Hawaii gehörigen Insel, die durch einen einzigen Hurrikan unterging, in eine Zeitspanne von ein oder zwei Tagen.

Die Auswirkungen des Klimas auf extreme Niederschläge – oft »Starkregen« und im Englischen auch »rain bomb« (»Regenbombe«) genannt – sind noch klarer zu erkennen als die auf Hurrikans, da der Mechanismus kaum simpler sein könnte: Warme Luft nimmt mehr Feuchtigkeit auf als kühle. Schon heute kommt es in den Vereinigten Staaten um 40 Prozent häufiger zu starken Regengüssen als Mitte des vergangenen Jahrhunderts.[297] Im Nordosten sind es 71 Prozent mehr.[298] Die schwersten Niederschläge fallen heute um drei Viertel heftiger aus als 1958, Tendenz steigend. Die Insel Kauai, die zu Hawaii gehört, zählt zu den regenreichsten Orten der Welt und hat in den vergangenen Jahrzehnten sowohl Tsunamis als auch Hurrikans erlebt.[299] Als dort im April 2018 durch den Klimawandel bedingte Regenfälle niedergingen, zerstörten sie die Messgeräte, und der Nationale Wetterdienst konnte nur Schätzungen veröffentlichen: 125 Zentimeter Niederschlag in 24 Stunden.

Wenn es um extreme Wetterereignisse geht, leben wir bereits heute in einer ganz neuen Zeit. In den USA haben sich die Schäden durch normale Gewitter – nicht durch Ausnahmeerscheinungen – seit den 1980er-Jahren mehr als versiebenfacht.[300] Die Stromausfälle durch Stürme haben sich seit 2003 verdoppelt. Als der Hurrikan Irma entstand, war er so stark, dass manche Meteorologen vorschlugen, dafür eine neue Kategorie einzuführen – die Kategorie 6.[301] Und dann kam Maria, pflügte durch die Karibik und verwüstete eine Reihe von Inseln zum zweiten Mal innerhalb einer Woche – beide Stürme waren so heftig, dass die Inseln derartige Verheerungen vielleicht einmal pro Generation oder sogar noch seltener hätten verkraften können. In Puerto Rico sorgte Maria dafür, dass die Strom- und Wasserversorgung auf der ganzen Insel für Monate zusammenbrach; der Hurrikan überschwemmte die Anbauflächen so nachhaltig, dass ein Bauer vorhersagte, auf der Insel werde man im folgenden Jahr nichts ernten können.[302]

Was nach dem Hurrikan geschah, führt uns einen der hässlicheren

Aspekte unserer Klimablindheit vor Augen: Die Puerto Ricaner sind US-Bürger und leben nicht weit vom Festland auf einer Insel, die Millionen von Amerikanern schon persönlich besucht haben. Doch als die Naturkatastrophe über sie hereinbrach, nahmen die Amerikaner das dortige Leid, vielleicht aus psychologischem Eigennutz, als weit entfernt wahr. Präsident Trump erwähnte Puerto Rico in den Tagen nach Maria kaum einmal, und selbst wenn das vielleicht wenig überraschend ist, galt doch das Gleiche für die sonntäglichen Talkshows, die sich traditionell mit dem Geschehen der vergangenen Woche befassen. Schon am Wochenende, wenige Tage nachdem der Hurrikan über die Insel gezogen war, verschwand das Thema von der Titelseite der *New York Times*. Als Trumps Streit mit der heldenhaften Bürgermeisterin von San Juan und sein stark kritisierter Besuch auf der Insel – bei dem er Küchenrollen in die versammelten Menschen warf, die immer noch keinen Strom oder Wasser hatten, ganz so als handle es sich um T-Shirts bei einem Basketballspiel – den Hurrikan zu einem politischen Thema machten, schenkten die Amerikaner der angerichteten Zerstörung ein bisschen mehr Aufmerksamkeit. Doch angesichts der humanitären Krise auf Puerto Rico – und im Vergleich zu den Reaktionen auf Naturkatastrophen, die das amerikanische Festland in den letzten Jahren getroffen haben – fiel sie gering aus. »Wir bekommen einen ersten Eindruck davon, wie die herrschende Klasse mit der steigenden Anzahl von Katastrophen im Anthropozän umgehen will«, schrieb McKenzie Wark, Kulturwissenschaftler an der New School in New York. »Wir sind auf uns allein gestellt.«[303]

In Zukunft wird all das, was bisher beispiellos war, schnell zur Routine werden. Erinnern Sie sich noch an Hurrikan Sandy? Derartige Überschwemmungen wird es in New York 2100 17-mal so häufig geben.[304] Hurrikans vom Typ Katrina sollen den Erwartungen zufolge doppelt so oft auftreten.[305] Weltweit sagen Wissenschaftler für Wirbelstürme der Kategorien 4 und 5 bei einer Erwärmung um nur ein Grad einen Anstieg um 25 bis 30 Prozent voraus.[306] Allein zwischen 2006 und 2013 erlebten die Philippinen 75 Naturkatastrophen;[307] in Asien sind die Taifune in den vergangenen vier Jahrzehnten zwischen 12 und

15 Prozent stärker geworden und der Anteil der Stürme der Kategorien 4 und 5 hat sich verdoppelt, in manchen Gebieten sogar verdreifacht.[308] Bis 2070 könnten Stürme in den asiatischen Metropolen zu Schäden in Höhe von 35 Billionen Dollar führen – 2005 waren es nur drei Billionen.[309]

Wir sind meilenweit davon entfernt, geeignete Schutzmaßnahmen gegen solche Stürme zu ergreifen; im Gegenteil, wir setzen weiterhin neue Gebäude in ihren Pfad, so als wären wir Siedler, die Anspruch auf ein Stück Land erheben, über das jeden Sommer Tornados hinwegfegen, und sich damit über Generationen hinweg blind den Naturkatastrophen ausliefern. Nein, es ist sogar noch schlimmer, denn wenn wir empfindliche Küstenflächen versiegeln, wie wir es insbesondere in Houston und New Orleans gemacht haben, blockiert der Beton die natürlichen Ablaufwege des Wassers. Wir erklären uns selbst, wir würden das Land »erschließen« – in einigen Fällen »gewinnen« wir es sogar aus der Sumpflandschaft. Doch im Grunde bauen wir damit nur unserem eigenen Leid eine Brücke, denn es sind nicht nur diese neuen, auf den Überflutungsflächen errichteten Betonsiedlungen, die gefährdet sind, sondern auch alle Ansiedlungen dahinter, die dort in der Überzeugung gebaut wurden, der sumpfige Küstenbereich würde sie schützen. Was uns zu der Frage führt, was wir im Zeitalter des Anthropozäns überhaupt mit dem Begriff »Naturkatastrophe« meinen.

Das Traumzeitwetter beschränkt sich nicht nur auf die Küste, sondern wird sich auf das Leben jedes Menschen auf der Erde auswirken, egal wie weit im Landesinneren er wohnt. Je stärker sich die Arktis erwärmt, desto heftiger werden die Schneestürme in den nördlichen Breitengraden – so kam es im Nordosten der USA 2010, 2014 und 2016 zur »Snowpokalypse«, zum »Snowmargeddon« und zu »Snowzilla«.[310]

Die Auswirkungen des Klimawandels machen sich im Inland auch in den wärmeren Jahreszeiten bemerkbar. Im April 2011 zogen innerhalb dieses einen Monats 758 Tornados durch die ländlichen Gegenden der USA.[311] Bis dahin hatte der Rekord für April bei 267 gelegen und das allgemeine Maximum für einen Monat bei 542. Im folgenden

Monat kam die nächste Welle, darunter auch der Tornado, der in Joplin im Bundesstaat Missouri 138 Menschen das Leben kostete. Die sogenannte Tornado Alley (Tornado-Gasse) in den USA hat sich in nur 30 Jahren um 800 Kilometer verschoben, und obwohl die Wissenschaftler theoretisch nicht sicher wissen, ob der Klimawandel die Bildung von Tornados begünstigt, hinterlassen diese immer längere und breitere Schneisen der Verwüstung. Sie entstehen aus Gewittern, von denen es immer mehr gibt – die Anzahl der Tage, an denen Unwetter möglich sind, werden bis 2100 um 40 Prozent ansteigen, so eine Schätzung.[312] Der United States Geological Survey – keine sonderlich hysterisch veranlagte Abteilung der ohnehin für ihr eher zurückhaltendes Temperament bekannten staatlichen Behörden – spielte kürzlich unter der Bezeichnung ARkStorm (Atmospheric River kilo Storm; deutsch: Atmosphärischer Fluss 1000 Sturm) ein Extremwetter-Szenario durch: In Kalifornien wüten heftige Winterstürme, wodurch es zu Überschwemmungen in einem rund 500 mal 30 Kilometer großen Areal des Central Valley und – schlimmer noch – in Los Angeles, Orange County und der Bay Area kommt, was die Evakuierung von mehr als einer Million Kalifornier nötig macht. Die Windgeschwindigkeiten erreichen in einigen Regionen hurrikanartige Ausmaße von 200 Stundenkilometern und in weiten Teilen des Bundesstaats mindestens 100 Stundenkilometer; im Gebirge lösen sich reihenweise Erdrutsche, und es entstehen Schäden im Wert von insgesamt 725 Milliarden Dollar, fast dreimal die Summe, mit der man rechnet, sollte es in Kalifornien zu einem gewaltigen Erdbeben kommen, dem gefürchteten »Big One«.[313]

Früher, selbst in der jüngeren Vergangenheit, schienen derartige Katastrophen durch überweltliche Kräfte und eine unverständliche moralische Logik ausgelöst zu werden. Wir konnten die Ereignisse auf dem Radar und auf Satellitenbildern kommen sehen, sie aber nicht deuten – nicht auf eine verständliche Weise, nicht so, dass wir wirklich einen Zusammenhang zwischen ihnen hätten herstellen können. Selbst Atheisten und Agnostiker haben sich vielleicht das ein oder andere Mal dabei ertappt, wie sie nach einem Hurrikan, einem Waldbrand oder einem Tornado etwas von einem Akt Gottes flüsterten, sei es auch nur, um zum Ausdruck zu bringen, wie unbegreiflich sich ein solches Leid ohne einen klaren Verursacher, einen Schuldigen dahinter anfühlte. Das wird der Klimawandel ändern.

Obwohl wir uns schon daran gewöhnen, Naturkatastrophen für eine regelmäßige Erscheinung unseres Wetters zu halten, wird sich das Ausmaß der Zerstörungen und der Schrecken, die sie mit sich bringen, nicht verringern. Auch hier gibt es Kaskadeneffekte: Vor dem Hurrikan Harvey schaltete der Bundesstaat Texas die Geräte ab, mit denen die Luftqualität in Houston überprüft wird – aus Angst, sie könnten beschädigt werden. Unmittelbar darauf stiegen Schwaden »unerträglichen« Gestanks aus den petrochemischen Anlagen der Stadt auf.[314] Letztendlich sickerten über anderthalb Milliarden Liter Industrieabwässer aus einer einzigen solchen Anlage in die Galveston Bay.[315] Insgesamt erzeugte der Sturm mehr als 100 Vorfälle, bei denen Giftstoffe freigesetzt wurden, darunter 1,75 Millionen Liter Benzin, mehr als 23 Tonnen Rohöl und eine gewaltige Menge Chlorwasserstoff, einem Stoff, der in Verbindung mit Wasser zu Salzsäure wird – »kann zu Verbrennungen, Ersticken und zum Tod führen« – und sich auf einem 16 Hektar großen Gebiet ausgebreitet hatte.

Ein Stück weiter die Küste entlang, in New Orleans, hatte der Sturm weniger direkte Auswirkungen, aber die Stadt kämpfte ohnehin mit Problemen, denn nach einem Sturm wenige Wochen zuvor funktionierte ein Teil der Wasserpumpen nicht.[316] Schon bevor Hurrikan Katrina 2005 in New Orleans wütete, konnte man nicht von einer blühenden Stadt sprechen – im Jahr 2000 bestand die Bevölkerung nur noch aus 480 000 Menschen, nachdem es 1960 über 600 000 gewesen waren.[317] Nach dem Wirbelsturm sank sie auf 230 000.[318] Doch Houston ist ein anderer Fall. Die Stadt zählte 2017 zu den am schnellsten wachsenden Städten des Landes – im Ballungsgebiet Houston befand sich in jenem Jahr sogar der am allerschnellsten wachsende Vorort der USA – und hat fünfmal mehr Einwohner als New Orleans.[319] Es kann als tragische Ironie bezeichnet werden, dass viele der Neuankömmlinge, die sich im Verlauf der vergangenen Jahrzehnte genau dort angesiedelt hatten, wo nun der Wirbelsturm entlangzog, wegen der Ölindustrie in die Region gekommen waren, die so unermüdlich daran arbeitet, die Öffentlichkeit in Bezug auf den Klimawandel hinters Licht zu führen und die weltweiten Versuche, die Emissionen zu verringern, zu untergraben.[320] Man muss befürchten, dass dies nicht der letzte »Fünfhundertjahressturm« war, den die Ölarbeiter vor ihrem Renteneintritt erlebt haben werden – und auch nicht der letzte, den die Hunderte von Bohrinseln vor Houston oder die zahlreichen anderen, die heute an anderen Stellen vor der Golfküste schwimmen, durchmachen werden, bevor die Kosten unserer Emissionen so brutal deutlich sind, dass diese Bohrinseln endlich abgeschafft werden.

Die Formulierung »Fünfhundertjahressturm« ist auch aufschlussreich, wenn es um das Thema Widerstandsfähigkeit geht. Selbst bei einer umfassenden Zerstörung kann eine derart geplagte Gemeinschaft die lange Wiederaufbauphase aushalten, solange diese Gemeinschaft wohlhabend und politisch stabil ist und die Strukturen nur einmal alle 100 Jahre neu schaffen muss – möglicherweise sogar alle 50 Jahre. Aber ein zehn Jahre dauernder Wiederaufbau nach einem gewaltigen Sturm, der einmal in zehn oder vielleicht 20 Jahren auftritt, ist etwas ganz anderes, selbst für so reiche Länder wie die USA und so wohlhabende Regionen wie die Metropolregion Houston. New Orleans leidet noch heute unter den Folgen von Katrina, mehr als ein Jahrzehnt nach dem Sturm. Im am schwersten betroffenen Stadtteil, dem Lower Ninth Ward, wohnen heute nur ein Drittel der Menschen, die dort vor dem Sturm gelebt hatten.[321] Und es hilft sicherlich nicht, dass die gesamte Küste von Louisiana vom Meer verschlungen wird, über 5 000 Quadratkilometer sind schon verschwunden.[322] Der Bundesstaat verliert stündlich die Fläche eines Footballfeldes. In den Florida Keys müssten 240 Kilometer Straße angehoben werden, damit sie nicht irgendwann unter Wasser stehen. Die Kosten betragen rund 4,3 Millionen Dollar pro Kilometer, bis zu einer Milliarde insgesamt. Das Budget, das die lokalen Behörden 2018 für den Straßenbau vorgesehen hatten, umfasst 25 Millionen Dollar.[323]

Für die Armen der Welt ist es fast unmöglich, sich von Stürmen wie Katrina, Irma und Harvey, die immer häufiger auftreten, zu erholen. Für sie ist es oft am besten, einfach wegzuziehen. In den Monaten, nachdem Hurrikan Maria Puerto Rico verwüstet hatte, trafen Tausende Inselbewohner in Florida ein, ihrer Meinung nach für immer.[324] Doch auch Florida steht vor dem Verschwinden.

Süßwassermangel

71 Prozent der Erde sind von Wasser bedeckt.[325] Kaum mehr als 2 Prozent dieses Wassers sind Süßwasser, und nur höchstens 1 Prozent dieses Süßwassers ist für uns verfügbar; der Rest befindet sich zum größten Teil in Gletschern.[326] Im Grunde müssen wir, wie die Zeitschrift *National Geographic* errechnet hat, mit nur 0,007 Prozent der Wasservorkommen auf der Erde sieben Milliarden Menschen versorgen.[327]

Wer an Wassermangel denkt, spürt wahrscheinlich sofort, wie sein Hals trocken wird, aber genau genommen verwenden wir nur einen sehr geringen Teil des Wassers, das wir nutzen, zum Trinken. Zwischen 70 und 80 Prozent des Süßwasserverbrauchs weltweit fließen in die Lebensmittelproduktion und die Landwirtschaft, weitere 10 bis 20 Prozent in die Wirtschaft.[328] Und die Krise ist nicht in erster Linie durch den Klimawandel verschuldet – auch wenn es schwer vorstellbar ist, sollten jene 0,007 Prozent eigentlich nicht nur für die sieben Milliarden Menschen ausreichen, die heute schon auf der Erde leben, sondern auch für neun Milliarden oder sogar ein bisschen mehr. Doch wie es aussieht, werden wir diese neun Milliarden gegen Ende des Jahrhunderts überschritten haben und eher bei einer Weltbevölkerung von mindestens zehn oder vielleicht sogar zwölf Milliarden Menschen liegen. Wie schon bei der Nahrungsmittelknappheit gilt auch hier, dass ein Großteil des Bevölkerungswachstums den Erwartungen zufolge in Teilen der Welt stattfinden wird, in denen der Wassermangel bereits jetzt am größten ist – in diesem Fall die urbanen Regionen

Afrikas. In vielen Ländern Afrikas muss man schon heute mit nur 20 Litern Wasser am Tag auskommen – weniger als die Hälfte dessen, was laut Wasserorganisationen für ein gesundes Leben ausreichend wäre.[329] Man geht davon aus, dass der weltweite Bedarf die verfügbaren Wassermengen schon 2030 um 40 Prozent überschreiten wird.[330]

Heute ist die Krise ein Fall für die Politik – also weder unvermeidlich noch notwendig oder unlösbar – und daher im Grunde selbstgewählt. Das ist einer der Gründe dafür, warum der Wassermangel trotzdem eine so erschütternde Parabel für den Klimawandel ist: Eine reichlich vorhandene Ressource wird durch politische Versäumnisse und Gleichgültigkeit, schlechte Infrastruktur und Verschmutzung sowie rücksichtslose Verstädterung und Landerschließung zu einem knappen Gut. Anders ausgedrückt: Die Wasserkrise ist unnötig, aber trotzdem da, und wir tun nicht viel, um dagegen vorzugehen. Manche Städte verlieren mehr Wasser durch Lecks in den Leitungen, als sie in die Haushalte transportieren: Selbst in den USA sorgen Lecks und Diebstahl dafür, dass 16 Prozent des Wassers verloren gehen;[331] in Brasilien liegt dieser Wert wohl bei 40 Prozent.[332] Wie überall auf der Welt wird der Verlauf dieses Schauspiels auch in diesen beiden Fällen so unverhüllt von der Ungleichheit zwischen Haben und Nichthaben bestimmt, dass der Wettstreit um die Ressourcen im Grunde kaum als Wettstreit bezeichnet werden kann. Die Trümpfe sind so klar verteilt, dass der Wassermangel eher wie ein Werkzeug der verheerenden Ungleichheit wirkt. In der Folge bedeutet das, dass weltweit 2,1 Milliarden Menschen nicht genügend sauberes Trinkwasser und 4,5 Milliarden keinen gesicherten Zugang zu Wasser für die sanitäre Versorgung haben.[333]

Wie die Erderwärmung ist auch die Wasserkrise heute durchaus noch lösbar. Aber die 0,007 Prozent lassen uns furchtbar wenig Spielraum, und der Klimawandel wird ihn noch verringern. Die Hälfte der Weltbevölkerung ist von der saisonalen Schmelze hoch gelegener Schnee- und Eisvorkommen abhängig, doch die sind durch die Erwärmung in höchster Gefahr.[334] Selbst wenn wir die Ziele des Pariser Klimaabkommens erreichen, werden die Gletscher des Himalaja bis

2100 um 40 Prozent oder noch mehr geschrumpft sein, und in Peru und Kalifornien könnte es infolge der Gletscherschmelze zu einer weitreichenden Wasserknappheit kommen.[335] Bei einer Erwärmung um vier Grad würden die schneebedeckten Alpen eher wie das Atlasgebirge in Marokko aussehen, da bis zum Ende des Jahrhunderts 70 Prozent des Schnees verschwunden wären.[336] Schon 2020 könnten 250 Millionen Afrikaner mit klimawandelbedingtem Wassermangel zu kämpfen haben;[337] bis 2050 könnten es allein in Asien eine Milliarde sein.[338] Bis dahin könnte laut einer Studie der Weltbank auch die Süßwasserversorgung in Städten überall auf der Welt um ganze zwei Drittel geschrumpft sein.[339] Insgesamt ist es möglich, warnen die Vereinten Nationen, dass 2050 fünf Milliarden Menschen nur eingeschränkten Zugang zu Süßwasser haben.[340]

Auch die Vereinigten Staaten bleiben davon nicht verschont – die rasch wachsende Stadt Phoenix ist beispielsweise schon dabei, Notfallpläne zu erstellen,[341] was wenig überraschend ist, zieht man in Betracht, dass auch London sich schon über Wasserknappheit Gedanken macht.[342] Doch dank der Möglichkeiten, die das Geld mit sich bringt – etwa Überbrückungsmaßnahmen und kurzfristige Sonderlieferungen –, werden die schlimmsten Auswüchse der Krise nicht die USA treffen. In Indien leiden schon jetzt 600 Millionen Menschen unter »hohen bis extremen Belastungen durch Wasserarmut«, und 200 000 Menschen sterben jährlich durch Wassermangel oder -verschmutzung, wie 2018 in einem Regierungsbericht zu lesen war. Demnach wird Indien bis 2030 nur noch halb so viel Wasser haben, wie es bräuchte. In Pakistan standen 1947, im Jahr der Staatsgründung, pro Kopf 5 000 Kubikmeter Wasser zur Verfügung, heute sind es durch das Bevölkerungswachstum nur noch 1000, und der weitere Anstieg und der Klimawandel werden diesen Wert schon bald auf 400 reduzieren.[343]

In den vergangenen 100 Jahren sind viele der größten Seen der Erde geschrumpft, vom Aralsee in Zentralasien, der früher der viertgrößte See der Welt war und in den letzten Jahrzehnten mehr als 90 Prozent seines Volumens eingebüßt hat,[344] bis zum Lake Mead im Südwesten der USA, der Las Vegas mit Wasser versorgt und in einem Jahr 1,5 Billionen Liter verloren hat. Der Poopó-See, einst der zweitgrößte Boliviens, war zeitweilig komplett verschwunden,[345] der Urmiasee im Iran ist in 30 Jahren um mehr als 80 Prozent geschrumpft.[346] Der Tschadsee ist mehr oder weniger vollständig verdunstet.[347] Der Klimawandel ist nur einer der Faktoren, die zu diesen Entwicklungen geführt haben, aber sein Einfluss wird mit der Zeit nicht geringer werden.

Was sich in den Seen abspielt, die fortbestehen, ist vielleicht ebenso beunruhigend. Im Tai Hu in China bedrohte die Ausbreitung warmwasserliebender Bakterien 2007 beispielsweise die Trinkwasserversorgung von zwei Millionen Menschen,[348] die Erwärmung des ostafrikanischen Tanganjikasees gefährdet die Fischvorkommen, die von Millionen Menschen in vier angrenzenden, hungerleidenden Ländern gefangen und verzehrt werden.[349] Im Übrigen sind die Süßwasserseen der Erde für bis zu 16 Prozent des natürlichen Methanausstoßes verantwortlich,[350] und Wissenschaftler schätzen, dass das durch den Klimawandel verstärkte Wasserpflanzenwachstum diese Emissionen in den nächsten 50 Jahren verdoppeln könnte.[351]

Um dem Dürreproblem der Welt eine kurzfristige Lösung entgegenzusetzen, zapfen wir schon heute unterirdische Wasserschichten an, aber diese Vorräte haben sich über Jahrmillionen angesammelt und kommen so schnell nicht wieder.[352] Die USA beziehen bereits ein Fünftel ihrer Wasserversorgung aus dieser Quelle, und der renommierte Journalist Brian Clark Howard hat festgestellt, dass Brunnenschächte, durch die einst Wasser aus einer Tiefe von 150 Metern heraufgepumpt wurde, mittlerweile mindestens doppelt so tief sein müssen.[353] Im Flussbecken des Colorado River, das sieben Bundesstaaten mit Wasser versorgt, schrumpften die Grundwasservorkommen zwischen 2004 und 2013 deshalb um 50 Kubikkilometer,[354] und der Spiegel des Ogallala-Aquifers sank im Norden von Texas innerhalb eines Jahrzehnts um 4,5 Meter ab,[355] während der Aquifer in Kansas Berechnungen zufolge in den nächsten 50 Jahren 70 Prozent seines Volumens einbüßen wird.[356] Währenddessen wird in diesem Trinkwasser Fracking betreiben. In Indien könnten allein in den nächsten zwei Jahren 21 Städte ihre Grundwasservorkommen aufbrauchen.[357]

Kapstadt sollte den ersten Tag Null im März 2018 erleben.[358] Für diesen Tag hatte die Stadt ein paar Monate zuvor, als sie die schlimmste Dürre seit Jahrzehnten erlebte, vorausgesagt, dass buchstäblich kein Tropfen mehr aus den Wasserleitungen kommen werde.

Für jemanden, der irgendwo in einem Industriestaat in einer fortschrittlichen Stadt in einem modernen Haus im Wohnzimmer sitzt, scheint diese Bedrohung schwer vorstellbar – heute wirken so viele Städte wie Traumvorstellungen der endlosen und auf Abruf verfügbaren Fülle für die Wohlhabenden der Welt. Doch von allen Aspekten des urbanen Anspruchsdenkens ist das selbstverständliche Voraussetzen niemals endender Wasservorräte vielleicht der größte Trugschluss. Damit bei uns Wasser aus dem Hahn, der Dusche und dem Toilettenspülkasten kommt, muss vieles passen.

Wie es bei Klimakrisen so oft der Fall ist, verschärfte auch die Trockenheit in Kapstadt die bereits bestehenden Konflikte. Der Kapstädter Adam Welz beschrieb diese Zeit, die endete, bevor die Stadt völlig trocken lief, in einem ergreifenden, in der ersten Person verfassten Bericht als eine opernartige Darbietung der altbekannten lokalen Probleme: Zumeist wohlhabende Weiße beklagten sich darüber, dass größtenteils arme Schwarze, von denen viele eine kleine Menge Wasser kostenlos erhalten, verschwenderisch mit diesem Vorrat umgehen würden; in den sozialen Medien wimmelte es vor Anschuldigungen gegen angeblich faule oder gleichgültige schwarze Südafrikaner, die unbeaufsichtigt das Wasser laufen ließen, und gegen Geschäfte in Slums, die geklautes Wasser verscherbelten. Schwarze Südafrikaner verwiesen auf die weißen Vorortbewohner mit ihren Pools und Rasenflächen, die sich angeblich damit vergnügten, »in den Toilettenräumen der vornehmen Einkaufszentrum Spülorgien zu veranstalten«. Es gab Verschwörungstheorien über die Gleichgültigkeit der staatlichen Führung und eine israelische Technologie, die den Bürgern vorenthalten werde, während die Lokalpolitiker den staatlichen Behörden und diese wiederum den Meteorologen Arglist vorwarfen – hauptsächlich um eine Ausrede zu haben, selbst nicht handeln zu müssen, wie es fast immer der Fall ist, wenn eine Gemeinschaft geschlossen auf eine Klimabedrohung reagieren muss. Auf dem Höhepunkt der Krise verkündete der Bürgermeister, dass fast zwei Drittel der Stadt, 64 Prozent, sich nicht an die neu eingeführten Wasserbeschränkungen hielten, deren Ziel darin bestand, den Tagesverbrauch auf 85 Liter pro Person zu begrenzen.[359] Der durchschnittliche Amerikaner kommt auf vier- bis fünfmal so viel; im trockenen Utah, der Mormonenstadt, die auf die Prophezeiung eines Garten Eden in der Wüste zurückgeht, verbraucht jeder Bürger pro Tag knapp 940 Liter.[360] Im Februar schraubte Kapstadt die Zuteilung pro Person noch einmal hinab, auf 50 Liter, und das Militär bereitete sich darauf vor, die Wasservorräte der Stadt zu schützen.

Doch alle Schuldzuweisungen gegen Einzelne waren fehlgeleitet, wie so oft in Gemeinschaften, die mit den schmerzhaften Auswirkungen des Klimawandels zurechtkommen müssen. Wir neigen dazu, unsere gesamte Aufmerksamkeit auf unseren Privatverbrauch zu richten, zum Teil, weil wir diesen kontrollieren können, aber auch, weil das heute eine beliebte Form ist, demonstrativ zu zeigen, wie richtig man sich verhält. Doch letztendlich spielen diese privaten Entscheidungen in fast allen Fällen eine sehr untergeordnete Rolle und lenken uns nur von den wichtigeren Kräften ab. Geht es um unser Wasser, sieht das große Ganze so aus: Der private Verbrauch macht einen derart geringen Anteil aus, dass ein Verzicht in diesem Bereich nur bei ganz extremer Knappheit Auswirkungen zeigt. Schon vor der Dürre gab es in Südafrika laut einer Untersuchung neun Millionen Menschen ohne Zugang zu Trinkwasser;[361] die Menge, die benötigt würde, um den Bedarf dieser Menschen zu decken, beträgt nur ein Drittel dessen, was jährlich für den Weinanbau verwendet wird.[362] In Kalifornien, wo die Trockenheit immer wieder Auseinandersetzungen über Swimmingpools und immergrüne Rasenflächen befeuert, macht der Privatverbrauch in den Städten nur etwa 10 Prozent aus.[363]

In Südafrika ging die Krise irgendwann vorbei – durch eine Kombination aus rigoroser Wasserrationierung und dem Ende der Trockenperiode. Doch es sei Ihnen verziehen, wenn Sie aufgrund der Präsenz, die der Fall Kapstadt in den Medien genoss, der Meinung waren, dass die südafrikanische Stadt die erste war, die einem Tag Null ins Auge sah. São Paulo erging es 2015 ganz ähnlich, nach einer zweijährigen Dürre. Dort wurde ein rigoroses Rationierungssystem eingeführt und die Wasserversorgung für einige Bewohner auf zwölf Stunden am Tag begrenzt, was Firmen in den Bankrott trieb und zu Massenentlassungen führte.[364] Als Barcelona 2008 die schlimmste Dürre seit Beginn der katalonischen Aufzeichnungen erlebte, musste die Stadt Trinkwasser aus Frankreich importieren.[365] Die »Millennium-Dürre« im Süden Australiens begann 1996 mit geringen Niederschlägen und verschärfte sich später, ab 2001, zu einer achtjährigen Trockenperiode von Death-Valley-mäßigem Ausmaß, die erst endete, als die Regengüsse von La Niña die Region 2010 endlich erlösten.[366] Die Reis- und Baumwollproduktion brach um 99 bzw. 84 Prozent ein.[367] Flüsse und Seen verdunsteten, und in den Feuchtgebieten versauerte der trockene Boden.[368] 2018 kam in der indischen Stadt Shimla, einst die Sommerresidenz der britischen Kolonialregierung, im Mai und Juni wochenlang kein Wasser aus den Leitungen.[369]

Auch wenn die Landwirtschaft oft am schlimmsten unter dem Wassermangel zu leiden hat, betrifft das Problem aber nicht nur die ländlichen Gegenden. 14 der 20 größten Städte der Welt leiden momentan unter Wasserknappheit oder einer Dürre. Vier Milliarden Menschen leben laut Schätzungen bereits heute in Regionen, in denen es mindestens einen Monat im Jahr zu wenig Wasser gibt – das sind fast zwei Drittel der Weltbevölkerung. Eine halbe Milliarde lebt an Orten, wo dauerhafter Mangel herrscht. Schon heute, da sich die Erde nur um ein Grad erwärmt hat, zählt der Teil der USA, der westlich von Texas liegt und in dem man die Seen und Grundwasservorräte anzapft, um den Bedarf zu stillen, zu den Regionen, in denen mindestens einen Monat lang das Wasser knapp wird; das Gebiet erstreckt sich bis in den Westen Kanadas hinauf und bis nach Mexiko-Stadt hinunter.[370] Ebenfalls betroffen sind fast ganz Nordafrika und der Nahe Osten, ein großer

Teil von Indien, fast ganz Australien, beträchtliche Teile von Argentinien und Chile sowie der gesamte afrikanische Kontinent südlich von Sambia.

Seit der Klimawandel ein Thema ist, stand er immer im Zeichen des Salzwassers – die schmelzende Arktis, der steigende Meeresspiegel, das Zurückweichen der Küste. Dabei ist eine Süßwasserkrise viel beunruhigender, weil wir von ihm viel direkter abhängig sind. Außerdem steht sie uns schneller bevor. Doch obwohl die Erde heute über die nötigen Ressourcen verfügt, um die gesamte Weltbevölkerung mit genügend Wasser zum Trinken und für die sanitäre Versorgung zu versehen, fehlt es am politischen Willen – oder auch nur der Bereitschaft –, das durchzusetzen.

Die weltweite Nahrungsmittelproduktion wird, so erwartet man, in den nächsten drei Jahrzehnten etwa 50 Prozent mehr Wasser verbrauchen, die Städte und die Industrie 50 bis 70 Prozent mehr und die Energieversorgung etwa 85 Prozent mehr.[371] Gleichzeitig droht der Klimawandel unsere Wasservorkommen durch die bevorstehenden Superdürren beträchtlich zu verringern. Die Weltbank stellte in ihrer wegweisenden Untersuchung über Wasser und den Klimawandel, die unter dem Titel »High and Dry« veröffentlicht wurde, sogar fest: »Die Auswirkungen des Klimawandels werden sich hauptsächlich im Wasserkreislauf bemerkbar machen.«[372] Sie warnt: Wenn es um die sich in grausamen Stufen entfaltenden Kaskaden des Klimawandels geht, ist die effiziente Wassernutzung ein ebenso drängendes Problem und ein ebenso wichtiges Puzzleteil wie die effiziente Energienutzung. Ohne eine umfassende Umverteilung der Wasserressourcen könne das BIP allein aufgrund der ungewissen Wasserversorgung im Nahen Osten um 14 Prozent, in der Sahelzone um 12 Prozent, in Zentralasien um 11 Prozent und in Ostasien um 7 Prozent sinken.[373]

Das BIP ist natürlich bestenfalls ein krudes Werkzeug, um Umweltschäden zu messen. Einen besseren Augenöffner hat Peter H. Gleick vom Pacific Institute erstellt: eine einfache Liste aller bewaffneten Konflikte, bei denen es um Wasser ging, angefangen mit der alten sumerischen Legende von Ea aus dem Jahr 3000 v. Chr. Gleick zählt knapp 500 wasserbezogene Konflikte seit 1900 auf; fast die Hälfte davon ereigneten sich seit 2010.[374] Das liegt zum Teil daran, gibt Gleick zu, dass es reichlich Daten aus den letzten Jahren gibt, zum Teil aber auch am veränderten Wesen der Kriege – während die Konflikte früher fast ausschließlich zwischen einzelnen Staaten ausbrachen, werden sie jetzt, in einer Zeit, in der die Staatsmacht in vielen Regionen an Autorität verloren hat, häufig innerhalb von Staaten und zwischen Bevölkerungsgruppen ausgefochten. Ein lebhaftes Beispiel dafür ist die fünf Jahre andauernde Dürre in Syrien, die zwischen 2006 bis 2011 zu Ernteausfällen führte, was für politische Instabilität sorgte und dadurch den Ausbruch des Bürgerkriegs begünstigte, der eine globale Flüchtlingskrise nach sich zog. Gleicks Aufmerksamkeit gilt aber mehr dem seltsamen Krieg, der sich seit 2015 im Jemen abspielt – offiziell ein Bürgerkrieg, aber eigentlich ein Stellvertreterkrieg zwischen den Regionalmächten Saudi-Arabien und Iran, und vom Konzept her eine Art Miniatur-Weltkrieg, da auch die Amerikaner und die Russen involviert sind. Im Jemen bemessen sich die humanitären Kosten nicht nur in Blut, sondern zudem in Wasser; auch aufgrund der gezielten Angriffe auf die Wasserinfrastruktur stieg die Anzahl der Choleraerkrankungen 2017 auf eine Million, was bedeutet, dass sich innerhalb eines Jahres rund 4 Prozent der Bevölkerung diese Krankheit zuzogen.[375]

»Unter Wasserforschern gibt es ein Sprichwort«, erzählte mir Gleick. »Wenn der Klimawandel ein Hai ist, sind die Wasservorkommen seine Zähne.«

Sterbende Meere

Wir neigen dazu, die Ozeane als unergründlich zu betrachten, als das, was auf unserer Erde dem Weltall am nächsten kommt: dunkel, abweisend und – vor allem in der Tiefe – ziemlich seltsam und geheimnisvoll. »Wer kennt den Ozean?«, fragte die Biologin und Schriftstellerin Rachel Carson in ihrem Essay »Undersea«, bereits 25 Jahre, bevor sie sich in dem Buch *Der stumme Frühling* der Zerstörung der Erde durch den Menschen und industriell produzierte »Allheilmittel« zuwandte.[376] »Weder Sie noch ich, mit unseren erdgebundenen Sinnen, kennen den Schaum und die Brandung der Gezeiten, die über die in den Gewächsen ihres heimatlichen Gezeitentümpels versteckte Krabbe hinwegrollen, oder den Klang der langen, schwerfälligen Wogen in der Mitte der Meere, wo Schwärme wandernder Fische fressen und gefressen werden und der Delfin durch die Wellen bricht, um die Luft darüber zu atmen.«

Aber das Meer ist nicht »das andere«, wir sind es. Das Wasser ist kein Strandspielzeug für Landbewohner: Es bedeckt 70 Prozent der Erdoberfläche und ist damit der mit großem Abstand vorherrschende Lebensraum des Planeten.[377] Zu dem, was die Ozeane tun, gehört neben vielen anderen Dingen auch, dass sie uns ernähren: Weltweit liefert uns das Meer fast ein Fünftel der tierischen Proteine, die wir zu uns nehmen, und in den Küstenregionen kann dieser Wert deutlich höher liegen.[378] Außerdem erhalten die Ozeane unsere Jahreszeiten, durch prähistorische Strömungen wie den Golfstrom, und regulieren die Temperatur auf der Erde, indem sie einen Großteil der Sonnenwärme aufnehmen.

Vielleicht müsste es besser »ernährten«, »erhielten« und »regulierten« heißen, denn die Erderwärmung droht alle diese Funktionen zu unterlaufen. Schon heute sind einige Fischbestände auf der Suche nach kälterem Wasser Hunderte Kilometer nach Norden gezogen – die Flunder hat sich 400 Kilometer von der amerikanischen Ostküste entfernt, und die Makrele lebt jetzt so weit weg vom europäischen Festland, dass die Fischer, die es auf sie abgesehen haben, sich nicht mehr an die Vorgaben der Europäischen Union halten müssen.[379] Eine Untersuchung, die sich mit den Auswirkungen des Menschen auf das Leben im Wasser beschäftigt hat, fand heraus, dass nur 13 Prozent der Weltmeere noch unbeeinträchtigt sind und manche Bereiche der Arktis sich durch die Erwärmung so stark verändert haben, dass die Wissenschaftler sich fragen, wie lange sie die Gewässer noch als

»arktisch« bezeichnen können.[380] Und so sehr der Anstieg des Meeresspiegels und die Überschwemmungen der Küstenregionen unsere Ängste in Bezug auf die Auswirkungen des Klimawandels auf die Ozeane der Erde auch dominiert haben, sollte uns doch viel mehr als nur das Sorgen bereiten.

Im Augenblick wird mehr als ein Viertel des Kohlendioxids, das der Mensch ausstößt, von den Meeren geschluckt, ebenso wie 90 Prozent der überschüssigen Wärme, die in den letzten 50 Jahren durch den Klimawandel entstanden ist.[381] Die Hälfte dieser Wärme ist seit 1997 absorbiert worden, und heute transportieren die Ozeane mindestens 15 Prozent mehr Wärmeenergie als noch im Jahr 2000 – sie haben allein in diesen zwei Jahrzehnten dreimal mehr Energie aufgenommen, als alle fossilen Brennstoffe der Erde enthalten. Doch dieses zusätzliche Kohlendioxid, das im Wasser gelöst ist, führt zur sogenannten »Versauerung der Meere«, was genau das ist, wonach es klingt, und sich bereits jetzt in einigen Gewässern der Erde ausbreitet – also dem Ort, wo das Leben auf diesem Planeten ursprünglich überhaupt erst entstand. Durch die Auswirkungen auf das Phytoplankton, das eine schwefelhaltige Substanz in die Luft abgibt und dadurch die Wolkenbildung beeinflusst, könnte die Versauerung allein die Erderwärmung um einen Viertelgrad bis einen halben Grad verstärken.

Wahrscheinlich haben Sie schon einmal von der »Korallenbleiche« – das heißt dem Korallensterben – gehört: Durch das wärmere Meerwasser stoßen die Riffe die Zooxanthellen genannten Protozoen ab, die die Koralle durch Fotosynthese mit bis zu 90 Prozent der Energie versorgen, die sie braucht.[382] Jedes Riff ist als Ökosystem so komplex wie eine moderne Stadt, und die Zooxanthellen liefern die Nahrungsmittel, die Grundsteine der Energieversorgung. Wenn sie verschwinden, wird der gesamte Komplex mit militärischer Effizienz ausgehungert, ähnlich wie eine belagerte oder vom Nachschub abgeschnittene Stadt. Seit 2016 ist die Hälfte des berühmten Great Barrier Reefs in Australien auf diese Weise abgestorben.[383] Solche großflächigen Ereignisse nennt man »Massenbleiche«, und eines davon fand in den

Jahren zwischen 2014 und 2017 überall auf der Erde statt.[384] Schon heute sind so viele Korallen eingegangen, dass sie eine ganz neue Schicht im Ozean bilden, in einer Tiefe von 30 bis 150 Metern unter der Wasseroberfläche, die Forscher mittlerweile die »Twilight Zone« nennen.[385] Laut dem World Resources Institute gefährdet die fortschreitende Erwärmung und Versauerung der Ozeane bis 2030 90 Prozent aller Korallenriffe.[386]

Das sind sehr schlechte Nachrichten, weil diese Riffe einem Viertel aller Meereslebewesen als Heimat und einer halben Milliarde Menschen als Nahrungs- und Einkommensquelle dienen.[387] Außerdem schützen sie bei Stürmen vor Überflutungen – eine Funktion, die viele Milliarden Dollar wert ist.[388] Der Wert der Riffe vor den Küsten von Indonesien, den Philippinen, Malaysia, Kuba und Mexiko beläuft sich in dieser Hinsicht im Moment auf jährlich mindestens 400 Millionen Dollar – jeweils.[389] Doch die Versauerung der Meere setzt den Fischbeständen auch direkt zu. Obwohl sich die Forscher noch nicht sicher sind, wie genau sich dieser Prozess auf das, was wir aus dem Meer holen, auswirkt, wissen sie, dass die Schale von Austern und Muscheln im sauren Wasser schlechter wächst und dass der steigende Kohlendioxidgehalt den Geruchssinn der Fische schädigt – auch wenn viele Leute noch nie von ihm gehört haben, dient er den Tieren oft zur Navigation.[390] Vor den Küsten Australiens sind die Fischbestände in nur zehn Jahren um geschätzt 32 Prozent geschrumpft.[391]

Eine mittlerweile weitverbreitete Ansicht lautet, dass wir in einem Zeitalter des Massenaussterbens leben – einer Periode, in der das menschliche Handeln die Geschwindigkeit, in der Arten von der Erde verschwinden, um einen Faktor von möglicherweise tausend gesteigert hat.[392] Außerdem liegt man wohl nicht falsch, wenn man sagt, dass unsere Epoche von einer »Anoxifizierung« der Ozeane gekennzeichnet ist.[393] Im Verlauf der vergangenen 50 Jahre hat sich die Menge des Meerwassers, in dem keinerlei Sauerstoff zu finden ist, weltweit vervierfacht;[394] es gibt jetzt insgesamt mehr als 400 solcher umgekippten »Todeszonen«. Die sauerstofflosen Bereiche sind um mehrere Millionen Quadratkilometer angewachsen, grob um die Fläche Europas, und in Hunderten von Küstenstädten breitet sich nun der Gestank einer sauerstoffarmen Brühe aus. Das liegt zum Teil an der Erderwärmung, da sich in wärmerem Wasser weniger Sauerstoff löst. Ein weiterer Grund ist schlichte Verschmutzung – im Golf von Mexiko entstand kürzlich eine über 20 000 Quadratkilometer große Todeszone, weil der Mississippi chemische Düngemittel aus den landwirtschaftlichen Gebieten im Mittleren Westen ins Meer spült. 2014 kam es am Erie-See zu einem wenig überraschenden giftigen Vorfall, als die Düngemittel der Mais- und Sojabetriebe in Ohio eine Algenblüte auslösten, sodass die Stadt Toledo von ihrer Trinkwasserquelle abgeschnitten war. Und 2018 entdeckte man im Arabischen Meer eine Todeszone von der Größe Floridas – so gewaltig, dass die Forscher glaubten, sie könnte den gesamten 165 000 Quadratkilometer großen Golf von Oman betreffen, der siebenmal größer ist als die Todeszone im Golf von Mexiko. »Das Meer erstickt«, sagte der renommierte Biochemiker Bastien Y. Queste.[395]

Ein dramatischer Rückgang des Sauerstoffgehalts der Meere hat bei vielen der schlimmsten Massenaussterben auf der Erde eine Rolle gespielt, und die Prozesse, durch die sich die Todeszonen ausweiten – und so das Leben im Meer auslöschen und Fischereigewässer zerstören –, sind nicht nur im Golf von Mexiko bereits weit fortgeschritten, sondern auch vor der Küste Namibias, wo vor einem über 1500 Kilometer langen Streifen Land, der unter dem Namen Skelettküste bekannt ist, Schwefelwasserstoff aus dem Meer aufsteigt.[396] Der Name der Küste bezog sich einst auf die Überreste von Schiffswracks, ist aber heute treffender denn je. Schwefelwasserstoff ist einer jener Stoffe, von denen die Forscher vermuten, dass sie durch eine Reihe von Rückkopplungen das Massenaussterben am Ende des Perms ausgelöst haben. Das Gas ist so giftig, dass die Evolution uns darauf abgerichtet hat, schon kleinste, ungefährliche Spuren davon zu riechen – deshalb reagieren unsere Nasen so empfindlich auf Blähungen.

Und dann wäre da noch die mögliche Verlangsamung des »globalen Förderbandes«, des gewaltigen Kreislaufsystems, das aus dem

Golfstrom und anderen Strömungen besteht und das wichtigste Mittel der Erde ist, um die regionalen Temperaturen zu regulieren. Wie das funktioniert? Wenn das Wasser des Golfstroms ins Europäische Nordmeer gelangt, kühlt es sich durch die kalte Luft dort ab, wodurch sich seine Dichte erhöht und es auf den Meeresgrund sinkt und vom nachfolgenden Wasser – das ebenfalls vom Golfstrom nach Norden befördert wurde, sich abkühlt und dann sinkt – nach Süden gedrückt wird, bis in die Antarktis, wo das kalte Wasser wieder an die Oberfläche zurückkehrt, sich erwärmt und erneut die Reise nach Norden antritt. Eine solche Runde kann 1 000 Jahre dauern.[397]

Als das globale Förderband in den 1980er-Jahren zum Forschungsobjekt wurde, gab es Ozeanografen, die befürchteten, es könne zusammenbrechen, was zu einem massiven Ungleichgewicht der klimatischen Verhältnisse auf der Erde führen würde – die heißen Regionen würden noch viel heißer werden, die kalten viel kälter. Ein Totalausfall wäre eine unvorstellbare Katastrophe, auch wenn seine Auswirkungen auf den ersten Blick täuschend harmlos aussehen – kältere Temperaturen in Europa, mehr Extremwetter, ein zusätzlicher Anstieg des Meeresspiegels. In diesem Zusammenhang fällt stets der Begriff »*Day After Tomorrow*«-Szenario, und es ist eine seltsame Fügung des Schicksals, dass ein derartig vernachlässigbarer Film diesem Worst-Case-Szenario seinen einprägsamen Namen gegeben hat.

Allerdings macht sich kein ernst zu nehmender Wissenschaftler Sorgen, dass das in der vom Menschen zu überblickenden Zukunft eintreten könnte. Doch wenn es um eine Verlangsamung des Förderbandes geht, sieht es schon anders aus. Bereits heute hat der Klimawandel die Geschwindigkeit des Golfstroms um 15 Prozent reduziert, eine Entwicklung, die es den Forschern zufolge »im letzten Jahrtausend nicht gegeben hat« und die ein Grund dafür sein könnte, warum der Meeresspiegel an der Ostküste der USA so viel stärker ansteigt als anderswo in der Welt.[398] 2018 lösten zwei wichtige Aufsätze neue Befürchtungen über das Förderband aus, genauer gesagt über die sogenannte atlantische meridionale Umwälzbewegung, die so langsam vonstattengeht wie noch nie in den letzten 1500 Jahren.[399] So weit hätte es selbst nach den Berechnungen pessimistischer Wissenschaftler eigentlich erst 100 Jahre später kommen sollen; die Entwicklung stellt das dar, was der Klimaforscher Michael E. Mann unheilvoll einen »Kipppunkt« nennt.[400] Und natürlich ist damit noch kein Ende der Veränderungen in Sicht: Die Transformation der Meere durch die Erwärmung macht diese unbekannten Gewässer doppelt rätselhaft; die Ozeane der Erde verwandeln sich, bevor wir je in der Lage waren, ihre Tiefen und das darin beheimatete Leben zu ergründen.

Verpestete Luft

Unsere Lungen brauchen Sauerstoff, aber er macht nur einen Teil unserer Atemluft aus, und dieser Teil wird geringer, je mehr Kohlendioxid sie enthält. Das bedeutet nicht, dass wir Gefahr laufen, zu ersticken – dafür ist doch zu viel Sauerstoff da –, aber wir werden leiden. Wenn der Kohlendioxidgehalt 930 ppm erreicht (mehr als doppelt so viel wie heute), schränkt das unsere kognitiven Fähigkeiten um 21 Prozent ein.[401]

Im Inneren von Gebäuden, wo sich das Kohlendioxid ansammeln kann, machen sich seine Auswirkungen stärker bemerkbar – deshalb fühlt man sich nach einer langen Zeit in einem geschlossenen Raum oft ein bisschen wacher, wenn man einen kurzen Spaziergang macht. Und es ist ein Grund dafür, warum der Kohlendioxidgehalt in Grundschulklassenzimmern gemäß einer Studie bereits jetzt durchschnittlich über 1000 ppm beträgt, in fast einem Viertel der in Texas untersuchten Räume sogar über 3000 ppm – ziemlich beunruhigende Zahlen, zieht man in Betracht, dass es sich dabei um eine Umgebung handelt, in der die Denkleistung gefördert werden soll.[402] Aber die Zustände in den Klassenzimmern sind nicht die schlimmsten: Andere Untersuchungen haben noch höhere Werte in Flugzeugen ermittelt, was zu Auswirkungen führt, an die Sie sich wahrscheinlich aus eigener Erfahrung noch müde erinnern können.

Dabei ist Kohlendioxid mehr oder weniger das geringste Problem. Unsere Atemluft wird in Zukunft nicht nur wärmer, sondern auch schmutziger und drückender sein und uns schneller krank machen. Dürren haben direkte Auswirkungen auf die Luftqualität, sie erzeugen das, was heute unter dem Begriff »Staubbelastung« bekannt ist und in den USA zu Zeiten der *Dust-Bowl*-Krise »Staublungenentzündung« genannt wurde. Der Klimawandel wird in den damals betroffenen Gebieten für neue Staubstürme sorgen, sodass die Staubverschmutzung laut Berechnungen mehr als doppelt so viele Todesopfer und mehr als dreimal so viele Einweisungen ins Krankenhaus zur Folge haben wird.[403]

Je heißer der Planet wird, desto mehr Ozon bildet sich, und gegen Mitte des Jahrhunderts wird die Anzahl der Tage, an denen die Amerikaner unter dem ungesunden Ozonsmog leiden, um 70 Prozent angestiegen sein, wie das National Center for Atmospheric Research ermittelt hat.[404] 2090 könnten ganze zwei Milliarden Menschen auf der Erde Luft atmen müssen, die die Grenzen dessen überschreitet, was die Weltgesundheitsorganisation für »sicher« befunden hat.[405] Schon heute fordert die Luftverschmutzung täglich 10 000 Opfer – also *pro Tag* deutlich mehr Menschen, als je durch Kernschmelzen in Atomkraftwerken ums Leben kamen.[406] Das ist allerdings natürlich kein überzeugendes Argument für die Kernkraft, da der Vergleich hinkt: Es gibt viel, viel mehr Schlote, die schwarzen Kohlequalm in die Luft speien, als Kernkraftwerke mit ihren Kühltürmen und den daraus aufsteigenden weißen Rauchschwaden. Aber es ist ein beunruhigendes Anzeichen dafür, wie mächtig das Regime der Kohlenstoffverschmutzung wirklich ist, die sich wie eine giftige Umarmung um den ganzen Planeten legt.

In den vergangenen Jahren haben Wissenschaftler Stück für Stück aufgedeckt, welch ein Unheil verbleites Benzin und bleihaltige Farben in den letzten 50 Jahren still und heimlich in unser Leben getragen haben: Überall, wo sie benutzt wurden, haben sie die Anzahl von geistigen Behinderungen und die Kriminalitätsrate nach oben getrieben, während das Bildungs- und das Einkommensniveau drastisch sanken.

Die Auswirkungen der Luftverschmutzung scheinen aber bereits jetzt noch schlimmer zu sein. Feinstaubverschmutzung verringert, einigen Forschern zufolge, die kognitive Leistungsfähigkeit mit der Zeit »immens«: Würde die Verschmutzung in China auf die Grenzwerte der US-amerikanischen Umweltbehörde heruntergefahren, würde das die Ergebnisse in sprachlichen Fächern um 13 Prozent und die in mathematischen um acht Prozent verbessern.[407] (Auch ein Temperaturanstieg hat übrigens einen belastbaren und negativen Einfluss auf die Noten: Prüflinge schneiden schlechter ab, wenn es draußen wärmer ist.[408]) Luftverschmutzung ist mit mehr psychischen Erkrankungen bei Kindern und einem erhöhten Demenzrisiko bei Erwachsenen in Verbindung gebracht worden.[409] Ein hoher Verschmutzungsgrad in dem Jahr, in dem ein Kind zur Welt kommt, verringert seine Chancen auf ein gutes Einkommen und eine erfolgreiche Teilnahme am Erwerbsleben im Alter von 30 Jahren,[410] und der Zusammenhang zwischen der Verschmutzung und Frühgeburten sowie einem niedrigen Geburtsgewicht ist so ausgeprägt, dass die einfache Einführung eines elektrischen Erfassungssystems anstelle von Mautschranken in amerikanischen Städten diese Raten in der Umgebung der Mautstellen um 10,8 bzw. 11,8 Prozent reduziert hat, einfach nur, weil so die Abgase vermieden werden, die durch das Abbremsen der Autos entstanden.[411]

Und dann gibt es da noch die bekannteren Gefahren, die die Verschmutzung für unsere Gesundheit bedeutet. 2013 bewirkte das Schmelzen des arktischen Eises eine Veränderung der Wetterlage in Asien, sodass die Industrieregionen Chinas plötzlich von den natürlichen Luftzirkulationsmustern abgeschnitten waren, von denen sie mittlerweile so abhängig sind, und ein Großteil des Nordens von einem gesundheitsgefährlichen Smog bedeckt war.[412] Der recht schlicht wirkende Luftqualitätsindex (Air Quality Index; AQI) gibt die Gefahr auf einer eigens erstellten Skala an, in die eine Reihe von Verschmutzungsfaktoren einfließen: Ab einem Wert zwischen 51 und 100 wird gewarnt, und ab 201 bis 300 droht »ein signifikanter Anstieg der Atemprobleme in der gesamten Bevölkerung«. Die höchste Stufe ist bei Werten zwischen 301 und 500 erreicht, bei denen mit »ernsten

Verschlechterungen des Gesundheitszustands von Menschen mit Herz- oder Lungenerkrankungen und dem vorzeitigen Tod von Patienten mit Herz-Lungen-Erkrankungen und älteren Menschen« zu rechnen ist, sowie mit einer »schwerwiegenden Gefahr für die gesamte Bevölkerung, Atemprobleme zu erleiden«. Ist diese Stufe erreicht, sollten alle Menschen »jegliche Anstrengungen außer Haus meiden«. Bei der chinesischen »Airpokalypse« im Jahr 2013 wurde der Maximalwert fast um das Doppelte übertroffen, der Luftqualitätsindex lag bei 993,[413] und Wissenschaftler, die sich mit dem Phänomen beschäftigten, meinten, dass China unbeabsichtigt eine ganze neue und bisher unbekannte Art von Smog erfunden hatte, eine Kombination aus der als »Erbsensuppe« bezeichneten Verschmutzung aus den Zeiten der europäischen Industrialisierung und der Feinstaubverschmutzung, die sich in jüngster Zeit in weiten Teilen der Entwicklungsländer ausgebreitet hat.[414] In jenem Jahr forderte der Smog in China 1,37 Millionen Todesopfer.[415]

Außerhalb von China betrachteten die meisten Menschen die Fotos und Videos einer Welthauptstadt, die von einer derart dicken grauen Wolke bedeckt war, dass nicht einmal mehr die Sonne hindurchdrang, nicht als Hinweis auf den Zustand der Erdatmosphäre, sondern nur auf die Rückständigkeit dieses einen Landes – sie lasen daraus ab, wie weit China hinter dem Lebensstandard der ersten Welt hinterherhinkte, egal was das enorme Wirtschaftswachstum für Chinas Platz in der internationalen Hackordnung bedeutete. Doch 2017, dem Rekordjahr der Waldbrände in Kalifornien, war die Luft rund um San Francisco schlechter als am gleichen Tag in Peking.[416] In Napa erreichte der Luftqualitätsindex einen Wert von 486. In Los Angeles gab es einen Ansturm auf Mundschutzmasken, in Santa Barbara konnten die Bewohner die Asche händeweise aus den Abflussrohren schöpfen. Im folgenden Jahr sorgten Waldbrände in Seattle dafür, dass es für alle Bewohner in der gesamten Stadt gefährlich war, die Luft im Freien zu atmen.[417] Die panische Angst um die eigene Gesundheit lieferte den Amerikanern einen weiteren Grund, die Situation in Neu-Delhi zu ignorieren, wo der Luftqualitätsindex 2017 auf 999 stieg.[418]

In der indischen Hauptstadt leben 26 Millionen Menschen. 2017 war das schlichte Atmen in der Stadt gleichbedeutend damit, mehr als zwei Schachteln Zigaretten am Tag zu rauchen, und die dortigen Krankenhäuser verzeichneten einen Anstieg der Patientenzahlen um 20 Prozent.[419] Die Teilnehmer des Halbmarathons in Neu-Delhi liefen mit weißen Masken vor dem Gesicht. Und eine derartig hohe Luftverschmutzung ist auch in anderer Hinsicht gefährlich: Die Sichtweite war so gering, dass es auf den Autobahnen der Stadt zu Auffahrunfällen kam und die Fluggesellschaft United ihre Flüge von und nach Neu-Delhi absagte.[420]

Neue Untersuchungen zeigen, dass die Gefahr einer Atemwegserkrankung selbst dann drastisch erhöht ist, wenn man der Feinstaubbelastung nur für kurze Zeit ausgesetzt ist – je zehn zusätzliche Mikrogramm pro Kubikmeter erhöhen die Anzahl der Diagnosen um 15 bis 32 Prozent.[421] Auch der Blutdruck steigt. 2017 gingen weltweit neun Millionen vorzeitige Todesfälle auf die Verschmutzung durch Feinstaub zurück, berichtet die medizinische Fachzeitschrift *The Lancet*, mehr als ein Viertel davon in Indien.[422] Und da lagen die Zahlen für die Zeit mit den höchsten Werten jenes Jahres noch nicht einmal vor.

In Neu-Delhi entsteht ein Großteil der Verschmutzung durch Brände auf den umgebenden Feldern; doch an vielen Orten ist der Feinstaub-Smog eher auf Diesel- und andere Abgase und die Industrie zurückzuführen. Der Schaden, den er in der Bevölkerung anrichtet, trifft unterschiedslos jeden, weil er den Menschen an fast all seinen Schwachstellen angreift: Die Verschmutzung sorgt für mehr Schlaganfälle, Herzinfarkte, Krebserkrankungen jeder Art, akute und chronische Atemwegsbeschwerden wie Asthma sowie Komplikationen in der Schwangerschaft, darunter auch Frühgeburten.[423] Neue Forschungen, die sich mit den Auswirkungen auf das Verhalten und die Entwicklung befassen, sind vielleicht noch beunruhigender: Sie stellen einen Zusammenhang zwischen Luftverschmutzung und Gedächtnisproblemen, Aufmerksamkeitsstörungen, Wortschatzschwäche, ADHS und Autismus her.[424] Es ist belegt, dass die Verschmutzung die Entwicklung der Neuronen im Gehirn beeinträchtigt und dass unsere

DNS in der Nähe von Kohlekraftwerken mit der Zeit deformiert werden kann.[425]

In der industrialisierten Welt überschreiten die Luftwerte in 98 Prozent der Städte die Grenzen dessen, was die Weltgesundheitsorganisation für sicher befunden hat.[426] Doch auch wer die Stadt verlässt, hat es kaum besser: 95 Prozent der Weltbevölkerung atmen gefährlich verschmutzte Luft.[427] China unternimmt seit 2013 beispiellose Bemühungen, die Luft zu säubern, aber im Jahr 2015 kostete die Verschmutzung immer noch jährlich eine Million Chinesen das Leben.[428] Weltweit ist jeder sechste Todesfall auf die Luftverschmutzung zurückzuführen.[429]

Diese Art von Verschmutzung ist im Grunde nichts Neues; schon bei Charles Dickens lassen sich Andeutungen finden, wie giftig der Smog ist und wie gefährlich die dreckgeschwärzte Luft, auch wenn der Autor wohl kaum als Umweltaktivist gelten kann. Doch wir entdecken jedes Jahr mehr und mehr Hinweise darauf, wie die Industrie die Erde vergiftet.

Besonders alarmierend ist eine anscheinend ganz neue – oder neu entdeckte – Form der Verschmutzung: Mikroplastik. Die Erderwärmung hat das Mikroplastik nicht direkt mit sich gebracht, aber dennoch ist seine rasche Ausbreitung in der Natur zu einem unwiderstehlichen Lehrstück darüber geworden, welche Art von Veränderungen mit dem Begriff »Anthropozän« gemeint ist und in welchem Ausmaß die florierende Konsumkultur dafür verantwortlich ist.

Jeder, der sich für Umweltschutz interessiert, kennt vermutlich den »großen pazifischen Müllstrudel« – den Teppich aus Plastikmüll, der doppelt so groß ist wie Texas und im Pazifik herumschwimmt.[430] Genau genommen handelt es sich dabei nicht um einen zusammenhängenden Teppich. Die Formulierung macht es uns nur leichter, es uns vorzustellen. Außerdem besteht die Masse hauptsächlich aus größeren Plastikteilen, die mit bloßem Auge zu sehen sind. Doch die mikroskopisch kleinen Bestandteile – ein einziger Durchlauf einer Waschmaschine kann bis zu 700 000 davon in die Umwelt spülen – sind tückischer.[431] Und – kaum zu glauben, aber wahr – noch verbreiteter: Ein

Viertel des Speisefisches, der in Indonesien und Kalifornien verkauft wird, enthält laut einer kürzlich erschienenen Studie Plastik.[432] Europäer, die Muscheln essen, nehmen Schätzungen zufolge jährlich 11 000 Stückchen Mikroplastik zu sich.[433]

Die direkten Auswirkungen des Plastiks auf das Leben im Meer sind noch schlimmer. Die Anzahl der Meerestierarten, denen die Plastikverschmutzung zusetzt, ist von 260 im Jahr 1995, als eine erste Untersuchung durchgeführt wurde, auf 690 im Jahr 2015 und auf 1450 im Jahr 2018 angestiegen.[434] Ein Großteil der Fische aus den Great Lakes, die getestet wurden, enthielt Mikroplastik, und auch in den Eingeweiden von 73 Prozent der Fische aus dem Nordwestatlantik wurde es gefunden.[435] Eine Untersuchung in britischen Supermärkten ergab, dass je 100 Gramm Muscheln 70 Plastikpartikel enthielten.[436] Manche Fische haben gelernt, Plastik zu essen, und bestimmte Krillsorten fungieren mittlerweile als Plastikverarbeiter und zerlegen Mikroplastik in noch kleinere Stücke,[437] die von den Wissenschaftlern als »Nanoplastik« bezeichnet werden.[438] Aber der Krill kriegt nicht alles klein: In der Nähe von Toronto landeten kürzlich in einem Bereich von einer Quadratmeile Wasser 3,4 Millionen Mikroplastikpartikel in den Netzen.[439] Natürlich sind auch die Seevögel nicht dagegen gefeit: Eine Forscherin fand 225 Stücke Plastik im Magen eines drei Monate alten Kükens.[440] Sie machten 10 Prozent seiner Körpermasse aus – das ist ungefähr so, als schleppe ein Mensch fünf bis zehn Kilogramm Plastik in seinem Bauch mit sich herum. (»Stellen Sie sich einmal vor, Sie müssten mit dem Zeug im Magen Ihren ersten Flug aufs Meer hinaus unternehmen«, meinte die Wissenschaftlerin zur *Financial Times* und fügte hinzu: »Die Anzahl der Seevögel geht weltweit stärker zurück als die aller anderen Vögel.«)

Mikroplastik ist in Bier, in Honig und in 16 von 17 getesteten Sorten im Handel vertriebenen Meersalzes gefunden worden, in acht verschiedenen Ländern.[441] Je mehr wir testen, desto mehr finden wir; und obwohl noch niemand weiß, wie sich das Mikroplastik auf den Menschen auswirkt, gilt jeder Plastikpartikel im Meer als eine Million Mal gefährlicher als das Wasser, das ihn umgibt.[442] Es besteht die Gefahr, dass wir auch in unseren Körpern Plastik finden würden, wenn wir sie nach dem Tod aufschneiden und darauf untersuchen würden – wie es nun vermehrt in Bezug auf die Tau-Proteine geschieht, die möglichen Auslöser von CTE und Alzheimer. Wir können Mikroplastik einatmen – selbst im Inneren von Gebäuden, wo man die Teilchen ebenfalls in der Luft entdeckt hat – und nehmen es bereits jetzt beim Trinken auf: Es findet sich im Leitungswasser von 94 Prozent der amerikanischen Städte, die darauf getestet wurden.[443] Und die weltweite Plastikproduktion soll sich bis 2050 verdreifachen – dann gibt es im Meer mehr Plastik als Fische.[444]

Die Plastikpanik steht in einem seltsamen Verhältnis zum Klimawandel, da sie sich aus den Warnungen über die bevorstehende Zerstörung des Planeten speist, aber gleichzeitig auf etwas ausgerichtet ist, das kaum etwas mit der Erderwärmung zu tun hat. Doch es sind nicht nur die CO_2-Emissionen, die sich auf den Klimawandel auswirken, sondern auch andere Formen der Verschmutzung. Eine der Verbindungen ist recht vage: Plastik wird industriell hergestellt, was für Verschmutzung sorgt, auch durch Kohlendioxid. Eine zweite ist direkter, aber nur von geringer Bedeutung, wenn man das große Ganze betrachtet: Wenn Plastik sich zersetzt, wird Methan und Ethylen frei, ein weiteres, sehr wirksames Treibhausgas.[445]

Eine dritte Verbindung zwischen der Temperatur der Erde und der Verschmutzung durch andere Stoffe als Kohlendioxid ist jedoch viel beängstigender. Dabei geht es nicht um Plastik, sondern um Aerosole – unter diesem Oberbegriff werden alle Partikel zusammengefasst, die in unserer Atmosphäre schweben.[446] Im Grunde senken sie die Temperatur der Erde, vor allem, weil sie Sonnenlicht ins All reflektieren. Anders ausgedrückt: Alle Schmutzteilchen, die wir jenseits des Kohlendioxids aus unseren Kraftwerken, Fabriken und Autos in die Luft blasen – und die einige der größten und reichsten Städte der Welt ersticken lassen und große Mengen von Menschen, die noch Glück gehabt haben, ins Krankenhaus befördern, aber auch viele Millionen anderen einen frühzeitigen Tod einbringen –, all diese Teilchen wirken skurrilerweise der Erderwärmung, die wir gerade erleben, entgegen.

Wie sehr? Wahrscheinlich geht es um etwa einen halben Grad – vielleicht aber mehr. Schon heute haben Aerosole so viel Sonnenlicht von unserem Planeten zurückgeworfen, dass die Erderwärmung im industriellen Zeitalter nur zwei Drittel dessen beträgt, was sonst der Fall gewesen wäre.[447] Hätten wir es irgendwie geschafft, seit dem Beginn der industriellen Revolution die gleiche Menge an Kohlendioxid in die Atmosphäre zu blasen, den Himmel dabei aber frei von Aerosolverschmutzung zu halten, läge der Temperaturanstieg heute um 50 Prozent höher. Das führt zu einem Dilemma, meint der niederländische Klimaforscher und Nobelpreisträger Paul J. Crutzen,[448] oder, um es mit den noch prägnanteren Worten des Klimajournalisten Eric Holthaus zu sagen,[449] zu einem »Pakt mit dem Teufel«: Wir haben die Wahl zwischen einer die Gesundheit aller gefährdenden Luftverschmutzung einerseits und einem Himmel, der den Klimawandel, gerade weil er so klar ist, drastisch beschleunigt. Wenn wir gegen die Verschmutzung vorgehen, retten wir jährlich Millionen Menschen das Leben, versetzen aber gleichzeitig der Erderwärmung einen starken Schub, auf 1,5 bis zwei Grad über der vorindustriellen Temperatur – also in Richtung der Zwei-Grad-Grenze, die lange Zeit als rote Linie zwischen einer lebenswerten Zukunft und der Klimakatastrophe galt.[450]

Mit diesem Phänomen befassen sich Ingenieure und Zukunftsforscher nun seit fast einer Generation, ebenso wie mit der Idee, die globalen Temperaturen durch schwebende Partikel bewusst niedrig zu halten – das heißt die Luft absichtlich zu verschmutzen, um den Planeten abzukühlen. Derartige Überlegungen werden oft unter dem Begriff Geoengineering zusammengefasst und gelten in der Bevölkerung meist als Worst-Case-Szenario, fast als Science-Fiction – sie prägen dementsprechend auch viele Werke dieses Genres, die sich in jüngerer Zeit mit der Klimakrise beschäftigt haben. Trotzdem steht das Konzept bei den besorgtesten unter den Klimaforschern extrem hoch im Kurs, von denen viele darauf hinweisen, dass keines der recht bescheidenen Ziele des Pariser Klimaabkommens ohne die – momentan noch unbezahlbaren – negativen Emissionstechnologien zu erreichen ist.

Die Kohlendioxidabscheidung mag noch in die Kategorie »magisches Denken« fallen, aber für die kruderen Technologien gilt: Wir wissen, dass sie funktionieren. Statt Kohlendioxid aus der Atmosphäre zu saugen, könnten wir Schmutzpartikel in den Himmel schießen – in der vielleicht am ehesten durchführbaren Version wäre das Schwefeldioxid. Das würde unseren Sonnenuntergang deutlich röter färben, den Himmel ausbleichen lassen und für mehr sauren Regen sorgen.

Außerdem würde die Maßnahme wegen der Folgen für die Luftqualität jedes Jahr Zehntausende Leben kosten.[451] Ein Artikel aus dem Jahr 2018 legt nahe, dass sie das Amazonasgebiet austrocknen würde, was deutlich mehr Waldbrände zur Folge hätte.[452] Laut einem anderen Artikel aus demselben Jahr würden die negativen Auswirkungen auf das Pflanzenwachstum den positiven Effekt auf die Erdtemperatur wieder zunichtemachen. Anders formuliert: Zumindest in Bezug auf den landwirtschaftlichen Ertrag brächte diese Art des Geoengineerings unterm Strich keinerlei Nutzen mit sich.[453]

Wenn wir damit einmal anfangen, dürften wir nie wieder aufhören. Schon eine kurze Unterbrechung, eine zeitweilige Auflösung des roten Schwefelschirms, könnte die Erde sprunghaft um ein paar Grad erwärmen und sie damit in die Klimakatastrophe befördern. Somit wären die Apparaturen, die diesen Schirm aufrechterhalten, sehr anfällig für politische Machtspielchen und Terrorismus, wie selbst die Befürworter eingestehen. Dennoch betrachten viele Forscher das Geoengineering als unverzichtbar – es sei eben so günstig zu haben. Schon ein Milliardär, der sich voll und ganz dem Klimaschutz verschreibt, könnte eine solche Maßnahme durchführen.

Seuchenalarm

Gestein ist ein Zeugnis der Erdgeschichte; in ihm haben die Kräfte der geologischen Entwicklung Millionen Jahre andauernde Zeitalter in

Schichten gepresst, die – wenn überhaupt – nur wenige Zentimeter dick sind. Das Gleiche gilt für Eis: Auch an ihm lässt sich die Klimageschichte ablesen, aber sie ist nur eingefroren, was bedeutet, dass ein Teil davon auch wieder zum Leben erwachen kann, wenn es taut. Tief im arktischen Eis befinden sich heute Krankheiten, die seit Millionen Jahren nicht mehr auf der Erde ausgebrochen sind – in manchen Fällen, seit dort Menschen herumlaufen, die sich damit anstecken könnten.[454] Was bedeutet, dass unser Immunsystem keine Ahnung hätte, wie es sich dagegen zur Wehr zu setzen hätte, wenn diese prähistorischen Seuchen aus dem Eis auftauchen würden. Schon heute sind in Laboren mehrere Mikroben wieder zum Leben erweckt worden: eine 32 000 Jahre alte »extremophile« Bakterie,[455] die 2005 aufgetaut wurde, ein acht Millionen Jahre alter Bazillus,[456] 2007 wiederbelebt, sowie ein 3,5 Millionen Jahre alter, den sich ein russischer Forscher selbst injizierte, nur weil er neugierig war, was geschehen würde.[457] (Er überlebte.) 2018 holten Wissenschaftler etwas Größeres wieder ins Leben zurück – einen Wurm, der 42 000 Jahre lang im Permafrostboden eingefroren gewesen war.[458]

In der Arktis gibt es auch furchtbare Krankheiten aus nicht ganz so vergangenen Zeiten. In Alaska haben Forscher Überreste der Grippe gefunden,[459] mit der sich 1918 500 Millionen Menschen ansteckten und die 50 Millionen Opfer forderte – etwa 3 Prozent der damaligen Weltbevölkerung und fast sechsmal so viele, wie im Ersten Weltkrieg gestorben waren, hinter den die Pandemie eine Art grausamen Schlusspunkt setzte.[460] Wissenschaftler gehen davon aus, dass die Pocken und die Beulenpest im sibirischen Eis verborgen liegen, neben einer Reihe weiterer Krankheiten, die wir nur noch aus Legenden kennen – eine kurze Geschichte der verheerenden Krankheiten, die wie Eiersalat der arktischen Sonne ausgeliefert ist.[461]

Viele der eingefrorenen Organismen würden ein Auftauen nicht überstehen; bei denjenigen, die wieder zum Leben erweckt wurden, wurde meist akribisch genau auf die richtigen Laborbedingungen geachtet. Doch 2016 starb ein Junge an einer Milzbrandinfektion, die er sich von einem toten Rentier eingefangen hatte, das mindestens

75 Jahre zuvor an der Krankheit verendet war und nun vom schwindenden Permafrostboden freigegeben wurde. 20 weitere Menschen erkrankten, und mehr als 2000 Rentiere aus der heutigen Zeit starben.[462]

Was den Epidemiologen mehr Sorgen bereitet als uralte Seuchen sind bestehende Krankheiten, die durch die Erwärmung an neuen Orten auftauchen, mutieren oder sich sogar neu bilden. Der erste Effekt ist ein geografischer. Vor der frühen Neuzeit diente die örtliche Begrenztheit des Menschen als Schutz gegen Seuchen – eine Krankheit konnte ein Dorf auslöschen, ein Königreich und in extremen Fällen sogar die Bevölkerung eines ganzen Kontinents, aber sie kam in den meisten Fällen kaum weiter, als ihre Opfer reisten – also nicht weit. Die Pest löschte im 14. Jahrhundert 60 Prozent der Bevölkerung in Europa aus, aber malen Sie sich als schrecklichen Gegenentwurf einmal aus, wie groß ihre Auswirkungen in einer wirklich globalisierten Welt gewesen wären.

Trotz der Globalisierung und der unaufhörlichen Durchmischung der Erdbevölkerung sind unsere Ökosysteme heute größtenteils stabil, und das wirkt wie eine weitere Grenze – wir wissen, wo sich bestimmte Viren ausbreiten und wo sie keine Chance haben. (Das ist der Grund dafür, warum für manche Spielarten des Abenteuertourismus Dutzende Impfungen und die vorbeugende Einnahme von Medikamenten nötig sind, während New Yorker, die nach London reisen, nichts zu befürchten haben.)

Doch die Erderwärmung wird diese Ökosysteme aufbrechen und dadurch dazu beitragen, dass sich Krankheiten über deren Grenzen hinweg ausbreiten können, so wie es der spanische Konquistador Hernán Cortés in Südamerika bewirkte. Heute ist der Verbreitungsraum jeder von Moskitos übertragenen Erkrankung eingeschränkt, aber die Grenzen verschwinden, je weiter sich die Tropen ausdehnen – im Moment um etwa 50 Kilometer pro Jahrzehnt. In Brasilien trat das Gelbfieber über Generationen hinweg nur im Amazonasbecken auf, wo sich die Moskitogattungen *Haemagogus* und *Sabethes* besonders wohl fühlten.[463] Daher stellte die Krankheit eine Gefahr für all diejenigen dar, die tief im Urwald lebten, arbeiteten oder unterwegs waren – aber eben nur für sie. 2016 breitete sich die Krankheit auch außerhalb der Amazonasregion aus, da immer mehr Moskitos den Regenwald verließen; 2017 hatte sie bereits die Ränder der Megalopolen des Landes, São Paulo und Rio de Janeiro, erreicht. Nun bedroht die Krankheit, die zwischen 3 und 8 Prozent der Infizierten das Leben kostet, mehr als 30 Millionen Menschen, von denen viele in Slums leben.[464]

Das Gelbfieber ist nur eine der Plagen, die Moskitos in die neuen Lebensräume mitnehmen, von denen sie sich in der immer wärmer werdenden Welt mehr und mehr erobern – eine Globalisierung der Pandemien. Allein an Malaria sterben jedes Jahr eine Million Menschen, und es infizieren sich noch viel mehr, aber darüber machen Sie sich vermutlich wenig Gedanken, wenn Sie im Norden der USA oder in Deutschland leben.[465] Doch wenn sich die Tropen und mit ihnen die Moskitos immer weiter Richtung Norden ausbreiten, sollten Sie das vielleicht tun; im Verlauf des kommenden Jahrhunderts werden mehr und mehr Menschen von solchen Krankheiten bedroht sein. Vor Zika hat sich bis vor ein paar Jahren schließlich auch niemand gefürchtet.

Und da wir gerade beim Thema sind: Zika ist auch ein gutes Beispiel für eine zweite besorgniserregende Erscheinung – die Mutation von Krankheiten.[466] Ein Grund dafür, dass Sie bis vor Kurzem noch nie etwas von Zika gehört hatten, ist, dass das Virus nur in Uganda und Südostasien vorkam, ein weiterer, dass es anscheinend erst seit kurzer Zeit Fehlbildungen bei ungeborenen Kindern hervorruft.[467] Die Wissenschaftler verstehen bis heute, mehrere Jahre nach dem Ausbruch der weltweiten Panik vor Mikrozephalie, noch nicht, was eigentlich passiert ist oder was sie übersehen haben. Es ist möglich, dass sich die Erkrankung veränderte, als sie auf den amerikanischen Kontinent kam, infolge einer Genmutation oder weil sich das Virus an die neue Umgebung anpasste. Oder aber das Zika-Virus verursacht die schlimmen Missbildungen bei Embryos nur dann, wenn unterschwellig eine weitere Krankheit vorliegt, vielleicht eine, die in Afrika weniger weit verbreitet ist.[468] Oder irgendein Umstand in der Umgebung oder der Immungeschichte Ugandas schützt Mütter und ihre ungeborenen Kinder.

Aber in manchen Punkten wissen wir ganz genau, wie das Klima Krankheiten beeinflusst. Malaria floriert beispielsweise in heißeren Regionen, was einer der Gründe dafür ist, dass laut einer Einschätzung der Weltbank im Jahr 2030 3,6 Milliarden Menschen durch die Erkrankung bedroht sein werden – 100 Millionen von ihnen infolge des Klimawandels.[469]

Voraussagen wie diese basieren nicht nur auf Klimamodellen, sondern verlangen ein tief greifendes Verständnis des betroffenen Organismus – oder besser gesagt: der Organismen. Die Infektion mit Malaria hängt sowohl vom Erreger als auch von den Moskitos ab; die mit Lyme-Borreliose vom Erreger und den Zecken – einer weiteren Krankheiten übertragenden Tierart, deren Lebensraum dank der Erderwärmung rasch wächst. Die Wissenschaftsjournalistin Mary Beth Pfeiffer hat ermittelt, dass die Anzahl der Lyme-Borreliose-Fälle in Japan, der Türkei und in Südkorea, wo die Erkrankung vor 2010 quasi nicht existierte, in die Höhe geschossen ist – damals gab es null Fälle, heute kommen in Korea jedes Jahr Hunderte neue hinzu.[470] In den Niederlanden sind mittlerweile 54 Prozent des Landes betroffen; und insgesamt sind die Fallzahlen in Europa heute dreimal so hoch wie früher. In den Vereinigten Staaten geht man von 300 000 Neuinfektionen pro Jahr aus – und da viele der Patienten, die wegen einer solchen Borreliose behandelt werden, noch Jahre später Symptome zeigen, häuft sich die Zahl der Betroffenen mit der Zeit an.[471] Allgemein hat sich die Anzahl der Erkrankungen, die durch Moskitos, Zecken und Flöhe ausgelöst werden, in den USA allein in den vergangenen 13 Jahren verdreifacht, wobei Dutzende Bezirke im ganzen Land zum ersten Mal mit Zecken zu tun hatten.[472] Doch am deutlichsten treten die Auswirkungen wohl in anderen Lebewesen als dem Menschen zutage: In Minnesota trugen die Winterzecken in den 2000er-Jahren dazu bei, dass der Elchbestand innerhalb nur eines Jahrzehntes um 58 Prozent sank, und manche Umweltschützer glauben, dass die Tiere schon 2020 ganz aus dem Bundesstaat verschwunden sein könnten.[473] In Neuengland hat man tote Elchkälber gefunden, die von 90 000 aufgeblähten Zecken befallen waren, und das Opfer war oft gar nicht an Borreliose gestorben, sondern schlicht am Blutverlust, der entsteht, wenn eine solche Masse von Parasiten jeweils ein paar Milliliter Blut aus dem Elch saugt.[474] Tiere, die das überleben, sind wenig widerstandsfähig; viele von ihnen haben sich so intensiv am ganzen Körper gekratzt, um die Zecken loszuwerden, dass ihr gesamtes Fell verschwunden und stattdessen eine gruselig anmutende graue Haut zu sehen ist, die ihnen den Namen »Geisterelche« eingebracht hat.

Die Lyme-Borreliose ist immer noch eine relativ neue Krankheit, die wir noch nicht sonderlich gut verstehen: Wir schreiben ihr eine etwas rätselhafte und uneinheitliche Reihe von Symptomen zu, von Gelenkschmerzen über Erschöpfungserscheinungen und Gedächtnisverlust bis hin zu Gesichtslähmungen – vage Umschreibungen für Leiden, die wir nicht klar benennen können, bei Patienten, von denen wir wissen, dass sie von einem Überträger gebissen wurden. Zecken hingegen kennen wir, genauso gut wie Malaria – es gibt wenige Parasiten, über die wir mehr wissen. Aber es gibt viele, viele Millionen, mit denen wir weniger Erfahrung haben, was bedeutet, dass unsere Einschätzung, wie sehr sich der Klimawandel auf ihre Verbreitung oder ihre Lebensweise auswirkt, stark von einer bedrohlichen Ahnungslosigkeit getrübt ist. Und dann gibt es da ja noch die Krankheiten, mit denen wir durch den Klimawandel zum allerersten Mal konfrontiert sein werden – ein ganz neues Universum von Infektionen, von denen die Menschheit nicht einmal wusste, dass sie auftreten könnten.

»Neues Universum« ist keine Übertreibung. Wissenschaftler schätzen, dass die Erde mehr als eine Million unentdeckter Virusarten beherbergen könnte.[475] Und da Bakterien noch heimtückischer sind, dürfte die Zahl in ihrem Fall noch höher liegen.

Vielleicht am furchteinflößendsten sind die, die in unserem Inneren leben – bisher friedlich. Selbst von diesen Bakterien sind der Wissenschaft bisher über 99 Prozent unbekannt. Das bedeutet, dass wir fast völlig ahnungslos sind, wie sich der Klimawandel auf das Leben in unserem Körper auswirken könnte, zum Beispiel in unserem Darm: Wie viele der Bakterien, der unsichtbaren Fabrikarbeiter, von denen der moderne Mensch so abhängig ist, weil sie unsere Nahrung verarbeiten, darüber entscheiden, wann wir Angst empfinden und vieles mehr, würden durch eine um ein paar Grad erhöhte Temperatur auf der Erde abgewandelt, dezimiert oder voll und ganz ausgelöscht?[476]

Der allergrößte Teil der Viren und Bakterien, die in unserem Inneren leben, ist für den Menschen natürlich ungefährlich – noch. Eine Erderwärmung um ein oder zwei Grad würde das Verhalten der meisten von ihnen vermutlich nicht dramatisch verändern – das gilt wahrscheinlich für eine große, vielleicht sogar für die überwältigende Mehrheit. Aber denken Sie nur an die Saiga – eine hinreißende kleine Antilopenart, die in Zentralasien heimisch ist.[477] Im Mai 2015 starben fast zwei Drittel des weltweiten Bestandes innerhalb weniger Tage – jede einzelne Saiga in einem Bereich von der Größe Floridas; die Gegend war plötzlich von Hunderttausenden Saiga-Kadavern übersät, Überlebende gab es keine.[478] Ein solches Ereignis wird als Massensterben bezeichnet, und dieser Fall war so frappierend und eindrucksvoll, dass sofort eine Reihe von Verschwörungstheorien aufkamen: Außerirdische, Strahlung, unauffällig entsorgter Raketentreibstoff. Aber die Wissenschaftler, die im Antilopenfriedhof herumstocherten, fanden keine Giftstoffe – weder in den Tieren selbst noch im Boden oder in den dort wachsenden Pflanzen. Der Schuldige war, wie sich herausstellte, eine simple Bakterie, *Pasteurella multocida,* die über viele Generationen hinweg auf den Mandeln der Saiga existiert hatte, ohne ihrem Wirt in irgendeiner Weise zu schaden. Doch plötzlich hatte sie sich rasant vermehrt, war in den Blutkreislauf eingedrungen und hatte von dort aus die Leber, die Nieren und die Milz der Tiere befallen. Warum? »Die Gebiete, in denen die Saigas im Mai 2015 starben, waren extrem heiß und feucht«, schrieb der Wissenschaftsjournalist Ed Yong in *The Atlantic.* »Die Luftfeuchtigkeit war so hoch, wie es in der Gegend seit Beginn der Messungen 1948 noch nicht vorgekommen war. Ein ähnliches Muster hatte man bei zwei vorherigen, deutlich kleineren Massensterben 1981 und 1988 beobachten können. Wenn die Temperaturen stark ansteigen und die Luft sehr feucht ist, sterben die Saiga-Antilopen. Das Klima ist der Finger am Abzug, *Pasteurella* die Kugel.«

Das heißt allerdings nicht, dass wir nun wüssten, wie genau die Feuchtigkeit *Pasteurella* in eine tödliche Gefahr verwandelt oder wie viele weitere der Bakterien, die in Säugetieren wie uns leben – egal, ob sie dem einen Prozent entstammen, das wir identifizieren konnten, oder vielleicht eher den beunruhigenderen 99 Prozent, die wir in uns tragen, ohne irgendetwas darüber zu wissen –, vielleicht auf ähnliche Weise vom Klima beeinflusst werden könnten; freundliche kleine Wesen, mit denen wir in manchen Fällen seit Millionen Jahren zusammenleben, die sich plötzlich in unserem Inneren in Erreger verwandeln. Das bleibt ein Rätsel. Aber eine Beruhigung ist diese Unwissenheit nicht. Denn der Klimawandel wird uns vermutlich mit einigen von ihnen bekannt machen.

Wirtschaftskollaps

Das ewig beschworene Mantra der Weltmärkte – das zwischen dem Ende des Kalten Krieges und dem Beginn der Weltwirtschaftskrise 2007 alles dominierte und eine Art ewige Herrschaft versprach – ist das Wirtschaftswachstum, das uns vor allem retten und bewahren wird.

Doch seit dem großen Einbruch im Jahr 2008 glauben einige Historiker und ketzerische Wirtschaftswissenschaftler, die das untersuchen, was sie »fossilen Kapitalismus« nennen, dass die gesamte Geschichte des schnellen Wirtschaftswachstums, das im 18. Jahrhundert recht unvermittelt einsetzte, nicht auf Innovationen oder die Kräfte des freien Handels zurückzuführen sei, sondern einzig darauf, dass wir uns die fossilen Brennstoffe und ihr enormes Potenzial erschlossen haben. Das habe dem System, das zuvor immer vom Leben am

Existenzminimum geprägt war, eine einmalige Energiespritze verpasst. Unter Wirtschaftswissenschaftlern ist diese Ansicht wenig verbreitet, doch ihre wichtigsten Punkte sind dennoch ziemlich überzeugend. Vor der Entdeckung der fossilen Brennstoffe führte niemand ein besseres Leben als seine Eltern oder Großeltern oder die Vorfahren 500 Jahre zuvor, außer direkt nach einer großen Epidemie wie der Pest, wenn die glücklichen Überlebenden sich an den Ressourcen gütlich tun konnten, die durch die vielen Toten frei geworden waren.

Insbesondere im Westen glauben wir, uns einen Weg aus diesem mühsamen Nullsummenspiel, dem ewigen Hauen und Stechen um die Ressourcen gebahnt zu haben – sowohl durch bestimmte technische Erfindungen wie die Dampfmaschine und den Computer als auch durch die Entwicklung eines dynamischen kapitalistischen Systems, das solche Errungenschaften belohnt. Doch das sehen Wissenschaftler wie Andreas Malm anders: Er meint, wir hätten uns nur durch eine einzige Innovation aus dem Sumpf herausgezogen, und die entstand nicht durch die Hände findiger Unternehmer, sondern schon Millionen Jahre, bevor die ersten Menschen überhaupt in der Erde wühlten – mithilfe der Zeit und dem Gewicht der Erde, das die Fossilien früherer kohlenstoffbasierter Lebensformen (Pflanzen, kleine Tiere) schon vor vielen Jahrtausenden zu Öl presste, wie wenn man eine Zitrone ausdrückt. Das Öl ist das Erbe der vormenschlichen Vergangenheit des Planeten: der Energiespeicher, den die Erde anlegen kann, wenn sie Jahrtausende lang ungestört bleibt. Sobald die Menschen diesen Speicher entdeckt hatten, fingen sie an, ihn zu plündern – so schnell, dass es im letzten halben Jahrhundert mehrmals zu panischen Vorhersagen kam, der Rohstoff könne ausgehen. 1968 schrieb der Historiker Eric Hobsbawm, der sich mit der Geschichte der Arbeit befasste: »Wer industrielle Revolution sagt, meint Baumwolle.« Heute würde er »Baumwolle« wohl durch »fossile Brennstoffe« ersetzen.[479]

Der Verlauf des Wachstums deckt sich quasi perfekt mit der Verbrennung dieser Energieträger, obwohl dogmatische Wirtschaftswissenschaftler wahrscheinlich einwenden würden, dass in die Wachstumsgleichung deutlich mehr Faktoren einfließen. Da die Zeitspanne einer Generation so lang und unser Gedächtnis so kurz ist, haben die wenigen Jahrhunderte, in denen der Westen einen relativ zuverlässigen und steigenden Wohlstand erlebt hat, dem Wirtschaftswachstum die beruhigende Aura eines Dauerzustands verliehen: Wir rechnen fest damit, zumindest auf einigen Kontinenten, und zürnen unseren Regierungen und Eliten, wenn es ausbleibt. Aber die Erdgeschichte ist sehr lang, und das gilt – in geringerem Ausmaß – auch für die Menschheitsgeschichte. Und obwohl das Tempo des technologischen Wandels, wie wir den Fortschritt heute nennen, schwindelerregend ist und er durchaus noch neue Möglichkeiten hervorbringen könnte, um die Schläge durch den Klimawandel abzufedern, fällt es uns trotzdem nicht sonderlich schwer, die reichen Jahrhunderte, die jene Länder erleben, die sich den Rest der Erde gefügig gemacht haben, um ihren Wohlstand zu erwirken, als Abweichung von der Norm zu begreifen. Auch frühere Imperien erlebten Blütezeiten.

Sie müssen gar nicht glauben, dass Wirtschaftswachstum ein durch fossile Rauchschwaden erzeugtes Trugbild ist, um zu befürchten, dass der Klimawandel es bedrohen könnte – diese Annahme bildet sogar den Eckpfeiler, um den herum im vergangenen Jahrzehnt ein ganzes Gebäude von Fachliteratur erbaut wurde. Die interessanteste Untersuchung zum Einfluss der Erderwärmung auf die Wirtschaft haben Solomon Hsiang, Marshall Burke und Edward Miguel durchgeführt, die keine Historiker des fossilen Kapitalismus sind, aber zu einem ganz eigenen düsteren Schluss kommen: In einem Land, in dem die Temperaturen bereits jetzt recht hoch sind, lässt jeder Grad Erderwärmung das Wachstum um einen Prozentpunkt zurückgehen (ein gewaltiger Wert, zieht man in Betracht, dass wir Wachstum im Bereich weniger Zehntel bereits als »kräftig« bezeichnen).[480] Die Analyse der drei Wissenschaftler ist herausragend. Sie gehen davon aus, dass das Pro-Kopf-Einkommen weltweit im Vergleich zu einer Entwicklung ohne Klimawandel bis zum Ende des Jahrhunderts um 23 Prozent einbrechen wird.[481]

Die Wahrscheinlichkeitswerte sind noch beunruhigender. Laut der Studie beläuft sich die Wahrscheinlichkeit, dass der Klimawandel die weltweite Wirtschaftsleistung im Vergleich zu einer Welt ohne Erderwärmung bis 2100 um mehr als 20 Prozent schrumpfen lässt, auf 51 Prozent, und die Wahrscheinlichkeit, dass das Pro-Kopf-BIP bis dahin um 50 Prozent oder mehr sinkt, wenn wir die Emissionen nicht reduzieren, auf 12 Prozent.[482] Zum Vergleich: Während der Weltwirtschaftskrise in den 1930er-Jahren büßte das weltweite BIP Schätzungen zufolge 15 Prozent ein – mit schlimmen Folgen. In der Krise Ende der 2000er-Jahre gab es einen abrupten, einmaligen Einbruch um 2 Prozent; und nun stehen die Chancen laut Hsiang und seine Kollegen bei eins zu acht, dass bis 2100 ein fortdauernder und unwiederbringlicher Verlust droht, der 25-mal heftiger ist. 2018 legte eine Gruppe von Wirtschaftswissenschaftlern rund um Thomas Stoerk nahe, dass diese Schätzungen viel zu niedrig angesetzt sein könnten.[483]

Das Ausmaß eines derartigen wirtschaftlichen Zusammenbruchs ist kaum zu fassen. Selbst in den postindustriellen Nationen des reichen Westens, in denen Konjunkturzahlen wie die Arbeitslosenquote und das BIP so eingehend diskutiert werden, als enthielten sie den Sinn des Lebens, sind Zahlen wie diese schwer zu begreifen; wir haben uns so sehr an wirtschaftliche Stabilität und zuverlässiges Wachstum gewöhnt, dass alles außerhalb einer Spanne zwischen Verlusten um 15 Prozent – wie in der Wirtschaftskrise der 1930er-Jahre, mit deren Auswirkungen sich die Historiker heute noch beschäftigen – und einem Anstieg um etwa die Hälfte, rund 7 Prozent, das die Welt zum letzten Mal in der Boomphase Anfang der 1960er-Jahre erreichte, unvorstellbar ist.[484]

Dabei handelte es sich allerdings um einmalige Hoch- und Tiefphasen, die sich über wenige Jahre erstreckten. Die meiste Zeit über messen wir die Schwankungen der wirtschaftlichen Entwicklung in Nachkommastellen – 2,9 Prozent dieses Jahr, 2,7 Prozent in jenem. Der Klimawandel könnte einen Rückschlag einer ganz neuen Dimension bedeuten.

Der Blick auf die einzelnen Länder ist vielleicht noch beunruhigender. Es gibt Länder, die von den Entwicklungen profitieren könnten, hauptsächlich im Norden, wo die wärmeren Temperaturen sich positiv auf die Landwirtschaft und die Produktivität auswirken: Kanada, Russland, Skandinavien, Grönland.[485] Doch die Länder in den mittleren Breiten, die einen Großteil der Weltwirtschaftsleistung hervorbringen – die USA, China – büßen fast die Hälfte ihrer Konjunktur ein. In der Nähe des Äquators ist die Erwärmung noch extremer; in Afrika, in der Zone zwischen Mexiko und Brasilien sowie in Indien und Südostasien könnten die Verluste gegen 100 Prozent gehen. Indien allein würde laut einer Untersuchung fast ein Viertel des Konjunkturrückgangs schultern müssen, den der Klimawandel auslöst.[486] In einer Einschätzung der Weltbank hieß es 2018, dass eine weitere Entwicklung des CO_2-Ausstoßes wie bisher die Lebensumstände von 800 Millionen Menschen in Südasien beträchtlich verschlechtern würde.[487] 100 Millionen würden demnach schon im kommenden Jahrzehnt durch den Klimawandel in extreme Armut gestürzt.[488] Vielleicht sollte es eher »in die extreme Armut zurückkehren« heißen, denn viele derer, die von diesen Entwicklungen am meisten bedroht werden, sind diejenigen, die den Entbehrungen eines Daseins am Existenzminimum gerade erst entkommen sind, durch ein Wachstum, das von der Industrialisierung und den fossilen Brennstoffen befeuert wird.

Und es wartet leider kein neuer New Deal um die Ecke; wir haben keinen weiteren Marshall-Plan parat, um die Auswirkungen abzufedern oder aufzuschieben. Die weltweite Halbierung der wirtschaftlichen Mittel wäre dauerhaft, und genau deshalb würden wir sie bald nicht einmal mehr als Verlust, sondern als ungemein grausame Normalität wahrnehmen, gegen die sich kleine Ausreißer mit zehntelprozentigem Wachstum als Anflug eines neuen Wohlstands abzeichnen würden. Wir haben uns auf unserem unsteten Gang durch die Wirtschaftsgeschichte an Rückschläge gewöhnt, aber wir betrachten sie eben auch nur als solche, als Rückschläge, und erwarten eine baldige Erholung. Was der Klimawandel für uns bereithält, ist etwas ganz anderes – keine große Krise oder Rezession, sondern, ökonomisch betrachtet, das große Dahinsiechen.

Wie kann es so weit kommen? Die Antwort findet sich zum Teil in den vorausgegangenen Kapiteln – Naturkatastrophen, Überschwemmungen, Seuchen. All diese Ereignisse sind nicht nur Tragödien, sondern dazu auch teuer, und sie treten bereits heute so gehäuft auf wie noch nie. Da sind zum Beispiel die Auswirkungen auf die Landwirtschaft: Mehr als drei Millionen Amerikaner arbeiten auf mehr als zwei Millionen Höfen; wenn die Erträge um 40 Prozent zurückgehen, werden auch die Gewinne einbrechen und in vielen Fällen ganz verschwinden. Dann könnten die kleinen Höfe, die Kooperativen und sogar die großen Agrarriesen untergehen (um ein eigentümlich passendes Bild zu verwenden), sodass all diejenigen, die diese vertrockneten Felder besitzen oder bewirtschaften – viele von ihnen alt genug, um sich noch an die Jahre der Fülle zu erinnern –, in Schulden ertrinken. Und darüber hinaus gibt es ja noch die echten Flutwellen: 2,4 Millionen Häuser und Geschäfte, die heute mehr als eine Billion Dollar wert sind, könnten in den USA laut einer Studie der Union of Concerned Scientists aus dem Jahr 2018 bis 2100 von chronischen Überschwemmungen betroffen sein.[489] 14 Prozent der Immobilien in Miami Beach könnten schon 2045 unter Wasser stehen. Und das ist nur die Lage in den USA, wenn auch nicht nur in Südflorida: Allein in New Jersey werden in den kommenden Jahrzehnten Immobilien im Wert von 30 Milliarden Dollar betroffen sein.[490]

Die Hitze wirkt sich genauso unmittelbar auf das Wirtschaftswachstum aus wie auf die Gesundheit. Einige der Folgen sehen wir bereits heute – wenn sich beispielsweise Bahnschienen verziehen oder Flugzeuge am Boden bleiben müssen, weil die Temperaturen so hoch sind, dass sie die Luftströmungen beeinträchtigen, die die Maschinen zum Abheben brauchen, was auf Flughäfen, die starker Hitze ausgesetzt sind, etwa in Phoenix, regelmäßig vorkommt.[491] (Bedenken Sie dabei: Durch jeden Flug von New York nach London und zurück gehen in der Arktis drei weitere Quadratmeter Eis verloren.[492]) Von der Schweiz bis nach Finnland sind aufgrund von Hitzewellen bereits Kraftwerke abgeschaltet worden, weil die Kühlflüssigkeit zu heiß war, um ihre Funktion zu erfüllen.[493] Und in Indien fiel 2012 bei 670 Millionen

Menschen der Strom aus, weil das Netz überlastet war, als alle Bauern in der Monsunsaison ihre Felder bewässern mussten, weil der Regen einfach ausblieb.[494] Von den glänzendsten Projekten in den wohlhabendsten Teilen der Welt einmal abgesehen, ist die Infrastruktur der Erde einfach nicht darauf ausgelegt, dem Klimawandel zu widerstehen, was bedeutet, dass sich an allen Ecken und Enden Schwachstellen finden.

Es gibt auch andere, weniger offensichtliche Auswirkungen. Sie betreffen beispielsweise die Produktivität. In den vergangenen Jahrzehnten haben sich die Wirtschaftswissenschaftler stets gewundert, warum die Revolution durch Computer und das Internet der industrialisierten Welt keine beträchtlichen Produktivitätsgewinne eingebracht hat. Tabellenkalkulation, Datenverwaltungssoftware, E-Mail – allein diese Innovationen schienen einen gewaltigen Effizienzschub für jede Firma und jede Volkswirtschaft zu versprechen, die sie einführte. Aber diese Vorteile haben sich einfach nicht eingestellt, im Gegenteil: Die Wirtschaftsperiode, in der diesen Technologien gemeinsam mit Tausenden ähnlichen computerbasierten Hilfsmitteln eingeführt wurden, ist vor allem im industrialisierten Westen von einer Stagnation der Löhne und der Produktivität sowie einem Dämpfer des Wirtschaftswachstums gekennzeichnet. Eine mögliche Erklärung: Die Computer haben uns effizienter und produktiver gemacht, doch gleichzeitig hat das Klima den gegenteiligen Effekt, was die Vorteile durch die Technologien gleich wieder reduziert oder zunichtegemacht hat. Wie könnte das sein? Eine Theorie, die zunehmend von Studien gestützt wird, verweist auf die negativen Auswirkungen der Hitze und der Luftverschmutzung auf die kognitiven Leistungen. Und ungeachtet dessen, ob diese Theorie den großen Stillstand der letzten Jahrzehnte erklären kann oder nicht – wir wissen auf jeden Fall, dass höhere Temperaturen weltweit die Produktivität der Arbeiter verringern.

Diese Behauptung klingt zunächst einmal gleichzeitig weit hergeholt und logisch, denn einerseits ist es schwer vorstellbar, dass ein kleines bisschen mehr Wärme ganze Volkswirtschaften in Zombiemärkte verwandeln könnte, während Sie selbst andererseits sicherlich auch schon einmal an einem heißen Tag ohne Klimaanlage haben schuften müssen. Der Blick aufs große Ganze ist – zumindest anfangs – möglicherweise noch schwerer nachzuvollziehen: Es mag nach geografischem Determinismus klingen, aber Hsiang, Burke und Miguel haben eine optimale Jahresdurchschnittstemperatur für wirtschaftliche Produktivität ermittelt: 13 Grad Celsius, was zufälligerweise exakt dem historischen Mittelwert der USA und einiger weiterer der weltgrößten Volkswirtschaften entspricht.[495] Heute ist dieser Wert in den Vereinigten Staaten auf 13,4 Grad angestiegen, was einen Rückgang von weniger als einem Prozent des BIPs erzeugt – doch wie bei Zinseszinsen wächst der Verlust mit der Zeit an. Natürlich ist die Temperatur mit dieser allgemeinen Erwärmung in einigen Regionen auch von suboptimalen Werten hin zu idealen klimatischen Bedingungen gestiegen. In der Bay Area rund um San Francisco beträgt die Durchschnittstemperatur heute beispielsweise ziemlich exakt 13 Grad.

Das ist damit gemeint, wenn es heißt, der Klimawandel sei eine umfassende Krise, die jeden Aspekt unseres Lebens hier auf der Erde berührt. Doch das Leid der Welt wird sich genauso ungleich verteilen wie die Gewinne, mit großen Unterschieden sowohl zwischen den Ländern als auch innerhalb ihrer Grenzen. Länder, in denen es bereits heute heiß ist, wie Indien und Pakistan, werden am meisten beeinträchtigt sein, während Russland und Kanada relativ betrachtet eher zu den Nutznießern zählen.[496] Innerhalb der USA werden sich die Kosten größtenteils auf den Süden und den Mittleren Westen konzentrieren, wo einige Regionen bis zu 20 Prozent ihrer Einkünfte verlieren könnten.[497]

Insgesamt sind die Vereinigten Staaten trotz aller Schäden, die der Klimawandel dort anrichten wird, eher gut aufgestellt – ihr Wohlstand und die geografischen Gegebenheiten sind die Gründe dafür, warum sich die Auswirkungen des Klimawandels, die wärmere und ärmere Teile der Welt schon länger plagen, erst jetzt im Land bemerkbar machen. Doch auch weil die USA so viel zu verlieren haben, sind sie anfälliger für die Klimaveränderungen als jedes andere Land auf der Erde bis auf Indien, und die wirtschaftlichen Folgen werden nicht an der Grenze haltmachen. In unserer globalisierten Welt gibt es das, was Zhengtao Zhang und andere Geoinformatiker einen »wirtschaftlichen Dominoeffekt« nennen.[498] Sie haben ihn in Zahlen gefasst und festgestellt, dass die Auswirkungen parallel zur Temperatur auf der Erde zunehmen. Wenn das amerikanische BIP bei einer Erwärmung um ein Grad Celsius um 0,88 Prozent sinkt, würde das weltweit einen Rückgang um 0,12 Prozent auslösen, weil die amerikanischen Verluste sich rund um den Globus auswirken würden. Bei zwei Grad verdreifacht sich dieser Effekt, auch wenn sich die Auswirkungen in verschiedenen Teilen der Welt unterschiedlich bemerkbar machen: Im Vergleich zu den amerikanischen Verlusten bei einem Grad Erderwärmung wäre der Dominoeffekt bei einem Temperaturanstieg um zwei Grad in China 4,5-mal so heftig. Die Entwicklungen in anderen Ländern strahlen weniger stark auf ihre Umwelt aus, weil ihre Volkswirtschaften kleiner sind, aber trotzdem werden solche Wellen von fast allen Ländern der Welt ausgehen, wie Funksignale aus einem sich über die ganze Welt erstreckenden Funkmastenwald, und jede bringt wirtschaftliche Einbußen mit sich.

Wir in den Ländern im reichen Westen haben uns wohl oder übel auf das Wirtschaftswachstum als beste Maßeinheit für das Wohlergehen unserer Gesellschaft festgelegt, so unvollkommen diese Lösung auch sein mag. Natürlich macht sich der Klimawandel bemerkbar – die Waldbrände, Dürren und Hungersnöte erzeugen Erschütterungen. Die Kosten sind jetzt schon astronomisch, einzelne Hurrikans verursachen Schäden in Höhe von Hunderten Milliarden Dollar. Sollte sich die Erde um 3,7 Grad erwärmen, könnten sich die Kosten laut einer Untersuchung auf 551 Billionen belaufen – das ist fast das Doppelte des weltweiten Vermögens heute. Und wir bewegen uns auf eine noch höhere Temperatur zu.

In den vergangenen Jahrzehnten herrschte politische Einigkeit darüber, dass die Welt Maßnahmen gegen den Klimawandel nur hinnehmen würde, wenn sie kostenlos wären – oder, besser noch, wenn sie sich als wirtschaftliche Chancen darböten. Diese Marktlogik war wahrscheinlich immer schon kurzsichtig, doch in den letzten Jahren, in denen die Kosten der Anpassung in Form von Ökostrom massiv gesunken sind, ist diese Gleichung komplett auf den Kopf gestellt worden: Wir wissen jetzt, dass es viel, viel teurer sein wird, *nicht* auf den Klimawandel zu reagieren, als selbst die offensivsten Maßnahmen zu ergreifen. Wer den Preis einer Aktie oder eines Wertpapiers nicht für ein unüberwindbares Hindernis hält, das den Weg zur Rendite versperrt, die man bekommen würde, wird wohl auch die Anpassungen an den Klimawandel nicht für teuer halten. 2018 ergab eine Untersuchung, dass die weltweiten Kosten einer schnellen Energiewende bis 2030 sich auf minus 26 Billionen Dollar belaufen würden – mit anderen Worten: Der Umbau der Energieinfrastruktur der Welt würde uns im Vergleich zu einem statischen System in nur einem Dutzend Jahren sehr viel Geld einbringen.[499]

Jeder Tag, an dem wir nicht handeln, erzeugt neue Kosten, und sie häufen sich schnell an. Die 50 Prozent, die Hsiang, Burke und Miguel ermittelt haben, bilden das obere Ende dessen, was möglich ist – es handelt sich wirklich um ein Worst-Case-Szenario für das Wirtschaftswachstum im Zeichen des Klimawandels. Doch 2018 veröffentlichten Burke und ein paar weitere Kollegen einen wichtigen Aufsatz, in dem sie einige Entwicklungen untersuchten, die unserer momentanen Situation etwas näher sind.[500] Darunter war ein plausibles, aber immer noch ziemlich optimistisches Szenario, in dem die Welt die Vereinbarungen des Pariser Klimaabkommens einhält und die Erderwärmung auf einen Wert zwischen 2,5 und 3 Grad beschränkt. Das ist vermutlich ungefähr das Beste, was wir realistisch erwarten können; und in diesem Fall, so Burke und seine Kollegen, würde die Wirtschaftsleistung pro Kopf bis zum Ende des Jahrhunderts im Vergleich zu einer Welt ohne weiteren Temperaturanstieg zwischen 15 und 20 Prozent zurückgehen. Eine Erderwärmung um vier Grad, was am unteren Ende dessen liegt, auf das wir zusteuern, wenn sich unsere Emissionen so weiterentwickeln wie bisher, würde einen Einbruch von 30 Prozent oder mehr erzeugen. Das wäre eine doppelt so starke

Talfahrt wie diejenige, die in den 1930er-Jahren so tiefe Wunden schlug und die damals aufbrandende Welle des Faschismus, des Autoritarismus und des Genozids begünstigte. Allerdings kann man eigentlich nur dann von einem Tal sprechen, wenn man es wieder hinausgeschafft hat und hinterher erleichtert von einem Gipfel darauf hinabschaut. Doch aus dem Klimatief könnte es keinen Ausweg mehr geben, und obwohl es, wie bei jeder Krise, einzelne Menschen geben wird, die eine Möglichkeit finden, davon zu profitieren, könnten die Erfahrungen der allermeisten eher denen von Minenarbeitern gleichen, die dauerhaft in der Tiefe eines Stollens gefangen sind.

Klimakonflikte

Klimaforscher sind sehr vorsichtig, wenn es um Syrien geht. Sie pochen stets darauf, dass der Klimawandel zwar zu einer Dürre geführt hat, die zum dortigen Bürgerkrieg beitrug, es aber nicht ganz richtig sei, zu behaupten, der Konflikt an sich sei eine Folge der Erderwärmung. Das Nachbarland Libanon beispielsweise erlitt die gleichen Ernteverluste und blieb trotzdem stabil.

In dieser Hinsicht gilt für Kriege das Gleiche wie für Hurrikans: Sie werden nicht direkt durch den Klimawandel ausgelöst, sie werden durch ihn nur wahrscheinlicher – was aber unter dem Strich auf das Gleiche hinausläuft. Wenn der Klimawandel einen Konflikt in einem bestimmten Land nur 3 Prozent wahrscheinlicher macht, ist das noch lange nicht zu vernachlässigen: Es gibt ein paar Hundert Länder auf der Welt, was die Wahrscheinlichkeit vervielfacht und bedeutet, dass der Temperaturanstieg drei, vier oder sechs neue Kriege herbeiführen könnte. In den vergangenen zehn Jahren ist es Wissenschaftlern sogar gelungen, einige wenig offensichtliche Zusammenhänge zwischen Temperatur und Gewalt zu beziffern: Für jedes halbe Grad Erwärmung, heißt es, steigt die Wahrscheinlichkeit eines bewaffneten Konflikts um 10 bis 20 Prozent.[501] In der Klimaforschung ist nichts jemals simpel, aber diese Rechnung ist Furcht einflößend: Auf einer vier Grad wärmeren Erde würde es vielleicht doppelt so viele Kriege geben wie heute. Wahrscheinlich sogar noch mehr.

Wie bei fast allen Aspekten des Klimachaos gilt auch hier: Die Ziele des Pariser Klimaabkommens zu erreichen wird uns nicht vor Blutvergießen bewahren, weit davon entfernt: Selbst wenn wir es erstaunlicherweise und gegen alle Wahrscheinlichkeit irgendwie schaffen, die Erderwärmung auf zwei Grad zu begrenzen, würde es diesen Berechnungen zufolge dennoch mindestens 40 Prozent und vielleicht sogar 80 Prozent mehr Kriege geben. So sieht also das beste Szenario aus – mindestens anderthalbmal so viele Konflikte, wie wir sie heute erleben, obwohl die Bilder in den Abendnachrichten schon jetzt wenige zu der Aussage bewegen, wir lebten in friedlichen Zeiten. Bereits heute hat der Klimawandel das Konfliktrisiko in Afrika um mehr als 10 Prozent in die Höhe getrieben; man geht davon aus, dass der erwartete Temperaturanstieg dort schon 2030 393 000 zusätzliche Opfer bewaffneter Auseinandersetzungen gefordert haben wird.[502]

»Krieg« – das Wort fühlt sich wie ein Relikt aus alten Zeiten an, wenn man darüber stolpert. Im wohlhabenden Westen tun wir mittlerweile so, als wäre Krieg im modernen Leben ein Fremdwort, da er genauso vollständig aus unserem Leben verschwunden zu sein scheint wie die Kinderlähmung. Doch weltweit gibt es aktuell 19 bewaffnete Konflikte, die so gewalttätig sind, dass sie jährlich mindestens 1000 Todesopfer fordern. Neun davon brachen in der Zeit nach 2010 aus, und es gibt noch viele weitere mit weniger heftigen Auswirkungen.

Die Tatsache, dass all diese Zahlen den Erwartungen zufolge in den kommenden Jahrzehnten nach oben schießen werden, ist ein Grund dafür, dass das US-Militär, wie fast jeder Klimaforscher, mit dem ich gesprochen habe, unterstrich, vom Klimawandel geradezu besessen ist. Das Verteidigungsministerium gibt regelmäßig Einschätzungen der Bedrohungen durch die Klimaveränderungen heraus und erstellt Pläne für eine neue Ära voller durch die Erderwärmung bestimmter Konflikte. (Das gilt auch noch in der Regierungszeit Donald Trumps, in der untergeordnete Behörden wie das Government Accountability

Office – der Rechnungshof der USA – ebenfalls düstere Warnungen in Bezug auf den Klimawandel ausgeben.) Allein schon dass die amerikanischen Marinestützpunkte im Meer versinken, erzeugt genügend Probleme, und das Schmelzen der Arktis verheißt einen ganz neuen Reigen von Konflikten, die einst ebenso unvorstellbar erschienen wie das Rennen zum Mond.[503] (Außerdem erweckt es die alte Rivalität zwischen den USA und Russland wieder zum Leben, die sich nun erneut als Gegner gegenüberstehen.)

Strategisch betrachtet kann man auch die aggressiven Bautätigkeiten der Chinesen im Südchinesischen Meer, wo künstliche Inseln zu militärischen Zwecken im Meer errichtet werden, als eine Art Trockenübung für ein Leben als Supermacht in einer überschwemmten Welt verstehen. Die taktischen Möglichkeiten sind klar – viele der bestehenden Stellungen, wie die niedrig liegenden Inseln, die die Vereinigten Staaten einst als Ausgangspunkte für ihr Imperium im Pazifik nutzten, drohen bis zum Ende des Jahrhunderts oder sogar noch früher zu versinken.[504] Das Archipel der Marshallinseln beispielsweise, das die USA im Zweiten Weltkrieg eroberten, könnte durch den Anstieg des Meeresspiegels schon Mitte des Jahrhunderts unbewohnbar werden, warnt die amerikanische Behörde US Geological Survey; die Inseln werden selbst dann versinken, wenn wir die Pariser Klimaziele erreichen. Und was mit ihnen untergeht, ist ziemlich beängstigend: Diese Inseln, allen voran das Bikini-Atoll, dienten den Amerikanern nach dem Krieg als Atombombentestgelände, und das Militär hat bisher nur eine von ihnen von Radioaktivität »gesäubert«, was die Inseln zum größten Atommülllager der Welt macht.[505]

Aber für das Militär geht es beim Klimawandel nicht nur um die Auseinandersetzung zwischen den Großmächten auf einer veränderten Landkarte. Selbst für diejenigen Militärmitglieder, die davon ausgehen, dass die amerikanische Hegemonie ewig andauern wird, stellt er ein Problem dar, weil die Rolle der Weltpolizei deutlich schwieriger auszufüllen ist, wenn sich die Kriminalitätsrate verdoppelt. Und nicht nur in Syrien hat das Klima den Konflikt befeuert. Es gibt Spekulationen, dass die Zunahme der Auseinandersetzungen im gesamten

Nahen Osten, die in der vergangenen Generation zu beobachten war, auf die Erderwärmung und die dadurch entstehenden Zwangslagen zurückzuführen ist – eine Hypothese, deren besondere Grausamkeit darin besteht, dass die Erwärmung erst so richtig in Schwung kam, als die Industrienationen das Öl der Region aus der Erde holten und verbrannten. Viele Ausprägungen der Radikalisierung, von Boko Haram über den IS bis zu den Taliban und militanten islamistischen Gruppen in Pakistan, sind mit Dürren und Ernteausfällen in Verbindung gebracht worden,[506] und der Effekt könnte besonders schwer wiegen, wenn es ohnehin ethnische Konflikte gibt: Zwischen 1980 und 2010, ermittelte eine Untersuchung 2016, begannen 23 Prozent der Auseinandersetzungen in durch ethnische Vielfalt gekennzeichneten Ländern in Monaten mit katastrophalen Wetterbedingungen.[507] Laut einer Einschätzung besteht in 32 Ländern – von Haiti über die Philippinen und Indien bis hin zu Kambodscha, die allesamt extrem auf die Landwirtschaft angewiesen sind – ein »extremes Risiko«, dass dort in den kommenden 30 Jahren Konflikte und Unruhen durch Klimaveränderungen ausbrechen werden.[508]

Wie kommt die Verbindung zwischen Klima und Konflikten zustande?[509] Manches geht auf den Anbau von Lebensmitteln und die Wirtschaft zurück: Wenn die Erträge und die Produktivität sinken, können Gesellschaften ins Wanken geraten, und wenn Dürren und Hitzewellen ein Land heimsuchen, reichen die Auswirkungen oft noch tiefer; sie verschärfen bestehende politische Spannungen und erzeugen oder enthüllen andere, über die sich zuvor niemand Gedanken machte. Ein bedeutender Faktor ist auch die Zwangsmigration, die sich aus solchen Ereignissen oft ergibt, und die politische und gesellschaftliche Instabilität, die daraus resultiert; wenn es bergab geht, neigen diejenigen, die dazu in der Lage sind, zu fliehen, und nicht immer an Orte, die sie mit offenen Armen empfangen – oft eher im Gegenteil, wie die jüngste Geschichte zeigt.[510] Die Migration ist heute schon auf einem Rekordstand, mit fast 70 Millionen entwurzelten Menschen, die durch die Welt ziehen.[511] Das hat Auswirkungen nach außen, aber die Folgen vor Ort sind oft noch ausgeprägter. Diejenigen, die in einer

Region bleiben, die von extremen Wetterereignissen heimgesucht wurde, müssen oft mit einer völlig neuen gesellschaftlichen und politischen Struktur zurechtkommen, wenn es überhaupt noch eine gibt. Und es sind nicht nur schwächelnde Staaten, die unter der Klimabelastung zerbrechen: In den vergangenen Jahren haben Wissenschaftler eine lange Liste von mächtigen Reichen zusammengestellt, die irgendwann zumindest zum Teil aufgrund von klimatischen Ereignissen und deren Auswirkungen kollabierten, darunter das Pharaonenreich in Ägypten, das Reich von Akkad und das Römische Reich.[512]

Dieses komplexe Zusammenspiel ist der Grund, warum Forscher so zurückhaltend damit sind, bei Konflikten klare Schuldzuweisungen vorzunehmen, aber über die Komplexität bringt die Erderwärmung eben auch ihre Grausamkeit zum Ausdruck. Wie bei den Kosten des Wachstums gilt auch für den Krieg, dass er keine alleinstehende Auswirkung des weltweiten Temperaturanstiegs darstellt, sondern sich eher durch eine Häufung der schlimmsten Erschütterungen und Kaskaden des Klimawandels ergibt. Das Center for Climate and Security, ein auf Staaten spezialisierter Thinktank, kennt sechs Kategorien der Gefährdung durch den Klimawandel: »Dilemmastaaten«, in denen die Regierung auf örtliche Klimaherausforderungen, beispielsweise im Bereich Landwirtschaft, reagiert hat, indem sie sich dem Weltmarkt zugewandt hat, der heute aber empfindlicher auf Klimaprobleme reagiert als je zuvor; »morsche Staaten«, die oberflächlich betrachtet stabil wirken, aber nur, weil sie in Bezug auf die Klimaverhältnisse bisher Glück gehabt haben; »instabile Staaten« wie der Sudan, Jemen und Bangladesch, wo die Auswirkungen des Klimawandels bereits das Vertrauen in die staatlichen Autoritäten untergraben oder Schlimmeres; »zwischen Staaten umkämpfte Regionen« wie das Südchinesische Meer und die Arktis; »verschwindende Staaten«, was in diesem Zusammenhang wörtlich gemeint ist, etwa die Malediven; und schließlich »nichtstaatliche Akteure« wie den IS, die lokale Ressourcen wie Trinkwasser vereinnahmen und sie als Druckmittel gegenüber den offiziellen staatlichen Autoritäten oder der Bevölkerung verwenden können.[513] In all diesen Fällen ist das Klima nicht der einzige Grund für einen Konflikt, aber der Funke, der ein kompliziertes Bündel aus gesellschaftlichem Feuerholz in Brand steckt.

Diese Komplexität könnte auch der Grund dafür sein, dass wir die Gefahr eskalierender Kriege nicht klar erkennen, weil wir den Konflikt lieber als etwas betrachten, das vor allem mit Politik und Wirtschaft zusammenhängt, obwohl in Wahrheit alle drei Bereiche von den Gegebenheiten des sich rasch verändernden Klimas bestimmt werden, so wie alles andere auch. Der Kognitionswissenschaftler Steven Pinker hat in den vergangenen zehn Jahren viel Furore mit seiner Behauptung gemacht, speziell wir im Westen seien unfähig, die Fortschritte der Menschheit anzuerkennen – wir seien blind für die massiven und raschen Verbesserungen, die in Bezug auf Gewalt und Krieg, auf die Verringerung der Armut und der Kindersterblichkeit sowie die Lebenserwartung auf der Welt zu verzeichnen sind.[514] Damit hat er recht. Wenn man sich die Statistiken anschaut, sind die positiven Entwicklungen unstrittig: Es gibt deutlich weniger gewaltsame Todesfälle, viel weniger Menschen leiden unter extremen Entbehrungen, die globale Mittelschicht wächst um Hunderte Millionen. Doch auch hier haben wir es wieder mit Erfolgen zu tun, die auf die Industrialisierung zurückzuführen sind; die Transformation der Gesellschaften basiert auf neuem Wohlstand durch fossile Brennstoffe. Das gilt am stärksten für China und in geringerem Maße auch für die anderen Entwicklungsländer. Aber ein Großteil der Kosten dieses Fortschritts, die Rechnung, die für diese Industrialisierung, die Milliarden Menschen im globalen Süden den Zutritt zur Mittelschicht ermöglicht, zu zahlen ist, stellt der Klimawandel dar – dem wir ironischerweise viel zu optimistisch entgegensehen, wie Pinker hinzufügt. Schlimmer noch: Die Erwärmung, die dieser ganze Fortschritt auslöst, verheißt eine Rückkehr zur Gewalt.

Selbst wenn es um Kriege geht, ist das Gedächtnis der Menschheit gefährlich schlecht. Innerhalb von weniger als einer Generation verblassen die Schrecken und ihre Ursachen zu entfernten Erinnerungen. Doch wir sollten nicht vergessen, dass die meisten Kriege im Verlauf der Geschichte über Ressourcen ausgefochten wurden, oft ausgelöst durch Knappheit, also genau das, worauf eine dicht bevölkerte und vom Klimawandel gebeutelte Erde zusteuert. Die Kriege neigen nicht dazu, Ressourcen zu vermehren – meistens gehen sie in Flammen auf.

Die Folgen eines Konflikts innerhalb eines Landes werfen lange Schatten – das verwobene Geflecht einer Nation löst sich in ein scheußliches, zerstörerisches Durcheinander auf. Das Klima zerrt auch an einzelnen Fäden solcher Kämpfe: Es führt zu Reizbarkeit, persönlichen Konflikten und häuslicher Gewalt.

Die Hitze verschlimmert alles. Sie lässt die Anzahl der Gewalttaten und der Beleidigungen in den sozialen Medien steigen und erhöht die Wahrscheinlichkeit, dass ein Baseball-Pitcher, der die Abwurfstelle betritt, nachdem sein Mannschaftskamerad von einem Ball getroffen wurde, aus Rache auf den Körper des gegnerischen Schlagmanns zielt.[515] Je wärmer es ist, desto länger drücken Autofahrer aus Frust auf die Hupe, und selbst in Simulationen neigen Polizisten eher dazu, auf Eindringlinge zu schießen, wenn die Übung bei heißem Wetter stattfindet.[516] Bis 2099 könnte der Klimawandel den USA laut Berechnungen 22 000 Morde, 180 000 Vergewaltigungen, 3,5 Millionen tätliche Angriffe und 3,76 Millionen Raubüberfälle, Einbrüche und Diebstähle zusätzlich bescheren.[517] Weniger spekulativ sind die Statistiken aus der Vergangenheit. Auch die Verbreitung von Klimaanlagen in den Industrieländern Mitte des letzten Jahrhunderts konnte gegen das Problem des Kriminalitätsanstiegs im Sommer wenig ausrichten.

Und es ist nicht nur die Temperatur. 2018 ermittelte eine Gruppe von Wissenschaftlern, die eine riesige Datenmenge von mehr als 9000 amerikanischen Städten auswertete, dass sich die Luftverschmutzung auf jede Art von Verbrechen auswirkte, die sie sich anschaute – von Diebstahl und Einbrüchen bis hin zu tätlichen Angriffen, Vergewaltigung und Mord. Darüber hinaus führen die Auswirkungen des Klimawandels auch über Umwege zu mehr Gewalt.[518] Zwischen 2008 und 2010 erlebte Guatemala den Tropensturm Arthur, den Hurrikan Dolly, den Tropensturm Agatha und den Tropensturm Hermine – und dabei zählt das Land ohnehin schon zu den zehn Nationen, die am schlimmsten unter Extremwetterereignissen zu leiden haben, und musste in den gleichen Jahren einen Vulkanausbruch und ein Erdbeben verkraften. Insgesamt mangelte es fast drei Millionen der Einwohner an Nahrungsmitteln, und mindestens 400 000 waren auf humanitäre Hilfe angewiesen.[519] Allein die Geschehnisse des Jahres 2010 richteten Schäden im Wert von mehr als einer Milliarde Dollar an, was rund einem Viertel des Staatshaushalts entspricht, und zerstörten Straßen und Lieferwege. 2011 brach der Tropensturm 12E über das Land herein, und nach all diesen Katastrophen gingen die Bauern zum Mohnanbau über. Das organisierte Verbrechen, das auch vorher schon ein riesiges Problem im Land gewesen war, explodierte – was vielleicht keine große Überraschung ist, zieht man die aktuellen Forschungen in Betracht, denen zufolge die sizilianische Mafia im Verlauf einer Dürrephase entstand.[520] Heute hat Guatemala die fünfthöchste Mordrate und ist für Kinder laut UNICEF das zweitgefährlichste Land der Welt.[521] Die Haupteinnahmequellen des Landes waren über lange Zeit hinweg Kaffee und Zuckerrohr – Pflanzen, deren Anbau der Klimawandel in den kommenden Jahrzehnten unmöglich machen könnte.[522]

»Systeme«

Das, was ich »Kaskaden« nenne, bezeichnen Klimaforscher als »Systemkrisen«. Auf diese Krisen bezieht sich das US-Militär, wenn es den Klimawandel als »Bedrohungsmultiplikator« einstuft. Diese Multiplikation erzeugt dort, wo sie nicht zu einem Konflikt führt, Migration – das heißt: Klimaflüchtlinge. Ihre Anzahl beläuft sich seit 2008 bereits auf 22 Millionen.[523]

Im Westen halten wir Flüchtlinge oft für eine Folge von Staatsversagen – also für ein Problem, das die zerrütteten und verarmten Teile der Welt den im Vergleich dazu stabileren – und wohlhabenderen – Gesellschaften bescheren. Doch der Hurrikan Harvey brachte mindestens 60 000 Klimamigranten in Texas hervor, und rund um Hurrikan Irma mussten fast sieben Millionen Menschen evakuiert werden.[524] Wie bei so vielen Dingen gilt auch hier: Es wird nur schlimmer werden. Bis 2100 könnte allein der Anstieg des Meeresspiegels 13 Millionen Amerikaner aus ihren Häusern vertreiben – mehrere Prozent der Gesamtbevölkerung der USA.[525] Viele dieser Meeresspiegelflüchtlinge werden aus dem Südosten des Landes stammen – vor allem aus Florida (dort rechnet man allein mit 2,5 Millionen aus der Metropolregion Miami) und aus Louisiana, wo die Region rund um New Orleans Voraussagen zufolge eine halbe Million Einwohner verlieren wird.

Die USA sind als herausragend reiches Land aktuell noch herausragend gut dafür aufgestellt, derartige Zerrüttungen zu bewältigen – es ist tatsächlich vorstellbar, dass sich Dutzende Millionen umgesiedelte Amerikaner im Verlauf des Jahrhunderts an Verheerungen im Küstenbereich und neue geografische Gegebenheiten gewöhnen. Zumindest mehr oder weniger. Aber die Erwärmung wirkt sich eben nicht nur auf den Meeresspiegel aus, und ihre Schrecken werden sich nicht zuerst in Ländern wie den USA zeigen. Am schlimmsten wird es die am wenigsten entwickelten, die ärmsten und deshalb auch kaum widerstandsfähigen Länder treffen – die Armen der Welt werden von den Reichen fast buchstäblich in deren Müll ertränkt.[526] Das Land, in dem die Industrialisierung ihren Ausgang nahm und das als allererstes in großem Umfang Treibhausgase ausstieß, Großbritannien, dürfte den Berechnungen zufolge am wenigsten unter dem Klimawandel zu leiden haben. Und obwohl die USA wohl wirtschaftliche Einbußen erleben werden, liegt das größtenteils daran, dass sie als wohlhabendes Land, das so kräftig an den Küsten gebaut hat, einfach viel zu verlieren haben. Die Länder mit dem größten Entwicklungsrückstand, die am wenigsten Emissionen produzieren, trifft es mit am schlimmsten; das Klimasystem der Demokratischen Republik Kongo, eines der ärmsten Länder der Welt, wird wohl besonders extrem aus dem Lot geraten.

Der Kongo ist größtenteils von Land umschlossen und gebirgig, aber das wird gegen die nächste Stufe der Erwärmung kein Schutz sein. Wohlstand stellt einen Puffer dar, aber keine Absicherung, wie Australien bereits heute lernt: Das mit Abstand reichste der Länder, die den heftigsten und direktesten Trommelfeuern der Erderwärmung ausgesetzt sind, kann als früher Testfall dafür betrachtet werden, wie eine begüterte Gesellschaft unter dem Druck der Temperaturveränderungen, die im weiteren Verlauf des Jahrhunderts wahrscheinlich auch den Rest der wohlhabenden Welt treffen werden, ächzt, einbricht oder neue Wege einschlägt. Die Anfänge der Nation waren geprägt von einer menschenverachtenden Gleichgültigkeit gegenüber der ursprünglichen Landschaft und ihren Bewohnern, und ihre modernen Ansprüche stehen seit jeher auf wackeligen Beinen: Die heutige australische Gesellschaft ist gekennzeichnet von ausladender Fülle, hineinimprovisiert in eine sehr karge und ökologisch unerbittliche Landschaft. 2011 löste eine einzige Hitzewelle ein bedeutendes Baumsterben und eine weitreichende Korallenbleiche aus, Pflanzen gingen ein, der heimische Vogelbestand brach ein, bestimmte Insektenarten vermehrten sich rasant und es fand eine Transformation der Ökosysteme im Wasser und an Land statt.[527] Als das Land eine CO_2-Steuer einführte, gingen die Emissionen zurück, doch als die Steuer auf politischen Druck hin wieder abgeschafft wurde, stiegen sie erneut. 2018 erklärte das australische Parlament die Erderwärmung zu einem »akuten und existenziellen nationalen Sicherheitsrisiko«.[528] Wenige Monate später wurde der klimabewusste Premierminister zum Rücktritt gedrängt, weil er es gewagt hatte, die Vereinbarungen des Pariser Klimaabkommens umsetzen zu wollen.

Fülle wirkt wie Öl auf die Rädchen aller Gemeinschaften, doch herrscht Mangel, knirschen und stocken sie. Was dann passiert, ist selbst denen vertraut, die nichts anderes als Wohlstand kennen, deren Leben glatt und reibungslos verläuft und die den Meilensteinen des sozialen Abstiegs nur im Unterhaltungsprogramm begegnen: Marktzusammenbrüche, Preiswucher, das Horten von Gütern und Dienstleistungen durch die Gutbetuchten und Gutbewaffneten, der Rückzug der Ordnungsmächte in die Selbstbereicherung und die Zersetzung jeglichen Glaubens an Gerechtigkeit machen das Überleben plötzlich zu einer Frage des unternehmerischen Talents. Mehr als 140 Millionen Menschen aus nur drei Regionen der Welt werden bis 2050 zu Klimamigranten werden, sagte die Weltbank in einer Untersuchung im Jahr 2018 voraus, die auf den aktuellen Entwicklungen in Bezug auf Emissionen und Erwärmung basiert: 86 Millionen in dem Teil Afrikas, der südlich der Sahara liegt, 40 Millionen in Südasien und siebzehn Millionen in Lateinamerika.[529] Die am häufigsten zitierte Schätzung der Internationalen Organisation für Migration (IOM) der Vereinten Nationen liegt ein Stück darüber – bei insgesamt 200 Millionen bis 2050. Diese Zahlen sind recht hoch – höher als die vieler anderer Organisationen. Doch gemäß der IOM könnte der Klimawandel die Welt bis 2050 mit bis zu einer Milliarde Flüchtlinge konfrontieren.[530] Eine Milliarde – das sind ungefähr so viele Menschen, wie heute in Nord- und Südamerika zusammen leben. Stellen Sie sich einmal vor, diese beiden Kontinente versänken plötzlich im Meer, sodass alle ihre Bewohner im Wasser herumpaddelten, verzweifelt um Halt kämpften – irgendwo, egal wo –, und wenn jemand anders auf das gleiche Stück trockenen Boden zusteuerte, bräche ein Wettrennen darum aus, wer zuerst da ist.

Das System in der Krise ist nicht immer die »Gesellschaft«, es kann auch der Körper sein. In den USA folgen historisch betrachtet zwei Drittel der durchs Wasser übertragenen Krankheitsausbrüche – Erreger, die über Algen oder Bakterien in den menschlichen Körper gelangen und dort Probleme im Verdauungstrakt auslösen – auf ungewöhnlich starke Regenfälle, weil diese sich auf die Wasserversorgung auswirken.[531] So erhöht sich beispielsweise die Konzentration der Salmonellen in Flüssen nach heftigen Niederschlägen ganz erheblich; der schlimmste Ausbruch einer durch Wasser übertragenen Krankheit, den die USA je erlebten, ereignete sich 1993, als in Milwaukee mehr als 400 000 Menschen nach einem Unwetter an Kryptosporidien erkrankten.[532]

Extreme Niederschlagsereignisse – sowohl sintflutartige Regengüsse als auch ihr Gegenteil, Dürren – können landwirtschaftlich geprägte Gemeinschaften wirtschaftlich zugrunde richten, aber auch bei Embryos und Kleinkindern für das sorgen, was die Wissenschaft etwas untertrieben als »Mangelernährung« bezeichnet. In Vietnam gingen diejenigen, die eine solche Phase durchstanden hatten, laut einer Studie im Durchschnitt später zur Schule, brachten dort schlechtere Leistungen und wurden nicht so groß wie ihre Altersgenossen.[533] In Indien lässt sich das gleiche »Kreislauf der Armut«-Muster beobachten.[534] Die chronische Mangelernährung verschlimmert sich dadurch, dass ihre Auswirkungen andauern: Die Betroffenen verfügen über geringere kognitive Fähigkeiten, ein niedrigeres Einkommensniveau und ein erhöhtes Krankheitsrisiko.[535] In Ecuador machen sich die Klimaschäden sogar unter den Kindern der Mittelschicht bemerkbar, bei denen sich die Folgen der Niederschlags- oder Temperaturextreme noch 20 bis 60 Jahre später im Einkommen abzeichnen.[536] Das Problem beginnt schon im Mutterleib und es ist universell – während der neun Monate in der Gebärmutter erzeugt jeder Tag, an dem die Temperatur 32 Grad übersteigt, einen messbaren Rückgang der Einkünfte im späteren Leben.[537] Außerdem addieren sich die Auswirkungen. Eine groß angelegte Studie in Taiwan ergab, dass jede Einheit zusätzlicher Luftverschmutzung das relative Risiko, an Alzheimer zu erkranken, verdoppelt.[538] Ähnliches ist auch an Orten von Ontario bis Mexiko-Stadt beobachtet worden.[539]

Während sich die Umweltzerstörung immer weiter ausbreitet, könnte absurderweise mehr Fantasie gefragt sein, um ihre Folgen abzuschätzen. Wenn es nicht mehr nur abgelegene Dörfer sind, die darunter leiden, sondern ganze Regionen, ganze Länder, könnten Umstände, die uns einst unmenschlich vorkamen, auf zukünftige Generationen, die nichts anderes kennen, ganz »normal« wirken. In der Vergangenheit haben wir voller Entsetzen mit angesehen, wie Hungersnöte, die entweder naturbedingt (Sudan, Somalia) oder menschengemacht (Jemen, Nordkorea) waren, zu Wachstumsstörungen in der Bevölkerung führten. In Zukunft könnte der Klimawandel auf die eine oder andere Art unser aller Wachstum hemmen, ohne dass es noch eine Kontrollgruppe gäbe, die davon verschont bliebe.

Man könnte meinen, dass diese Voraussagen ihre Spuren in der Familienplanung hinterließen. Und tatsächlich: Unter den wohlhabenden jungen Leuten in Europa und den USA, für die die Fortpflanzung oft auch eine politische Frage ist, ist das so. Dieser vermeintlich stark von Gewissensfragen geprägten Gruppe bereitet es große Sorgen, Kinder in eine von Zerstörung bedrohte Welt zu setzen, die voller Leid ist, und damit nur weiter zum Problem »beizutragen«, indem man die Klimabühne mit noch mehr Akteuren bevölkert, von denen jeder einzelne eine kleine Konsummaschine ist. »Wollen Sie etwas gegen den Klimawandel tun?«, fragte der *Guardian* 2017.[540] »Setzen Sie weniger Kinder in die Welt.« In jenem Jahr und im folgenden veröffentlichte die Zeitung mehrere Variationen dieses Themas, wie auch eine Reihe weiterer Blätter, die vom Lifestyle-Milieu gelesen werden, darunter die *New York Times:* »Setzen Sie diesen Punkt auf die Liste der Fragen, bei denen der Klimawandel eine Rolle spielt: Sollte ich Kinder bekommen?«[541]

Den Effekt zu untersuchen, den der Klimawandel auf die privaten Entscheidungen der Konsumbürger hat, ist vielleicht ein sehr eng gefasster Ansatz, auch wenn das eine merkwürdige Erscheinung von Verzichtsstolz unter den Wohlhabenden belegt. (»Der Egoismus beim Kinderkriegen gleiche dem bei der Kolonisierung eines Landes«, schreibt die Autorin Sheila Heti in einem repräsentativen Ausschnitt aus *Mutterschaft,* ihren Überlegungen zu diesem Thema und ihrer Entscheidung dagegen.) Aber natürlich ist die weitere Zerstörung der Erde nicht unausweichlich, sondern eine Frage der Entscheidung. Jedes neugeborene Kind kommt in eine brandneue Welt mit einem weiten Feld an Chancen und Möglichkeiten. Diese Sichtweise ist nicht naiv. Wir leben mit den Kindern in dieser Welt – wir wirken daran mit, sie für sie und mit ihnen und für uns selbst zu gestalten. Mit jeder Geburt beginnt eine neue Zeitrechnung, in der gemessen wird, wie viel mehr Schaden der Erde und dem Leben, das das Kind auf ihr führt, zugefügt wird. Das gleiche Feld an Möglichkeiten steht auch uns offen, egal wie unveränderlich und vorherbestimmt die weitere Entwicklung auf uns wirkt. Doch wir verbauen uns diese Chancen, wenn wir das weitere Geschehen für unvermeidbar erklären. Was nach stoischer Weisheit klingt, ist oft ein Vorwand für Gleichgültigkeit.

In einer Welt des Leidens verlangt unser auf die eigenen Interessen ausgelegter Geist nach Abschottung, und einer der spannendsten Bereiche der aufkommenden Klimawissenschaften untersucht die Spuren, die die Erderwärmung, die alle unsere Bewältigungsmechanismen überrollen kann, in unserer Psyche hinterlässt – also die Effekte, die die in Flammen stehende Welt auf unser geistiges Wohlergehen hat. Die wohl erwartbarste Erscheinung ist das Trauma: Zwischen einem Viertel und der Hälfte all derer, die einem extremen Wetterereignis ausgesetzt sind, werden dadurch dauerhaft psychisch erschüttert.[542] Eine Studie in England ergab, dass Überschwemmungen die psychische Belastung vervierfachen – selbst bei denen, die in einer überfluteten Umgebung lebten, aber nicht persönlich betroffen waren.[543] Nach dem Hurrikan Katrina überschritten 62 Prozent der Evakuierten die Grenzwerte für eine akute Stressstörung; insgesamt litten ein Drittel der Menschen in der Region an Posttraumatischer Belastungsstörung (PTBS).[544] Bei Waldbränden lag die Zahl überraschenderweise niedriger – nach einer Brandserie in Kalifornien waren nur 24 Prozent der Evakuierten betroffen.[545] Doch bei einem Drittel derer, die das Feuer überstanden, wurden hinterher Depressionen diagnostiziert.

Selbst diejenigen, die nur von der Seitenlinie aus zuschauen, leiden an Klimatraumata. »Ich kenne keinen einzigen Wissenschaftler, der auf das, was verloren geht, nicht emotional reagiert«, erklärte Camille Parmesan, die 2007 gemeinsam mit Al Gore den Friedensnobelpreis bekam.[546] Das Umweltmagazin *Grist* hat das Phänomen als »Klimadepression« bezeichnet,[547] der *Scientific American* spricht von »Umwelttrauer«.[548] Und obwohl es einleuchtet, dass diejenigen, die sich mit dem Ende der Welt befassen, darüber verzweifeln – vor allem, wenn ihre Warnungen ungehört verhallen –, bietet es einen Furcht einflößenden Ausblick auf das, was dem Rest der Welt bevorsteht, wenn die Verheerungen durch den Klimawandel langsam zutage treten. Was die psychischen Belastungen betrifft, unter denen so viele der Klimaforscher leiden, sind sie die Kanarienvögel in unserem Bergwerkstollen. Das könnte auch der Grund dafür sein, warum so viele von ihnen sich ständig Sorgen darüber machen, ob ihre Befürchtungen auch nicht unbegründet sind: Sie haben genügend Erfahrung mit der Apathie der Öffentlichkeit gesammelt, um sehr genau darauf zu achten, wann und wie sie Alarm schlagen.

An manchen Orten mussten sie das gar nicht mehr selbst übernehmen. Diejenigen, die das Phänomen untersuchen, leiden nur indirekt – was ein Hinweis darauf ist, wie heftig die Folgen für die direkt Betroffenen sind. Es überrascht wenig, dass Klimatraumata besonders die Jungen hart treffen – in dieser Hinsicht stimmt die alte Weisheit, dass der Geist von Kindern leicht zu formen ist. 32 Wochen nachdem der Hurrikan Andrew 1992 in Florida gewütet und 40 Menschen das Leben gekostet hatte, litten mehr als die Hälfte der untersuchten Kinder an einer mittleren und mehr als ein Drittel an einer schweren Posttraumatischen Belastungsstörung.[549] In den Gegenden, die besonders betroffen waren, fielen selbst 21 Monate nach dem Wirbelsturm der Kategorie 5 immer noch 70 Prozent der Kinder in dieses Spektrum. Ein erschreckender Vergleichswert: Von den Soldaten, die aus dem Krieg heimkehren, leiden Schätzungen zufolge 11 bis 31 Prozent an PTBS.[550]

Eine besonders ausführliche Untersuchung befasste sich mit den Auswirkungen, die der Hurrikan Mitch auf die seelische Gesundheit hatte, ein Wirbelsturm der Kategorie 5 und der zweittödlichste, der je im Atlantik registriert wurde.[551] Er wütete 1998 in Mittelamerika und forderte 11 000 Todesopfer. In der Region Posoltega, dem Teil von Nicaragua, wo die Verheerungen am schlimmsten waren, betrug die Wahrscheinlichkeit, dass ein Kind schwer verletzt wurde, 27 Prozent, die Wahrscheinlichkeit, dass es ein Familienmitglied verlor, 31 Prozent, und die Wahrscheinlichkeit, dass das Haus, in dem es wohnte, beschädigt oder zerstört wurde, 63 Prozent. Man kann sich die Folgewirkungen vorstellen. 90 Prozent der Jugendlichen in der Region litten an PTBS, wobei die Jungen durchschnittlich am oberen Ende der Einstufung »schwere PTBS« lagen und die Mädchen die Grenze zur Stufe »sehr schwer« überschritten. Sechs Monate nach dem Wirbelsturm litten vier von fünf Teenagern aus Posoltega an Depressionen, mehr als die Hälfte hegte zwanghafte »Rachegedanken«, wie es die Verfasser der Studie etwas euphemistisch nannten.

Und dann gibt es da noch die weniger offensichtlichen, schwelenden Auswirkungen auf die Psyche. Das Klima beeinflusst sowohl das Auftreten als auch die Schwere von Depressionen, fand *The Lancet* heraus.[552] Steigende Temperaturen und eine höhere Luftfeuchtigkeit gehen in den Erhebungen stets mit mehr Patienten in psychiatrischen Notaufnahmen einher.[553] Wenn es draußen heißer wird, nimmt auch die Anzahl der stationär behandelten Patienten zu.[554] Besonders stark steigt die Anzahl der an Schizophrenie Erkrankten, die eingewiesen werden, und innerhalb der Krankenhäuser verstärkt die Temperatur auf den Stationen die Schwere der Symptome.[555] Und Hitzewellen bringen noch Wellen anderer Leiden mit sich: affektive Störungen, Angststörungen und Demenz.[556]

Wie wir wissen, fördert Hitze Gewalt und Konflikte, daher ist es wohl wenig überraschend, dass auch die Gewalttätigkeit gegenüber der eigenen Person zunimmt. Jeder Grad, um den die monatliche Durchschnittstemperatur ansteigt, geht in den USA mit fast einem Prozentpunkt und in Mexiko sogar mit mehr als zwei Prozentpunkten mehr Suizidfällen einher.[557] Setzt sich der Kohlendioxidausstoß unverändert fort, kann das bis 2050 zu 40 000 zusätzlichen Selbstmorden führen. In einem besorgniserregenden Artikel der Wirtschaftswissenschaftlerin Tamma Carleton heißt es, dass die Erderwärmung bislang bereits 59 000 Suizide ausgelöst hat – viele davon unter Bauern in Indien, wo heute ein Fünftel aller Selbstmorde weltweit geschehen und sich die Rate seit 1980 verdoppelt hat.[558] Wenn die Temperaturen bereits hoch sind, fand Carleton heraus, sorgt ein Anstieg um nur ein Grad an einem einzigen Tag für 70 Tote mehr – Bauern, die sich selbst gerichtet haben.

Wenn Sie es bis hierher geschafft haben, sind Sie ein tapferer Leser. Jedes dieser zwölf Kapitel enthält für sich genommen genügend Schreckensvisionen, um selbst beim optimistischsten Menschen eine Panikattacke auszulösen. Aber Sie werden nicht nur darüber lesen, sondern diese Entwicklungen irgendwann erleben. In vielen Fällen, an vielen Orten, ist es bereits so weit.

Das vielleicht Erwähnenswerteste an all den Forschungsergebnissen, die bis hierher zusammengetragen wurden – nicht nur zum Thema Klimaflüchtlinge und die physische und psychische Gesundheit, sondern auch in Bezug auf bewaffnete Konflikte, Nahrungsmittel, den Meeresspiegel und alle anderen Elemente der Klimaverwerfungen –, ist vielleicht die Tatsache, dass es sich dabei um Untersuchungen handelt, die in unserer heutigen Welt entstanden sind. In einer Welt also, in der die Erwärmung nur ein Grad beträgt; einer Welt, die noch nicht bis zur Unkenntlichkeit deformiert und entstellt ist; einer Welt, die größtenteils von Übereinkommen bestimmt ist, die in einem Zeitalter der Klimastabilität getroffen wurden, und die nun geradewegs auf ein Zeitalter des Klimachaos zurast; einer Welt, die wir erst wahrzunehmen beginnen.

Natürlich basiert ein Teil der Klimaforschung auf Spekulationen, wir übertragen alles, was wir über physische Prozesse und menschliche Dynamiken wissen, auf Bedingungen, die kein Mensch, egal wie alt, jemals auf diesem Planeten erlebt hat. Einige der Vorhersagen werden sicherlich widerlegt werden – so funktioniert Forschung. Doch unsere Untersuchungen basieren immer auf Vorausgegangenem, und für die nächste Phase des Klimawandels gibt es keine Präzedenzfälle. Die zwölf Elemente des Klimachaos sind, um es mit Donald Rumsfelds widersinnigen, aber treffenden Worten zu sagen, die »bekannten Bekannten«. Diese Kategorie bereitet uns am wenigsten Sorgen, aber es gibt noch zwei weitere.

Das bisher Dargestellte mag beim Lesen erschöpfen, vielleicht sogar überwältigen. Aber es sind nur Entwürfe, die in den kommenden Jahrzehnten ausgestaltet und konkretisiert werden – und wenn man die letzten Dekaden als Indiz nimmt, wohl eher mit noch erschreckenderen als mit beruhigenden Einsichten. So sehr wir auch auf unsere gesicherten Erkenntnisse über die Erderwärmung vertrauen können – dass sie stattfindet, dass sie menschengemacht ist, dass sie den Meeresspiegel steigen und die Arktis schmelzen lässt und so weiter –, wissen wir doch immer noch sehr wenig. Vor 20 Jahren gab es noch keine ernst zu nehmenden Studien zum Zusammenhang zwischen Klimawandel und Wirtschaftswachstum, vor zehn Jahren noch kaum etwas über das Klima und Konflikte. Vor 50 Jahren untersuchte kaum jemand den Klimawandel an sich.

Das Tempo, in dem die Wissenschaft voranschreitet, ist ermutigend, aber es führt uns auch vor Augen, dass Demut geboten ist: Es gibt in der Frage, wie sich die Erderwärmung auf unser Leben auswirkt, immer noch so viele Aspekte, die uns unbekannt sind. Stellen Sie sich einmal vor, was wir in 50 Jahren wissen werden – und wie viel schlimmer uns unser selbst gewählter Weg in den Untergang vorkommen wird, selbst wenn wir die schlimmsten Folgen noch abwenden. Wird die Erwärmung durch die Freisetzung des Methans in der Arktis oder die drastische Verlangsamung des Strömungssystems in den Weltmeeren rasche Rückkopplungseffekte auslösen? Wir können es unmöglich mit Sicherheit voraussagen. Werden wir uns schützen, indem wir Schwefel in unsere dann rote Atmosphäre schießen und den ganzen Planeten den ungewissen gesundheitlichen Auswirkungen dieser Teilchen aussetzen, oder indem wir mithilfe von kontinentgroßen Anlagen Kohlendioxid aus der Luft saugen? Das ist schwer vorauszusagen. Es zählt also zu den »bekannten Unbekannten«, wenn man bei Rumsfeld bleibt. Doch er nannte in seiner Rede damals eine weitere, noch furchteinflößendere Kategorie – die »unbekannten Unbekannten«.

All das bedeutet, dass die zwölf Gefahrenszenarien, die in diesen zwölf Kapiteln beschrieben wurden, nur das Bild der Zukunft liefern, wie wir es gegenwärtig absehen können. Was uns wirklich bevorsteht, könnte deutlich schlimmer sein, aber natürlich ist auch das Gegenteil möglich. Die Landkarte unserer neuen Welt wird zum Teil von natürlichen, weiterhin unerklärlichen Prozessen gezeichnet werden, aber noch stärker durch die Hand des Menschen. An welchem Punkt wird es unmöglich werden, die Klimakrise zu verleugnen, sich vor ihr zu verschließen? Wie viel Schaden werden wir in unserem Egoismus bis dahin angerichtet haben? Wie schnell werden wir handeln, um uns und einen möglichst großen Teil des Lebens, wie wir es heute kennen, zu retten? Eines möchte ich deutlich machen: Ich habe jede der Bedrohungen durch den Klimawandel – den Anstieg des Meeresspiegels, die Lebensmittelknappheit, die wirtschaftliche Stagnation – getrennt voneinander betrachtet, doch das entspricht nicht der Realität. Manche Entwicklungen mögen sich gegenseitig abschwächen, andere einander verstärken, wieder andere einfach nebeneinander ablaufen. Doch zusammen bilden sie ein Geflecht, unter dem zumindest einige Menschen – und wahrscheinlich mehrere Milliarden – leben werden. Wie?

III
Das Klimakaleidoskop

Erzählungen

Es sollte keine Auszeichnung sein, das Ende der Welt richtig vorausgesagt zu haben. Doch die Menschen erzählen diese Geschichte seit Jahrtausenden unaufhörlich, und mit jedem Fantasie-Armageddon verschieben sich die Lektionen, die daraus zu lernen sind. Man sollte meinen, eine Zivilisation, deren Kultur von den Zeichen der Apokalypse durchzogen ist, wüsste, wie man mit aufrüttelnden Umweltnachrichten umzugehen hat. Doch stattdessen reagieren wir auf die Wissenschaftler, die uns die Hilferufe der Erde übermitteln, als schlügen sie blinden Alarm. Unsere Filme mögen vom Ende der Welt handeln, doch wenn es darum geht, sich mit den Gefahren der realen Erderwärmung auseinanderzusetzen, herrscht bei uns ein unglaublicher Mangel an Vorstellungskraft. Das ist das Klimakaleidoskop: Die Gefahr direkt vor unseren Augen kann uns in den Bann schlagen, ohne dass wir sie klar und deutlich sehen.

Auf unseren Leinwänden und Bildschirmen sind Klimaverheerungen allgegenwärtig, aber sie stehen nie im Mittelpunkt, ganz so, als würden wir unsere Ängste in Bezug auf die Erderwärmung auf Bühnen auslagern, auf denen wir selbst über das Geschehen und die Gestaltung bestimmen – vielleicht als beruhigendes Signal, dass das Ende aller Tage ein »Fantasieprodukt« bleibt.[559] *Game of Thrones* beginnt mit einer unmissverständlichen Klimaprophezeiung, aber sie lautet: »Der Winter naht.« Die Ausgangssituation in *Interstellar* wird bestimmt durch eine Umweltkatastrophe, allerdings eine Pflanzenkrankheit. In *Children of Men* ist die Zivilisation halb zusammengebrochen, jedoch durch Unfruchtbarkeit. *Mad Max: Fury Road* wirkt auf den ersten Blick wie ein Panorama der Erderwärmung, ein rasanter Trip durch eine Welt, die sich in eine Wüste verwandelt hat, doch die politische Krise resultiert hier aus dem Schwund der Ölvorräte. Der Protagonist in *The Last Man on Earth* ist durch ein tödliches Virus zu eben diesem letzten Mensch auf Erden worden, die Familie in *A Quiet Place* wird von riesigen Insektenmonstern, die in der Wildnis lauern, zu einem Leben in absoluter Stille gezwungen, und die zentrale Katastrophe der »Apokalypse«-Staffel von American Horror Story ist eine Bedrohung aus der Vergangenheit – ein nuklearer Winter. In den vielen Zombie-Apokalypsen dieses Zeitalters der Umweltängste sind die Zombies stets eine fremdartige, keine einheimische Macht. Also nicht so wie wir.

Was bedeutet es, sich von fiktiven Weltuntergängen unterhalten zu lassen, während wir der Möglichkeit eines realen ins Auge sehen? Eine Aufgabe der Popkultur besteht immer darin, uns Geschichten zu liefern, die uns ablenken, auch wenn sie den Eindruck erwecken, uns zum Nachdenken anzuregen – sie dienen der Sublimierung und der Zerstreuung. In einer Zeit des kaskadenartigen Klimawandels versucht Hollywood zudem, unser sich veränderndes Verhältnis zur Natur zu erkunden – der Natur, die wir lange aus einer gewissen Distanz betrachtet haben, die aber nun als chaotische Kraft zurückgekehrt ist, wofür wir uns auf einer gewissen Ebene dennoch selbst die Schuld geben. Das Eingeständnis dieser Verantwortung ist ebenfalls etwas, was die Unterhaltungsbranche erreichen kann, während das Rechtssystem und die Politik versagen, obwohl unsere Kulturwelt ebenso wie die Politik darauf spezialisiert ist, anderen die Schuld zuzuweisen – zu projizieren, statt ein Verschulden zuzugeben. Außerdem greift hier eine Art emotionale Schutzfunktion: Vielleicht suchen wir in fiktiven Darstellungen der Klimakatastrophe nach Katharsis und versuchen uns kollektiv davon zu überzeugen, dass wir überleben könnten.

Schon heute, bei einer Erwärmung um nur ein Grad, wimmelt es in den Nachrichten von Berichten über Waldbrände, Hitzewellen und Wirbelstürme, und diese Erscheinungen drohen auch in unser eigenes Dasein und in unser Innenleben vorzudringen, sodass unsere heutige, von Untergangsszenarien durchsetzte Kultur dann vergleichsweise naiv erschiene. Endzeit-Albträume werden eine Blütezeit erleben, auch in den Schlafzimmern unserer Kinder, wo Geschwister einst Schreckensgeschichten über den Tod, die Auswirkungen von Gottlosigkeit oder die Möglichkeit eines bevorstehenden Atomkriegs flüsterten. Bei ihren Eltern wird der Begriff »Klimatrauma« in den Wortschatz der Küchenpsychologie eingehen, wenn auch zumeist als Sündenbock für persönlicheren Frust und Ängste. Was wird bei einer Erwärmung um zwei Grad passieren, oder um drei? Wahrscheinlich wird der Klimawandel, der dann unser Leben und unsere Welt verdunkelt und beherrscht, auch den Sachbuchbereich dominieren – so sehr, dass er zumindest von einigen Menschen als das einzige wirklich relevante Thema betrachtet werden könnte.

In fiktionalen Erzählungen, in Unterhaltungsformaten und in dem, was einst als »Hochkultur« gepriesen wurde, scheint ein anderer, merkwürdiger Weg wahrscheinlich. Den Anfang könnte eine Wiederbelebung eines antiquierten Genres namens »sterbende Erde« machen, im englischsprachigen Raum einst von Lord Byron durch sein Gedicht »Finsternis« eingeführt, das dieser im sogenannten »Jahr ohne Sommer« verfasste, als ein Vulkanausbruch in Niederländisch-Indien der nördlichen Hemisphäre schlechtes Wetter bescherte.[560] Die Umweltbefürchtungen im viktorianischen Zeitalter spiegelten sich auch in anderen Werken wider, darunter *Die Zeitmaschine* von H. G. Wells, der Darstellung einer weit entfernten Zukunft, in der die meisten Menschen als Sklaven in Höhlen leben und sich unter der Erdoberfläche für eine verwöhnte und sehr kleine Elite oben abrackern; in einer noch weiter in der Zukunft liegenden Zeit ist dann fast alles Leben von der Erde verschwunden. Unsere neue Version könnte ein endloses Wehklagen enthalten, ein Aufblühen dessen, was bereits heute »Klimaexistenzialismus« genannt wird.[561] Eine Wissenschaftlerin beschrieb das Buch, an dem sie gerade schrieb, mir gegenüber kürzlich als »Mischung aus *Zwischen mir und der Welt* und *Die Straße*«.

Aber das Ausmaß der Veränderungen könnte diesem Genre schnell wieder ein Ende bereiten – es könnte jeden Versuch, die Erderwärmung in eine Geschichte zu fassen, unmöglich machen, weil das Thema selbst für Hollywood zu groß, weil allumfassend, wäre. Man kann Texte »über« den Klimawandel schreiben, solange er noch eine Randerscheinung des menschlichen Lebens oder das überwältigende Ereignis im Leben von Menschen am Rande unseres Lebens ist. Aber bei einer Erwärmung um drei oder sogar vier Grad wird es kaum jemanden geben, der nicht von den Auswirkungen betroffen ist – oder

Lust darauf hätte, sich etwas auf dem Bildschirm anzuschauen, was auch vor seinem Fenster passiert. Daher könnte der Klimawandel, wenn er sich immer weiter ausbreitet – und langsam unausweichlich, absolut erscheint – aufhören, ein Thema zu sein, und stattdessen zum alles beherrschenden Schauplatz werden. Dann wäre er kein Teil der Erzählung mehr, sondern das, was die Literaturtheoretiker als »Metanarrativ« bezeichnen, und würde als solches die ablösen, die unser Leben vorher dominiert haben – etwa der Wahrheitsanspruch der Religion und der Glaube an den Fortschritt.[562] In einer solchen Welt hätte niemand große Lust auf epische Dramen über Öl und Gier, aber selbst romantische Komödien ständen ganz im Zeichen der Erderwärmung, so wie Screwball-Komödien von den Ängsten der Wirtschaftskrise in den 1930er-Jahren geprägt waren.[563] Science-Fiction würde als noch prophetischer betrachtet, aber die Bücher, in denen die Krise gespenstisch treffend vorausgenommen wurde, würden nicht mehr gelesen, ähnlich wie Upton Sinclairs *Der Dschungel* oder Theodore Dreisers *Schwester Carrie* heute: Warum ein Buch über die Welt lesen, die man vor dem eigenen Fenster erlebt? Im Augenblick bereiten uns Geschichten über die Erderwärmung immer noch ein eskapistisches Vergnügen, auch wenn dieses Vergnügen oft in Form eines Gruseleffekts daherkommt. Aber wenn wir nicht mehr so tun können, als wären derartige Klimaprobleme – zeitlich oder räumlich – weit weg, werden wir aufhören, sie als Stoff zu verarbeiten, und uns stattdessen darin einrichten müssen.

In *Die große Verblendung*, einem Essay in Buchlänge, fragt sich der indische Schriftsteller Amitav Ghosh, warum die Erderwärmung und Naturkatastrophen noch kein Thema der zeitgenössischen Literatur sind, warum wir nicht in der Lage zu sein scheinen, uns das bevorstehende Klimachaos angemessen auszumalen, warum die Literatur uns die Gefahren der Erwärmung noch nicht ausreichend »real« vor Augen geführt hat und warum noch nicht reihenweise Romane aus dem Genre vorliegen, das sich mit der »Unheimlichkeit der Welt um uns herum« befasst und das er im Grunde halb herbeidenkt.[564]

Andere bezeichnen das als »Cli-Fi«: fiktionale Texte, die in Bezug auf die Umwelt Alarm schlagen, Abenteuergeschichten mit didaktischer Absicht, oft mit klarer politischer Agenda.[565] Doch Ghosh hat etwas anderes vor Augen: den großen Klimaroman. »Man denke nur an die Geschichten, die sich um solche Fragen wie ›Wo warst du, als die Berliner Mauer fiel?‹ oder ›Wo warst du am elften September?‹ verdichtet haben. Wird jemals jemand die Frage stellen, ›Wo warst du bei 400 ppm?‹ oder ›Wo warst du, als das Larsen-B-Schelfeis auseinanderbrach?‹«

Amitav Ghoshs Antwort: Wahrscheinlich nicht, weil die Dilemmata und Dramen des Klimawandels einfach nicht mit den Geschichten vereinbar sind, die wir uns über uns selbst erzählen, vor allem in konventionellen Romanen, die meist auf einer hoffnungsvollen und positiven Note enden und das Bewusstsein eines Einzelnen in den Mittelpunkt stellen anstatt das Schicksal aller.[566] Das ist natürlich eine sehr eng gefasste Definition von Roman, aber fast jedes Element unserer Erzähltraditionen legt nahe, dass der Klimawandel ein absolut unpassendes Thema für die Werkzeuge ist, die uns zur Verfügung stehen. Ghoshs Frage bezieht sich sogar auf Comicverfilmungen, die sich theoretisch mit der Erderwärmung befassen könnten: Wer wären die Helden? Und was würden sie tun? Diese Problematik erklärt wohl auch, warum so viele Unterhaltungsformate, die sich den Klimawandel vornehmen, etwa *The Day After Tomorrow,* so kitschig und pedantisch daherkommen: Kollektives Handeln ist – dramaturgisch betrachtet – todlangweilig.

Noch akuter ist das Problem in Videospielen, die sich als neues Medium zu Büchern, Filmen und Fernsehserien hinzugesellen oder sie sogar ersetzen und von ihrer Erzählstruktur her noch stärker auf den Protagonisten ausgerichtet sind – das heißt auf den Spieler. Sie versprechen zumindest eine Simulation eines eigenen Handelns. Das könnte sich in den kommenden Jahren zu einem immer größeren Trost für uns entwickeln, sollten wir weiterhin wie Zombies auf den Untergang zuwanken. Schon heute fordert das beliebteste Videospiel der Welt, *Fortnite,* die Spieler dazu auf, während eines Extremwetterereignisses um knappe Ressourcen zu kämpfen – als könne man in einem solchen Szenario allein bestehen und das Problem lösen.

Neben dem Heldenproblem gibt es auch ein Schurkenproblem. In die gehobene Literatur mögen epische Geschichten, für die sich der Klimawandel als natürlicher Schauplatz anbietet, nicht passen, aber mindestens in den Genres Roman und Blockbusterfilm sind eine Reihe entsprechender Handlungsschemata verbreitet, von den Superheldensagas bis hin zur »Alien Invasion«-Erzählung. Die Geschichten, die sich unter dem Thema »Mensch gegen Natur« zusammenfassen lassen, könnten kaum urgewaltiger oder vertrauter sein.[567] Aber in *Moby Dick*, *Der alte Mann und das Meer* oder vielen weniger hochklassigen Beispielen diente die Natur meist als Metapher für eine theologische oder metaphysische Kraft, denn sie blieb rätselhaft, unerklärlich. Auch das hat der Klimawandel geändert. Wir wissen heute, was die Wetterextreme und die Naturkatastrophen bedeuten, auch wenn sie immer noch mit prophetischer Gewalt eintreffen: Sie bedeuten, dass weitere solche Ereignisse folgen werden und dass wir es selbst verschuldet haben. Es wären gar nicht viele Änderungen nötig, um *Independence Day* in ein Cli-Fi-Werk zu verwandeln. Aber gegen wen würden die Helden anstelle der Außerirdischen kämpfen? Gegen uns selbst?

In Geschichten, in denen die Bedrohung der nukleare Vernichtungskrieg war – das Gegenstück zum Klimawandel, das die amerikanische Unterhaltungskultur eine Generation lang dominierte –, war die Frage nach den Bösewichten leichter zu beantworten. Das war der Dreh- und Angelpunkt von Stanley Kubricks *Dr. Seltsam* – dass das Schicksal aller in den Händen einiger weniger Verrückter lag; wenn sie die Welt in die Luft jagen würden, wüssten wir genau, wer daran schuld war. Diese moralische Eindeutigkeit war nicht auf Kubrick oder seinen Nihilismus zurückzuführen, ganz im Gegenteil: Sie war Teil des Allgemeinwissens über die geopolitische Lage im damals noch jungen atomaren Zeitalter. Genauso war die Verantwortung auch in *Dreizehn Tage* verteilt, Robert Kennedys Erinnerungen an die Kubakrise, die unter anderem deshalb so viel gelesen wurden, weil sie sich so genau mit den Erlebnissen der normalen Bürger in diesen Wochen im Jahr 1962 deckten: Man sah zu, wie die Gefahr der Auslöschung der gesamten Welt wuchs und wieder abnahm, allein durch eine Reihe von Telefonaten zwischen zwei Männern und ihren relativ kleinen Beraterstäben. Doch wenn es um die moralische Verantwortung für den Klimawandel geht, ist die Situation deutlich verworrener. Die Erderwärmung ist nichts, was eventuell passieren könnte, falls ein paar Leute einige extrem kurzsichtige Entscheidungen treffen; sie geschieht bereits heute, überall auf der Welt – und ohne, dass es direkte Zuständige dafür gäbe. Der Atomkrieg wäre theoretisch auf ein paar Dutzend Menschen zurückzuführen gewesen; bei der Klimakatastrophe sind es Milliarden, über einen langen Zeitraum und über weite Teile der Erde hinweg. Das soll aber nicht heißen, dass alle gleichermaßen dafür verantwortlich wären: Obwohl das letztendliche Ausmaß des Klimawandels dadurch bestimmt wird, wie die Industrialisierung in den Entwicklungsländern abläuft, sind die heutigen Verursacher größtenteils die Wohlhabenden der Welt – die reichsten 10 Prozent der Weltbevölkerung erzeugen die Hälfte aller Emissionen.[568] Diese Verteilung deckt sich weitgehend mit dem weltweiten Einkommensgefälle, was einer der Gründe dafür ist, dass die politische Linke mit dem Finger auf das übergeordnete System zeigt und dem industriellen Kapitalismus die Schuld gibt.[569] Das stimmt auch. Aber das benennt noch keinen Gegner, sondern nur ein toxisches Investitionswerkzeug, an dem ein Großteil der Welt Anteile hält, die meist mit großem Eifer gekauft wurden. Und diese Menschen genießen ihren augenblicklichen Lebensstil. Das trifft mit großer Wahrscheinlichkeit auch auf Sie und mich und alle anderen zu, die sich mit ihrem Netflix-Abo die Flucht aus dem Alltag erkaufen. Gleichzeitig stimmt es nicht ohne Weiteres, dass die sozialistischen Länder der Welt in Bezug auf Kohlendioxid verantwortungsbewusster handeln würden, weder heute noch in der Vergangenheit.[570]

Mitschuld ist eine schlechte Voraussetzung für spannende Unterhaltung. Moderne Moralstücke benötigen Antagonisten, und das Verlangen nach solchen wird stärker, wenn die Schuldzuweisung zu einer politischen Notwendigkeit wird, was mit Sicherheit bald eintritt. Das ist sowohl für fiktionale als auch für nichtfiktionale Erzählungen ein

Problem, denn beide beziehen ihre Logik und ihre Energie aus dem jeweils anderen. Die naheliegenden Bösewichte sind die Ölkonzerne – und tatsächlich ergab eine kürzlich angestellte Untersuchung von Filmen, in denen es um die Klimaapokalypse geht, dass die Mehrheit von habgierigen Unternehmen handelte.[571] Aber der Impuls, ihnen allein die Schuld zuzuweisen, wird dadurch erschwert, dass die Industrie und das Transportwesen nicht einmal 40 Prozent der weltweiten Emissionen ausmachen.[572] Die Abstreitungs- und Desinformationskampagnen dieser Unternehmen machen es zwar leichter, diese zu Schurken zu erklären – eine groteskere Zurschaustellung unternehmerischer Durchtriebenheit ist kaum vorstellbar, und schon in der kommenden Generation wird die Leugnungshaltung der Ölindustrie wahrscheinlich als eine der abscheulichsten Verschwörungen gegen die Gesundheit und das Wohl der Menschen gelten, die die moderne Welt je gesehen hat. Aber Bösartigkeit ist nicht das Gleiche wie Verantwortung, und es gibt bisher nur eine politische Partei in einem Land der Welt, die sich das Leugnen des Klimawandels auf die Fahnen geschrieben hat – in einem Land, in dem nur zwei der zehn größten Ölkonzerne ansässig sind.[573] Die Tatenlosigkeit der Amerikaner bremste den weltweiten Fortschritt im Bereich Klima sicherlich aus, in einer Zeit, in der es nur eine Supermacht auf der Welt gab, aber außerhalb der Grenzen der USA, die nur für 15 Prozent der weltweiten Emissionen verantwortlich sind, gibt es einen derartigen Klimaskeptizismus nicht.[574] Zu glauben, dass allein die republikanische Partei oder ihre Unterstützer aus der Ölindustrie die Schuld an der Erderwärmung trügen, ist eine Form des amerikanischen Narzissmus.

Dieser Narzissmus, davon gehe ich aus, wird durch den Klimawandel gebrochen werden. Im Rest der Welt, in dem die Maßnahmen gegen den Kohlendioxidausstoß genauso langsam voranschreiten und der Widerstand gegen einen echten Politikwandel ebenso stark ist, ist die Leugnung schlicht kein Problem. Der Einfluss der fossilen Brennstoffindustrie spielt natürlich eine Rolle, aber das gilt auch für die Trägheit, die Verlockung kurzfristiger Profite und die Vorlieben der Arbeiter und Konsumenten der Welt, und alles zusammen ergibt ein breites

Spektrum der Verantwortung, das sich von wissentlichem Egoismus über wahre Ahnungslosigkeit bis hin zu reflektierter, aber naiver Selbstzufriedenheit erstreckt. Wie formt man daraus eine Erzählung?

Abseits der Frage, wer der Bösewicht ist, geht es um die Natur und unsere Beziehung zu ihr.[575] Dieser Aspekt war lange Zeit auf die einfache Logik von Parabeln und Allegorien beschränkt. Der Klimawandel wird alles, was wir über die Natur zu wissen meinten, verändern, einschließlich der moralischen Grundstrukturen dieser Erzählungen. Wir bekommen sie immer noch in jedem Alter zu hören und zu sehen, angefangen bei animierten Filmen für Kleinkinder, die noch nicht lesen können, über Märchen aus alten Zeiten bis hin zu Katastrophenfilmen und Zeitschriftenartikeln über das Schicksal gefährdeter Arten und Berichten über Extremwetterereignisse in den Abendnachrichten, in denen die Erderwärmung selten erwähnt wird.

Parabeln sollen eine Lehre vermitteln und funktionieren wie die gläsernen Schaukästen in Naturkundemuseen: Man geht an ihnen vorbei, betrachtet den Inhalt, glaubt, dass er uns etwas lehrt – aber nur innerhalb der Logik der Metapher, weil wir eben keines der ausgestopften Tiere in der dargestellten Szene sind, sondern außerhalb dessen stehen, jenseits davon, als Betrachter statt als Beteiligte. Diese Logik wird von der Erderwärmung auf den Kopf gestellt, weil sie die empfundene Distanz zwischen Mensch und Natur einreißt – zwischen uns und der Szene im Schaukasten. Eine Botschaft des Klimawandels lautet: Wir leben nicht außerhalb des Geschehens, sondern mitten darin, und sind all jenen Schrecken ausgeliefert, die auch das Leben der Tiere beeinträchtigen. Genau genommen sind die Auswirkungen der Erderwärmung auf den Menschen bereits jetzt so heftig, dass wir den Blick gar nicht mehr auf irgendetwas anderes richten müssten, auf vom Aussterben bedrohte Tierarten und gefährdete Ökosysteme, um das Fortschreiten des furchtbaren Sturmlaufs des Klimas zu verfolgen. Aber wir tun es, weil uns gestrandete Eisbären und die Geschichten absterbender Korallenriffe so traurig machen. Wenn es um Klimaparabeln geht, gefallen uns diejenigen am besten, in denen es um Tiere geht, die stumm wären, wenn wir ihnen nicht unsere Stimme verleihen, und die durch unsere Hände verenden – 2100 wird die Hälfte von ihnen ausgestorben sein, schätzt der Biologe E. O. Wilson.[576] Trotz der zerstörerischen Auswirkungen des Klimawandels auf das Leben der Menschen blicken wir immer noch auf diese Tiere, zum Teil, weil der »klägliche Fehlschluss«, wie John Ruskin die Übertragung menschlicher Eigenschaften auf die Natur nannte, immer noch trägt: Es ist seltsamerweise manchmal leichter, mit den Tieren zu fühlen, vielleicht weil wir uns lieber nicht mit unserer Verantwortung auseinandersetzen wollen. Im Angesicht des Sturms, den wir Menschen ausgelöst haben und weiterhin jeden Tag auslösen, fühlen wir uns in einer angelernten Position der Machtlosigkeit anscheinend am wohlsten.

Die Plastikpanik ist ein weiteres Beispiel für eine Klimaparabel, vor allem, weil sie gleichzeitig eine falsche Fährte darstellt. Sie gründet auf der bewundernswerten Absicht, weniger Spuren auf dem Planeten zu hinterlassen, und dem natürlichen Erschrecken darüber, wie sehr unser Müll die Umwelt verschmutzt und unsere Luft, unser Essen, unseren Körper durchdringt. In dieser Hinsicht bedient sich die Plastikpanik der überaus modernen Fixierung auf Hygiene und Zurückhaltung als Verbrauchertugenden (einer Besessenheit, die uns vom Thema Recycling vertraut ist). Doch obwohl die Plastikproduktion einen ökologischen Fußabdruck hinterlässt, hat diese Verschmutzung keinen Einfluss auf die Erderwärmung – hat sich aber dennoch in unser Blickfeld geschoben, zumindest zeitweilig, und das Verbot von Plastikstrohhalmen verdrängt, wenn auch nur für einen kurzen Augenblick, die viel größere und umfassendere Bedrohung durch den Klimawandel.

Eine weitere derartige Parabel ist das Bienensterben.[577] Seit dem Jahr 2006 machen die interessierten Leser Bekanntschaft mit einer neuen Umweltfabel, denn seitdem erleiden die Honigbienenvölker in den USA fast jährlich ein Massensterben: In einem Jahr verschwanden 36 Prozent von ihnen, im nächsten 29, dann 46, dann 34. Doch jedem Menschen mit einem Taschenrechner wird schnell klar, dass das nicht ganz stimmen konnte, denn wenn jedes Jahr so viele Bienenvölker wegbrächen, würde die Zahl schnell gegen null gehen, statt stetig anzusteigen, wie es in der Realität der Fall ist. Das liegt daran, dass die Imker, die zum großen Teil keine liebenswerten Amateure sind, sondern industrielle Nutztierbetriebe, die ihre Bienen ständig durchs ganze Land karren, um sie gegen Bezahlung Blüten bestäuben zu lassen, jedes Jahr neue Völker heranzüchten, um die verschwundenen zu ersetzen, was sich bei den Gewinnen, die die Tiere ihnen einbringen, mehr als lohnt.

Es ist ganz natürlich – falls man das so sagen kann –, Tiere zu vermenschlichen; darauf basiert beispielsweise die gesamte Animationsbranche. Aber es ist etwas merkwürdig, ja, sogar fatalistisch, wenn derart eitle Geschöpfe wie wir uns so stark mit Lebewesen identifizieren, denen der freie Wille und die individuelle Eigenständigkeit in einem Maße abgehen, dass viele Fachleute sich nicht sicher sind, ob wir die einzelne Biene oder das Bienenvolk als Organismus betrachten sollten. Bei meinen Recherchen für einen Artikel über das Bienensterben erzählten mir Bienenliebhaber oft, hinter ihrer Sorge um das Wohlbefinden der Tiere stände Bewunderung für das beeindruckende Zusammenspiel des Bienenstaats. Aber ich ertappte mich oft bei der Frage, ob nicht eher das Gegenteil das Bienensterben zu einem derart großen Thema machte: die absolute Machtlosigkeit des Individuums angesichts des unvermeidlichen, das gesamte Volk betreffenden Selbstmords. Dann ginge es gar nicht nur um die Bienen: Wir bekommen ständig vermittelt, dass unsere eigene Welt kollabieren könnte – durch mysteriöse Todesfälle aufgrund von Ebola, der Vogelgrippe oder anderen Pandemien, durch die befürchtete Roboterapokalypse, durch den IS, China und die Jade-Helm-Militärübung in Texas, durch die galoppierende Inflation infolge des Ankaufs von Staatsanleihen, die nie eintraf, oder durch den Sturm auf Gold, den die Inflationsängste auslösten und der tatsächlich eintraf. Wer den Wikipediaartikel über die Honigbiene aufruft, rechnet nicht damit, auf Theorien über das bevorstehende Ende der Welt zu stoßen. Aber je mehr man über das Bienensterben liest, desto mehr Erstaunen verspürt man darüber, wie sehr das Internet heute als Wünschelrute dient, um damit einen vermeintlichen Weltuntergang zu erspüren.

Wie sich herausstellte, war das Sterben der Bienen an sich nicht weiter rätselhaft – es ließ sich voll und ganz durch ihre Arbeitsbedingungen erklären: Der Hauptauslöser war der Kontakt mit einer neuen Art von Insektenschutzmittel, den Neonicotinoiden, die, wie der Name schon sagt, alle Bienen quasi in Nikotinjunkies verwandelten. Anders formuliert: Es könnte sein, dass die fliegenden Insekten aufgrund der Erderwärmung sterben – eine kürzlich erschienene Studie besagt, dass bereits heute möglicherweise 75 Prozent von ihnen verschwunden sind, was uns immer näher an eine Welt ohne Bestäuber heranrückt, laut Wissenschaftlern ein »ökologisches Armageddon« –, aber das Bienensterben hat im Grunde nichts damit zu tun.[578] Trotzdem widmeten viele Zeitschriften der Bienenfabel auch 2018 noch lange Artikel.[579] Der Grund dafür ist vermutlich nicht, dass es den Lesern Freude bereitet, in Bezug auf die Bienen falsch gelegen zu haben, sondern dass es irgendwie beruhigend ist, eine offenkundige Krise als Fabel zu behandeln – so als lagere dies das Problem in eine Erzählung aus, deren Bedeutung wir kontrollieren können.

Als der Journalist und Umweltaktivist Bill McKibben 1989 »das Ende der Natur« verkündete, stellte er uns überspitzt betrachtet vor ein epistemologisches Rätsel: Wie nennt man es, wenn die Wildnis und das Wetter, das Tier- und das Pflanzenreich durch das menschliche Tun so verändert worden sind, dass man sie nicht mehr als wirklich »natürlich« bezeichnen kann?

Die Antwort folgte einige Jahrzehnte später mit dem Begriff »Anthropozän«, der aus der Besorgnis um die Umwelt heraus entstand und einen viel chaotischeren und instabileren Zustand andeutet als »Ende«. Umweltschützer, Outdoor-Fans, Naturliebhaber und Romantiker verschiedener Spielarten – die Liste derer, die das Ende der Natur betrauern würden, ist lang. Aber es gibt buchstäblich Milliarden Menschen, die von den Kräften, die das Anthropozän freisetzt, in naher Zukunft in Angst und Schrecken versetzt werden. In großen Teilen der Welt ist es bereits so weit: Im Nahen Osten und in Südasien kommt es fast jährlich zu tödlichen Hitzewellen, und an vielen Orten herrscht ständig Angst vor Überschwemmungen wie derjenigen, die 2018 den indischen Bundesstaat Kerala heimsuchte und Hunderte Todesopfer forderte. Diese Überschwemmung hat in den USA und in Europa kaum Reaktionen erzeugt, da die Nachrichtenkonsumenten dort seit Jahrzehnten darauf abgerichtet sind, derartige Katastrophen als durchaus tragische, aber gleichzeitig unvermeidliche Folgen des Entwicklungsrückstands zu betrachten – und damit als »Naturereignisse« und als weit entfernt.

Das Auftreten von Klimaerscheinungen dieses Ausmaßes im modernen Westen wird eine der großen und furchtbaren Erzählungen der kommenden Jahrzehnte sein. Denn mindestens dort herrscht seit langem die Überzeugung vor, dass die Moderne die Natur vollständig zurückgedrängt hat, Fabrik für Fabrik und Einkaufszentrum für Einkaufszentrum. Befürworter des Geoengineerings wollen sich als Nächstes den Himmel vornehmen, nicht nur, um die Temperatur der Erde zu stabilisieren, sondern möglicherweise auch, um »Wunschklimata« zu erzeugen, die auf die Bedürfnisse einzelner Regionen abgestimmt sind – um das Ökosystem dieses einen Riffs zu retten oder jene Kornkammer zu erhalten.[580] Die Zonen, um die es geht, könnten dabei immer kleiner werden, bis hin zu bestimmten Agrarbetrieben, Fußballstadien oder Strandresorts.

Derartige Eingriffe liegen, falls sie jemals Realität werden, noch mindestens einige Jahrzehnte in der Zukunft. Aber selbst schnell umsetzbare und alltäglich wirkende Projekte werden die Welt prägen. Im 19. Jahrhundert war die Baukultur der meisten fortschrittlicheren Länder auf die Ansprüche der Industrie ausgerichtet – ein Beispiel sind die Eisenbahnschienen, die quer durch ganze Kontinente verlegt wurden, um Kohle zu transportieren. Im 20. Jahrhundert spiegelte sie die Vorgaben des Kapitals wider – man denke an die weltweite Verstädterung, durch die Arbeitskräfte für die neue Dienstleistungsgesellschaft zusammengezogen wurden. Im 21. Jahrhundert werden sich daraus die Zwänge durch den Klimawandel ablesen lassen: Schutzwälle gegen das Meer, Anlagen zur Kohlendioxidabscheidung und Solaranlagen so groß wie ganze Staaten. Enteignungen, die im Kampf gegen den Klimawandel geschehen, werden nicht mehr als Übergriffe der staatlichen Autoritäten gelten, auch wenn es sicherlich weiterhin wütende Proteste der Betroffenen geben wird – selbst im Zeitalter der Klimakrise werden manche Leute immer noch einen Weg finden, ihre eigenen Interessen vor die aller anderen zu stellen.

Unsere Umwelt ist bereits heute deformiert – durchaus stark deformiert. Dass wir dadurch ein ganzes geologisches Zeitalter zum Abschluss gebracht haben, ist die große Lehre des Anthropozäns. Das Ausmaß der Veränderungen ist dennoch erstaunlich, selbst für diejenigen von uns, die inmitten dieser Prozesse aufwuchsen und alle Vorteile, die sich daraus ergaben, für selbstverständlich hielten. Allein zwischen 1992 und 2015 wurden 22 Prozent der Landmassen der Erde vom Menschen verändert.[581] Geht man nach Gewicht, sind 96 Prozent der Säugetiere auf der Welt heute Menschen und ihr Nutzvieh, nur 4 Prozent sind wilde Tiere.[582] Wir haben alle anderen Arten einfach verdrängt – durch unsere Anzahl, unser Verhalten oder pure Gewalt –, teilweise bis an die Grenze des Aussterbens oder schlimmer. E. O. Wilson meint, unser Zeitalter müsste eigentlich eher »Eremozän« heißen – »Epoche der Einsamkeit«.[583]

Aber die Erderwärmung hält eine noch beunruhigendere Botschaft für uns bereit: Wir haben die Natur gar nicht besiegt. Es gab keine abschließende Eroberung, keine endgültige Herrschaft über sie, sondern genau genommen nur das Gegenteil: Was auch immer das für die anderen Tiere auf der Erde bedeutet – durch die Erderwärmung haben wir unwissentlich Anspruch auf ein System erhoben, das wir im Alltag weder steuern noch zähmen können. Schlimmer noch: Durch unser fortwährendes Handeln haben wir das System nur weiter aus dem Lot gebracht. Die Natur ist gleichzeitig vorbei, ein Ding der Vergangenheit, und überall um uns herum, von wo aus sie uns überwältigt und bestraft – und das ist die größte Lehre aus dem Klimawandel, die er uns fast jeden Tag erteilt. Wenn die Erderwärmung sich auch nur ansatzweise so weiterentwickelt wie bisher, wird sie alles prägen, was uns auf diesem Planeten beschäftigt, von der Landwirtschaft über die Migrationsbewegungen über die Industrie bis hin zur psychischen

Gesundheit; sie wird nicht nur unser Verhältnis zur Natur, sondern auch das zu Politik und Geschichte verändern und das gesamte Wissenssystem der Moderne auf den Kopf stellen.

All das ist den Forschern jetzt schon seit einer Weile bekannt. Aber ihre Worte klingen oft anders.

Seit Jahrzehnten scheuen diejenigen, die sich mit dem Klimawandel beschäftigen, kaum etwas mehr als den Vorwurf der »Panikmache«. Das ist relativ ungewöhnlich für eine beunruhigte Berufsgruppe; Gesundheitsexperten rufen ja für gewöhnlich auch nicht explizit zur Vorsicht auf, wenn es beispielsweise um die Beschreibung der Risiken von krebserregenden Stoffen geht. Der Klimaforscher James E. Hansen, der das Thema Erderwärmung 1988 als Erster vor dem amerikanischen Kongress zur Sprache brachte, hat dieses Phänomen »wissenschaftliche Zurückhaltung« genannt und warf seinen Kollegen 2007 vor, ihre Beobachtungen so vorsichtig zu formulieren, dass sie verbargen, wie ernst die Bedrohung wirklich war.[584] Diese Tendenz hat sich im Verlauf der Zeit verstärkt, obwohl die Erkenntnisse seitdem ironischerweise noch unheilvoller geworden sind; und so kam es, dass über einen langen Zeitraum hinweg jede große Veröffentlichung von einer Wolke aus Kommentaren über die richtige Einordnung und den angemessenen Tonfall begleitet wurde – bei vielen der Artikel wurde das angeblich fehlende Gleichgewicht zwischen schlechten Nachrichten und Optimismus bemängelt, was ihnen das Urteil »fatalistisch« einbrachte. Manche erhielten sogar das abschätzige Etikett »katastrophengeil«.

Das ist recht vage, wie alle guten Beleidigungen, aber es trug erfolgreich dazu bei, zu definieren, welche Betrachtungsweisen des Klimawandels als »vernünftig« galten. Und deshalb ist die wissenschaftliche Zurückhaltung ein weiterer Grund dafür, dass wir die Bedrohung durch den Klimawandel nicht klar sehen – die Fachleute haben stets deutlich gemacht, dass es verantwortungslos sei, die besorgniserregenderen möglichen Auswirkungen der Erderwärmung offen zu kommunizieren, so als trauten sie der Welt nicht zu, mit den Informationen, über die sie selbst verfügten, zurechtzukommen oder sie richtig zu interpretieren und entsprechend zu reagieren. Was auch immer das bedeutet: Seit Hansens erster Aussage und der Gründung des Weltklimarates sind mittlerweile 30 Jahre vergangen, und die Besorgnis über die Auswirkungen des Klimawandels hat immer mal wieder zu- und abgenommen, aber nie einen großen Sprung gemacht. Was die Reaktion der Öffentlichkeit angeht, ist das Ergebnis noch dürftiger. In den Vereinigten Staaten haben die Leugner des Klimawandels eine der zwei großen Parteien gekapert und verhindern quasi jede Gesetzesinitiative. Auf der internationalen Bühne hat es eine Reihe hochkarätiger Konferenzen, Abkommen und Vereinbarungen gegeben, aber sie wirken immer mehr wie ein reines Bühnenspektakel – die Emissionen steigen weiter ungehindert an.

Auf ihre Weise ist die wissenschaftliche Zurückhaltung jedoch auch absolut nachvollziehbar, denn der Fluss der rhetorischen Vorsicht speist sich aus vielen Nebenströmen. Der erste davon ist das Temperament: Klimaforscher sind in erster Linie Wissenschaftler, die sich bewusst für ihren Job entschieden und ihren Scharfblick trainiert haben. Der zweite ist die Erfahrung: Viele von ihnen, vor allem in den USA, kämpfen teilweise schon seit Jahrzehnten gegen die Klimaskeptiker an, die jede Übertreibung und jeden Irrtum als Beweis für die Unrechtmäßigkeit der Sache oder die Böswilligkeit der Wissenschaftler ansehen. Das lässt die Forscher verständlicherweise vorsichtig werden. Leider haben die Bemühungen darum, keinesfalls übertrieben pessimistisch aufzutreten, sie dazu bewogen, sich übertrieben zurückhaltend zu äußern, und zwar so gewohnheitsmäßig, dass es zu einem Berufsgrundsatz geworden ist – und gleichzeitig selbstzufrieden wirkt.

So politisch rückständig es auch erscheint, der Öffentlichkeit die furchteinflößendsten Erkenntnisse der Forschungen vorzuenthalten – es steckte auch eine weise Überlegung dahinter. Als Teilzeitaktivisten haben die Wissenschaftler ihre Kollegen und Mitstreiter angesichts des bevorstehenden dramatischen Klimawandels und den kaum vorhandenen Gegenmaßnahmen psychisch so manches dunkle Tal durchschreiten sehen und verzagten darüber meist auch selbst. Deshalb befürchteten sie den großen Trübsinn und die Gefahr, dass eine aufrichtige Berichterstattung über das Klima so viele Menschen verzweifeln lassen würde, dass jegliche Versuche, die Krise abzuwenden, zum Scheitern verurteilt wären. Sie verallgemeinerten die Erfahrungen aus ihrem Umfeld und verwiesen auf eine Erkenntnis aus der Sozialwissenschaft, die besagt, Hoffnung wirke motivierender als Angst – ohne darauf einzugehen, dass Sorge nicht das Gleiche ist wie Fatalismus, dass Hoffnung nicht voraussetzt, alle schwierigen Herausforderungen zu verschweigen, und dass auch Angst ein Motivator sein kann. Das ergab ein Aufsatz, der 2017 im Fachmagazin *Nature* erschien;[585] in ihm wurde die volle Bandbreite der akademischen Fachliteratur untersucht: Trotz eines ausgeprägten Konsens unter den Klimaforschern in Bezug auf »Hoffnung« und »Angst« und die Frage, wie verantwortungsvolle Berichterstattung auszusehen habe, gibt es weder den *einen* Weg, wie man am besten über den Klimawandel erzählt, noch den *einen* sprachlichen Ansatz, der bei einem bestimmten Publikum funktioniert, und nichts ist zu gefährlich, um es auszuprobieren. Jede Darstellungsform, die dafür sorgt, dass etwas hängen bleibt, ist eine gute Darstellungsform.

2018 fingen die Wissenschaftler dann an, sich der Angst zu öffnen, als der Weltklimarat einen aufsehenerregenden, erschütternden Bericht veröffentlichte, dem zu entnehmen war, wie viel schlimmer sich eine Erwärmung um zwei Grad im Vergleich zu einer um 1,5 Grad auswirken würde: Dutzende Millionen Menschen mehr wären tödlichen Hitzewellen, Wassermangel und Überschwemmungen ausgesetzt. Die Studien, die im Bericht zusammengefasst wurden, waren nicht neu, und eine Erderwärmung um mehr als zwei Grad kam nicht einmal vor. Doch obwohl der Bericht diese beängstigenderen Szenarien außen vor ließ, stellte er für die Wissenschaftler der Welt quasi eine neue Art Erlaubnis, eine Freigabe dar. Die Botschaft, die er vermittelte, lautete: *Ihr dürft jetzt – endlich – die Nerven verlieren.* Kaum vorstellbar, dass auf diesen Bericht irgendetwas anderes folgen könnte als eine neue Welle der Furcht, ausgelöst von Wissenschaftlern, die endlich dazu ermutigt wurden, so laut zu schreien, wie sie es für richtig halten.[586]

Doch die bisherige Vorsicht war auch verständlich. Forscher haben

Jahrzehnte damit verbracht, eindeutige Daten zu präsentieren und jedem, der ihnen zuhören wollte, darzulegen, was für eine Krise über die Erde kommen werde, wenn wir nichts dagegen unternehmen, nur um Jahr für Jahr erleben zu müssen, wie nichts geschah. Da ist es wenig überraschend, dass sie sich immer wieder in ihrem Besprechungsraum versammelten und sich den Kopf über rhetorische Strategien und Fragen der »Darstellung« zerbrachen. Wären sie an der Macht, wüssten sie ganz genau, was zu tun wäre, und es gäbe keinen Anlass zur Panik. Warum wollte also niemand auf sie hören? Es musste an der Vermittlung liegen. Wie war es sonst zu erklären?

Krisenwirtschaft

Die Liste der kognitiven Verzerrungen, die Verhaltenspsychologen und ihresgleichen in den letzten 50 Jahren identifiziert haben, erscheint, ähnlich wie der News-Feed in den sozialen Medien, endlos, und jede einzelne davon wirkt sich auf unsere Wahrnehmung des Klimawandels aus – einer Bedrohung, die so akut und unmittelbar ist wie ein herannahendes Raubtier, von uns aber immer wie unter einer Glasglocke betrachtet wird.[587]

Da ist als Allererstes der *Ankereffekt,* der erklärt, wie sich unsere Vorstellungen an vorgegebenen Richtwerten orientieren, selbst wenn sie wenig repräsentativ sind – es reichen schon ein oder zwei davon. Im Fall der Erderwärmung ist das die Welt, wie wir sie heute kennen, mit ihren beruhigend gemäßigten Temperaturen. Außerdem gibt es den *Ambiguitätseffekt,* der besagt, dass die meisten Menschen so ungern mit Ungewissheit konfrontiert werden, dass sie lieber ein schlechteres Ergebnis akzeptieren, als sich dieser zu stellen. Theoretisch sollte der noch offene Ausgang des Klimawandels ein Argument dafür sein, aktiv zu werden – ein Großteil des weiteren Verlaufs hängt vom Verhalten der Menschen ab, was im Grunde eine recht konkrete Aufforderung zum Handeln darstellt, die wir aber stattdessen als entmutigende Ungewissheit verstehen.

Dann ist da das *anthropozentrische Denken,* das dafür sorgt, dass wir unser Weltbild aus unserer eigenen Erfahrung heraus entwickeln, ein Reflex, den einige besonders unbarmherzige Umweltschützer als »Überlegenheitsanspruch des Menschen« verspotten und der sich sicherlich auf unsere Fähigkeit auswirkt, wirklich existenzielle Gefahren für unsere Spezies zu erkennen – ein Manko, über das sich viele Klimaforscher lustig machen: »Die Erde wird den Klimawandel überstehen«, sagen sie, »aber die Menschen vielleicht nicht.«

Ein weiterer Faktor ist die *Automationsverzerrung,* unsere Vorliebe für Algorithmen und andere Formen nicht menschlicher Entscheidungsmethoden, der auch unsere seit Generationen bestehende Überzeugung zuzuschreiben ist, die Kräfte des Marktes bildeten eine unfehlbare – oder zumindest unschlagbare – übergeordnete Instanz. Im Fall des Klimawandels ergibt sich daraus der Glaube, dass die Märkte, wären sie nicht von Regulierungen oder Auflagen beschränkt, das Problem der Erderwärmung genauso selbstverständlich lösen würden, so wie das ja auch schon bei der Luftverschmutzung, der Ungleichheit, der Ungerechtigkeit und jeglichen Konflikten geklappt hatte.

Das sind alles Verzerrungen aus dem Band mit dem Buchstaben A – und auch nur eine Auswahl daraus. Zu den schädlichsten Effekten, die sich in weiteren Bänden der Enzyklopädie der Verhaltensökonomie finden, zählen der *Zuschauereffekt,* unsere Neigung dazu, darauf zu warten, dass jemand anderes handelt, statt selbst etwas zu tun, die *Bestätigungstendenz,* die uns dazu verleitet, Belege für das zu suchen, was wir ohnehin schon für wahr halten – etwa die Garantie, dass das menschliche Leben weiterbestehen wird, statt die Mühen des Umdenkens auf uns zu nehmen –, die *Standardtreue* oder die Tendenz, eine vorgegebene Option den Alternativen vorzuziehen, die damit verwandte *Status-quo-Verzerrung,* die dafür sorgt, dass wir die Dinge lieber so beibehalten, wie sie sind – auch in negativen Situationen –, und der *Endowment-Effekt,* der Instinkt, für das Aufgeben einer Sache in unserem Besitz mehr zu verlangen, als sie uns eigentlich wert ist (oder wir dafür bezahlt haben). Wir leiden an einer *Kontrollillusion,* meinen die Verhaltensökonomen, und auch an *Selbstüberschätzung* und einer *Optimismus-Verzerrung*. Dazu kommt auch eine *Pessimismus-Verzerrung*, die den Optimismus aber nicht ausgleicht – stattdessen verleitet sie uns dazu, Herausforderungen als ausgemachte Niederlagen zu betrachten und Warnungen, vielleicht besonders in Bezug auf den Klimawandel, als Unkenrufe. Das Gegenteil einer kognitiven Verzerrung ist mit anderen Worten also nicht klares Denken, sondern eine andere kognitive Verzerrung. Wir sehen alles immer durch eine Linse des Selbstbetrugs.

Viele dieser Punkte mögen sich so logisch und vertraut anfühlen wie Lebensweisheiten, die in einen Fachausdruck gepresst wurden, was in manchen Fällen auch zutrifft. Die Verhaltensökonomie ist insofern ein ungewöhnliches querdenkerisches Fach, weil sie Überzeugungen auf den Kopf stellt – nämlich den Glauben an den absolut rational handelnden Menschen –, an die vielleicht nur ihre Befürworter je so richtig geglaubt haben, und selbst die womöglich nur in den ersten Jahren des Wirtschaftsstudiums. Doch insgesamt betrachtet handelt es sich bei diesen Überlegungen nicht nur um eine neue Sichtweise auf die bestehende Wirtschaftswissenschaft, sie stehen in einem tief greifenden Widerspruch zur zentralen Grundthese der Ursprungsdisziplin, zum gesamten rationalistischen Selbstbild des modernen Westens, das – und das kann nur ein Zufall sein – in der frühen Phase der Industrialisierung in den Universitäten entstand. Die Verhaltensökonomik zeigt, dass die menschliche Vernunft im Grunde ein merkwürdiges Flickwerk ist, selbstbezogen und widersinnig, merkwürdig effektiv in manchen Hinsichten und unfassbar unfähig in anderen – schadhaft, fehlgeleitet und ramponiert. Wie haben wir es nur je geschafft, einen Menschen auf den Mond zu befördern?

Dass der Klimawandel genau zu der Zeit, in der die Allgemeinheit das Vertrauen in das Fachwissen verliert, Fachwissen und den Glauben daran erfordert, gehört zu den ironischen Winkelzügen der Geschichte. Es ist hingegen kein Kuriosum und auch kein Zufall und keine Anomalie, dass beim Klimawandel jede einzelne dieser Verzerrungen greift. Es zeigt nur, wie groß das Thema ist und wie viele Bereiche unseres Lebens es berührt – nämlich so gut wie jeden.

Ebenfalls auf die Liste der verzerrenden Faktoren gehört die *Größe* – das Ausmaß der Bedrohung durch den Klimawandel ist so gewaltig, dass wir reflexartig den Blick davon abwenden, wie beim Blick in die Sonne.[588]

Größe als Ausrede für Untätigkeit ist ein Ansatz, der wohl jedem vertraut ist, der schon einmal einen jungen Studenten über den Kapitalismus hat reden hören. Die Dimension des Problems, sein allumfassendes Wesen, der vermeintliche Mangel an existierenden Alternativen und die Verlockungen der kurzzeitigen Vorteile – das sind die Bausteine der seit Jahrzehnten unterschwellig geführten Argumentation gegen die immer unzufriedenere gebildete Mittelschicht des wohlhabenden Westens, die auf einem anderen Planeten vielleicht die intellektuelle Avantgarde einer Bewegung gegen den ausufernden Finanzkapitalismus und die unregulierten Märkte gebildet hätte. »Es ist leichter, sich das Ende der Welt vorzustellen als ein Ende des Kapitalismus«, postulierte der Literaturkritiker Fredric Jameson und schrieb diese Formulierung ganz bescheiden »jemandem« zu, der »es einst gesagt hätte«.[589] Dieser Jemand würde heute vielleicht sagen: »Warum dazwischen wählen?«

Wenn es um Autoritäten und Verantwortung geht, lassen wir uns oft von der Größe und dem Blickwinkel verunsichern – wir sind unfähig, zu erkennen, welche Matrjoschka-Puppe sich in welcher verbirgt und in wessen Regal das Ganze zur Schau gestellt ist. Große Dinge sorgen dafür, dass wir uns klein fühlen, oder eher machtlos, auch wenn wir offiziell alles »in der Hand« haben. In der Moderne kommt außerdem die damit verwandte Tendenz hinzu, ausladende, von Menschen angelegte Systeme wie das Internet oder die Wirtschaft für unangreifbarer, sogar für un-eingreifbarer zu halten als natürliche Systeme wie das Klima, das uns umgibt. Deshalb kann es uns undurchführbarer erscheinen, den Kapitalismus so zu reformieren, dass er es nicht belohnt, fossile Brennstoffe zu nutzen, als Schwefel in die Atmosphäre zu pusten, um den Himmel rot zu färben und die Erde um ein oder zwei Grad abzukühlen. Manchen Menschen erscheint es schwieriger, die Billionensubventionen für fossile Brennstoffe abzuschaffen, als überall auf der Erde Kohlendioxid aus der Luft zu saugen.

Das ist eine Art Frankenstein-Problem und mit den weitverbreiteten Ängsten vor künstlicher Intelligenz verwandt: Wir haben mehr Angst vor den Monstern, die wir erschaffen, als vor denen, die wir erben. Wenn wir in einem klimatisierten Zimmer vor einem Computer sitzen und die Artikel im Wissenschaftsteil der Zeitung lesen, haben wir unsinnigerweise das Gefühl, die Ökosysteme der Natur zu beherrschen; wir meinen, wir seien doch wohl in der Lage, den schwindenden Bestand einer bedrohten Tierart zu schützen und ihren Lebensraum zu bewahren, wenn wir es denn wollen, und die ausreichend großen Wasservorräte angemessen zuzuteilen, statt zuzusehen, wie sie auf dem Weg zu den durstigen Mündern irgendwo versickern – auch hier: wenn wir es denn wollen. Ein solches Gefühl haben wir in Bezug auf das Internet nicht; es erscheint uns unbeherrschbar, obwohl wir es selbst entwickelt und aufgebaut haben, und das vor gar nicht allzu langer Zeit, und noch viel weniger in Bezug auf die Erderwärmung, die wir täglich, minütlich durch unsere Taten verschlimmern. Die gefühlte Größe der kapitalistischen Marktwirtschaft wird von ihren Kritikern seit mindestens einer Generation als Hindernis angeführt, seit selbst diejenigen, die deren Probleme erkannten, zu dem Schluss kamen, sie könnte *too big to fail* sein, »zu groß, um zu scheitern«.

Heute, da wir immer noch die langen Schatten der Finanzkrise erleben und sehen, wie die dunklen Wolken der Erderwärmung so langsam am Horizont aufziehen, sind wir davon nicht mehr ganz so überzeugt. Und dennoch neigen wir dazu, das Klima als einen Teil des Kapitalismus zu betrachten, oder als etwas, das davon beherrscht wird, vielleicht auch, weil wir sehen, wie gut sich die Ansichten über den Klimawandel in die bestehenden und vertrauten Ansichten über den Kapitalismus fügen – von umsturzwütigen Linken über naiv optimistische und voreingenommene Technologiefans bis hin zu auf den eigenen Gewinn fixierten, kleptokratischen Wachstum-ist-alles-was-zählt-Konservativen. Dabei gefährdet das Klima den Kapitalismus.

Dass der westliche Kapitalismus seine Dominanz der Energie aus fossilen Brennstoffen verdankt, ist zwar bei Weitem nicht die vorherrschende Meinung unter Ökonomen, aber auch nichts, was ausschließlich von der sozialistischen Linken vertreten wird.[590] Die These stellte die Kernaussage von Kenneth Pomeranz' Buch *The Great Divergence* dar, dem wahrscheinlich angesehensten Werk über die Ursachen dafür, dass Europa, das den mächtigen Reichen in China, Indien und dem Nahen Osten gegenüber lange wie eine rückständige Provinz gewirkt hatte, den Rest der Welt im 19. Jahrhundert plötzlich so rasant abhängte. Auf die große Frage »Warum Europa?« antwortet das Buch im Grunde mit nur einem Wort: Kohle.

Industriegeschichtlich betrachtet ist dieses vereinfachende Narrativ des »fossilen Kapitalismus« – dass das, was wir als moderne Wirtschaft betrachten, in Wahrheit ein System ist, welches durch fossile Brennstoffe angetrieben wird – zwar durchaus überzeugend, aber auch unvollständig. Natürlich sind deutlich mehr Faktoren als einfach nur die Ölverbrennung dafür verantwortlich, dass in unseren Supermärkten eine ganze Wand voller Joghurt steht – wenn auch die Anzahl der mitwirkenden Faktoren vielleicht nicht so groß ist, wie Sie vielleicht denken. Doch um uns ein Bild davon zu vermitteln, wie eng die beiden Kräfte miteinander verknüpft sind und wie sehr das Schicksal der einen das der anderen beeinflusst, ist dieser prägnante Begriff ein hilfreiches Werkzeug. Und er führt zu einer Frage, die für die Linke mittlerweile rein rhetorisch ist: Kann der Kapitalismus den Klimawandel überdauern?[591]

Diese Frage gleicht einem optischen Prisma, das je nach politischem Blickwinkel verschiedene Antworten liefert, und dieser Blickwinkel definiert sich meist danach, was man unter »Kapitalismus« versteht. An dem einen Ende des Spektrums steht die Tatsache, dass die Erderwärmung aufkeimende Formen des Ökosozialismus erblühen lassen könnte, doch es ist auch denkbar – und das wäre das andere Ende des Spektrums –, dass sie den Glauben an alles jenseits der Marktkräfte zusammenbrechen lässt. Der Handel an sich wird sicherlich fortbestehen, wie auch schon vor dem Kapitalismus, und vielleicht sogar florieren – Individuen werden außerhalb eines allumfassenden und alles organisierenden Systems Güter austauschen. Auch die

Profitgier wird bleiben, da diejenigen, die dazu in der Lage sind, alles daransetzen werden, sich durch Aufkäufe Vorteile zu verschaffen – in einer Welt, in der die Ressourcen knapp sind und Trauer über die kürzlich verlorene Fülle herrscht, ist der Anreiz dafür groß.

Letzteres ist mehr oder weniger das Modell, das Naomi Klein in ihrem Buch *Die Schock-Strategie* darlegt, in dem sie aufzeigt, dass die Kräfte des Kapitals auf jede Art von Krise immer gleich reagieren – indem sie mehr Raum, mehr Macht und mehr Autonomie für das Kapital fordern.[592] Das Buch dreht sich zwar nicht in erster Linie um Klimakatastrophen, sondern behandelt eher von Technokraten selbst herbeigeführte politische Zusammenbrüche und Krisen, aber es liefert eine klare Darstellung der Strategie, die wir im Fall einer alles überrollenden Wirtschaftskrise von der Geldelite der Welt zu erwarten hätten. Vor Kurzem nahm Naomi Klein die Situation der noch immer unter den Nachwirkungen des Hurrikans Maria leidenden Insel Puerto Rico unter die Lupe, ging dabei aber über die Tatsache, dass die Insel ungünstigerweise mitten im Durchzugsgebiet der durch den Klimawandel verschärften Hurrikans liegt, hinaus.[593] Es handle sich um ein Land, das über eine Fülle grüner Energiequellen verfüge und trotzdem lauter Öl importiere, und um ein agrarwirtschaftliches Paradies, das trotzdem lauter Nahrungsmittel importiere, beides von einer quasikolonialen Festlandsmacht, die Puerto Rico nur als Markt betrachte. Diese Festlandsmacht habe die Regierung der Insel bis hin zur Energieversorgung einer Reihe von Gläubigern überlassen, deren einziges Interesse darin bestehe, ihr Geld zurückzubekommen.

Besser kann man die Herrschaft des Kapitalismus in Zeiten des Klimawandels kaum darstellen. Und es ist nicht rein rhetorisch. 2017, kurz nach dem Sturm, errechneten die Wirtschaftswissenschaftler Solomon Hsiang und Trevor Houser, dass allein »Maria« das Einkommen der Puerto Ricaner in den folgenden 15 Jahren um 21 Prozent schrumpfen lassen könnte und dass die Wirtschaft der Insel 26 Jahre brauchen würde, um wieder das Niveau von vor dem Wirbelsturm zu erreichen – ein Niveau, wie Naomi Klein uns in Erinnerung ruft, das bereits damals eher dürftig war. Diese Erkenntnisse führten nicht zu einer drastischen Erhöhung der Sozialausgaben oder dem Entwurf eines Marshall-Plans für die Karibik; stattdessen warf Donald Trump den Bewohnern von San Juan ein paar Rollen Küchenpapier zu und ließ sie die Außenstehenden, die jetzt die Kontrolle über die Steuergelder hatten, um Gnade anflehen, die ihnen nicht gewährt wurde. Der Vergleich zu einer Finanzkrise dränge sich auf, merken Hsiang und Houser an, derartige Krisen böten die beste Vorlage für das, was die Schrecken des Klimawandels mit sich bringen. »Für Puerto Rico«, schreiben sie, »könnte sich Maria als genauso verlustreich erweisen wie die Asienkrise 1997 für Indonesien und Thailand und mehr als doppelt so verlustreich wie die Peso-Krise von 1994 für Mexiko.«

Wie sehr wird die Schock-Strategie unter einem neuen Klimaregime bestehen bleiben, einem Regime, das in noch nie dagewesenem Maß Extremwetterlagen und Naturkatastrophen über die Volkswirtschaften der Welt bringt und – in den immer kürzer werdenden Zeiträumen zwischen den Wirbelstürmen, Überschwemmungen, Hitzewellen und Dürren – auch droht, die landwirtschaftlichen Erträge zu vernichten und die Produktivität der Arbeiter herabzusetzen? Das ist eine ungeklärte Frage, wie alle, die sich auf die Reaktion des Menschen auf die Erderwärmung jetzt und in der Zukunft beziehen. Doch auch in diesem Zusammenhang kann man davon ausgehen, dass selbst relativ geringfügige Anpassungen im auf Wirtschaft und Finanzkapitalismus ausgerichteten Westen wie Erdbeben daherkommen werden, so sehr hat diese Ausrichtung unser Empfinden dafür geprägt, was vorstellbar ist und was nicht.

Eine Möglichkeit ist, dass der Kampf um die schwindenden Gewinne durch die Mächtigen noch erbitterter wird, dass die Herrschaft des Kapitals sich noch weiter verfestigt – dies ist ein Schluss, den man aus den Entwicklungen der vergangenen Jahrzehnte ziehen könnte. Doch in diesen Jahrzehnten konnten die Kapitalisten immer auf die Werbewirksamkeit ihres Verbündeten, des Wachstumsversprechens, zählen. Trotz der Vielzahl und Unterschiedlichkeit unserer Märkte hat dieses Versprechen der Welt seit mindestens 1989 immer als eine Art grundlegende ideologische Infrastruktur gedient, und es ist kein Zufall, dass der Kohlendioxidausstoß seit dem Ende des Kalten Krieges quasi explodiert ist.[594]

Der Klimawandel wird zwei Tendenzen, die dieses Wachstumsversprechen schon jetzt untergraben, weiter verstärken: zum einen, indem er zu einer weltweiten Konjunkturflaute führt, die in manchen Regionen die Form einer einschneidenden und dauerhaften Rezession annehmen wird, und zum zweiten, indem er die Armen deutlich härter bestraft als die Reichen, sowohl global betrachtet als auch innerhalb einzelner Staaten, was zu einer zunehmend krassen Ungleichheit führt, die schon heute immer mehr Menschen nicht länger hinnehmen wollen. In einer ökonomischen Zukunft, die zwischen diesen beiden Kräften aufgerieben wird, wird das Quasimonopol auf die gesellschaftliche Macht, das die Reichen der Welt gerade innehaben, wahrscheinlich zumindest mit deutlich mehr Verantwortung einhergehen.

Wie könnte eine Reaktion darauf aussehen? Abgesehen von neuen sozialdarwinistischen Ansätzen, die Ungleichbehandlung durch das Leben als »gerecht« zu bezeichnen, einer altbekannten Ansicht des einen Prozents, könnte die Kapitalmacht plötzlich um Worte ringen. Der Markt hat die Ungleichheit seit Generationen durch Verweise auf die Chancen gerechtfertigt und das Mantra des Wachstums wiederholt, das – so lautete das Versprechen – allen zugutekäme. Das war vermutlich immer schon weniger eine Aussage mit Wahrheitsanspruch als Propaganda, denn wie die Finanzkrise vor wenigen Jahren und die von krasser Ungleichheit geprägte Erholungsphase danach unmissverständlich gezeigt haben, profitieren in den modernen kapitalistischen Ländern der Welt seit Jahrzehnten fast ausschließlich die Superreichen von den Einkommenssteigerungen. Dass diese Tatsache an sich schon eine Krise des gesamten Systems darstellt, ist nicht nur eine Botschaft des grassierenden, sowohl rechts als auch links angesiedelten Populismus, der sich in Europa und den USA seit der Finanzkrise breitmacht, sondern spiegelt sich auch im Skeptizismus und den Selbstbezichtigungen wider, die von den höchsten Türmen des freien Marktes zu hören sind. 2016 veröffentlichte der Internationale Währungsfonds

(IWF) einen Artikel mit der Überschrift »Neoliberalismus: zu viel versprochen?« – ausgerechnet der IWF![595] Und Paul Romer, der spätere Chefökonom der Weltbank, legte dar, dass die Makroökonomie, die »wissenschaftliche Grundlage« des Kapitalismus, im Grunde ein reines Gedankenspiel sei, ähnlich wie die String-Theorie, und keinerlei Anspruch mehr darauf habe, die Vorgänge der Realwirtschaft zutreffend zu beschreiben.[596] 2018 bekam Romer den Nobelpreis verliehen. Er teilte sich die Auszeichnung mit William D. Nordhaus, der bei der Untersuchung der wirtschaftlichen Auswirkungen des Klimawandels Pionierarbeit geleistet hat. Obwohl er Wirtschaftswissenschaftler ist, spricht sich Nordhaus für eine CO_2-Steuer aus, aber eine niedrige – der Preis, den er für »optimal« hält, würde immer noch eine Erderwärmung um 3,5 Grad zulassen.[597]

Im Augenblick halten sich die wirtschaftlichen Auswirkungen des Klimawandels noch in Grenzen: In den USA lagen die Kosten 2017 bei geschätzt 306 Milliarden Dollar.[598] Doch die schlimmsten Einschläge stehen uns noch bevor. Und wenn das Wachstumsversprechen in der Vergangenheit als Rechtfertigung für Ungleichheit, Ungerechtigkeit und Ausbeutung genutzt wurde, wird es in der nahen Klimazukunft als Salbe für viele weitere Wunden dienen müssen: Katastrophen, Dürren, Hungersnöte, Krieg, weltweite Migrationsbewegungen und das politische Chaos, das diese auslösen. Und dabei verspricht der Klimawandel so gut wie kein Wirtschaftswachstum; in weiten Teilen der Welt, die am schlimmsten betroffen sind, würde die Wirtschaftskraft sogar sinken.

Das Ausmaß unseres heutigen Glaubens daran, der Mensch könne solchen Katastrophen etwas entgegensetzen, ist ein Erbe des jahrhundertelangen Wohlstands, der auf der Nutzung der fossilen Brennstoffe gründet. Die Könige im Mittelalter glaubten nicht, sie könnten sich durch Wirtschaftswachstum von der Pest oder Hungersnöten befreien, und diejenigen, die im Schatten des Krakatau oder in Pompeji lebten, gingen nicht unbekümmert davon aus, sie könnten einen Vulkanausbruch überstehen. Aber das Herunterschrauben der Erwartungen an die Zukunft könnte sich möglicherweise als noch wichtiger erweisen als der schrumpfende Wohlstand in der Gegenwart. Und wer unter »Kapitalismus« nicht nur das Wirken der Marktkräfte versteht, sondern auch die quasireligiöse Verehrung des Freihandels als gerechtes und sogar perfektes soziales System, muss zumindest damit rechnen, dass große Veränderungen bevorstehen. Denn die vorhergesagten wirtschaftlichen Schäden sind wie gesagt enorm – 551 Billionen Dollar bei 3,7 Grad Erderwärmung, und wenn wir so weitermachen wie bisher, werden wir bis 2100 23 Prozent des weltweiten Einkommens einbüßen.[599] Das ist deutlich mehr als in der Weltwirtschaftskrise in den 1930er-Jahren und zehnmal so schlimm wie in der Finanzkrise vor wenigen Jahren, die uns immer noch zu schaffen macht. Und all das wäre dauerhaft. Ein System, das einen derartigen Niedergang übersteht, ist schwer vorstellbar, ganz unabhängig von seiner Größe.

Wenn der Kapitalismus bestehen bleibt, wer übernimmt dann die Kosten?

Schon heute sind die Gerichte in den Vereinigten Staaten mit einer Flut von Fällen konfrontiert, in denen es um Klimaschäden geht – ein gewagtes Unterfangen, zieht man in Betracht, dass die meisten der Auswirkungen, die genannt werden, noch bevorstehen. Am meisten Aufmerksamkeit erregen die Klagen, die beherzte Staatsanwälte gegen Ölkonzerne einreichen – im Grunde Klagen wegen Gesundheitsgefährdung, die vom Volk oder zumindest in seinem Namen gegen Unternehmen vorgebracht werden, die sich bekanntermaßen der bewussten Falschinformation oder der politischen Einflussnahme schuldig gemacht haben. Das ist die erste Säule der »Klimahaftung«: die Unternehmen zur Verantwortung zu ziehen, die profitiert haben.

Etwas anderer Art ist das Gerichtsverfahren *Juliana v. United States*, auch unter der Bezeichnung »Kinder gegen den Staat« bekannt, in dem die Kläger ihren Anspruch auf gleichen Schutz durch das Gesetz geltend machen und behaupten, dass die US-Regierung dadurch, dass sie keine geeigneten Maßnahmen gegen die Erderwärmung unternehme, die Umweltkosten vieler Jahrzehnte auf die heutige Jugend abwälze – ein interessanter Vorwurf, den eine Gruppe Minderjähriger stellvertretend für ihre und die kommenden Generationen den Regierungen macht, die ihre Eltern und Großeltern ins Amt gewählt haben. Das ist die zweite Säule der Klimahaftung: die Generationen zur Verantwortung zu ziehen, die profitiert haben.

Aber es gibt auch einen dritten Ansatz, der noch nie in einem offizielleren Rahmen verfolgt wurde als den Konferenzräumen, in denen das Pariser Klimaabkommen entstand: die Länder zur Verantwortung zu ziehen, die davon profitiert haben, fossile Brennstoffe zu verfeuern, zum Teil in der Größenordnung ganzer Imperien. Dies ist ein besonders heikler Ansatz, weil die Nachkommen der Bürger dieser Imperien die schlimmsten Klimaeinschläge erleiden werden – was schon heute den politischen Protest ausgelöst hat, der sich unter dem Banner »Klimagerechtigkeit« organisiert.

Wozu werden diese Verhandlungen führen? Eine Reihe von Ausgängen ist denkbar, meist abhängig von den Entscheidungen und Selbstverpflichtungen der Menschen in den folgenden Jahrzehnten. Schon in der Vergangenheit kam es vor, dass ausbeuterische Imperien auf relativ friedliche Weise zerfielen, dass Rachegelüste durch Reparationszahlungen, Rückführungen, die Wahrheit und Versöhnungsprozesse besänftigt wurden. Dieser Ansatz könnte auch beim Thema Klimawandel dominieren – ein kooperatives Unterstützungsnetzwerk, das im Zeichen eines Schuldeingeständnisses entsteht. Aber bisher haben die wohlhabenden Nationen des Westens wenig Einsicht gezeigt, dass sie den armen Ländern gegenüber, die am meisten unter der Erwärmung leiden werden, eine Klimaschuld tragen. Und dieses Leid und die Ausbeutung, die es zum Ausdruck bringt, könnten sich als zu großes Hindernis für eine nobel gesinnte Zusammenarbeit zwischen den Ländern erweisen, von denen viele stattdessen vielleicht lieber wegschauen oder ihre Schuld leugnen.

Wir wissen natürlich noch nicht, wie viel Leid der Klimawandel auslösen wird, aber das Ausmaß der Verheerungen könnte die Schuld in gewaltige Höhen treiben – sie könnte alles übersteigen, was ein Land oder ein Volk je einem anderen geschuldet hat, und selbst diese Summen wurden fast nie vollständig beglichen.

Wem das übertrieben vorkommt, der führe sich vor Augen, dass das britische Empire aus den Rauchschwaden fossiler Brennstoffe erwuchs, während das Sumpfgebiet von Bangladesch infolge dieses Rauchs innerhalb einer Generation unter Wasser stehen dürfte und die Städte in Indien bis dahin sengend heiß werden. Die Vereinigten Staaten haben sich im 20. Jahrhundert zwar nicht zum politischen Herrscher über andere Nationen aufgeschwungen, aber das Weltreich, das sie anführten, machte dennoch aus vielen Ländern im Nahen Osten rein vom Öl bestimmte Klientelstaaten – die heute jeden Sommer unter einer derartigen Hitze leiden, dass manche Orte unbewohnbar sind, und wo die Temperaturen im Heiligtum Mekka laut Berechnungen weiterhin so stark steigen werden, dass die Pilgerreise, einst ein jährliches Ritual von Millionen Muslimen, bald so tödlich sein wird wie ein Völkermord. Man muss schon eine sehr idealistische Weltanschauung vertreten, um zu glauben, dass die Verantwortung für diese Entwicklungen keine Auswirkungen auf die Geopolitik haben wird, und der bisherige Verlauf der Krise bietet, wenn es uns nicht bald gelingt, die Kaskaden einzudämmen, wenig Anhaltspunkte für Idealismus.

Natürlich werden die gegenwärtigen politischen Gegebenheiten, ganz zu schweigen von den Insolvenzgesetzen, dafür sorgen, dass die Klimahaftung beschränkt bleibt – für Ölkonzerne, für Regierungen, für Staaten. Diese Gegebenheiten könnten aber – durch politischen Druck oder sogar durch Rebellionen – auf den Kopf gestellt werden, was den möglicherweise unbeabsichtigten Effekt hätte, die offenkundigsten Übeltäter und ihre Beschützer von der Bühne zu fegen, wodurch uns die leicht auszumachenden Ziele genommen wären, gegen die wir unsere Anklagen erheben und von denen wir eine angemessene Rückzahlung erwarten könnten. Dann würde die Schuldfrage möglicherweise zu einer besonders mächtigen und willkürlich eingesetzten politischen Munition – zu schwelender Klimawut.

Wenn wir es schaffen, die Erderwärmung auf zwei oder sogar drei Grad zu beschränken, wird die weitaus größere Rechnung nicht für die Haftung, sondern für Anpassungen und Schadensbegrenzung fällig – es geht also um die Kosten, die es mit sich bringt, Systeme einzurichten und zu verwalten, mit denen wir die Folgeschäden abzuwenden versuchen, die ein Jahrhundert Industriekapitalismus über den einzigen Planeten gebracht hat, auf dem wir leben können.

Diese Kosten sind gewaltig: eine Wirtschaft ohne Kohle, ein ausschließlich auf erneuerbaren Energien beruhendes Versorgungssystem, eine neu ausgerichtete Landwirtschaft und vielleicht sogar ein fleischloser Planet. 2018 verglich der Weltklimarat die dafür notwendige Transformation mit dem Aufwand, den die Mobilisierung des US-Militärs im Zweiten Weltkrieg gekostet hatte – aber weltweit. In New York hat es 45 Jahre gedauert, drei neue U-Bahn-Stationen auf einer einzigen Linie zu bauen, aber die Bedrohung durch den Klimawandel verlangt, dass wir die gesamte Infrastruktur der Welt in deutlich weniger Zeit umbauen müssten.

Das ist einer der Gründe dafür, warum ein einmaliges Allheilmittel so unbestreitbar verlockend ist – das Zauberwort »Negativemissionen«. Keine der Methoden, die in dieser Hinsicht im Gespräch sind – weder der »natürliche« Ansatz, der auf der Aufforstung von Wäldern und neuen landwirtschaftlichen Praktiken basiert, noch die technologischen Prozesse, bei denen Kohlendioxid mithilfe von Maschinen aus der Luft geholt würde –, verlangt eine umfassende Transformation der Weltwirtschaft in ihrem gegenwärtigen Zustand. Vielleicht ist das der Grund dafür, dass die Negativemissionen, die einst als letzter Ausweg, als Wenn-alle-Stricke-reißen-Strategie galten, seit Kurzem in allen Vereinbarungen über die Ziele von Klimaschutzmaßnahmen auftauchen. Von 400 Emissionsmodellen des Weltklimarates, mit denen sich die Erwärmung auf unter zwei Grad beschränken ließe, enthalten 344 negative Emissionstechnologien, die meisten in beträchtlichem Umfang.[600] Leider existieren diese Technologien zum jetzigen Zeitpunkt fast nur auf dem Papier. Bisher erzielt keine Methode auch nur ansatzweise ausreichende Ergebnisse, und der natürliche Ansatz bringt, obwohl er von Umweltschützern geliebt wird, noch viel schwerer wiegende Probleme mit sich: Ein Forscher legte dar, dass dafür ein Drittel der Anbauflächen der Erde verwendet werden müsste, wenn die

Methode Erfolg haben soll; ein anderer meinte, dass sie, je nachdem, wie das System im Detail geplant und umgesetzt würde, möglicherweise sogar den gegenteiligen Effekt haben und der Atmosphäre Kohlendioxid hinzufügen könnte, statt es ihr zu entziehen.[601]

Im Gegensatz dazu scheint die Kohlenstoffabscheidung sinnvoller, für die die Erde mit großen Anlagen wie aus einem Cyberpunk-Traum überzogen werden müsste. Zum einen verfügen wir bereits über die nötigen Technologien, auch wenn sie teuer sind. Die Vorrichtungen seien, erklärte der kürzlich verstorbene Umweltwissenschaftler Wallace Smith Broecker gern, mechanisch ungefähr so komplex wie ein Auto und kosteten auch so viel – rund 30 000 Dollar pro Stück. Um nur die Menge an Kohlendioxid auszugleichen, die wir momentan in die Luft blasen, wären laut Broeckers Berechnungen 100 Millionen davon nötig. Das würde uns schlicht ein wenig Zeit erkaufen – zu einem Preis von 30 Billionen Dollar, was etwa 40 Prozent des globalen BIPs entspricht. Um den CO_2-Gehalt der Atmosphäre nur um wenige ppm zu senken – was uns etwas mehr Zeit erkaufen würde, weil wir so nicht nur unsere jetzigen Emissionen ausgleichen könnten, sondern die Menge, die wir voraussichtlich in ein paar Jahren ausstoßen –, bräuchten wir 500 Millionen Stück. Um die Kohlendioxidkonzentration pro Jahr um 20 ppm zu senken, wären eine Milliarde Anlagen nötig, kalkulierte Broecker. Damit würden wir uns sofort ein gutes Stück vom Grenzwert entfernen und könnten über einen längeren Zeitraum hinweg mehr Kohlendioxid ausstoßen – was von einigen linken Umweltschützern als Argument dagegen ins Feld geführt wird. Aber es würde, wie Sie vielleicht schon ausgerechnet haben, 300 Billionen Dollar kosten – fast das Vierfache des weltweiten BIPs.

Die Preise werden vermutlich noch fallen, aber bis dahin steigen die Emissionen und der Kohlendioxidgehalt der Atmosphäre weiter an. 2018 stellte der Professor für Angewandte Physik David Keith in einem Aufsatz eine Methode vor, mit der CO_2 zum Preis von möglicherweise nur 94 Dollar pro Tonne aus der Luft geholt werden könnte – so würde es ungefähr drei Billionen Dollar kosten, die 32 Gigatonnen auszugleichen, die wir jedes Jahr ausstoßen.[602] Wenn Sie das für eine furchterregende Summe halten, denken Sie daran, dass die Subventionen für fossile Brennstoffe weltweit geschätzt fünf Billionen Dollar pro Jahr betragen.[603] Aber sogar Keith selbst, der Gewinne in Milliardenhöhe verbuchen würde, wenn Maschinen zu Kohlenstoffbindung global eingesetzt würden, zieht vor, dass wir dies nicht tun. Er sagt, dass in fast allen Sektoren die Vermeidung von CO_2-Ausstoß in die Atmosphäre sehr viel billiger ist, als es jemals wieder einzufangen. Aber in einigen speziellen Sektoren – Flugverkehr, zum Beispiel – könnte die Reduktion von CO_2 so schwierig oder so weit entfernt sein, dass solch eine Technologie zumindest helfen könnte, Zeit zu gewinnen. Und es ist nie zu früh, anzufangen. 2017, im gleichen Jahr, in dem sich die USA aus dem Klimaabkommen von Paris zurückzogen, erließ die Regierung auch Steuersenkungen in Höhe von 2,3 Billionen Dollar, die in erster Linie den reichsten Bürgern des Landes zugutekamen, die diese Erleichterung gefordert hatten.[604]

Die Kirche der Technologie

Falls uns etwas retten kann, ist es die Technik. Aber wir brauchen mehr als nur Phrasen, um den Planeten zu erhalten. Vor allem die Technologen der auf Zukunftsvisionen fixierten Bruderschaften im Silicon Valley haben wenig mehr zu bieten als Märchen. Im Verlauf des letzten Jahrzehnts hat die Verehrung durch die Kunden diese Gründer und Kapitalgeber in den Stand von Schamanen erhoben, die durch eine Art Gläserrücken Blaupausen für die Zukunft der Welt erstellen. Doch verdächtig wenige von ihnen scheinen sich ernsthaft Sorgen über den Klimawandel zu machen. Stattdessen investieren sie kleinere Summen in erneuerbare Energien (mit Ausnahme der Beispiele von Elon Musk und Bill Gates) und noch weniger Geld in wohltätige Organisationen (ebenfalls mit Ausnahme von Bill Gates) und berufen sich häufig auf eine einstige Aussage von Eric Schmidt: Das Problem des Klimawandels sei im Grunde bereits gelöst, weil die Lösung durch die Geschwindigkeit des technologischen Wandels – oder sogar durch die

Einführung einer sich selbst weiterentwickelnden Technologie, nämlich der künstlichen Intelligenz (KI) – unvermeidlich sei.[605]

Diese Weltanschauung könnte man als blindes Vertrauen bezeichnen, obwohl viele Leute im Silicon Valley künstlicher Intelligenz eher mit blinder Panik entgegensehen. Man könnte auch sagen, dass die Zukunftsdenker der Welt die Technik mittlerweile als übergeordnete Struktur verstehen, in der alle anderen Probleme – und ihre Lösungen – enthalten sind. So gesehen kann die einzige Bedrohung der Technik von der Technik selbst ausgehen, was vielleicht der Grund dafür ist, dass sich so viele Leute im Silicon Valley weniger Sorgen über einen unkontrollierbaren Klimawandel machen als über eine unkontrollierbare künstliche Intelligenz. Die einzige Furcht einflößende Macht, die sie ernst nehmen würden, ist diejenige, die sie selbst erschaffen haben. Das ist eine seltsame Entwicklung für eine Weltanschauung, die in der durch und durch von der Gegenkultur geprägten Region der Bay Area entstand und durch Stewart Brands Selbstversorger- und Bastler-Bibel *Whole Earth Catalog* befördert wurde. Und vielleicht liefert sie eine Erklärung dafür, warum die Chefs der Social-Media-Konzerne so spät erkannten, welch eine Bedrohung die Politik der realen Welt für ihre Plattformen darstellte – und warum die Furcht der Silicon-Valley-Leute vor zukünftigen KI-Überwesen verdächtige Anklänge einer unterbewussten, vernichtenden Selbstkritik enthält, wie der Science-Fiction-Schriftsteller Ted Chiang meint, und somit eine Angst vor den Geschäftspraktiken andeutet, welche die Tech-Titanen selbst verkörpern:

> Bedenken Sie: Wer verfolgt monomanisch seine Ziele, ohne auch nur einen Gedanken auf mögliche negative Folgen zu verschwenden? Wer setzt auf eine Verbrannte-Erde-Taktik, um seine Marktanteile zu steigern? Die theoretische, Erdbeeren pflückende künstliche Intelligenz tut genau das, was sich jedes Start-up aus der Technologiebranche für sich selbst wünscht – sie erfährt ein exponentielles Wachstum und zerstört ihre Konkurrenten, bis sie das absolute Monopol hält. Das gängige Konzept einer Superintelli-

genz ist so schwammig, dass man sie sich in fast allen Formen vorstellen kann, ohne dass eine davon legitimer wäre als andere, sei es das wohlwollende Genie, das alle Probleme der Welt löst, oder die mathematische Instanz, die ihre gesamte Zeit damit verbringt, Theoreme zu beweisen, die so abstrakt sind, dass der Mensch sie sich nicht einmal vorstellen kann. Aber wenn das Silicon Valley über eine Superintelligenz nachdenkt, kommt eine Verkörperung des hemmungslosen Kapitalismus dabei heraus.[606]

Manchmal ist es schwierig, mehr als eine vernichtende Bedrohung im Blick zu behalten. Doch Nick Bostrom, ein Pionier der philosophischen Betrachtung der künstlichen Intelligenz, hat das geschafft. 2002 zählte er in einer richtungsweisenden Einordnung dessen, was er als »existenzielle Risiken« definierte, 23 solche Bedrohungen auf, für die galt: »ein negativer Ausgang würde das auf der Erde entstandene intelligente Leben entweder auslöschen oder sein Potenzial dauerhaft und drastisch reduzieren«.[607]

Bostrom ist kein einsamer Weltuntergangsintellektueller, sondern einer der führenden Vordenker, die sich gegenwärtig mit den Möglichkeiten befassen, wie man das, was sie als eine die Spezies gefährdende, unkontrollierbare künstliche Intelligenz betrachten, einhegen oder zumindest erst einmal in Worte fassen kann. Aber er hat auch den Klimawandel auf seine umfassende Liste gesetzt, in der Unterkategorie »Knall«, die er als die Möglichkeit definiert, dass »das auf der Erde entstandene intelligente Leben durch eine relativ plötzlich auftretende Katastrophe ausgelöscht wird, die entweder auf einen Unfall oder auf einen bewussten Akt der Zerstörung zurückgeht«. »Knall« ist die umfangreichste Kategorie auf der Liste, neben dem Klimawandel finden sich dort unter anderem die Punkte *Schlecht programmierte Superintelligenz* und *Wir leben in einer Simulation, die abgeschaltet wird*.

In dem Aufsatz geht Bostrom auch auf ein mit dem Klimawandel verwandtes Risiko ein, *Ressourcenschwund oder ökologische Zerstörung*. Diese Bedrohung gehört der nächsten Kategorie an, »Einbruch«, wobei ein »Einbruch« als ein Ereignis definiert ist, nach dem »das

Potenzial der Menschheit, eine posthumane Entwicklungsstufe zu erreichen, dauerhaft zerstört ist, auch wenn das menschliche Leben in irgendeiner Form weitergeht«. Bostroms anschaulichstes Einbruchsrisiko ist wohl die *Ausbremsung durch die Technik:* »Allein die technischen Schwierigkeiten, die beim Übergang in die posthumane Welt auftreten, könnten sich als so groß erweisen, dass wir es nie schaffen.« Die letzten beiden Kategorien lauten »Aufschrei«, definiert als die Möglichkeit, dass »eine Form der Posthumanität erreicht wird, aber nur in sehr engen Grenzen dessen, was möglich und wünschenswert wäre«, etwa im Fall einer *Übernahme durch einen transzendenten Upload* oder einer *mangelhaften Superintelligenz* (das Gegenstück zur *schlecht programmierten Superintelligenz*), und »Gewimmer« – »eine posthumane Zivilisation entsteht, entwickelt sich dann aber in eine Richtung, die langsam, aber unwiderruflich entweder auf das vollständige Verschwinden dessen zuläuft, was wir schätzen, oder auf einen Zustand, wo diese Dinge nur zu einem Bruchteil dessen umgesetzt sind, was möglich gewesen wäre«.

Wie Ihnen vielleicht aufgefallen ist, enthält keine der genannten Definitionen jenseits der Kategorie »Knall« das Wort »Menschheit«, obwohl im Aufsatz doch »Auslöschungsszenarien der Menschheit« behandelt werden sollten. Stattdessen geht es immer nur um das, was Bostrom »posthuman« nennt und andere als »transhuman« bezeichnen: Die Möglichkeit, dass die Technologie uns sehr bald über die Schwelle zu einer neuen Phase des Lebens tragen könnte, die sich so sehr von unserem heutigen Dasein unterscheidet, dass wir gezwungen wären, das als echten Bruch in der Evolutionsgeschichte zu betrachten. Manche denken dabei nur an Nanobots, die durch unseren Blutkreislauf schwimmen, Giftstoffe herausfiltern und den Körper auf Tumore untersuchen; andere sehen ein Leben vor sich, das völlig von der greifbaren Realität losgelöst stattfindet und sich voll und ganz in Computern abspielt. Erinnert Sie das an das Anthropozän? Doch in dieser Vision müssen sich die Menschen nicht mit Umweltzerstörung und der Frage, wie man damit umgeht, auseinandersetzen, sondern beschleunigen einfach auf technologische Fluchtgeschwindigkeit.

Es ist schwer zu sagen, wie ernst man diese Vorstellungen nehmen sollte, obwohl sie in der Avantgarde der Bay Area, die als Architekt der möglichen Zukunft die NASAs und die Bell Labs des vergangenen Jahrhunderts abgelöst hat, mehr oder weniger allgemein akzeptiert sind.[608] Was die Vertreter dieser Avantgarde unterscheidet, ist eigentlich nur die Einschätzung, wie lange es dauern wird, bis dieser Zustand eingetroffen ist. Der deutsche Investor Peter Thiel mag sich über das Tempo des technologischen Wandels beschweren, aber vielleicht tut er das, weil er befürchtet, es könne nicht ausreichen, um die ökologischen und politischen Verheerungen zu überholen. Er investiert immer noch in dubiose Projekte, die sich mit der ewigen Jugend befassen, und kauft Land in Neuseeland auf (auf das er sich bei einem Zusammenbruch aller gesellschaftlichen Strukturen zurückziehen könnte). Sam Altman vom Gründerzentrum Y Combinator, der sich durch ein kleines Pilotprojekt zum bedingungslosen Grundeinkommen einen Ruf als eine Art wohltätiger Tech-Guru erarbeitet hat und kürzlich dazu aufrief, ihm Geoengineering-Projekte vorzustellen, die er finanziell unterstützen könnte, hat angeblich eine Anzahlung für ein Upload-Programm geleistet, das den Inhalt seines Gehirns extrahieren würde. Natürlich handelt es sich dabei um ein Projekt, in das er auch investiert hat.

Für Nick Bostrom ist der Daseinszweck der »Menschheit« so offensichtlich die Erschaffung einer »posthumanen Zivilisation«, dass er den zweiten Begriff synonym zum ersten verwendet. Das ist kein Versehen, sondern der Schlüssel, der ihm im Silicon Valley so viel Ansehen verschafft: der Glaube daran, dass die größte Aufgabe der Technologen nicht darin besteht, der Menschheit zu Wohlstand und Wohlbefinden zu verhelfen, sondern eine Art Portal zu bauen, durch das wir in eine andere, möglicherweise unendliche Existenz übergehen können. Das ist eine technologische Vision, die wohl vielen – angefangen bei den Milliarden von Menschen, die keinen Breitbandanschluss haben – verwehrt bliebe. Denn es könnte ziemlich schwierig werden, das eigene Gehirn über das Datenvolumen auf der Prepaid-SIM-Karte in eine Cloud zu laden.

Die Welt, die zurückbliebe, wäre diejenige, die heute vom Klimawandel gebeutelt wird. Und Bostrom ist natürlich nicht der Einzige, der diese Gefahr als existenziell betrachtet. Es gibt Tausende, vielleicht sogar Hunderttausende Wissenschaftler, die mittlerweile täglich, bei jedem neuen Extremwetterereignis und jedem neu erscheinenden Aufsatz, um die Aufmerksamkeit der allgemeinen Leserschaft buhlen. Selbst der nicht unbedingt für seine hysterische Grundeinstellung bekannte Barack Obama verwendete gern den Ausdruck »existenzielle Bedrohung«. Und dennoch kann man es als Zeichen unserer technologiefixierten Gesellschaft werten, dass wir jenseits der Überlegungen, fremde Planeten zu besiedeln, und der Vorstellung, die Menschen durch technische Errungenschaften von den grundsätzlichen biologischen und umweltbedingten Bedürfnissen zu befreien, noch keinerlei Glaubenskonstrukt rund um den Klimawandel erschaffen haben, das uns angesichts der möglichen Auslöschung trösten oder unserem Leben einen Sinn verleihen könnte.

Natürlich sind das alles religiöse Fantasievorstellungen: dem Körper zu entfliehen und die Erde zu verlassen.

Ersteres ist fast schon eine Karikatur des privilegierten Denkens, und dass es Eingang in die Träume einer neuen Kaste von Milliardären gefunden hat, war wahrscheinlich geradezu unvermeidlich. Doch Letzteres wirkt wie eine strategisch sinnvolle Reaktion auf die Klimapanik – die Erschaffung eines Ersatz-Ökosystems, um uns gegen einen möglichen Zusammenbruch hier abzusichern – und genauso wird es von den Befürwortern auch dargestellt.

Aber das ist rational betrachtet keine Lösung. Der Klimawandel bedroht die Grundlagen des Lebens auf der Erde, aber selbst eine dramatisch zerstörte Umwelt hier bietet immer noch deutlich mehr Lebensqualität als alles, was wir dem trockenen roten Staub des Mars abtrotzen können. Die nächtlichen Temperaturen dort liegen selbst im Sommer und am Äquator des Planeten bei über 70 Grad unter null, es gibt kein Wasser auf der Oberfläche und keinerlei Pflanzen. Wahrscheinlich wäre es mit den nötigen Mitteln möglich, dort oder auf einem anderen Planeten eine kleine, geschlossene Kolonie zu errichten; aber die Kosten wären so viel höher als für ein gleichwertiges künstliches Ökosystem auf der Erde und das Ausmaß dieser Kolonie damit so begrenzt, dass jeder, der den Flug ins All als Reaktion auf den Klimawandel vorschlägt, an klimabedingten Wahnvorstellungen leiden muss. Um sich auszumalen, dass eine solche Kolonie einen materiellen Wohlstand bieten könnte, der mit dem vergleichbar ist, den die Tech-Plutokraten im Silicon Valley genießen, muss man noch tiefer im Narzissmus dieser Wahnvorstellungen gefangen sein – als wäre es genauso einfach, Luxusgüter zum Mars zu schmuggeln wie zum Burning-Man-Festival.

In der Gemeinde der Normalsterblichen, die sich kein Ticket ins All leisten können, kommt der Glauben in anderen Formen daher. Aber es werden Glaubensvehikel in ganz verschiedenen Preisstufen angeboten: Smartphones, Streaming-Dienste, Mitfahrerdienste und das mehr oder weniger kostenlose Internet selbst – alles bietet das schillernde Versprechen einer Flucht vor den Anstrengungen und Problemen einer zerstörten Welt.

In »An Account of My Hut«, einem Bericht über die Suche nach einem Haus in der Bay Area und einigen Beobachtungen zur Klimaapokalypse der Waldbrandsaison 2017 – dem Jahr, in dem auch die Hurrikans Harvey, Irma und Maria wüteten –, beschreibt Christina Nichol ein Gespräch mit einem jungen Verwandten, der in der Technologiebranche arbeitet und dem sie versucht, die Beispiellosigkeit der Bedrohungen durch den Klimawandel klarzumachen – vergeblich. »Warum soll ich mir darüber Gedanken machen?«, fragt er.[609]

> »Die Technologien werden es schon richten. Wenn die Erde hinüber ist, leben wir eben in Raumschiffen. Unsere Nahrung drucken wir uns mit 3-D-Druckern aus. Wir essen Laborfleisch. Eine Kuh wird uns alle ernähren. Wir ordnen Atome neu an, um Wasser oder Sauerstoff zu erzeugen.« (Elon Musk)

Elon Musk – das ist nicht der Name eines Mannes, sondern einer Überlebensstrategie für die gesamte Spezies. Nichol antwortet: »Aber ich *will* nicht in einem Raumschiff leben.«

Er wirkte ernsthaft überrascht. In seiner Branche hatte er noch nie jemanden getroffen, der nicht in einem Raumschiff leben wollte.

Dass uns die Technik kollektiv von den Strapazen der Arbeit und der materiellen Entbehrungen befreien könnte, ist ein Traum, der mindestens so alt ist wie John Maynard Keynes, der voraussagte, seine Enkel würden höchstens 15 Stunden pro Woche arbeiten, doch dieser Traum ging nie in Erfüllung.[610] Der Wirtschaftswissenschaftler Robert M. Solow formulierte 1987, in dem Jahr, in dem er den Nobelpreis erhielt, den berühmten Satz: »Man sieht überall, dass wir im Zeitalter des Computers leben, außer in den Produktivitätsstatistiken.«[611]

Diese Erfahrung haben die meisten Menschen in der industrialisierten Welt vor allem in den Jahrzehnten gemacht, die seitdem vergangen sind – der rasende technologische Wandel hat sich auf fast jeden Aspekt des Alltags ausgewirkt, aber wenige bis keine greifbaren Verbesserungen in den Punkten mit sich gebracht, an denen wir den wirtschaftlichen Wohlstand üblicherweise ablesen. Das ist wahrscheinlich eine Erklärung für die herrschende Politikverdrossenheit – der Eindruck, dass die Welt fast vollständig auf den Kopf gestellt wird, aber so, dass wir hinterher mehr oder weniger an der gleichen Stelle stehen wie zuvor, so toll Netflix, Amazon, Instagram und Google Maps auch sein mögen.

Das Gleiche gilt – ob Sie es glauben oder nicht – auch für die vielgepriesene »Ökostromrevolution«, die zu Produktionszuwächsen im Energiebereich und zu Kostensenkungen weit über die Voraussagen selbst der unverbesserlichsten Optimisten hinaus geführt und es dennoch nicht geschafft hat, die Kurve der CO_2-Emissionen nach unten zu biegen. Anders formuliert: Wir sind nach Milliarden ausgegebener Dollars und Tausenden von großen Durchbrüchen genau an dem gleichen Punkt, an dem wir waren, als die Hippies anfingen, Sonnenkollektoren auf ihren geodätischen Kuppeln zu installieren. Das liegt daran, dass der Markt auf diese Entwicklungen nicht damit reagiert hat, die schmutzigen Energiequellen aufzugeben und sie durch saubere zu ersetzen, sondern dem System einfach mehr Kapazität hinzugefügt hat.

In den vergangenen 25 Jahren sind die Kosten pro Einheit erneuerbarer Energien so stark gefallen, dass man den Preis heute kaum noch in der gleichen Messgröße angeben kann (allein seit 2009 ist der Preis für Solarenergie in den USA beispielsweise um mehr als 80 Prozent gesunken). Dennoch ist der Anteil der erneuerbaren Energie am weltweiten Energiemix in den gleichen 25 Jahren kaum gestiegen. Die Nutzung von Solarenergie sorgt also nicht dafür, dass der Verbrauch der fossilen Brennstoffe zurückgeht, auch nicht schrittweise; sie stützt ihn nur. Für den Markt bedeutet das Wachstum, für unsere Zivilisation ist es fast selbstmörderisch. Wir verbrennen heute 80 Prozent mehr Kohle als noch im Jahr 2000.

Und der Energieverbrauch ist nur ein Thema. Die Herausforderung besteht nicht allein im Übergang von schmutzigen zu sauberen Energiequellen, wie der Zukunftsforscher Alex Steffen es bei Twitter so treffend formulierte. Das sei nur das nächstliegende Ziel, »kleiner als die Herausforderung, fast alles zu elektrifizieren, was Energie verbraucht«, womit Steffen die deutlich umweltschädlicheren Benzinmotoren meint. Diese Aufgabe, fährt er fort, sei kleiner als die Herausforderung, den Energieverbrauch zu verringern, die wiederum kleiner sei als die Herausforderung, die Versorgung mit Waren und Dienstleistungen neu zu organisieren – da die weltweiten Lieferketten auf einer umweltschädlichen Infrastruktur aufbauen und die Arbeitsmärkte überall immer noch auf schmutzigen Energien basieren. Außerdem sei es notwendig, alle anderen Quellen emissionsfrei zu machen – die Abholzung der Wälder, die Landwirtschaft, die Nutztierhaltung, die Mülldeponien. Und man müsse alle den Menschen betreffenden Systeme gegen die bevorstehenden Naturkatastrophen und Extremwetterereignisse schützen. Und eine Weltregierung einführen, oder zumindest eine internationale Kooperation, um ein solches Projekt zu koordinieren. All das sei allerdings eine kleinere Herausforderung, meint Steffen, »als das monumentale zivilisatorische Unterfangen, gemeinsam eine florierende, dynamische, nachhaltige Zukunft zu ersinnen, die nicht nur möglich ist, sondern für die es sich auch lohnt zu kämpfen«.

Bei diesem letzten Punkt bin ich anderer Meinung – die Zukunftsvision ist nicht das Problem, vor allem für diejenigen, die sich weniger intensiv mit den Herausforderungen beschäftigt haben als Steffen. Wenn wir uns eine Zukunft herbeiwünschen könnten, hätten wir das Problem bereits gelöst. Wir *haben* uns die Lösungen schon ausgemalt, mehr noch: Wir haben sie sogar entwickelt, zumindest in Form von regenerativen Energien. Wir haben nur noch nicht den politischen Willen, die Wirtschaftskraft und die gesellschaftliche Flexibilität gefunden, diese Lösungen umzusetzen, weil das etwas viel Größeres und auch Konkreteres verlangt als Vorstellungskraft – dafür wäre nicht weniger als eine Generalüberholung der Energieversorgung, der Transportsysteme, der Infrastruktur, der Wirtschaft und der Landwirtschaft nötig. Ganz zu schweigen von unserer Ernährung und unserer Begeisterung für Bitcoins. Die Kryptowährung erzeugt mittlerweile in einem Jahr so viel Kohlendioxid wie eine Million Transatlantikflüge.[612]

Wir empfinden den Klimawandel als langsam, dabei läuft er dramatisch schnell ab. Gleichzeitig haben wir den Eindruck, dass der technologische Wandel, der nötig ist, um den Klimawandel abzuwenden, rasant voranschreitet; dabei entwickelt er sich in Wahrheit täuschend langsam – vor allem gemessen daran, wie schnell wir ihn bräuchten. Das ist es, was Bill McKibben meint, wenn er sagt, langsam zu gewinnen sei das Gleiche wie zu verlieren: »Wenn wir nicht rasch handeln, und zwar global, wird das Problem buchstäblich unlösbar«, schreibt er. »Die Entscheidungen, die wir 2075 treffen, werden keine Rolle mehr spielen.«[613]

Innovationen sind in vielen Fällen der leichte Teil. So war auch der Schriftsteller William Gibson zu verstehen, als er sagte: »Die Zukunft ist bereits hier, sie ist nur nicht gleichmäßig verteilt.«[614] Produkte wie das iPhone, der Talisman der Technologen, vermitteln ein falsches Bild des Tempos, in dem die Anpassung vor sich geht. In den Augen wohlhabender Amerikaner, Schweden oder Japaner mag die Marktdurchdringung enorm sein, aber mehr als ein Jahrzehnt nach seiner Einführung wird das Gerät von weniger als 10 Prozent der Weltbevölkerung genutzt.[615] Für alle Smartphones zusammen, auch die »billigen«, liegt der Wert irgendwo zwischen einem Viertel und einem Drittel.[616] Tritt man noch einen Schritt zurück und betrachtet übergeordnete Systeme wie »Handys« oder »das Internet«, zeichnet sich ab, dass es noch mindestens Jahrzehnte dauern wird, bis die ganze Welt damit versorgt ist – dabei bleiben uns nur zwei oder drei, innerhalb derer wir überall den CO_2-Ausstoß eliminieren müssen. Laut dem Weltklimarat haben wir noch zwölf Jahre, um ihn zu halbieren. Je länger wir warten, desto schwieriger wird das. Hätten wir mit der weltweiten Dekarbonisierung bereits im Jahr 2000 begonnen, als Al Gore so knapp die Wahl zum amerikanischen Präsidenten verlor, müssten wir pro Jahr nur etwa 3 Prozent Emissionen einsparen, um klar unter der Zwei-Grad-Grenze zu bleiben.[617] Wenn wir heute, da der CO_2-Ausstoß immer noch steigt, damit anfangen, sind schon jährlich 10 Prozent nötig. Wenn wir uns noch ein weiteres Jahrzehnt Zeit lassen, werden wir die Emissionen jedes Jahr um 30 Prozent zurückfahren müssen. Deshalb glaubt der UN-Generalsekretär António Guterres, dass uns nur ein Jahr bleibt, um einen Kurswechsel vorzunehmen und loszulegen.[618]

Das Ausmaß des technologischen Wandels, der dafür nötig ist, stellt alles, was das Silicon Valley hervorgebracht hat, in den Schatten – daneben verblasst sogar jede technische Revolution, die es in der Menschheitsgeschichte je gegeben hat, einschließlich der Erfindung der Elektrizität, der Telekommunikation und sogar des Ackerbaus vor 10 000 Jahren. Das muss so sein, weil dieser neue Wandel all jene Aspekte umfasst – jeder einzelne von ihnen muss von Grund auf verändert werden, da sie alle am Kohlenstoff hängen wie an einem Beatmungsgerät.

Diese Systeme so umzustellen, dass das nicht mehr der Fall ist, hat weniger damit zu tun, Smartphones zu verteilen oder WLAN-Ballons über Kenia oder Puerto Rico in die Luft steigen zu lassen, wie es Google vorhat, sondern ähnelt eher dem Aufbau eines Autobahn- oder U-Bahnsystems oder der Erschaffung eines Stromnetzes, das eine ganze Reihe neuer Energieversorger und eine neue Art von Energieverbrauchern miteinander verbindet. Genauer gesagt *ähnelt* es dem nicht nur – es *ist* genau das. All das und noch viel, viel mehr: umfassende Infrastrukturprojekte auf allen Ebenen und in jedem Winkel, in dem der Mensch aktiv ist, von neuen Flugzeugflotten über eine neue Landnutzung bis hin zu einer neuen Art und Weise, Beton herzustellen, da dessen Produktion auf der Liste der CO_2-intensivsten Branchen heute den zweiten Rang einnimmt – und der Rohstoff dank China einen Boom erlebt, denn dort wurde in den vergangenen drei Jahren mehr Beton verbaut als in den USA im gesamten 20. Jahrhundert.[619] Wäre die Zementindustrie ein Land für sich, wäre sie der drittgrößte Kohlendioxidemittent der Welt.

Mit anderen Worten: Es handelt sich um Infrastrukturprojekte eines Ausmaßes, das unsere bisherigen Erfahrungen – zumindest in den USA – so weit übertrifft, dass eine Reparatur der Begleiterscheinungen nicht mehr zu erwarten ist und wir stattdessen lernen, mit Schlaglöchern und Lieferverzögerungen zu leben. Darüber hinaus stellen die benötigten Technologien im Gegensatz zum Internet oder zum Smartphone keine Ergänzung dar, sondern ersetzen die alten – so sollte es zumindest sein, wenn wir den Verstand besitzen, ihre schmutzigen Vorgänger auszusortieren. Das bedeutet, dass die neuen Alternativen sich allesamt gegen den Widerstand der etablierten Unternehmen und die Status-quo-Verzerrung der Konsumenten durchsetzen müssen, die mit dem, was sie heute haben, recht zufrieden sind.

Zum Glück ist die Ökostromrevolution schon, wie es so schön heißt, »im Gange«. Von allen unverzichtbaren Komponenten der umfassenden, emissionsfreien Revolution ist die Entwicklung sauberer Energiequellen sogar schon am weitesten fortgeschritten. Und wie weit ist das? 2003 ermittelte Ken Caldeira, der heute am Carnegie Institute for Science tätig ist, dass wir zwischen 2000 und 2050 jeden Tag saubere Energiequellen mit der Kapazität eines auf Hochbetrieb laufenden Kernkraftwerks erschaffen müssten, um einen katastrophalen Klimawandel abzuwenden.[620] 2018 untersuchte die *MIT Technology Review*, wie es voranging: Obwohl nur noch drei Jahrzehnte blieben, vollzog sich die Energierevolution so langsam, dass das notwendige Ergebnis in 400 Jahren erreicht wäre.[621]

Zwischen diesen beiden Zahlen klafft eine so große Lücke, dass sie ganze Zivilisationen verschlingen könnte, und genau das droht auch zu geschehen. In den Zwischenraum hat sich der Traum der Kohlendioxidabscheidung geschoben: Wenn wir nicht in der Lage sind, die gesamte moderne Infrastruktur schnell genug umzubauen, um die Welt vor der Selbstzerstörung zu bewahren, können wir uns zumindest ein bisschen zusätzliche Zeit verschaffen, indem wir einen Teil der toxischen Dämpfe aus der Luft saugen. Angesichts der unvorstellbaren Ausmaße des konventionellen Ansatzes und der knappen Zeit, die uns noch bleibt, könnten die Negativemissionen im Augenblick eine Art magisches Denken für das Klima darstellen. Außerdem scheinen sie unsere letzte und beste Hoffnung zu sein.

Der Traum der CO_2-Abscheidung ist mit der Fantasie einer Absolution der Industrie verwoben. Könnte man quasi aus dem Nichts eine Technologie erschaffen, die das ökologische Erbe der Moderne bereinigt – ja, vielleicht sogar den gesamten Fußabdruck verschwinden lässt?

Nicht sonderlich anders klingen die semi-subtilen Verkaufsargumente für Wind- und Solarenergie – saubere Energie, natürliche Energie, erneuerbare und daher nachhaltige Energie, unerschöpfliche, sogar unverringerbare Energie, abgeschöpfte statt erzeugte Energie, Energie in Hülle und Fülle, kostenlose Energie. Ganz ähnlich lauteten auch die Versprechen der Kernkraft, zumindest als sie damals zum ersten Mal angepriesen und angenommen wurde. Doch das war in den 1950er-Jahren, und es ist mittlerweile Jahrzehnte her, dass die Atomkraft als Weg zur Lösung des Energieproblems statt, wie es heute unweigerlich der Fall ist, als metaphysisch verseucht betrachtet wurde.

Doch so war es eben nicht immer. Als Dwight Eisenhower 1953 seine »Atoms for Peace«-Rede vor den Vereinten Nationen hielt, präsentierte er eine Art dauerhaft gültigen Waffenhandel, der auch moralisch ein Gewinn war: Als Belohnung für jede Nation, die der Entwicklung von Atomwaffen abschwor, und gleichzeitig als Strafe dafür, dass sie selbst die furchtbare Technologie überhaupt entwickelt hatten, boten die USA Hilfe in Form von Atomenergie an, die sie zudem zu Hause erzeugen wollten.

Für eine Rede eines Präsidenten, der aus den Reihen des Militärs stammte, war es ein bemerkenswert poetisches Klagelied, das gleichzeitig eine Mobilmachung in Friedenszeiten darstellte – sie führt dem heutigen Leser wunderbar die Bedrohung durch den Klimawandel vor Augen, denn das damalige Gleichgewicht des Schreckens ist immer noch nicht nur die beste, sondern auch die einzige Analogie zu ihm, die die Menschheitsgeschichte kennt. Nach einer kurzen Beschreibung der enormen Kapazitätserweiterung der US-amerikanischen Atomflotte, die in den acht Jahren seit dem Zweiten Weltkrieg auf das 25-Fache ihrer Schlagkraft angewachsen war, was Eisenhower offensichtlich Angst einjagte, und ein paar Worten darüber, was es für die Vereinigten Staaten bedeutete, die Sowjetunion als nuklearen Rivalen dazugewonnen zu haben, fuhr der Präsident fort:

> Dort zu verharren hieße, hilflos hinzunehmen, dass die Zivilisation möglicherweise zerstört wird, dass das unersetzliche Erbe der Menschheit, das von Generation zu Generation übergeht, ausgelöscht wird und dass die Menschheit dazu verdammt ist, die uralten Bemühungen, die Wildheit hinter sich zu lassen und den Aufstieg zu Anstand, Recht und Gerechtigkeit zu meistern, wieder ganz von vorn zu beginnen. Kein Mitglied der Menschheit, das bei Sinnen ist, könnte in diesem trostlosen Ausblick einen Sieg sehen. Wer könnte sich wünschen, dass sein Name im Zusammenhang mit einer solchen menschlichen Schande und Verheerung in die Geschichte einginge? Auf einigen Seiten der Geschichtsbücher finden sich die Gesichter »großer Zerstörer«, doch insgesamt zeigen diese Bücher doch das niemals endende Streben des Menschen nach Frieden und seine gottgegebene Fähigkeit, etwas zu erschaffen.

Es mag mindestens eine Generation her sein, dass die Amerikaner die Formulierung »des Menschen gottgegebene Fähigkeit, etwas zu erschaffen« in Bezug auf die Atomenergie gelesen haben – in dieser Zeit hat die Welt die Überzeugung verloren, dass die Kernkraft in Bezug auf die Umweltbelastung »kostenlos« sei, und bringt den Begriff stattdessen mit Atomkriegen, Kernschmelzen, Mutationen und Krebs in Verbindung. Dass wir vor allem die Namen der Kernkraftwerke im Kopf haben, in denen es zu katastrophalen Vorfällen kam, ist ein Zeichen dafür, wie tiefe Wunden diese geschlagen haben: Three Mile Island, Tschernobyl, Fukushima.

Aber betrachtet man die Opferzahlen, sind diese Wunden im Grunde Phantomerscheinungen. Die Anzahl der Menschen, die durch den Vorfall auf Three Mile Island ums Leben gekommen sind, ist umstritten, da viele Aktivisten glauben, das wahre Ausmaß der Strahlung werde unter Verschluss gehalten – ein vielleicht nicht unbegründeter Verdacht, denn im offiziellen Bericht wird darauf beharrt, dass es zu keinerlei Gesundheitsschäden kam. Aber die renommiertesten Untersuchungen ergaben, dass die Kernschmelze das Krebsrisiko innerhalb eines Umkreises von gut 15 Kilometern um weniger als ein Zehntel Prozent ansteigen ließ. Für Tschernobyl lautet die offizielle Opferzahl 47, obwohl manche Schätzungen höher liegen – zum Teil sogar bei 4000.[622] Für Fukushima gilt laut einem Bericht der UN, dass »kein spürbar erhöhtes Aufkommen von strahlungsbedingten Erkrankungen bei den der Strahlung ausgesetzten Menschen oder ihren Nachkommen erwartet« werde.[623] Hätte keiner der 100 000 Bewohner der Evakuierungszone sein Zuhause verlassen, wären vielleicht irgendwann ein paar Hundert Menschen an durch die Strahlung verursachten Krebserkrankungen gestorben.

Jedes Opfer ist tragisch, aber es kommen täglich weltweit mehr als 10 000 Menschen durch die Feinstaubverschmutzung ums Leben, die durch die Verbrennung von Kohle entsteht. Und das lässt das Thema Erwärmung und ihre Auswirkungen noch ganz außen vor. Eine Veränderung der Standards für Kohlekraftwerke, wie sie Trumps Umweltministerium 2018 vorgeschlagen hat, würde weitere 1400 Amerikaner jährlich das Leben kosten, gibt die Behörde selbst zu, noch während sie sich für die Gesetzesänderung stark macht; weltweit fordert die Luftverschmutzung jährlich neun Millionen Opfer.[624]

Mit dieser Verschmutzung und diesen Todesfällen leben wir einfach, wir nehmen sie kaum wahr; doch die nach innen gewölbten Kühltürme der Kernkraftwerke zeichnen sich vor unserem Horizont ab wie Tschechows sprichwörtliche Pistole. Der Preis dieser Anlagen ist heute, trotz einer Vielzahl von Versuchen, billigen Atomstrom zu erzeugen, immer noch so hoch, dass es schwerfällt, überzeugende Argumente dafür zu finden, mehr »grüne« Investitionen auf sie statt auf die Installation von Wind- und Solaranlagen zu verwenden. Doch bei der Abschaltung und Zerlegung der bestehenden Kraftwerke sieht das schon ganz anders aus, und dennoch passiert genau das – in den USA, wo sowohl Three Miles als auch Indian Point vom Netz genommen werden, und auch in Deutschland, wo Atomkraftwerke sogar schneller abgeschaltet wurden als das Ökostromprogramm ausgeweitet wurde, das zu einem der besten Programme der Welt gehört und für das Angela Merkel einst den Spitznamen »Klimakanzlerin« erhielt.[625]

Die Ansicht, Atomenergie sei verseucht, ist eine fehlgeleitete Klimaparabel, auch wenn sie einer tief greifenden Umwelterkenntnis entspringt – dass die gesunde, reine Natur durch das Eindringen und Eingreifen der menschengemachten Industrie vergiftet wird. Aber die Hauptlehre der Kirche der Technologie zielt in eine andere Richtung; sie vermittelt uns auf subtile und weniger subtile Weise, die Welt außerhalb unserer Smartphones als weniger real, weniger wichtig und weniger bedeutsam einzuschätzen als die Welten, die uns auf diesem Bildschirm erwarten – Welten, die gegen die Klimaverheerungen gefeit sind. Der Autor Andreas Malm stellt die Frage: »Wie viele Leute werden auf einer Erde, die sechs Grad wärmer ist, Augmented-Reality-Games spielen?«[626] Die Lyrikerin und Musikerin Kate Tempest formuliert es schärfer: »Wir starren auf den Bildschirm, damit wir nicht sehen müssen, wie die Erde stirbt.«[627]

Die ersten Auswirkungen dieser Transformation können wir bereits heute an uns selbst entdecken – wir scrollen durch Fotos unserer Babys, während diese Babys direkt vor uns liegen, lesen sinnlose Twitter-Threads, während unser Partner mit uns spricht. Im Silicon Valley neigen selbst Technologiekritiker dazu, das Problem als eine Art Sucht einzuordnen, aber Sucht enthält immer auch ein Werturteil, auch wenn es in diesem Fall die Nichtsüchtigen sind, die sich unwohl fühlen – wir finden die Welt auf dem Bildschirm lohnenswerter oder auch sicherer, aus Gründen, die so schwer zu erklären und zu rechtfertigen sind, dass es quasi keinen anderen Ausdruck dafür gibt als »wir ziehen sie vor«. Diese Vorliebe wird in Zukunft wahrscheinlich eher stärker werden als abnehmen, was sich wie ein kultureller Rückschritt anfühlen könnte, vor allem vielleicht für Menschen, die dazu neigen, die Welt auf einen Abgrund zusteuern zu sehen. Es könnte aber auch ein psychologisch sinnvoller Bewältigungsmechanismus sein, um in einer weitgehend zerstörten Umwelt weiterzuleben, ohne die bürgerliche Konsumtradition aufzugeben. In einer Generation – Gott bewahre! – könnte die Technologiesucht sogar eine Anpassungsstrategie sein.

Konsumpolitik

Am 14. April 2018, einem Samstag, lief ein 60-jähriger Mann kurz vor dem Morgengrauen in den Prospect Park in Brooklyn, übergoss sich mit Benzin und zündete sich an. Neben dem Leichnam, in der Nähe des runden Fleckens, den die Flammen in das Gras gebrannt hatten, lag eine handgeschriebene Notiz: »Ich heiße David Buckel und habe mich gerade aus Protest verbrannt«, stand darauf. »Bitte entschuldigen Sie die Unannehmlichkeiten.«[628] Die hielten sich in Grenzen, er hatte etwas Erde in einem Kreis ausgestreut, damit sich das Feuer nicht ausbreiten konnte.

In einem längeren getippten Brief, den David Buckel auch an die örtlichen Zeitungen geschickt hatte, führte er seine Gründe weiter aus. »Die meisten Menschen auf der Erde atmen mittlerweile Luft, die durch die fossilen Brennstoffe ungesund geworden ist, und viele sterben vorzeitig daran – mein vorzeitiger Tod durch fossile Brennstoffe spiegelt wider, was wir uns selbst antun ... Die Verschmutzung zerstört unseren Planeten«, schrieb er. »Unsere Gegenwart wird immer verzweifelter, unsere Zukunft braucht mehr, als wir bisher tun.«[629]

Die Amerikaner kennen politisch motivierte Selbstverbrennungen aus der Vietnamzeit, als der buddhistische Mönch Thích Quảng Đức die spirituelle Tradition der Selbstreinigung in eine Form des Protests überführte und sich in Saigon verbrannte. Das inspirierte den 31 Jahre alten Quäker Norman Morrison wenige Jahre später dazu, vor dem Pentagon dasselbe zu tun, mit seiner einjährigen Tochter an seiner Seite. Eine Woche später verbrannte sich der 22 Jahre alte Roger Allen LaPorte, ein ehemaliger Priesterkandidat und Mitglied des Catholic Worker Movement, vor dem Gebäude der Vereinten Nationen. Wir denken nicht gern daran, aber die Tradition besteht fort. In den USA gab es seit 2014 sechs derartige Selbstverbrennungen; in China ist die Protestform sogar noch verbreiteter, vor allen unter Gegnern der Tibet-Politik der Regierung – in den letzten drei Monaten des Jahres 2011 kam es zu elf solchen Vorfällen, in den ersten drei Monaten 2012 wurden 20 Selbstverbrennungen verzeichnet. Und es war bekanntlich die Selbstverbrennung eines tunesischen Obsthändlers, die den Arabischen Frühling auslöste.

David Buckel wurde erst in seinen späteren Jahren zum Umweltschützer. Er hatte den größten Teil seines Lebens damit verbracht, als prominenter Anwalt für die Rechte von Homosexuellen einzutreten, und sein Abschiedsschreiben legte zwei Überzeugungen dar: dass unsere Industrie die Natur krank macht, und dass deutlich mehr getan werden muss, um diese Entwicklung zu stoppen und möglichst umzukehren, als dem durchschnittlichen Passanten im Prospect Park bewusst war. In den Tagen nach dem Selbstmord stand vor allem der erste Punkt im Zentrum der Aufmerksamkeit – der Selbstmord wurde als Zeichen oder als Auftakt verstanden, der für einen Umschwung sorgte, vielleicht in Bezug auf die Gesundheit der Erde, aber ganz sicher in Bezug darauf, wie der durchschnittliche Bewohner von Brooklyn das Problem wahrnahm. Die zweite Erkenntnis – dass die Klimakrise ein politisches Engagement verlangt, das weit über das relativ einfache Bekunden von Zustimmung, die gewohnten politischen Lagerkämpfe und einen verantwortungsbewussten Konsum hinausgeht – ist schwieriger zu verdauen.

Liberale Umweltschützer müssen sich immer wieder vorwerfen lassen, dass sie heuchlerisch leben würden – sei es, weil sie Fleisch essen, fliegen oder grüne Parteien wählen, ohne jemals ein E-Auto gekauft zu haben. Doch innerhalb der politisch bewussten Linken trifft oft auch das Gegenteil zu: Wir lassen uns in unserer Ernährung, unseren Freundschaften und sogar in unserem Unterhaltungskonsum von politischen Fixsternen leiten, schlagen aber nur selten Lärm, wenn es um Dinge geht, die unseren eigenen Interessen und unserem Selbstbild als Individuum entgegenstehen – wahrhaft aufgeklärt also. Daher wird das Divestment in den kommenden Jahren wohl nur den ersten Schritt in einem moralischen Rüstungswettbewerb zwischen Universitäten, Gemeinden und Staaten darstellen.[630] Städte werden darum konkurrieren, welche als erste Autos von ihren Straßen verbannt, jedes Dach weiß streicht oder alle von den Bewohnern verspeisten Nahrungsmittel aus »vertikalem Anbau« bezieht, ohne dass nach der Ernte ein Transport per LKW, Bahn oder Flugzeug nötig wäre. Doch auch das Ja-aber-nicht-hier-bei-uns-Verhalten wird unter den Liberalen zunehmen, wie zum Beispiel 2018, als die Wähler im zutiefst demokratisch geprägten US-Bundesstaat Washington an der Urne eine CO_2-Steuer ablehnten und in Frankreich die wütendsten Proteste seit der Quasirevolution im Jahr 1968 stattfanden – gegen die Erhöhung der Kraftstoffabgaben. Beim Klima trifft vielleicht mehr als in allen anderen Bereichen zu, dass die liberale Haltung der gut situierten aufgeklärten Schicht eine Verteidigungsgeste ist, denn fast unabhängig von der politischen Einstellung und den Konsumentscheidungen gilt: Je mehr Geld man hat, desto größer ist der ökologische Fußabdruck.

Doch wenn die Kritiker von Al Gore seinen Stromverbrauch mit dem des durchschnittlichen Ugandars vergleichen, unterstreichen sie damit letztendlich nicht seinen offensichtlichen und heuchlerischen Konsum, so sehr sie den Mann auch bloßstellen wollen. Stattdessen lenken sie die Aufmerksamkeit auf die Strukturen einer politischen und wirtschaftlichen Ordnung, die diese Diskrepanz nicht nur zulässt, sondern sie fördert und davon profitiert – das ist es, was der Wirtschaftswissenschaftler und Autor Thomas Piketty »Rechtfertigungsapparat« nennt.[631] Und er rechtfertigt eine ganze Menge. Wenn die

Länder mit dem größten CO_2-Ausstoß der Welt, die obersten 10 Prozent, ihre Emissionen nur auf den EU-Mittelwert senken würden, gelangten weltweit 35 Prozent weniger Kohlendioxid in die Atmosphäre. Das erreichen wir nicht durch die Ernährungsentscheidungen einzelner, sondern durch politische Veränderungen. Im Zeitalter der auf Personen ausgerichteten Politik kann Heuchelei wie eine Todsünde wirken, aber sie kann auch ein allgemeines Ziel ausdrücken. Anders formuliert: Bioprodukte zu essen ist gut, aber wer das Klima retten will, sollte lieber wählen gehen. Politik ist ein moralischer Multiplikator. Und die Erkenntnis, dass die Welt krank ist, ohne sich deshalb politisch zu engagieren, führt meist nur zu einer Konzentration auf das eigene »Wohlbefinden«.

Es fällt zunächst einmal schwer, die Bemühungen um das eigene Wohlbefinden ernsthaft als Bewegung zu betrachten, was möglicherweise der Grund dafür war, dass in den letzten Jahren so viel Hohn und Spott darüber ausgegossen wurde – man denke an Marken wie SoulCycle, Goop oder Moon Juice.[632] Doch egal, wie manipulativ die Werbemaßnahmen für diese Produkte und wie zweifelhaft ihre Gesundheitsversprechen sind, das Geschäft mit dem Wohlbefinden zeichnet ein klares Bild davon, dass immer mehr Menschen, auch oder ganz besonders unter denjenigen, die weit von den ersten Ausläufern der Klimakatastrophe entfernt leben, den Eindruck haben, die heutige Welt sei vergiftet und in ihr zu leben oder sich dort wohlzufühlen verlange ein enormes Maß an selbst auferlegten Regeln und Selbstreinigung.

Das, was mit dem Schlagwort »neues New Age« versehen wurde, ist aus einem ähnlichen Empfinden heraus entstanden – dass Meditationen, Ayahuasca-Trips, Kristalle, das Burning-Man-Festival und LSD in Mikrodosen allesamt Zugang zu einer saubereren, pureren, nachhaltigeren und vielleicht vor allem unversehrteren Welt bieten. Dieser Reinheitsdrang wird weiter Zulauf erfahren, vielleicht sogar in enormem Ausmaß, wenn das Klima weiter auf die sichtbare Zerstörung zusteuert – und die Konsumenten darauf reagieren, indem sie sich diesem Morast entziehen, so gut sie können. Es wäre nicht sonderlich überraschend, wenn man im Supermarkt nächstes Jahr neben den Bio- und Freiland-Produkten auch als »CO_2-neutral« etikettierte Artikel fände. Gentechnisch veränderte Organismen sind kein Anzeichen für den schlechten Zustand der Erde, sondern möglicherweise eine Teillösung für die bevorstehende Landwirtschaftskrise, und das Gleiche gilt für die Atomkraft im Energiesektor. Dennoch wird beides von den Reinheitsverfechtern, die immer zahlreicher werden und dabei immer mehr ökologische Ängste auf sich vereinen, fast schon auf eine Stufe mit krebserregenden Stoffen gestellt.

In Zeiten, in denen viele amerikanische Markenprodukte aus Hafer, darunter die Frühstücksflocken Cheerios und Quaker Oats, nachweislich das Pestizid Roundup enthalten, das mit Krebs in Verbindung gebracht wird, und in denen der Nationale Wetterdienst in den USA ausführlich darauf eingeht, welche Atemschutzmasken gegen den Rauch der Waldbrände, die in ganz Nordamerika wüten, hilfreich sind und welche nicht, sind derartige Ängste nachvollziehbar – sogar begründet.[633] Mit anderen Worten: Es ist nur zu verständlich, dass das Streben nach Reinheit in unserer Gesellschaft ein Wachstumsbereich ist, der parallel zum Anstieg der Angst vor einer Umweltapokalypse wohl weiter von den Rändern der Gesellschaft ins Zentrum vordringen wird.

Aber sowohl der bewusste Konsum als auch die Reinheitsbewegung sind Ausflüchte, die dem grundlegenden Versprechen des Neoliberalismus entsprungen sind: dass Verbraucherentscheidungen politisches Handeln ersetzen können und nicht nur auf eine politische Identität, sondern auf politische Tugenden verweisen, dass das gemeinsame Endziel der Markt- und der politischen Kräfte darin bestehen sollte, hitzige Debatten zu beenden und dafür einen Marktkonsens zu schaffen, der jeden ideologischen Disput ablöst, und dass jeder von uns in der Zwischenzeit Gutes für die Welt tun kann, einfach indem er im Supermarkt oder anderen Läden das Richtige kauft.

Der Begriff »Neoliberalismus« ist für die Linke erst seit der Finanzkrise zum Schimpfwort geworden. Zuvor diente er meist einfach der Beschreibung der zunehmenden Macht der Märkte, insbesondere der

Finanzmärkte, in den liberalen Demokratien des Westens in der zweiten Hälfte des 20. Jahrhunderts und der wachsenden Einigkeit der gemäßigten Parteien in diesen Ländern darüber, diese Macht durch Privatisierungen, Deregulierungen, unternehmensfreundliche Steuergesetze und die Ausweitung des Freihandels immer weiter auszudehnen.

Dieses Programm wurde 50 Jahre lang auf dem Rücken des Wachstumsversprechens verkauft – und dabei ging es nicht nur um Wachstum für einige. In diesem Sinne handelte es sich um eine absolute politische Philosophie, die eine einzige, schlichte Ideologie so sehr in die Länge und Breite zog, bis sie die ganze Erde wie eine Gummidecke aus Treibhausgasen umhüllte.

Und sie war auch in anderen Hinsichten absolut: Sie ließ keine Anpassungen zu, um auf bedeutende regionale Unterschiede wie die zwischen der Situation in England nach dem Finanzcrash und der in Puerto Rico nach dem Hurrikan Maria einzugehen, und war nicht in der Lage, ihre vorhandenen Mängel, Widersprüche und blinden Flecken einzugestehen. Stattdessen wurde immer nur nach mehr Neoliberalismus verlangt. So kam es, dass die Kräfte, die den Klimawandel entfesselt hatten – namentlich »die ungebremste Weisheit des Marktes« –, trotzdem als die Kräfte dargestellt wurden, die die Erde vor den Verheerungen retten könnten. So kam es auch, dass der »Philanthrokapitalismus«, der gleichzeitig Gewinne und humanitäre Taten anstrebt, bei den Superreichen das verlustreiche Modell der moralischen Philanthropie ablöste; dass die Gewinner unserer immer stärker auf das »The winner takes it all«-Prinzip ausgelegten Wirtschaft die Wohltätigkeit benutzen, um ihren Status zu untermauern; dass der »effektive Altruismus«, der selbst den Erfolg von Non-Profit-Organisationen an Kennzahlen bemisst, die aus der Finanzwirtschaft stammen, nicht nur das Spendenverhalten der Milliardäre verändert hat; dass die »moralische Ökonomie«, ein Terminus, der einst eine radikale Kapitalismuskritik enthielt, es auf die Visitenkarte von wohlmeinenden Kapitalisten wie Bill Gates geschafft hat.[634] Am anderen Ende der Hackordnung gehört dazu, dass Menschen, die in schwierigen Verhältnissen leben, dazu aufgefordert werden, sich selbst als Unternehmen zu betrachten und durch ihre Bemühungen ihren Wert als Bürger unter Beweis zu stellen, in einem kräftezehrenden sozialen Gefüge, das sich vor allem durch einen unaufhörlichen Konkurrenzkampf auszeichnet.[635]

So lautet zumindest die Kritik von links – und sie ist, auf ihre Weise, unbestreitbar zutreffend. Doch indem der Neoliberalismus alle Konflikte und Konkurrenzkämpfe über den Markt regelte, bot er auch ein neues Modell des Geschäftemachens an, sozusagen auf der Weltbühne – eines, das nicht der ewigen Rivalität zwischen Nationalstaaten entsprang oder auf sie hinwies.

Nun darf man nicht Korrelation und Kausalität vertauschen – vor allem, weil nach dem Zweiten Weltkrieg ein so großes Chaos herrschte, dass es schwer ist, einen einzelnen Grund für irgendetwas auszumachen. Aber die kooperative Ordnung, die international seitdem dominiert und vielerorts für Frieden und Wohlstand gesorgt – oder sich zumindest parallel dazu entwickelt – hat, fällt zeitlich sehr genau mit der Herrschaft der Globalisierung und des Finanzkapitals zusammen, die wir heute gemeinsam unter dem Begriff »Neoliberalismus« fassen. Und falls man doch versucht wäre, Korrelation und Kausalität zu vertauschen, gibt es eine ziemlich eingängige und plausible Theorie, die beide Erscheinungen verbindet. Die Märkte bringen, vorsichtig formuliert, Probleme mit sich, aber sie legen großen Wert auf Frieden, Stabilität und, wenn sonst alles gleich bleibt, verlässliches Wirtschaftswachstum. Als Belohnung für die Kooperation winkt also dieses Wachstum – und so verwandelt der Neoliberalismus, zumindest theoretisch, ein ehemaliges Nullsummenspiel in eine Zusammenarbeit, die für beide Seiten von Vorteil ist.

Dieses Versprechen hat der Neoliberalismus allerdings nie eingelöst, wie die Finanzkrise schließlich zeigte. Somit war die rhetorische Standarte einer stetig wachsenden, stetig reicher werdenden Gesellschaft der Fülle – und einer politischen Ökonomie, die auf das gleiche Ziel ausgerichtet war – stark lädiert. Diejenigen, die sie trotzdem noch vor sich hertragen, haben heute deutlich zittrigere Knie, als es vor einem oder zwei Jahrzehnten noch denkbar schien, wie Sportler, denen man plötzlich anmerkt, dass ihre Glanzzeiten längst vorüber sind. Die Erderwärmung wird ihnen einen weiteren Schlag versetzen, vielleicht den vernichtenden. Eine Welt, in der Bangladesch überflutet ist und Russland profitiert, verheißt nichts Gutes für den Neoliberalismus – und vielleicht noch weniger für den liberalen Internationalismus, der stets als Adjutant von Ersterem auftrat.

Wohin wird sich die Politik entwickeln, wenn das Wachstumsversprechen der Vergangenheit angehört? Vor uns tut sich ein ganzes Pantheon von Möglichkeiten auf, etwa dass neue Handelsabkommen auf der Grundlage der moralischen Infrastruktur des Klimawandels abgeschlossen werden, sodass der Warenaustausch von einer Senkung der Emissionen abhängig ist und unerwünschte CO_2-Aktivitäten durch Sanktionen bestraft werden. Eine andere Möglichkeit wäre die Einführung eines neuen, weltweit gültigen Regelwerks, das die zentralen Prinzipien der Menschenrechte, die zumindest in der Theorie seit dem Ende des Zweiten Weltkriegs gelten, ergänzt oder sogar ersetzt. Aber der Neoliberalismus wurde damit beworben, dass es sich um ein System zugunsten aller Beteiligten handle, ein Positivsummenspiel, und in diesem Begriff schwingt schon sein natürlicher Nachfolger mit: die Nullsummenpolitik. Wir müssen heute gar keinen Blick in die Zukunft werfen oder daran glauben, dass sie durch den Klimawandel beeinträchtigt sein wird, um zu wissen, wie das aussehen würde. Mit dem Lagerdenken innerhalb unserer Gesellschaften, dem Nationalismus auf Staatenebene und dem Terrorismus, der sich aus dem Zunder gescheiterter Staaten speist, ist diese Zukunft bereits hier, zumindest ein Ausblick darauf. Wir warten nur noch auf den Sturm.

Wenn der Neoliberalismus der Gott ist, der am Klimawandel gescheitert ist, wie sieht dann der göttliche Nachwuchs aus, den er hervorgebracht hat? Diese Frage stellen sich Geoff Mann und Joel Wainwright im Buch *Climate Leviathan: A Political Theory of Our Planetary Future*, in dem sie auf ein Konzept von Thomas Hobbes zurückgreifen, um darzulegen, welche politischen Formen ihrer Ansicht nach am ehesten aus der Klimakrise und den daraus folgenden Verwüstungen hervorgehen werden.[636]

Hobbes erzählte in seinem *Leviathan,* wie es durch politische Zustimmung zu dem kam, was er für den grundlegenden Tauschhandel der Staatsgewalt hielt: Die Menschen geben ihre Freiheit auf, um den Schutz des Königs zu erhalten. Die Erderwärmung spiegelt den Möchtegern-Autoritären einen ähnlichen Handel vor: In einer Welt voller neuer Gefahren würden die Bürger gemäß Mann und Wainwright für Sicherheit, Stabilität und eine gewisse Absicherung gegen die Klimaverluste ihre Freiheiten aufgeben, was eine neue Form der Herrschaft hervorbringen würde, die dann für den Kampf gegen die neue Bedrohung durch die Natur zuständig wäre. Diese neue Herrschaftsform werde nicht national, sondern erdübergreifend etabliert sein – nur so könne eine Macht sinnvoll auf eine erdübergreifende Bedrohung reagieren.

Mann und Wainwright sind politisch links einzuordnen und ihr Buch ist in gewisser Weise ein Aufruf zum Handeln, aber der erdübergreifende Herrscher, dem sich die Welt wahrscheinlich zuwenden werde, gestehen sie voller Bedauern ein, wird wohl der sein, der uns den Klimawandel eingebrockt hat – der Neoliberalismus. Genauer gesagt, ein Neoliberalismus, der über den Neoliberalismus hinausgeht, ein wahrer Weltenstaat, der sich fast ausschließlich mit dem Kapitalfluss beschäftigt – eine Ausrichtung, die ihn wohl kaum mit den nötigen Hilfsmitteln ausstatten dürfte, um mit den Schäden und Zerstörungen durch den Klimawandel zurechtzukommen, was sich aber kaum auf seine Autorität auswirken werde. Das ist der »Klima-Leviathan« aus dem Titel, obwohl die Autoren nicht unbedingt glauben, dass sich diese Herrschaftsform unvermeidlich durchsetzen wird. Sie halten auch drei Varianten für vorstellbar. Insgesamt bilden die vier Kategorien eine Matrix für unsere Klimazukunft, die durch die Achsen »Grad des Vertrauens auf den Kapitalismus« einerseits und »Ausmaß der Unterstützung für die Souveränität des Nationalstaats« andererseits bestimmt wird.

Der »Klima-Leviathan« ist der Quadrant, der durch eine positive Einstellung dem Kapitalismus und eine negative dem Nationalstaat gegenüber bestimmt ist. Ein Szenario ähnlich dem, das wir heute erleben, nennen die beiden Autoren »Klima-Behemoth«; es ist definiert durch die Unterstützung sowohl des Kapitalismus als auch des Nationalstaats (ein wahrhaft erdübergreifender Herrscher).

Die nächste Kategorie heißt »Klima-Mao«, ein System, das von vermeintlich wohlwollenden, aber autoritären und antikapitalistisch eingestellten Anführern bestimmt wird, die ihre Macht innerhalb der Grenzen der Länder ausüben, wie sie heute bestehen.

Der letzte Quadrant befindet sich unten rechts – ein internationales System, das sowohl dem Kapitalismus als auch der Souveränität der Nationalstaaten gegenüber negativ eingestellt ist. Dieses System würde sich als Stabilitäts- und Sicherheitsgarant definieren und die Ressourcen zumindest so verteilen, dass alle genug zum Überleben hätten, die Menschen gegen das Wüten der Extremwetterereignisse beschützen und die unvermeidlichen Konflikte im Zaum halten, die über immer wertvollere Güter wie Nahrungsmittel, Wasser und Land ausbrechen würden. Außerdem würde es die Grenzen zwischen den einzelnen Ländern restlos auflösen und nur seine eigene Macht und Souveränität anerkennen. Diese Möglichkeit nennen die Autoren »Klima-X« und setzen große Hoffnungen in sie: Eine weltweite Allianz, die sich der Humanität verschreibt statt den Interessen des Kapitals oder der Nationalstaaten. Aber es gibt auch eine dunkle Seite – das System könnte einen erdübergreifenden Diktator hervorbringen, eine Art Mafiaboss, der die Welt nicht verbessern will, sondern in erster Linie Schutzgelder erpresst.

Zumindest theoretisch. Schon heute haben wir mindestens zwei Staatschefs, die man dem Klima-Mao-Modell zuordnen kann, und beide sind unvollkommene Repräsentanten des Urkonzepts: Xi Jinping und Wladimir Putin sind nicht antikapitalistisch orientiert, sondern auf den Staatskapitalismus fokussiert. Außerdem hegen sie sehr unterschiedliche Ansichten in Bezug auf die Zukunft des Klimas und den Umgang damit, was eine weitere Variable ins Spiel bringt, die über die Art des Regierens hinausgeht: die Klimaideologie. Sie ist der Grund dafür, warum zwischen Angela Merkel und Donald Trump, die beide im »Klima-Behemoth«-Bereich anzusiedeln sind, dennoch ganze Welten zu liegen scheinen – auch wenn Deutschlands Zurückhaltung in Bezug auf den Kohleausstieg zeigt, dass es zumindest keine Galaxien sind.

Zwischen China und Russland ist der ideologische Unterschied deutlicher. Putin, der Kommandant eines Petrostaates, der durch seine geografische Lage zufällig auch eines der wenigen Länder der Welt ist, die von der Erderwärmung profitieren dürften, erkennt praktisch keinen Vorteil darin, die CO_2-Emissionen zurückzufahren oder sich für eine umweltverträglichere Wirtschaft einzusetzen – in Russland oder der Welt. Xi, der die aufstrebende Supermacht der Erde mittlerweile zeitlich unbegrenzt regieren könnte, scheint sich sowohl dem wachsenden Wohlstand als auch der Gesundheit und Sicherheit seiner Bevölkerung verpflichtet zu fühlen – die, daran muss man sich immer erinnern, sehr zahlreich ist.

In der Trump-Ära hat sich China zu einem deutlich entschiedeneren – oder zumindest lauteren – Befürworter der erneuerbaren Energien entwickelt. Aber die Anreize deuten nicht unbedingt darauf hin, dass das Land seine Versprechen auch einlösen wird. 2018 erschien eine interessante Studie, in der betrachtet wurde, wie sich die wirtschaftlichen Auswirkungen des Klimawandels in einem Land im Vergleich zu seiner Verantwortung für die Erderwärmung verhielten, gemessen am Kohlendioxidausstoß.[637] Das Schicksal Indiens zeigte, wie grotesk die moralische Logik des Klimawandels ist: Indien dürfte bei Weitem am meisten unter den Verheerungen leiden und fast doppelt so viel ertragen müssen wie das zweite Land auf der Liste, wodurch sein Anteil an der Belastung durch den Klimawandel etwa viermal so hoch ist wie sein Anteil am Verschulden desselben. Bei China ist das Gegenteil der Fall. Dort ist der Anteil an der Klimaschuld viermal so hoch wie der Anteil an den Klimalasten. Das bedeutet leider, dass das Land in Versuchung geraten könnte, die Energierevolution langsam anzugehen. Die Vereinigten Staaten, fand die Studie heraus, erreichen ein unheimliches karmisches Gleichgewicht: Die erwarteten Klimaschäden entsprechen fast exakt dem Anteil des Landes am weltweiten CO_2-Ausstoß. Das soll aber nicht heißen, dass dieser Anteil gering wäre – die USA wären laut dieser Voraussage das Land, das weltweit am zweitschwersten betroffen wäre.

Seit Jahrzehnten wird nervös der Aufstieg Chinas vorausgesagt, so regelmäßig und auch so verfrüht, dass man es den Bewohnern der westlichen Welt, insbesondere den Amerikanern, eigentlich kaum verdenken kann, dass sie mittlerweile glauben, es handle sich um blinden Alarmismus – einen Ausdruck westlicher Selbstzweifel, eher die Ankündigung eines Zusammenbruchs als eine begründete Voraussage, welche neue Macht auf dem Weg nach oben ist und wann. Doch was den Klimawandel angeht, führt tatsächlich kein Weg an China vorbei. Da die Welt als Ganzes auf ein stabiles Klima angewiesen ist, um zu bestehen und zu gedeihen, hängt ihr Schicksal deutlich stärker von der Emissionsentwicklung in den aufstrebenden Nationen ab als von der in Europa oder den USA, wo der Anstieg bereits nachgelassen hat und wahrscheinlich bald in einen Rückgang umschlägt – auch wenn noch offen ist, wie stark dieser Rückgang ausgeprägt sein wird und wie bald es so weit ist. Hinzu kommt, dass ein großer Teil der chinesischen Emissionen auf die Herstellung von Produkten zurückzuführen ist, die von Amerikanern und Europäern gekauft werden – das sogenannte »CO_2-Outsourcing«. Wer ist für diese Gigatonnen verantwortlich? Das könnte bald mehr als nur eine rhetorische Frage sein, wenn das Klimaabkommen von Paris durch strengere globale Auflagen ersetzt wird, wie es eigentlich beabsichtigt war, und dabei auch ein funktionierendes Durchsetzungsinstrument geschaffen wird, militärisch oder anderweitig.

Wie und wie schnell China der Übergang von der industriellen zur postindustriellen Gesellschaft gelingt, wie und wie schnell die verbleibende Industrie »grün« wird, wie und wie schnell das Land die landwirtschaftlichen Praktiken und die Ernährung in neue Bahnen lenkt, wie und wie schnell es die Konsumenten aus der explodierenden Mittel- und Oberschicht von ihren kohlendioxidintensiven Vorlieben entwöhnt – das sind nicht die einzigen Fragen, die über das Klima des 21. Jahrhunderts entscheiden werden. Auch die Entwicklungen in Indien und dem Rest von Südasien, in Nigeria und dem Rest des afrikanischen Kontinents südlich der Sahara spielen eine gewaltige Rolle. Aber China ist im Augenblick das bevölkerungsreichste dieser Länder und das mit großem Abstand wohlhabendste und mächtigste. Durch das Projekt der Neuen Seidenstraße positioniert sich das Land bereits heute als wichtige – in manchen Gebieten zentrale – Kraft für die Industrie-, Energie- und Transportinfrastruktur in weiten Teilen der Entwicklungs- und Schwellenländer.[638] Und es ist nicht schwer, sich auszumalen, dass am Ende eines chinesischen Jahrhunderts ein weltweiter Konsens darüber herrschen könnte, dass das Land mit der weltgrößten Wirtschaftsleistung (und somit der größten Verantwortung für den Energieverbrauch der Erde) und der größten Bevölkerung (und somit der größten Verantwortung für die Gesundheit und das Wohlergehen der Menschheit) in Bezug auf die Klimapolitik der »Staatengemeinschaft« mehr als die begrenzte Macht haben müsste, die einem einzelnen Land zusteht.

All diese Szenarien, selbst die verheerendsten, setzen ein neues politisches Gleichgewicht voraus. Doch es gibt natürlich auch die Möglichkeit, dass es nicht dazu kommt und stattdessen ein Zustand eintritt, den wir normalerweise als »Chaos« oder »Kampf« bezeichnen. So lautet die Analyse des deutschen Soziologen Harald Welzer in seinem Buch *Klimakriege,* in dem er für die kommenden Jahrzehnte eine »Renaissance« der gewalttätigen Konflikte voraussagt.[639] Der prägnante Untertitel lautet: *Wofür im 21. Jahrhundert getötet wird.*

Schon heute ist der politische Kollaps auf lokaler Ebene ein recht gängiges Resultat der Klimakrise – nur dass wir ihn »Bürgerkrieg« nennen. Und wir neigen dazu, diese Konflikte ideologisch einzuordnen – wie in Darfur, Syrien oder im Jemen. Derartige Zusammenbrüche werden wahrscheinlich weiterhin lokal begrenzt bleiben, statt sich auf die wirklich globale Ebene zu verlagern, auch wenn es in Zeiten der Klimakrise schneller passieren könnte, dass sie sich über die alten Grenzen hinweg ausbreiten, als es in der jüngeren Vergangenheit der Fall war. Anders formuliert: Eine Welt wie in *Mad Max* steht uns in naher Zukunft nicht bevor, da selbst ein katastrophaler Klimawandel die politische Macht nicht komplett untergraben wird – im Gegenteil, er wird relativ betrachtet einige Gewinner hervorbringen. Manche von ihnen verfügen über große Armeen und einen Überwachungsstaat, der immer weiter ausgebaut wird – China nutzt heute Gesichtserkennungssoftware, um Kriminelle auf Popkonzerten aufzuspüren, und setzt Spionagedrohnen ein, die nicht von Vögeln zu unterscheiden sind.[640] Dass eine solche aufstrebende Supermacht ein Niemandsland innerhalb ihrer Grenzen toleriert, erscheint unwahrscheinlich.

Anderenorts sind *Mad-Max*-Regionen aber durchaus denkbar. In gewisser Weise gibt es sie bereits, im vergangenen Jahrzehnt zum Beispiel zu bestimmten Zeiten in Teilen von Somalia, dem Irak oder dem Südsudan, auch zu Zeiten, als die geopolitische Situation der Welt von Los Angeles oder London aus betrachtet stabil schien. Die Idee einer »Weltordnung« war immer ein Stück weit Fiktion, oder zumindest ein theoretisches Konzept, auch wenn das Zusammenwirken aus liberalem Internationalismus, Globalisierung und US-amerikanischer Hegemonie uns im letzten Jahrhundert in diese Richtung geführt hat. Diese Entwicklung wird der Klimawandel im kommenden Jahrhundert ziemlich sicher wieder umkehren.

Geschichte jenseits des Fortschritts

Dass die Geschichte immer nur in eine Richtung verläuft, zählt zu den unerschütterlichen Überzeugungen des modernen Westens – alle Gegenargumente, alle Genozide und Gulags, alle Hungersnöte, Epidemien und Weltenbrände in den letzten Jahrhunderten, die zu Dutzenden Millionen Toten führten, haben ihr bis auf geringe Abstriche nichts anhaben können.[641] Sie ist so tief in unserer politischen Vorstellungskraft verwurzelt, dass groteske Ungerechtigkeiten und Ungleichheiten, seien sie rassistisch oder anders begründet, oft nicht als Ansatzpunkt dafür verstanden werden, den Verlauf der Geschichte zu hinterfragen, sondern als Erinnerung an diese angebliche Tatsache – vielleicht sollten wir uns über solche Dinge nicht so aufregen, heißt es dann, da die Geschichte »sich in die richtige Richtung bewege« und die Kräfte des Fortschritts, um eine schiefe Metapher wiederzugeben, »auf der richtigen Seite der Geschichte ständen«. Auf welcher Seite steht der Klimawandel?

Auf seiner eigenen Seite – er ist seine eigene Kraft. Es gibt nichts

Gutes auf der Welt, dessen Fülle oder Verbreitung durch die Erderwärmung zunehmen wird. Die Liste der schlimmen Dinge hingegen, die wachsen und gedeihen, ist unendlich lang. Und schon heute, zu Beginn der ökologischen Krise, kommt eine ganz neue, zutiefst skeptische Literatur auf, die nicht nur dafür eintritt, dass die Geschichte rückwärts ablaufen kann, sondern meint, dass uns das ganze Projekt der Landnahme und der Zivilisation, das wir als »Geschichte« kennengelernt haben und das uns den Klimawandel beschert hat, genau genommen rasend schnell in die Vergangenheit befördert. Je mehr die Klimaschrecken zunehmen, desto stärker wird sicherlich auch der Antifortschrittsgedanke erblühen.

Einige Kassandras gibt es bereits. Der Historiker Yuval Noah Harari behauptet in seinem Werk *Eine kurze Geschichte der Menschheit,* in dem er die Entstehung der menschlichen Zivilisation von außen betrachtet, dass diese Geschichte am besten als eine Abfolge von Mythen zu verstehen ist, beginnend mit dem Märchen, dass der Übergang zur Landwirtschaft, oft als neolithische Revolution bezeichnet, einen Fortschritt darstellte.[642] (»Nicht wir haben den Weizen domestiziert, der Weizen hat uns domestiziert«, wie Harari es auf den Punkt bringt.) In *Die Mühlen der Zivilisation* formuliert der Politikwissenschaftler und Anthropologe James C. Scott, zu dessen Forschungsthemen der Anarchismus gehört, eine pointiertere Kritik jener Zeit: Der Weizenanbau, argumentiert er, sei verantwortlich für die Entstehung dessen, was wir heute als Staatsmacht verstehen, und damit auch der Bürokratie, der Unterdrückung und der Ungleichheit.[643] Diese Darstellung, die wahrscheinlich stark von dem abweicht, was Sie in der Schule gelernt haben – nämlich dass die landwirtschaftliche Revolution der wahre Beginn der Geschichte war –, ist heute keine Außenseiteransicht mehr. Den modernen Menschen gibt es seit 200 000 Jahren, aber die Landwirtschaft erst seit 12 000 – ihre Einführung beendete das Leben als Jäger und Sammler, führte zum Aufbau von Städten und politischen Strukturen und brachte dabei das mit sich, was wir heute als »Zivilisation« betrachten. Aber selbst Jared M. Diamond – der in *Arm und reich* einen ökologischen und geografischen Bericht über den Aufstieg des industrialisierten

Westens lieferte und dessen Buch *Kollaps* eine Art Vorläufer für derartige Überlegungen darstellte – hat die neolithische Revolution »den schlimmsten Fehler in der Geschichte der Menschheit« genannt.[644]

Dabei beruft sich diese Argumentation nicht einmal auf die späteren Ereignisse: die Industrialisierung, die fossilen Brennstoffe oder die Schäden, die diese auf der Erde und innerhalb der fragilen Zivilisation, die sich zeitweilig auf ihrer dünnen Oberfläche angesiedelt hat, anzurichten drohen. Stattdessen wendet sich die Anklage gegen die Zivilisation, die diese neue Gruppe von Skeptikern erhebt, vor allem ganz direkt gegen die Landwirtschaft: Das sesshafte Leben, das sie mit sich brachte, führte zu einer dichteren Besiedelung, aber in den folgenden Jahrtausenden gab es erst einmal keinen Bevölkerungszuwachs, da neue Formen von Krankheiten und kriegerischen Konflikten das mögliche Wachstum durch die Vorteile des Ackerbaus unterbanden. Das galt nicht nur für einen kurzen, schmerzhaften Zeitabschnitt, den die Menschen durchstehen mussten, bevor sie in ein neues Zeitalter der Fülle eintraten, sondern für eine sehr lange, qualvolle Periode, die im Grunde bis jetzt andauert. In vielen Teilen der Welt sind die Menschen noch heute kleiner, kränklicher und sterben früher als ihre Jäger-und-Sammler-Vorfahren, die übrigens auch weitaus bessere Verwalter des Planeten waren, auf dem wir alle leben. Und sie erfüllten diese Aufgabe viel länger als wir, fast die gesamten 200 000 Jahre über. Das epische Zeitalter, das früher als »prähistorisch« abgetan wurde, macht ungefähr 95 Prozent der Menschheitsgeschichte aus. Fast die gesamte Zeit über bewegten sich die Menschen auf der Erdoberfläche, hinterließen dabei aber kaum Spuren. So gesehen wirkt die Zeit des Spurenhinterlassens – die gesamte Geschichte unserer Zivilisation, die gesamte Geschichte, die wir unter dem Begriff »Geschichte« kennen – weniger wie ein zwangsläufiger Höhepunkt als eher wie eine Anomalie, ein kurzer Ausreißer. Und das lässt die Industrialisierung und das Wirtschaftswachstum, die beiden Kräfte, die der modernen Welt jenen schwindelerregenden materiellen Fortschritt verschafften, wie einen Ausreißer im Ausreißer dastehen. Einen Ausreißer im Ausreißer, der uns an den Rand einer nie endenden Klimakatastrophe gebracht hat.

James C. Scott nähert sich dem Thema aus einer radikal antietatistischen Perspektive an, am Ende einer langen Karriere, in der er brillante Werke gegen den akademischen Konsens verfasste, darunter *The Art of Not Being Governed, Domination and the Art of Resistance* und *Applaus dem Anarchismus*. Hararis Ansatz ist ungewöhnlicher, aber dafür mehrsagend – er nimmt eine grundsätzliche Neubetrachtung unseres kollektiven Glaubens an den menschlichen Fortschritt vor, und das inmitten einer menschengemachten ökologischen Krise. Harari hat sich bewegend darüber geäußert, wie er durch sein Coming-out als homosexueller Mann eine gewisse Skepsis gegenüber den prägenden Metanarrativen der Menschheit, etwa Heterosexualität und Fortschritt, entwickelt hat, und hat sich, obwohl er dem akademischen Bereich der Militärgeschichte entstammt, als eine Art Enttarner von Mythen ein breites Lesepublikum erarbeitet, darunter Bill Gates, Barack Obama und Mark Zuckerberg. Die zentrale Enthüllung ist folgende: Die Gesellschaft wird und wurde immer von gemeinschaftlichen Erzählungen zusammengehalten, heute nicht weniger als in früheren Zeiten, und in diesen Erzählungen nehmen nun Fortschritt und Rationalität die Plätze ein, die einst von Religion und Aberglauben besetzt waren. Harari ist Historiker, aber er begegnet den angeblichen Wahrheiten der Wissenschaft mit einem philosophischen Skeptizismus, den wir von so unterschiedlichen Querdenkern wie David Hume und John Gray kennen. An dieser Stelle könnte man auch eine ganze Reihe von französischen Theoretikern nennen, von Lyotard bis zu Foucault und darüber hinaus.

»Die Erzählung, die unsere Welt in den vergangenen Jahrzehnten beherrscht hat, könnte man als ›die liberale Erzählung‹ betiteln«, schrieb Harari 2016, einen Monat bevor Donald Trump zum Präsidenten der USA gewählt wurde, in einem Essay, der sowohl Trumps Sieg prophezeite und gleichzeitig umriss, welche Bedeutung das für den Glauben der Allgemeinheit an die etablierten Strukturen hätte. »Es war eine einfache und verlockende Erzählung, aber sie bricht jetzt in sich zusammen, und bisher ist keine neue Geschichte aufgetaucht, die dieses Vakuum füllen könnte.«[645]

Wenn man sich die Geschichte nicht durch die Linse des Fortschrittsdenkens anschaut, was bleibt dann?

Von hier aus ist es schwer, wenn nicht sogar unmöglich, klar zu erkennen, was wir sehen werden, wenn sich der Nebel der Ungewissheit rund um die Erderwärmung gelüftet hat – welche Formen wir den Klimawandel annehmen lassen, ganz zu schweigen davon, wie sich diese Formen auf uns auswirken. Aber es wird nicht zum schlimmsten Fall kommen müssen, damit die Verheerungen so dramatisch werden, dass wir das Gefühl abschütteln, das Leben werde im Verlauf der Zeit unvermeidlich immer besser. Und diese Verheerungen stehen vermutlich schon kurz bevor: neue Küstenlinien jenseits von versunkenen Städten, destabilisierte Gesellschaften, die Millionen von Flüchtlingen in benachbarte Erdregionen entsenden, wo die Menschen auch schon das erste Zwicken des Ressourcenmangels verspüren. Die letzten paar Jahrhunderte, die im Westen meist als gerade Linie des Fortschritts und des wachsenden Wohlstands betrachtet wurden, würden dann den Auftakt zu einem massenhaften Klimaleiden bilden. Wie genau wir die Geschichte in einer Zeit des Klimawandels betrachten, wird davon abhängen, wie viel wir tun, um ihn abzuwenden, und wie sehr wir zulassen, dass er unser gesamtes Leben auf den Kopf stellt. In der Zwischenzeit bietet sich uns eine bunte Palette von Möglichkeiten – ein ganzer Farbkreis davon.

Wir wissen immer noch nicht allzu viel darüber, wie die Menschen vor dem Aufkommen der Landwirtschaft, der Staatsmacht und der »Zivilisation« den Verlauf der Geschichte betrachtet haben – obwohl es zu den liebsten Zeitvertreiben der frühneuzeitlichen Philosophen gehörte, sich das Innenleben der vorzivilisierten Menschen auszumalen, von »garstig, brutal und von kurzer Dauer« bis hin zu »idyllisch, sorgenfrei und unbelastet«.

Eine weitere Perspektive, die ein anderes Geschichtsmodell anbietet, ist der zyklische Ansatz: Er ist uns vertraut vom Erntekalender, der unter den Stoikern verbreiteten Theorie der Ekpyrosis und der chinesischen Vorstellung des »dynastischen Zyklus« und wurde von augenscheinlich teleologisch geprägten Denkern wie Friedrich Nietzsche (der den Kreislauf der Zeit durch sein Konzept der »Ewigen Wiederkunft« in eine moralische Parabel überführte), Albert Einstein (der die Möglichkeit eines »zyklischen« Modells des Universums in Betracht zog), Arthur M. Schlesinger (der die amerikanische Geschichte als Wechselspiel zwischen »öffentlichen Zwecken« und »privaten Interessen« sah) und Paul Michael Kennedy (in seiner besonnenen Geschichtsstunde zum Ende des Kalten Krieges, *Aufstieg und Fall der großen Mächte*) in die Moderne geholt.[646] Dieser zyklische Ansatz hat auch heute noch in vielen Teilen der Welt Bestand, die weniger von der Industrialisierung verändert worden sind – oder eine Veränderung erfahren haben, die schädlicher ist, als wir in den wohlhabenden Teilen des Westens wahrnehmen. Vielleicht betrachten viele Amerikaner die Geschichte heute nur deshalb als fortlaufende Entwicklung, weil sie in einer Zeit aufwuchsen, in der die USA die Vormachtstellung in der Welt innehatten und sich diese Sichtweise mehr oder weniger von den Briten zu Zeiten von *deren* Empire abgeguckt hatten.

Allerdings wird der Klimawandel wohl kaum eine reibungslose oder vollständige Rückkehr zur zyklischen Geschichtsauffassung auslösen, zumindest nicht in einem prämodernen Sinn – zum Teil, weil in der Ära, die uns die Erwärmung beschert, rein gar nichts reibungslos verlaufen wird. Deutlich wahrscheinlicher ist ein chaotischer Zustand, in dem die Teleologie ihre Stellung als ordnende, verbindende Theorie verloren hat und stattdessen widersprüchliche Erzählungen des Fortschritts ungehindert durcheinandergehen, wie Tiere, die aus einem Käfig befreit wurden und nun gleichzeitig in alle Richtungen laufen. Aber wenn sich die Erde um drei, vier, fünf Grad aufheizt, bringt das so viel Leid mit sich – Millionen von Flüchtlingen, 50 Prozent mehr Kriege, Dürren, Hungersnöte, kein Wirtschaftswachstum an vielen Orten der Welt –, dass es den Bewohnern schwerfallen wird, die jüngere Vergangenheit als Fortschritt oder auch nur als Abschnitt eines Kreislaufs zu sehen; sie wird einfach nur wie ein echter und tief greifender Rückschritt wirken.

Die Möglichkeit, dass unsere Enkelkinder dauerhaft in den Ruinen einer deutlich wohlhabenderen und friedlicheren Welt leben könnten, scheint aus heutiger Sicht fast unvorstellbar, so sehr hängen wir immer noch dem Glauben an den menschlichen Fortschritt und eine bessere Welt für die folgenden Generationen an. Doch vor dem Beginn der Industrialisierung kam das in der Geschichte der Menschheit relativ häufig vor. So erging es den Ägyptern nach der Eroberung durch die Seevölker und den Inkas nach dem Eintreffen Pizarros, den Bewohnern Mesopotamiens nach dem Zerfall des Reiches von Akkad und den Chinesen nach der Tang-Dynastie. So erlebten es die Europäer nach dem Untergang des Römischen Reiches – so eindrücklich, dass dessen Gründe jahrzehntelang heiß diskutiert wurden. Aber in diesem Fall folgte auf das Licht innerhalb einer Generation das Mittelalter als das »dunkle Zeitalter« – nah genug, dass es zu Berührungen, sich überschneidenden Geschichten und auch Schuldzuweisungen kam.

Das ist gemeint, wenn der Klimawandel als »Rache der Zeit« beschrieben wird. »Das menschengemachte Wetter entsteht nie in der Gegenwart«, schreibt Andreas Malm in *The Progress of This Storm*, seinem eindrücklichen Entwurf einer politischen Theorie für eine Zeit des Klimawandels. »Die Erderwärmung ist ein Ergebnis vergangener Taten.«[647]

Das ist eine klare Formulierung, die sowohl den Umfang als auch die Tragweite des Problems treffend beschreibt: Es ist das Produkt mehrerer Jahrhunderte, in denen wir fossile Energieträger verbrannt haben, was uns aber auch die meisten Errungenschaften verschafft hat, die uns unser modernes Leben heute so angenehm machen. In dieser Hinsicht macht der Klimawandel uns alle zu Gefangenen der industriellen Revolution und legt somit ein Verständnis der Geschichte als Kerker nahe – der Fortschritt wird gehemmt durch die Folgen früherer Taten. Doch obwohl die Klimakrise in der Vergangenheit ausgelöst wurde, geschah das doch größtenteils in der jüngeren Vergangenheit, und die Entscheidung darüber, wie sehr sie sich auf die Welt unserer Enkel auswirkt, fiel nicht im 19. Jahrhundert in Manchester, sondern fällt heute und in den kommenden Jahrzehnten.

Verwirrenderweise katapultiert uns der Klimawandel auch in eine unerforschte Zukunft – wenn er unkontrolliert weitergeht, so weit und so tief in die Zukunft, dass wir es uns kaum vorstellen können. Das ist nicht der »Technikschock«, den die Viktorianer erlitten, als sie mit dem immer schneller ablaufenden Fortschritt in Berührung kamen und sich davon überrollt fühlten, wie viel sich innerhalb einer Lebensspanne veränderte – obwohl wir auch heute noch mit derartigen Veränderungen zu tun haben. Das Gefühl gleicht eher der überwältigenden Ehrfurcht, die manche Naturforscher beim Betrachten der urzeitlichen Schönheit der Erde verspürten und die sie »Tiefenzeit« nannten.

Aber der Klimawandel stellt den Blickwinkel auf den Kopf – hier bezieht sich die Tiefenzeit nicht auf etwas Beständiges, sondern auf den kaskadenartigen, schwindelerregenden Wandel, der so tief geht, dass er jeden Anschein von Beständigkeit auf Erden Lügen straft. Vergnügungsviertel wie Miami Beach, die vor wenigen Jahrzehnten entstanden, werden verschwinden, ebenso wie viele der militärischen Einrichtungen, die seit dem Zweiten Weltkrieg überall auf der Welt hochgezogen wurden, um den Wohlstand zu sichern und zu verteidigen, der sie überhaupt ermöglicht hatte. Auch deutlich älteren Städten wie etwa Amsterdam droht die Überschwemmung; sie sind jetzt schon auf besondere Strukturen angewiesen, um sich über Wasser zu halten, Strukturen, die in Bangladesch nicht zur Verfügung stehen, um dort die Tempel und Dörfer zu schützen. Nutzflächen, auf denen seit Jahrhunderten oder mehr die gleiche Art von Getreide oder Trauben wachsen, werden sich – im besten Fall – an andere Sorten gewöhnen; in Sizilien, der Kornkammer der Antike, stellen die Bauern ihre Felder schon heute auf tropische Früchte um. Das Eis in der Arktis, das sich über Millionen von Jahre gebildet hat, wird sich als Wasser in die Welt ergießen und buchstäblich ihr Angesicht verändern – auch die Schiffrouten, durch die die Globalisierung überhaupt erst aufkam. Massenmigration wird Millionen – sogar viele Millionen – von Menschen aus ihren Heimatgemeinschaften reißen, die sich dadurch für immer auflösen.

Wie lange die Ökosysteme der Erde durch den menschengemachten Klimawandel Chaos und Veränderungen ausgeliefert sein werden, hängt auch davon ab, wie viel mehr Wandel wir erzeugen – und vielleicht davon, wie viel wir in die Gegenrichtung erreichen. Aber eine Erwärmung, die stark genug ist, um Eisschilde und Gletscher zu schmelzen und den Meeresspiegel um viele, viele Meter anzuheben, verspricht umwälzende, radikale Veränderungen über einen Zeitraum hinweg, der sich nicht in Jahrzehnten, Jahrhunderten oder sogar Jahrtausenden bemessen lässt, sondern Millionen Jahre andauert. Angesichts dessen wirkt die gesamte Lebensspanne der menschlichen Zivilisation im Grunde bedeutungslos, und die deutlich längere Zeitspanne des Klimawandels wird zur Ewigkeit.

Ethik am Ende der Welt

Die aus San Ignacio und Santa Elena bestehende Zwillingsstadt in Belize liegt 80 Kilometer von der Küste entfernt auf einer Höhe von 80 Metern über dem Meer, aber der besorgte Klimaforscher Guy McPherson ist nicht dorthin gezogen – auf einen Hof im Dschungel, der sich rund um die Städte erstreckt –, um vor dem Wasser zu fliehen. Vorher würden ihn andere Katastrophen dahinraffen, sagt er; er hat die Hoffnung aufgegeben, den Klimawandel zu überleben, und meint, dass wir anderen das auch tun sollten. Die Menschen würden in zehn Jahren ausgestorben sein, erklärt er mir via Skype, und als ich seine Partnerin Pauline frage, ob sie das auch so sehe, lacht sie. »Eher in zehn Monaten, würde ich sagen.« Das ist jetzt zwei Jahre her.

McPherson war früher Naturschutzbiologe an der University of Arizona, wo er, wie er mehrmals erwähnt, mit 29 Jahren eine Anstellung auf Lebenszeit erhielt, und wo er, wie er auch mehrmals erwähnt, seit 1996 unter Beobachtung durch den »Deep State«, wie er es nennt, stand. 2009 sei er von einem anderen Wissenschaftler von seiner Stelle verdrängt worden. Damals war er schon dabei, nach New Mexico überzusiedeln – der Ort war ein Kompromiss zwischen ihm und seiner damaligen Frau –, und 2016 zog er dann in den mittelamerikanischen Urwald, um dort mit Pauline zusammen in einer polyamourösen Beziehung auf der Stardust Sanctuary Farm zu leben.

In den letzten zehn Jahren hat er hauptsächlich über YouTube eine, wie Bill McKibben es in seiner zurückhaltenden Art nennt, »Anhängerschaft« gefunden. Heute reist McPherson ab und zu durch die Welt und hält Vorträge über das »zeitnahe Aussterben des Menschen« (»near-term human extinction«), eine Formulierung, die er selbst geprägt hat, wie er voller Stolz erklärt, und mit NTHE abkürzt; einen zunehmenden Teil seiner Zeit verwendet er jedoch darauf, Workshops zu leiten, in denen es darum geht, was wir mit dem Wissen über den bevorstehenden Weltuntergang anfangen sollen. Diese Workshops laufen unter dem Titel »Nur die Liebe bleibt« und vermitteln eine Art posttheologischen Millenarismus, neu aufbereitete Lehren der altbekannten New-Age-Bewegung. Grob vereinfacht geht es darum, dass das Wissen um den bevorstehenden Tod der gesamten Spezies in uns in etwa die gleichen Empfindungen wecken sollte wie es der Dalai Lama in Bezug auf das Wissen um den bevorstehenden Tod unserer selbst vermittelt – das heißt Mitgefühl, Staunen und vor allem Liebe. Wer drei Werte auswählen müsste, auf denen er eine ganze Ethik aufbaut, könnte es schlechter treffen, und wenn man die Augen zusammenkneift, kann man daraus fast eine Gesellschaftslehre ableiten. Aber denjenigen, die die Erde am Rand einer Krise und eines Leidens biblischen Ausmaßes sehen, ist es auch erlaubt, sich im Namen einer vagen hedonistischen Gleichmutslehre aus dem politischen Geschehen – oder auch dem Klima, soweit das irgendwie möglich ist – zurückzuziehen.

Anders formuliert: McPherson wirkt bis hin zum Schnauzbart wie der Inbegriff eines Aussteigers – der Art, die schnell etwas verdächtig scheint. Aber warum? Wir haben derartige Voraussagen über den Untergang der Zivilisation oder das Ende der Welt für so lange Zeit – über Jahrzehnte, wenn nicht sogar über Jahrhunderte hinweg – für eine Art Beweis für geistige Umnachtung gehalten und die Bewegungen, die sich im Umfeld solcher Personen gebildet haben, als »Kulte« abgetan, dass wir nun nicht in der Lage sind, solche Warnungen ernst zu nehmen – vor allem, wenn diejenigen, die sie aussprechen, selbst jede Hoffnung verloren haben. Nichts verabscheut unsere moderne Welt so sehr wie »Aufgeber«, aber dieses Vorurteil schmilzt im weiteren Verlauf der Erwärmung wahrscheinlich sehr schnell dahin. Wenn sich die Klimakrise so weiter entwickelt wie erwartet, werden unsere Berührungsängste mit Weltuntergangspropheten sich bald in Luft auflösen, während sich neue Kulte bilden und ihr Gedankengut in Bereiche der etablierten Gesellschaft überschwappt. Denn obwohl die Welt nicht enden wird und unsere Zivilisation mit großer Sicherheit widerstandsfähiger ist, als McPherson glaubt, wird die unverkennbare Umweltzerstörung unweigerlich eine Menge weiterer Propheten wie ihn hervorbringen, deren Verkündigungen der unmittelbar bevorstehenden Umweltapokalypse vielen vernünftig veranlagten Menschen schnell ziemlich einleuchtend erscheinen werden.

Das liegt zum Teil daran, dass sie schon heute gar nicht so irrational sind. Wer nach einer Zusammenfassung der schlechten Nachrichten zum Thema Klima sucht, fährt gar nicht schlecht mit der Übersicht, die McPherson auf seiner Homepage »Nature Bats Last« führt (momentan mit dem Hinweis »Jüngste – und wahrscheinlich auch letzte – Aktualisierung am 2. August 2016« versehen). Sie umfasst ausgedruckt 68 mit Links gespickte Seiten, die an einigen Stellen irreführende Darstellungen seriöser Untersuchungen und Verweise auf hysterische, nicht zuzuordnende Blogbeiträge enthält, die aber trotzdem wie wissenschaftliche Erkenntnisse präsentiert werden. Manche Dinge, wie etwa die Rückkopplungseffekte, sind schlicht falsch verstanden worden, (sie können sich auf besorgniserregende Weise summieren, aber nicht »multiplikativ« wirken, wie McPherson es darstellt) und es finden sich Angriffe auf gemäßigte Klimagruppen, die als politisch korrupt bezeichnet werden, und ein bunte Auswahl von Verweisen auf Erkenntnisse, die bereits widerlegt sind (McPherson macht sich zum Beispiel große Sorgen darüber, dass die »Todesrülpser« aus Methan alle gleichzeitig austreten könnten, ein Szenario, von dem sich die Fachleute bereits vor fünf Jahren abgewendet haben). Doch selbst diese gezielt aufgebauschte Liste enthält genügend wissenschaftlich fundiertes Material, um den Leser in Angst und Schrecken zu versetzen: eine gute Zusammenfassung des Albedo-Effekts, eine praktische Zusammenstellung genauer Beobachtungen des arktischen Eisschilds und andere vielsagende Vorboten auf die Klimakatastrophe.

Die Darstellungsweise ist durchgehend paranoid – an einigen Stellen ersetzt die beeindruckende Fülle an Daten das logische Grundgerüst, das diese Masse in eine sinnvolle Form bringen sollte, an anderen Stellen verdeckt sie es. Texte in diesem Stil finden sich haufenweise im Internet, sie florieren im goldenen Zeitalter der Verschwörungstheorie, jener unersättlichen Bestie, die gerade erst begonnen hat, sich am Klimawandel gütlich zu tun. Bisher ist uns diese Denkweise eher vom Klimaleugner-Ende des politischen Spektrums vertraut, aber sie breitet sich auch in der Gemeinschaft der Umweltschützer aus, etwa bei John B. McLemore, dem charismatischen, insgeheim homosexuellen, von Selbsthass zerfressenen Südstaatler, der an den Weltuntergang durch die Klimakatastrophe glaubte und dessen von widersprüchlichen Klimapanikvisionen gesäumter Weg in den Selbstmord vom Podcast »S-Town« dokumentiert wurde.[648] »Ich nenne es manchmal giftiges Wissen«, sagt Richard Heinberg vom Post Carbon Institute, auf dessen Websites McLemore gelegentlich Kommentare hinterließ. »Sobald man einmal über die Überbevölkerung, die Ressourcenknappheit, den Klimawandel und die Dynamiken des gesellschaftlichen Zusammenbruchs Bescheid weiß, wird man dieses Wissen nicht wieder los, und jeder folgende Gedanke ist entsprechend gefärbt.«[649]

McPherson kann selbst nicht ganz genau sagen, wie all diese Probleme zum Aussterben der Menschheit führen werden – er tippt darauf, dass etwas wie eine Lebensmittelkrise oder ein Finanzkollaps zunächst die Zivilisation und dann das menschliche Leben in die Knie zwingen wird. Es braucht natürlich eine Menge schwarzseherische Fantasie, um sich auszumalen, dass das in einem Jahrzehnt geschehen könnte. Aber zieht man die grundlegenden Entwicklungen in Betracht, stellt man sich schon die Frage, warum der Rest von uns die Dinge nicht etwas schwärzer sieht.

Das kommt sicherlich noch, und zwar bald. Schon heute kann man die Setzlinge einer florierenden Klimaesoterik bei Leuten wie McLemore und McPherson erkennen – besser gesagt, bei Männern wie ihnen, denn es sind fast nur Männer –, ebenso wie bei einer Reihe von Schriftstellern und Vordenkern, die den kommenden Katastrophen so eifrig entgegensehen, dass man fast den Eindruck hat, sie feuerten die Kräfte der Apokalypse an.

In manchen Fällen tun sie das auch ganz wörtlich. Einige, wie McLemore, kann man sich wie eine Art Travis Bickle der Klimakrise vorstellen, sie hoffen auf einen Regenguss, der den Abschaum der Welt hinwegspült. Andere, so wie Jem Bendell, beschreiben den Zusammenbruch der Zivilisation durch Erderwärmung als nahezu unausweichlich und tragisch, aber nichtsdestotrotz auf eine Art, die fast erheiternd wirkt. Im linken Spektrum der Umweltschützer und Anarchisten liegen schneidende Theoretiker wie Jason Hickel, die hoffen, dass der Klimawandel uns zwingen wird, unsere Sucht nach Wirtschaftswachstum zu jedem Preis aufzugeben. Und sogar unter Wissenschaftlern gibt es naiv-optimistische Genießer der Erderwärmung, etwa den Ökologen Chris D. Thomas, der behauptet, im Vakuum nach dem sechsten Massenaussterben würde die Natur »gedeihen« – neue Arten hervorbringen, neue ökologische Nischen erschaffen.[650] Manche Technologen und ihre Fans gehen noch weiter und erklären, wir sollten uns von unserer Fixierung auf die Gegenwart – selbst im abgemilderten geologischen Sinne des Wortes »Gegenwart« – lösen und uns stattdessen einen quasitaoistischen Klimaoptimismus zu eigen machen. Diese Vorstellung kommt oft in einer futuristischen Färbung daher – die schwedische Journalistin Torill Kornfeldt fragt in *The Re-Origin of Species,* ihrem Buch über die Bemühungen, Lebewesen wie Dinosaurier und Wollhaarmammuts »vom Aussterben zurückzuholen«: »Warum sollte die Natur, wie sie heute ist, mehr wert sein als die Natur von vor 10 000 Jahren oder die Arten, die es in 10 000 Jahren geben wird?«

Die meisten, die die heutigen Entwicklungen als Beginn einer Klimakrise verstehen und davon ausgehen, dass der Welt eine umfassende Verwandlung bevorsteht, schauen jedoch eher düster gestimmt in die Zukunft. Ihre Vision setzt sich oft aus den ewig wiederkehrenden Endzeitbildern aus bestehenden apokalyptischen Texten zusammen, etwa der *Offenbarung des Johannes,* der im Westen unvermeidlichen Quellensammlung für die Ängste vor dem Ende der Welt. Diese Darstellungen, die William Butler Yeats in seinem Gedicht »Die Wiederkunft« im Grunde für ein säkulares Publikum aufbereitet hat, haben die westliche Traumlandschaft so nachhaltig geprägt – sie bilden eine Art gnostische Tapete unseres bürgerlichen Innenlebens –, dass wir oft vergessen, dass sie ursprünglich als reale Prophezeiungen entstanden, Visionen dessen, was die Welt innerhalb von nur einer Generation erwartete.[651]

Der wahrscheinlich bekannteste dieser neuen Klimagnostiker ist der britische Schriftsteller Paul Kingsnorth, Mitbegründer, Gesicht und Hofdichter des Dark Mountain Project, einer losen Gemeinschaft rebellischer Umweltschützer, die sich in Verzicht üben und den Namen ihrer Gruppe dem amerikanischen Schriftsteller Robinson Jeffers entliehen haben, genauer seinem aus dem Jahr 1935 stammenden Gedicht »Rearmament« (»Aufrüstung«), das so endet:

I would burn my right hand in a slow fire
To change the future ... I should do foolishly. The beauty of modern
Man is not in the persons but in the
Disastrous rhythm, the heavy and mobile masses, the dance of the
Dream-led masses down the dark mountain.

Ich ließe diese meine rechte Hand langsam verkohlen,
Könnt ich dadurch die Zukunft abwenden ... und täte doch nicht
gut daran. Die Herrlichkeit des neuzeitlichen Menschen
Liegt nicht im Einzelnen, sondern
Im Rhythmus, dem unheilvollen schweren Schrittmaß
Der traumbefangenen Massen in ihrem Tanz zu Tal den dunklen
Hang hinab.

Jeffers war eine Zeit lang eine literarische Berühmtheit in den USA – die *Los Angeles Times* berichtete über seine Affären, und es war allgemein bekannt, dass er sein aus Granitfelsen errichtetes Haus an der kalifornischen Küste, das »Tor House« mit dem »Hawk Tower«, eigenhändig gebaut hatte. Heute kennt man Jeffers hauptsächlich als

Propheten der Abkehr von der Zivilisation und wegen seiner Philosophie, die er selbst schonungslos als »Inhumanismus« bezeichnete: kurz zusammengefasst, der Glaube daran, dass sich die Menschen viel zu sehr mit ihrem Menschsein und ihrem Platz in der Welt beschäftigen statt mit der natürlichen Erhabenheit des nicht menschlichen Kosmos, in dem sie sich zufällig befinden. In der Moderne, glaubte Jeffers, habe sich das Problem bedeutend verschlimmert.

Der Naturforscher und Philosoph Edward Abbey verehrte Jeffers' Werk und Charles Bukowski nannte ihn seinen Lieblingsdichter.[652] Auch die berühmten amerikanischen Landschaftsfotografen Ansel Adams und Edward Weston waren von ihm beeinflusst, und der Philosoph Charles Taylor bezeichnete Jeffers in *Ein säkulares Zeitalter* neben Nietzsche und Cormac McCarthy als eine bedeutende Figur dessen, was er »immanenten Antihumanismus« nannte. In seinem umstrittensten Werk »The Double Axe« legt Jeffers diese Weltsicht einer einzelnen Figur, dem »Inhumanisten«, in den Mund, die »eine Verlagerung der Gewichtung und Bedeutung vom Menschen zum Nichtmenschen, die Ablehnung des menschlichen Solipsismus und die Anerkennung der transhumanen Größe« beschreibt. Das wäre ein echter Perspektivwechsel, schrieb er, der »einen vernünftigen Abstand zur Verhaltensregel erhebt, anstelle von Liebe, Hass und Neid«.

Dieser Abstand stellt das Kernprinzip – oder vielleicht besser den »Hauptimpuls« – des Dark Mountain Projects dar. In den kommenden Jahrzehnten, wenn das bunte Spektakel des Lebens auf Erden durch die Erderwärmung – selbst durch die Medien vermittelt – für einige unerträglich anzuschauen sein wird, wird das vermutlich noch viele weitere Umweltgruppen dazu treiben, ihr Glück im Rückzug zu suchen. »Diejenigen, die einen extremen gesellschaftlichen Zusammenbruch direkt miterleben, liefern selten tief greifende Enthüllungen über die Wahrheiten der menschlichen Existenz«, beginnt das Manifest der Gruppe. »Was sie allerdings zum Ausdruck bringen, wenn man sie fragt, ist ihre Überraschung darüber, wie leicht es ist zu sterben. Die Routine des Alltagslebens, in der so vieles von einem Tag zum nächsten gleich bleibt, verbirgt, wie fragil dieses Gefüge ist.«[653]

In diesem Manifest, das von Kingsnorth und Dougald Hine geschrieben und 2009 veröffentlicht wurde, präsentiert die Gruppe Joseph Conrad als ihr intellektuelles Vorbild, vor allem aufgrund der Art und Weise, wie er die eigennützigen Illusionen der europäischen Gesellschaften auf dem Höhepunkt von Industrialisierung und Kolonialzeit seziert habe. Der Text zitiert Bertrand Russells Einschätzung von Conrad, der über den Verfasser der Erzählungen *Herz der Finsternis* und *Lord Jim* schrieb, er »betrachtete das zivilisierte und moralisch erträgliche Leben wie einen gefährlichen Gang über eine dünne Kruste kaum erkalteter Lava, die jeden Augenblick einbrechen und den Unvorsichtigen in die feurigen Tiefen sinken lassen konnte«. Das wäre immer ein lebhaftes Bild gewesen, vor allem jedoch in Zeiten des herannahenden Umweltkollaps. »Wir glauben, dass die Wurzeln dieser Krisen in den Geschichten liegen, die wir uns selbst erzählen«, schreiben Kingsnorth und Hine – namentlich: »der Mythos des Fortschritts, der Mythos der zentralen Stellung des Menschen und der Mythos unserer Abspaltung von der ›Natur‹«. All diese Mythen, fahren sie fort, »sind deshalb noch gefährlicher, weil wir vergessen haben, dass es sich um Mythen handelt«.

Im Grunde ist es fast schwer, sich überhaupt irgendetwas vorzustellen, das nicht allein schon vom Eindruck eines herannahenden Wandels beeinträchtigt wird, angefangen bei der Entscheidung von Paaren, ob sie Kinder wollen, bis hinauf zur Anreizstruktur der Politik. Und man muss gar nicht bis zum Aussterben der Menschheit oder dem Zusammenbruch der Zivilisation gehen, um echten Nihilismus und Weltuntergangsstimmung gedeihen zu sehen. Man muss sich nur ein Stück weit vom Altvertrauten entfernen, um auf eine kritische Masse charismatischer Propheten zu stoßen, die einen Kollaps kommen sehen. Es ist ein beruhigender Gedanke, dass die kritische Masse in diesem Fall recht groß ist und dass unsere Gesellschaft nicht durch Nihilismus in die Knie gezwungen werden wird, solange dieser Nihilismus nicht zur gängigen Weltanschauung des Durchschnittsbürgers geworden ist. Aber der Weltuntergangsglaube wirkt auch an den Rändern, er nagt an unseren Strukturen wie Termiten oder Holzbienen.

2012 veröffentlichte Kingsnorth in der Zeitschrift *Orion* ein neues Manifest – oder ein Pseudomanifest – unter dem Titel »Dark Ecology« (»Dunkle Ökologie«).[654] In der Zwischenzeit war er noch hoffnungsloser geworden. Dieser Text hebt an mit zwei Zitaten von Leonard Cohen und D. H. Lawrence – »Nehmt den einzigen Baum, der noch steht, und schiebt in euch ins Loch eurer Kultur« und »In die Wüste muss er sich zurückziehen und kämpfen« – und nimmt mit dem zweiten Absatz an Fahrt auf, der so beginnt: »Ich habe vor Kurzem die gesammelten Werke von Theodore Kaczynski gelesen. Ich befürchte, das könnte mein Leben verändern.«

Insgesamt stellt der Essay, der eine überwältigende Reaktion bei den Lesern von *Orion* auslöste, eine Art Verteidigung von Kaczynski dem Hüttenbewohner und Flugblattschreiber gegenüber Kaczynski dem Bombenleger dar – den Kingsnorth nicht als Nihilisten oder auch nur als Pessimisten beschreibt, sondern als einen präzisen Beobachter, dessen Problem ein übermäßiger Optimismus gewesen sei. Er sei zu sehr der Idee verfallen gewesen, dass die Gesellschaft verändert werden könne. Kingsnorth hingegen zählt eher zu den echten Stoikern. »Also frage ich mich: Was wäre, zu diesem Zeitpunkt der Geschichte, keine Zeitverschwendung?«

Er zählt fünf Antworten auf. Die Nummern zwei bis vier sind Abwandlungen neuer transzendentalistischer Motive: »die Bewahrung nicht menschlichen Lebens«, »sich die Hände schmutzig machen« und »das Beharren darauf, dass die Natur einen Wert über ihren Nutzen hinaus hat«. Die Nummern eins und fünf sind radikaler und bilden ein Paar: »Rückzug« und »Unterschlupfe bauen«. Letzteres ist der positivere Aufruf in dem Sinne, dass er konstruktiv ist oder zumindest das, was in Zeiten des Zusammenbruchs als konstruktiv gilt: »Können wir denken oder handeln wie die Klosterbibliothekare im Mittelalter, die alte Bücher verwahrten, während draußen Reiche entstanden und zerfielen?«

»Rückzug« ist die dunklere Hälfte der gleichen Aufforderung:

> Wenn du das tust, wirst du von vielen Leuten als »Schwarzseher« bezeichnet werden, als »Untergangsprophet«, oder du bekommst

zu hören, du seist »ausgebrannt«. Man wird dir erzählen, du seist verpflichtet, dich für die Klimagerechtigkeit oder den Weltfrieden oder das Ende der schlimmen Dinge überall einzusetzen, und dass »kämpfen« immer besser sei als »aufgeben«. Ignorier diese Leute und habe teil an einer uralten praktischen und spirituellen Tradition: dem Rückzug aus dem Gefecht. Ziehe dich nicht als Zyniker zurück, sondern mit einem forschenden Geist. Ziehe dich zurück, um dich zurücklehnen und spüren, erahnen, ermitteln zu können, was das Richtige für dich ist und wofür die Natur dich braucht. Ziehe dich zurück, weil es eine zutiefst moralische Position ist, sich zu weigern, die Maschine weiter voranzutreiben, die Schrauben weiter anzuziehen. Ziehe dich zurück, weil handeln nicht immer wirksamer ist als nicht handeln. Ziehe dich zurück, um deine Weltanschauung zu prüfen: die Kosmologie, das Paradigma, die Auffassungen, die Reiserichtung. Jede wahre Veränderung beginnt mit einem Rückzug.

Das ist – mindestens – ein Ethos. Und er fügt sich in eine lange Tradition ein. Was sich zunächst einmal wie eine radikale Reaktion auf eine neue Krisensituation liest, entspricht in Wahrheit einer Neuausrichtung eines alten asketischen Rituals, das schon beim jungen Buddha bis hin zu den Säulenheiligen und darüber hinaus verbreitet war. Doch im Gegensatz zur überlieferten Variante, in der der asketische Impuls den Suchenden in einer Art von weltlichem Schmerz fort von den Vergnügungen der Welt und hin zum spirituellen Sinn trägt, ist Kingsnorths Rückzug – wie der McPhersons – der aus einer Welt, die unter spirituellen Qualen leidet, hin zu kleinen, irdischen Trostspendern. In dieser Hinsicht handelt es sich um eine groß angelegte Version des allgemein verbreiteten Reflexes, den fast alle von uns bei der Konfrontation mit Leid verspüren – man wendet sich einfach davon ab. Und zu welchem Zweck? Es kann doch nicht sein, dass ich die Pein anderer und die Dringlichkeit des Handelns allein durch den »Mythos« der Zivilisation verspüre – oder?

Das Dark Mountain Project ist eine Randerscheinung. Guy McPherson ist eine Randerscheinung, ebenso wie John B. McLemore. Aber eine Bedrohung durch den Klimawandel besteht darin, dass die Ausprägungen des ökologischen Nihilismus, die diese Männer verfolgen, Eingang in die Mehrheitsmeinung finden könnten – und wenn Ihnen die Vorhersagen dieser Vertreter vertraut vorkommen, ist das ein Zeichen dafür, dass ein Teil ihrer Ängste und ihrer Verzweiflung schon heute auf die Zukunftserwartungen vieler anderer abfärben. Im Internet hat die Klimakrise zur Ausbreitung des sogenannten »Ökofaschismus« geführt – einer Bewegung, die tun will, »was immer nötig ist«, und dabei auch die Überlegenheit der weißen Rasse propagiert und den Klimabedürfnissen einiger weniger Priorität einräumt. Im linken Spektrum nimmt die Bewunderung für den Klimaautoritarismus von Xi Jinping zu.

In den Vereinigten Staaten findet sich dieser Alleingangsimpuls des Umweltseparatismus vor allem bei Rechtsextremisten – bei Leuten wie Cliven Bundy und seiner Familie und all den selbstherrlichen Siedlern, die die Gesellschaft in den Jahrhunderten seit der Landverteilung und den damit verbundenen Auseinandersetzungen so unkritisch mythologisiert hat. Vielleicht ist es eine Reaktion darauf, dass die liberale Umweltschutzbewegung, mit ein paar extremistischen Ausnahmen, sich vornehmlich einem pragmatischen Ansatz verschrieben hat und eher zu mehr gemeinschaftlichem Engagement neigt als zu weniger.[655] Möglicherweise spiegelt das aber auch nur die speziellen Anforderungen der Sache wider: Wenn man jemanden ausschließt, besteht immer die Gefahr, dass er genau das tut, was man befürchtet hat, und der Erde Schäden zufügt, die alle betreffen.

Aber dieser Pragmatismus treibt seine eigenen Blüten – etwa dass viele derer, die sich als praktische Technokraten der umweltbewussten gemäßigten Linken verstehen, glauben, dass sich der Klimawandel nur durch eine Mobilmachung abwenden lässt, deren Ausmaß der in den USA im Zweiten Weltkrieg entspricht.[656] Sie haben recht – das ist eine absolut nüchterne Einschätzung der Größenordnung dieses Problems, der selbst eine nicht unbedingt für Hysterie bekannte Institution wie der Weltklimarat 2018 beipflichtete. Aber selbst angesichts der erstaunlichen Protestbewegung, die dieser Einschätzung folgte, bleibt eine solche Mobilmachung ein Unterfangen, dessen Ehrgeiz so sehr im Widerspruch zur gegenwärtigen politischen Stimmung in fast allen Teilen der Welt steht, dass es schwer ist, sich keine Sorgen darüber zu machen, wie es sich eigentlich auswirkt, wenn diese Mobilmachung ausbleibt – auf die Erde, ja, aber auch auf das politische - Engagement derer, die sich am stärksten für den Umweltschutz einsetzen. Denn es ist wirklich so: Diejenigen, die zu einer massenhaften Mobilmachung aufrufen, heute und keinen Tag später, und die auf erregende Art und Weise Millionen Menschen auf der Welt dazu inspirieren, zu marschieren und zu protestieren und das Gleiche zu verlangen – diese können als Umweltpragmatiker betrachtet werden. Links von ihnen stehen diejenigen, die nur eine politische Revolution für die Lösung halten. Und selbst dort herrscht bald dichtes Gedränge, aufgrund von Texten, die zur Kategorie »Klima-Panikmache« zählen, der so mancher sicherlich auch dieses Buch zuordnen würde. Das ist in Ordnung, denn ich empfinde Panik.

Damit bin ich nicht allein. Und wie diese weitverbreitete Panik unser ethisches Handeln den Mitmenschen gegenüber und die Politik, die aus diesem Handeln erwächst, prägen wird, zählt zu den entscheidenden Fragen, vor die das Klima die Erdbewohner stellt. Vor diesem Hintergrund ist es zu verstehen, warum die Aktivisten in Kalifornien so sauer auf ihren Gouverneur Jerry Brown waren, obwohl er, kurz bevor er aus dem Amt schied, ein enorm ehrgeiziges Klimaschutzprogramm durchsetzte – doch in ihren Augen bemühte er sich nicht nachdrücklich genug um einen Abschied von den fossilen Brennstoffen. Ähnliches gilt auch für andere Staatenlenker, von Justin Trudeau, der sehr gern über Klimaschutzmaßnahmen spricht, aber gleichzeitig mehrere neue kanadische Ölpipelines genehmigt hat, bis hin zu Angela Merkel, in deren Regierungszeit die Menge der Energie aus erneuerbaren Quellen rasant angestiegen ist, die aber gleichzeitig die Atomkraft so rasch heruntergefahren hat, dass die Versorgungslücke nun zum Teil von den bestehenden Kohlekraftwerken gestopft wird. Dem Durchschnittsbürger dieser Länder mag die Kritik extrem vorkommen, aber sie basiert auf sehr nüchternen Berechnungen: Die Welt hat noch maximal drei Jahrzehnte Zeit, um sich vollständig vom Kohlenstoff zu emanzipieren, bevor wirklich verheerende Klimakatastrophen losbrechen. Einer Krise dieses Ausmaßes kann man nicht mit halbherzigen Lösungen beikommen.

In der Zwischenzeit nimmt die Umweltpanik zu, und mit ihr die Verzweiflung. Als beispiellose Wetterereignisse und unablässige Forschungen der Umweltpanik-Fraktion in den letzten Jahren immer mehr Stimmen zuführten, kam unter Klimajournalisten und -autoren ein harter Wettstreit um die richtige Terminologie auf, mit dem Ziel, neue, deutliche Formulierungen zu finden – etwa Richard Heinbergs »toxisches Wissen« und Kris Bartkus' »Malthusianische Tragik« –, um die demoralisierende – oder demoralisierte – Reaktion der restlichen Welt in einen wissenschaftlichen Rahmen zu fassen. Für die Gleichgültigkeit der Umwelt gegenüber, die vom modernen Konsumenten erwartet wird, hat die Philosophin und Aktivistin Wendy Lynne Lee den Begriff »Öko-Nihilismus« geprägt.[657] Stuart Parkers »Klimanihilismus« geht leichter über die Lippen.[658] Bruno Latour, ein notorischer Aufrührer, nennt die Gefahr einer wütenden, durch eine Politik der Gleichgültigkeit befeuerten Umwelt ein »Klimaregime«.[659] Außerdem gibt es die Begriffe »Klimafatalismus« und »Ökozid« sowie den von Sam Kriss und Ellie Mae O'Hagan in einer psychoanalytischen Argumentation gegen den unaufhörlichen öffentlichen Optimismus der Umweltschützer verwendeten Ausdruck »menschlicher Futilitarismus«:

> Das Problem ist, wie sich herausstellt, nicht die übergroße Anzahl an Menschen, sondern ein Mangel an Menschlichkeit. Der Klimawandel und das Anthropozän stellen den Triumph einer untoten Spezies dar, ein gedankenloses Schlurfen in Richtung Aussterben, aber das ist nur eine schiefe Imitation dessen, was wir wirklich sind. Das macht die politische Depression so wichtig: Zombies sind nicht traurig, und sie fühlen sich sicher nicht hilflos, sie existieren einfach nur. Die politische Depression ist im Grunde

die Empfindung eines Lebewesens, das davon abgehalten wird, es selbst zu sein; trotz aller Niedergeschlagenheit und Schwäche ist es ein Protestschrei. Ja, politisch Depressive haben das Gefühl, sie wüssten nicht, wie man ein Mensch ist, doch tief unter der Verzweiflung und den Selbstzweifeln findet sich eine wichtige Erkenntnis. Wenn sich Menschlichkeit durch die Fähigkeit definiert, innerhalb der eigenen Umgebung bedeutungsvoll zu handeln, sind wir nicht wirklich – oder noch nicht – menschlich.[660]

Der Romanautor Richard Powers weist auf eine andere Art von Verzweiflung hin, die »Einsamkeit der Spezies«, die für ihn nicht das ist, was die Umweltzerstörung in uns auslöst, sondern das, was uns dazu antreibt, ungehindert fortzufahren, nachdem wir gesehen haben, welche Spuren wir in der Welt hinterlassen: »das Gefühl, wir seien ganz allein hier und es gäbe keine sinnvollere Tat, als uns selbst zufriedenzustellen«. Dann schlägt er – ganz so, als wolle er einen gemäßigten Ableger des Dark Mountain Project begründen – einen Rückzug vom Anthropozentrismus vor, der nicht ganz einem Rückzug aus der modernen Gesellschaft entspricht: »Wir müssen unsere Blindheit in Bezug auf die Sonderstellung des Menschen ablegen. Das ist die wahre Herausforderung. Solange die Gesundheit des Waldes nicht unsere Gesundheit ist, werden wir niemals den Appetit als Hauptmotivator in der Welt überwinden.« Die spannende Herausforderung bestände darin, sagt er, den Menschen ein »Pflanzenbewusstsein« zu verschaffen.[661]

Diese Begriffe bieten in ihrem gesamten Bestreben einen ganzheitlichen Ansatz einer neuen Philosophie und einer neuen Ethik, hervorgerufen durch eine neue Welt. Darauf zielt auch eine Reihe kürzlich erschienener Bücher ab, deren Titel so schwermütig klingen, dass ihre Rücken unter der Last zu brechen drohen. Das vielleicht nüchternste Buch ist *Learning to Die in the Anthropocene* (»Im Anthropozän sterben lernen«) von Roy Scranton, in dem der Autor, der als Soldat im Irak stationiert war, schreibt: »Die größte Herausforderung, die sich uns stellt, ist philosophischer Art: Wir müssen verstehen, dass diese

Zivilisation bereits tot ist.« Sein folgendes Werk, ein Essayband, trägt den Titel *We're Doomed. Now What?* (»Wir sind geliefert. Was jetzt?«)

All die genannten Texte deuten auf eine Wende zum Apokalyptischen hin, sei es literarisch, kulturell, politisch oder ethisch. Doch es ist auch eine andere Entwicklung denkbar, ja sogar wahrscheinlich, und dass sie so plausibel erscheint, macht sie vielleicht umso tragischer: Es könnte sein, dass unsere Reflexe uns angesichts der menschlichen Tragödien in die andere Richtung tragen, in Richtung Gewöhnung.

Das ist die Entwicklung, deren lautes Aufjaulen vom unscheinbar klingenden Ausdruck »Klimaapathie« erstickt wird, der sich vielleicht eher rein beschreibend anfühlt: dass wir durch Beschwörungen des Eigenen, durch die Logik der vorhandenen Mittel, durch eine absurde Umdeutung des Begriffs »verdient«, durch das stetige Verengen der Kreise, innerhalb derer wir Empathie empfinden, oder einfach dadurch, dass wir uns einfach blind stellen, wenn es gerade passt, Wege finden werden, eine neue Gleichgültigkeit an den Tag zu legen. Richtet man vom Standpunkt der Gegenwart aus, in der sich die Erde um einen Grad erwärmt hat, den Blick in die Zukunft, wirkt die um zwei Grad wärmere Welt wie ein Albtraum – und die um drei, vier oder fünf Grad wärmere noch grotesker. Doch eine Möglichkeit, um diesen Pfad beschreiten zu können, ohne kollektiv zu verzweifeln, besteht abstruserweise darin, die dramatischen Auswirkungen des Klimawandels genauso schnell zur Normalität zu erklären, wie wir ihn vorantreiben, so wie wir es beim menschlichen Leid schon jahrhundertelang getan haben. So kommen wir immer mit dem zurecht, was sich gerade direkt vor unserer Nase befindet, können alles verlachen, was jenseits dessen liegt, und einfach unbekümmert ausblenden, dass wir die Zustände in der Welt, die wir zum gegenwärtigen Zeitpunkt erleben, einst für moralisch absolut inakzeptabel erklärt hatten.

IV
Das anthropische Prinzip

Was, wenn wir falsch liegen? Absurderweise haben Jahrzehnte des Leugnens und der Fehlinformationen zum Klimawandel dazu geführt, dass die Erderwärmung nicht nur eine ökologische Krise ist, sondern auch eine Wette auf die Legitimität und Aussagekraft der Wissenschaft und der wissenschaftlichen Methode selbst, bei der wir mit extrem hohem Einsatz spielen. Es ist eine Wette, die die Wissenschaft nur gewinnen kann, indem sie verliert. Und die Testmenge beträgt, wenn es um das Klima geht, genau eins.

Niemand möchte eine Katastrophe kommen sehen, aber diejenigen, die die Augen aufhalten, tun es. Die Klimaforschung ist nicht zufällig und begeistert auf die erschreckenden Ergebnisse gestoßen, sondern hat sie durch den systematischen Ausschluss aller alternativen Erklärungen für die beobachtete Erwärmung ermittelt – auch wenn diese Erwärmung mehr oder weniger genau das ist, was zu erwarten war, wenn man auch nur über ein rudimentäres Verständnis des Treibhauseffekts verfügt, mit dem sich John Tyndall und Eunice Foot schon in den 1850er-Jahren beschäftigten, in der ersten Hoch-Zeit der amerikanischen Industrie.[662] Übrig blieb eine Reihe von Voraussagen, die widerlegbar scheinen mögen: Über die weltweiten Temperaturen, den Anstieg des Meeresspiegels und sogar die Häufung von Wirbelstürmen und die Zunahme der Flächenbrände. Aber letzten Endes ist die Frage, wie schlimm es wird, eigentlich kein Test, wie zutreffend die wissenschaftlichen Erkenntnisse sind, sondern eine Wette auf das Handeln der Menschen. Wie viel werden wir tun, um die Katastrophe aufzuhalten, und wie schnell?

Das sind die einzigen Fragen von Bedeutung. Es stimmt, dass es Rückkopplungseffekte gibt, die wir nicht verstehen, und dynamische Erwärmungsprozesse, die die Forscher noch nicht erklären können. Doch ein Großteil der Ungewissheit über den Klimawandel, der wir uns heute ausgesetzt sehen, basiert nicht auf unserer kollektiven Unkenntnis der Natur, sondern auf unserer Blindheit in Bezug auf die Welt der Menschen, und diese Ungewissheit kann durch Taten ausgeräumt werden. Genau das heißt es, jenseits des »Endes der Natur« zu leben – dass es das Handeln der Menschen ist, das über das Klima der Zukunft entscheidet, nicht irgendwelche Systeme, die sich unserer Kontrolle entziehen. Und es ist der Grund dafür, dass die vorsichtigen Versuche, Klimaszenarien zu umreißen, die sich in diesem Buch finden, trotz der unmissverständlichen Klarheit der wissenschaftlichen Voraussagen eine Fülle von Wörtern wie *vielleicht* und *möglicherweise* und *vermutlich* enthalten. Das daraus resultierende Porträt des bevorstehenden Leidens, ist, so hoffe ich, beängstigend. Es ist auch voll und ganz vermeidbar. Wenn wir zulassen, dass die Erde sich weiter aufheizt und uns mit all der Kraft bestraft, mit der wir sie gefüttert haben, liegt das daran, dass wir uns dafür entschieden haben – und gemeinsam den Pfad in Richtung Selbstmord beschreiten. Wenn wir das abwenden, liegt es daran, dass wir bewusst einen anderen Weg eingeschlagen haben und fortbestehen.

Das sind die beunruhigenden, widersprüchlichen Erkenntnisse aus der Erderwärmung, die uns gleichzeitig Demut lehren und uns unsere herausragende Stellung vor Augen führen. Das Klimasystem, das der menschlichen Spezies und allem, was wir unter dem Begriff Zivilisation kennen, zum Aufstieg verholfen hat, ist so zerbrechlich, dass es vom Menschen innerhalb von nur einer Generation an den Rand des Zusammenbruchs gebracht worden ist. Aber dieser Umstand verweist auch darauf, über wie viel Kraft die Menschheit verfügt, die das – fast versehentlich – herbeigeführt hat, und diese Kraft muss nun aufgewendet werden, um den Schaden wiedergutzumachen, und das in sehr kurzer Zeit. Wenn die Menschen für das Problem verantwortlich sind, müssen sie auch in der Lage sein, Abhilfe zu schaffen. Wir haben eine Bezeichnung für diejenigen, die das Schicksal der Welt in der Hand halten, so wie wir es tun: Götter. Aber zumindest in diesen Tagen scheinen die meisten von uns eher geneigt, vor der Verantwortung davonzulaufen, als sich ihrer anzunehmen – oder sie auch nur anzuerkennen, obwohl sie direkt vor unserer Nase hockt, so deutlich sichtbar wie ein Steuerrad.

Stattdessen überlassen wir diese Aufgabe späteren Generationen, träumen von magischen Technologien, entfernten Politikern, die dagegen ankämpfen, dass aus der Verzögerung Profit geschlagen wird. Deshalb wimmelt es in diesem Buch auch vom Wort »wir«, so überheblich es klingen mag. Die Tatsache, dass der Klimawandel allumfassend ist, bedeutet, dass er uns alle betrifft und dass wir alle Verantwortung dafür übernehmen müssen, wenn wir nicht alle leiden sollen – zumindest, wenn wir nicht alle unerträglich leiden sollen.

Wir wissen nicht genau, welche Form dieses Leiden annehmen würde, können nicht sicher voraussagen, wie viele Hektar Wald in den kommenden 100 Jahren abbrennen und ihr jahrhundertelang gespeichertes Kohlendioxid in die Luft abgeben, wie viele Hurrikans über die karibischen Inseln hinwegziehen, wo die Megadürren zuerst für massive Hungersnöte sorgen werden oder wie die erste große Pandemie aussehen wird, die die Erderwärmung hervorbringt. Aber wir wissen genug, um schon jetzt zu erkennen, dass die neue Welt, in der wir dann leben, sich so sehr von unserer heutigen unterscheiden wird, dass es genauso gut ein anderer Planet sein könnte.

1950 war der aus Italien stammende Physiker Enrico Fermi, einer der Väter der Atombombe, auf dem Weg zum Mittagessen im amerikanischen Los Alamos in eine Unterhaltung mit Edward Teller, Emil Konopinski und Herbert York vertieft. Es ging um UFOS, was Fermi so sehr beschäftigte, dass er sich ganz in seinen Gedanken verlor. Die anderen waren schon zu einem anderen Thema übergegangen, als er wieder daraus auftauchte und fragte: »Wo sind sie denn alle?«[663] In der Welt der Wissenschaft erlangte diese Geschichte Legendenstatus, und die Frage ist mittlerweile unter der Bezeichnung »Fermi-Paradoxon« bekannt: Wenn das Universum so groß ist, warum haben wir dann noch kein anderes intelligentes Leben darin getroffen?

Die Antwort könnte ganz einfach »Klima« lauten. Nirgendwo anders im bekannten Universum gibt es auch nur einen Planeten, der so dafür geeignet ist, solches Leben hervorzubringen wie der unsrige, auf dem wir als Fermis einzige Kinder leben. Die Erderwärmung macht diese Behauptung noch heikler. Während des gesamten Zeitfensters, in dem sich das menschliche Leben entwickelt hat, war fast die ganze Erde klimatologisch gesehen ein ziemlich angenehmer Ort; nur deshalb sind wir entstanden.[664] Doch das ist selbst auf unserem Planeten nicht zu allen Zeiten der Fall gewesen, und schon heute ist es hier nicht mehr sonderlich gemütlich – und es wird immer schlimmer. Kein Mensch hat jemals einen Planeten bewohnt, der so heiß ist wie unserer, und er heizt sich immer weiter auf. Mehrere Klimaforscher, mit denen ich mich über die nahe Zukunft unterhalten habe, hielten die Erderwärmung für die Antwort auf Fermis Frage. Vielleicht beträgt die natürliche Lebensspanne einer Zivilisation nur wenige Tausend Jahre und die einer industrialisierten Zivilisation nur wenige Hundert. In einem Universum, das viele Milliarden Jahre alt ist, mit Galaxien, die sowohl räumlich als auch zeitlich getrennt sind, ist es denkbar, dass Zivilisationen einfach zu schnell entstehen, aufblühen und dann wieder vergehen, als dass sie einander aufspüren könnten.

Das Fermi-Paradoxon ist auch als »die große Stille« bezeichnet worden – wir rufen ins Universum hinaus und hören kein Echo und keine Antwort. Der unorthodoxe Wirtschaftswissenschaftler Robin Hanson nennt das den »großen Filter«.[665] Gefiltert werden, so seine Theorie, ganze Zivilisationen, die von der Erwärmung umfangen sind wie Insekten in einem Netz. »Zivilisationen entwickeln sich, aber es gibt einen Umweltfilter, der dafür sorgt, dass sie wieder eingehen und recht schnell verschwinden«, erklärt mir der charismatische Paläontologe Peter Ward, einer der Wissenschaftler, die entdeckt haben, dass die bisherigen Massenaussterben auf der Erde durch Treibhausgase ausgelöst wurden. »Die Filterprozesse, die in der Vergangenheit stattfanden, haben zu diesen Massenaussterben geführt.« Das Massenaussterben, das wir jetzt erleben, hat gerade erst begonnen; das große Sterben steht uns noch bevor.

Hinter der Suche nach außerirdischem Leben steckte immer das Verlangen, dem Menschen im gewaltigen vergesslichen Kosmos eine Bedeutung zuzuschreiben: Wir wollen gesehen werden, damit wir wissen, dass wir existieren. Das Ungewöhnliche daran ist, dass die Alien-Fantasie den Menschen im Gegensatz zur Religion, dem Nationalismus oder Verschwörungstheorien nicht in den Mittelpunkt einer großen Geschichte setzt. Stattdessen entfernt sie uns aus dem Mittelpunkt – und ist in diesem Sinne eine Art kopernikanischer Traum. Als Kopernikus verkündete, die Erde drehe sich um die Sonne, hat er vielleicht kurz das Gefühl gehabt, selbst im Scheinwerferlicht des Universums zu stehen, aber durch die Entdeckung wies er der gesamten Menschheit einen Platz am Rand zu. Das ist es, was mein Schwiegervater die »Äußerer-Ring-Theorie« nennt, wenn er beschreibt, was Männern bei der Geburt ihrer Kinder und später der Enkelkinder widerfährt, und der Begriff deckt im Grunde die Bedeutung jedes imaginierten Zusammentreffens mit einem Außerirdischen ab: Plötzlich sind die Menschen wichtige Akteure in einem Theaterstück von fast unvorstellbarem Ausmaß, dessen bleibende Lehre leider darin besteht, dass wir absolute Niemande sind – oder zumindest viel weniger einzigartig und wichtig, als wir dachten. Als die Astronauten an Bord von Apollo 8, der Konservenbüchse, in der sie durch das Weltall flogen, einen ersten Blick auf die Erde erhaschten – den halb im Schatten liegenden Planeten zum ersten Mal hinter der Mondoberfläche schweben sahen –, schauten sie einander an und stellten im Scherz die Frage, ob dieser Planet, der sie in den Orbit befördert hatte, eigentlich bewohnt sei.[666]

In den vergangenen Jahren, in denen sich die Reichweite der Teleskope immer weiter vergrößert hat, haben die Astronomen unzählige Planeten wie unseren eigenen entdeckt – viel mehr, als noch vor einer

Generation erwartet wurde. Das führte zu einer hektischen Neubetrachtung der Faktoren in der von Frank Drake aufgestellten Rechnung, die heute als Drake-Gleichung bekannt ist und eine Vorhersage über die Wahrscheinlichkeit außerirdischen Lebens trifft, ausgehend von Vermutungen über verschiedene Umstände – etwa der Frage, auf wie vielen der Planeten, auf denen es Leben geben könnte, es tatsächlich Leben gibt, auf wie vielen dieser Planeten sich intelligentes Leben entwickelt hat und wie hoch bei letzteren wiederum der Anteil der Planeten ist, die wahrnehmbare Hinweise auf diese Intelligenz ins All senden könnten.[667]

Abgesehen vom Großen Filter gibt es auch noch eine ganze Reihe weiterer Theorien darüber, warum wir noch nichts von dort draußen gehört haben. Dazu zählen die »Zoo-Hypothese«, die davon ausgeht, dass die Außerirdischen einfach über uns wachen und uns gewähren lassen, mutmaßlich so lange, bis wir ihren Grad an Intelligenz erreicht haben, sowie das genaue Gegenteil – dass wir nichts von Außerirdischen gehört haben, weil sie es sind, die schlafen, in einem ganze Zivilisationen fassenden System aus Dauerschlafkammern, wie wir sie aus Science-Fiction-Raumschiffen kennen, in denen die Wesen darauf warten, dass das Universum eine Form annimmt, die besser zu ihren Bedürfnissen passt. Schon 1960 vertrat der vielseitig interessierte Physiker Freeman Dyson die Meinung, dass wir möglicherweise unfähig seien, außerirdisches Leben mit unseren Teleskopen aufzuspüren, weil fortgeschrittene Zivilisationen sich buchstäblich vom Rest des Universums abgeschottet hätten, indem sie ganze Sonnensysteme in gewaltige Strukturen eingefasst hätten, die darauf ausgelegt seien, die Energie des zentralen Sterns nutzbar zu machen – das System sei so effizient, dass es von anderen Orten im Universum aus so wirke, als leuchte der Stern gar nicht.[668] Der Klimawandel legt eine andere Art von Hülle nahe, die nicht durch eine technologische Meisterleistung entsteht, sondern zunächst durch Unwissenheit, dann durch Trägheit und später durch Gleichgültigkeit – eine Zivilisation, die sich in eine selbstmörderische Gaswolke hüllt, ähnlich einem laufenden Motor in einer verschlossenen Garage.

Der Astrophysiker Adam Frank nennt diese Denkweise in seinem Buch *Light of the Stars,* in dem er den Klimawandel, die Zukunft der Erde und unseren Umgang mit ihr aus der Perspektive des Universums betrachtet, »die Astrobiologie des Anthropozäns«. Er spricht davon, »wie ein Planet zu denken«.[669] »Wir sind nicht allein. Wir sind nicht die Ersten«, schreibt er auf den ersten Seiten des Buches. »*Dies* – also alles um uns herum, was zum Projekt unserer Zivilisation gehört – ist höchstwahrscheinlich schon tausend-, millionen- oder sogar billionenmal zuvor passiert.«

Was wie eine Parabel von Nietzsche klingt, ist in Wahrheit nur eine Erklärung des Wortes »Unendlichkeit« und dessen, wie klein und unwichtig dieses Konzept uns Menschen und unser gesamtes Tun in den Weiten eines derartigen Universums erscheinen lässt. In einem etwas unorthodoxen Aufsatz, den Frank vor Kurzem zusammen mit dem Klimaforscher Gavin Schmidt geschrieben hat, ging er sogar noch weiter und erklärte, es könne selbst in der Geschichte unseres Planeten schon eine hoch entwickelte Industriegesellschaft gegeben haben, so weit in der Vergangenheit, dass ihre Überreste längst zu Staub zu unseren Füßen zerfallen seien, was sie dauerhaft unsichtbar für uns mache. Der Aufsatz war als Gedankenexperiment angelegt, das darauf abzielte, wie wenig wir durch Archäologie und Geologie wirklich in Erfahrung bringen, nicht als ernsthafter Beitrag zur Erdgeschichte.[670]

Außerdem sollte er motivierend wirken. Frank wollte der Leserschaft die seiner Meinung nach ermutigende Sichtweise vermitteln, dass das »Projekt unserer Zivilisation« äußerst zerbrechlich sei und wir außergewöhnliche Maßnahmen ergreifen müssten, um es zu schützen. Beides stimmt, aber trotzdem kann es hart sein, die Dinge so zu sehen wie er. Wenn es wirklich Billionen anderer Zivilisationen wie unsere gegeben hat, sowohl irgendwo dort draußen im Universum als auch vielleicht ein paar, die hier im Staub der Erde verschüttet liegen, verheißt die Tatsache, dass wir noch keine Spur einer bestehenden entdeckt haben – ganz ungeachtet der Lehren, die wir aus dieser Sichtweise für den Umgang mit der Erde ziehen können –, nichts Gutes für unsere eigene Zivilisation.

Diese »Billionen« können also für eine Menge Verzweiflung sorgen – dabei handelt es sich um äußerst spekulative Berechnungen. Das gilt noch stärker für jeden, der sich bemüht, die Drake-Gleichung zu »lösen«, wie es schon viele versucht haben.[671] Dieses Projekt, bei dem es in meinen Augen weniger darum geht, das Wesen des Universums auf einer Tafel darzustellen, als um ein reines Zahlenspiel, das sich so selbstbewusst vom Nahen zum Willkürlichen vorarbeitet, dass es ganz selbstverständlich davon ausgeht, wir dürften, wenn das Universum von unseren Voraussagen abweicht, einfach daran glauben, dass es uns einige wichtige Informationen vorenthält – namentlich über die Anzahl der Zivilisationen, die ausgestorben und verschwunden sind –, statt davon ausgehen zu müssen, unsere Annahmen seien falsch. Die Tatsache, dass uns in naher Zukunft ein dramatischer Klimawandel bevorsteht, sollte uns demütig stimmen und uns unsere herausragende Stellung vor Augen führen, aber der Ansatz von Drake scheint das gleichzeitig zu unterstreichen und zu unterlaufen: Er geht davon aus, dass die Faktoren unseres Gedankenexperiments die Bedeutung des Universums erfassen, kann sich aber gleichzeitig nicht vorstellen, dass das Schicksal der Menschen in diesem Zusammenhang etwas Besonderes darstellt.

In Zeiten einer ökologischen Krise übt der Fatalismus eine große Anziehungskraft aus, aber trotzdem wirkt es wie eine seltsame Laune des Anthropozäns, dass die Transformation der Erde durch den menschengemachten Klimawandel so viel Aufmerksamkeit auf Fermis Paradoxon gelenkt hat, aber so wenig auf das philosophische Gegenstück, das anthropische Prinzip. Dieses Prinzip versteht die menschliche Anomalie nicht als Rätsel, das wegerklärt werden muss, sondern als Dreh- und Angelpunkt einer zutiefst narzisstischen Sichtweise auf den Kosmos. Näher kann die String-Theorie nicht an einen bestärkenden Egoismus heranrücken: So unwahrscheinlich es auch wirkt, dass aus einem leblosen Gas eine intelligente Zivilisation hervorgegangen ist, und so allein wir im Universum auch zu sein scheinen – die Erde, auf der wir uns befinden, und das Leben, das wir uns erschaffen haben, sind in gewisser Weise die logische Konsequenz dessen, dass wir uns diese Fragen stellen, denn nur ein Universum, das zu einem bewussten Wesen wie uns passt, könnte etwas hervorbringen, das es auf diese Weise betrachtet.

Diese Überlegung ist eine Art Möbiusband, eher ein tautologischer Gag als eine Aussage mit Wahrheitsanspruch, die auf wissenschaftlich erhobenen Daten basiert. Dennoch halte ich sie in Bezug auf den Klimawandel und die existenzielle Herausforderung, innerhalb weniger Jahrzehnte eine Lösung dafür finden zu müssen, für hilfreicher als Fermis oder Drakes Ansatz. Es gibt, soweit wir wissen, nur eine Zivilisation, und die ist quicklebendig – zumindest jetzt noch. Warum sollten wir unsere Sonderstellung mit Argwohn betrachten oder uns nur gestatten, sie im Zusammenhang mit einem direkt bevorstehenden Untergang zu sehen? Warum dürfen wir uns nicht dafür entscheiden, sie als Antrieb zu verstehen?

Ein Gespür für die kosmische Sonderstellung garantiert noch keinen guten Umgang mit der Erde. Aber es trägt dazu bei, dass wir unsere Aufmerksamkeit darauf richten, was wir mit diesem ganz besonderen Planeten machen. Man muss kein fiktives Gesetz des Universums heranziehen – etwa dass alle Zivilisationen auf einem Kamikazekurs unterwegs seien –, um die Zerstörung zu erklären. Man muss sich nur die Entscheidungen anschauen, die wir gemeinschaftlich getroffen haben, und im Augenblick entscheiden wir uns gemeinschaftlich dafür, die Erde zu zerstören.

Werden wir damit aufhören? »Wie ein Planet denken« ist so weit vom modernen Leben – von der Denkweise eines neoliberalen Wesens in einem auf rücksichtslosen Wettbewerb ausgelegten System – entfernt, dass die Formulierung klingt, als stamme sie von einem Erstklässler. Doch wenn es um das Klima geht, ist es sinnvoll, bei den Grundlagen anzusetzen; es ist sogar notwendig, da wir nur einen Versuch haben, um eine Lösung zu finden. Das geht darüber hinaus, wie ein Planet zu denken, denn der Planet wird überleben, egal wie sehr wir ihn vergiften. Wir müssen wie ein Volk denken, ein einziges Volk, das ein gemeinsames Schicksal teilt.

Der Pfad, auf dem wir uns als Planet bewegen, sollte jeden, der darauf lebt, in Angst und Schrecken versetzen, aber wenn wir wie ein Volk denken, liegen alle wichtigen Dinge in unserer Hand, und es sind keine mystischen Spekulationen darüber nötig, wie das Schicksal der Erde zu deuten oder zu steuern ist. Wir müssen uns nur unserer Verantwortung annehmen. Als Robert Oppenheimer, der Leiter des Manhattan-Projekts in Los Alamos, später über die Bedeutung der Atombombe sinnierte, erklärte er, beim ersten erfolgreichen Nukleartest habe er an eine Passage aus der *Bhagavad Gita* denken müssen: »Jetzt bin ich zum Tod geworden, dem Zerstörer der Welten.«[672] Aber das Interview, in dem er das sagte, fand Jahre später statt, als Oppenheimer schon zum pazifistischen Gewissen des amerikanischen Atomzeitalters geworden war – wofür ihm natürlich die Sicherheitsfreigabe entzogen wurde. Laut seinem Bruder Frank, der dabei war, als Oppenheimer zusah, wie seine Erfindung mit dem Spitznamen »the gadget« (»das Ding«, »das Spielzeug«) detonierte, sagte dieser nur: »Es hat funktioniert.«[673]

Die Bedrohung, die vom Klimawandel ausgeht, ist größer als die durch die Atombombe. Außerdem ist sie umfassender. 2018 warnten 42 Wissenschaftler aus aller Welt in einem Artikel davor, dass kein Ökosystem der Erde sicher wäre, wenn wir so weitermachen wie bisher; die Veränderungen würden »allgegenwärtig und dramatisch« sein und in nur einem oder zwei Jahrhunderten alles übertreffen, was sich selbst in den Phasen der Erdgeschichte, in denen sich die Welt am extremsten veränderte, über Jahrtausende hinweg ereignet habe.[674] Die Hälfte des Great Barrier Reefs ist bereits abgestorben, aus dem arktischen Permafrostboden, der vielleicht nie wieder einfriert, steigt Methan auf, und die Vorhersagen über die Zusammenhänge zwischen der Erderwärmung und dem Getreideanbau legen nahe, dass ein Temperaturanstieg um nur vier Grad die Ernteerträge um ganze 50 Prozent reduzieren könnte. Wenn Sie das für dramatisch halten – was Sie sollten –, führen Sie sich vor Augen, dass es schon heute alle Hilfsmittel gibt, die nötig wären, um die Entwicklung aufzuhalten: die

CO_2-Steuer und den politischen Apparat, um die Nutzung schmutziger Energien rasch zu beenden, einen neuen Ansatz für die Landwirtschaft und eine weltweite Abkehr von Rindfleisch und Milchprodukten sowie öffentliche Investitionen in grüne Energien und die Kohlendioxidabscheidung.

Dass die Lösungen offensichtlich und verfügbar sind, ändert nichts daran, dass das Problem überwältigend ist. Es handelt sich nicht um ein Thema, das nur eine Erzählung, eine Perspektive, eine Metapher, eine Stimmung erlaubt. Das wird sich in den kommenden Jahrzehnten noch verstärken, wenn die Erderwärmung für mehr und mehr Katastrophen, politische Horrorszenarien und humanitäre Krisen sorgt. Dann wird es diejenigen geben, die, genau wie heute, Brandreden gegen die fossilen Kapitalisten und ihre politischen Unterstützer halten, und andere, die sich, genau wie heute, über die Kurzsichtigkeit der Menschen beklagen und die Konsumexzesse des heutigen Lebens anprangern. Es wird, genau wie heute, unermüdliche Aktivisten geben, mit breit gefächerten Ansätzen, die von Klagen, aggressiver Gesetzgebung und Miniprotesten gegen neue Ölpipelines über gewaltlosen Widerstand bis hin zu einem Feldzug für die Bürgerrechte reichen. Und es wird diejenigen geben, die, genau wie heute, beim Anblick des immer weiter ausufernden Leids in Verzweiflung verfallen. Es wird diejenigen geben, die, genau wie heute, darauf beharren, dass es nur einen Weg gäbe, auf die bevorstehende ökologische Katastrophe zu reagieren – einen sinnvollen Weg, einen verantwortungsvollen Weg.

Doch es wird vermutlich nicht nur ein Weg sein. Schon vor dem Zeitalter des Klimawandels lieferte uns die Umweltschutzliteratur viele Metaphern, unter denen wir auswählen konnten. Dem Chemiker und Mediziner James Lovelock verdanken wir die Gaia-Hypothese, laut der die Welt eine einzige, sich weiterentwickelnde quasibiologische Einheit darstellt.[675] Buckminster Fuller machte den Begriff »Raumschiff Erde« bekannt, der unseren Heimatplaneten wie eine Art Rettungsboot in einer, wie Archibald MacLeish es nannte, »gewaltigen, leeren Nacht« erscheinen lässt.[676] Heute ruft uns die Formulierung das lebhafte Bild einer Welt vor Augen, die mit genügend

CO_2-Abscheidungsanlagen bestückt durch das Sonnensystem kreist, um die Erderwärmung auszugleichen oder sie sogar umzukehren und so wie durch Zauberkraft die Luft zwischen diesen Maschinen wieder atembar zu machen. Die Voyager-1-Sonde lieferte uns das Foto vom »Pale Blue Dot« (»blassblauer Punkt«) – ein Sinnbild der unumgänglichen Winzigkeit und Zerbrechlichkeit dieses Experiments, an dem wir alle gemeinsam beteiligt sind, ob wir wollen oder nicht. Ich persönlich finde, dass der Klimawandel selbst uns das erfrischendste Bild liefert, weil er uns trotz aller Grausamkeit auch unsere Macht vor Augen führt und die Welt so zum gemeinsamen Handeln aufruft. Zumindest hoffe ich, dass es so ist. Aber das ist ein weiterer Aspekt des Klimakaleidoskops. Wählen Sie sich Ihre Metapher selbst aus. Beim Planeten können Sie das nicht – dieser ist der einzige, den wir je als unser Zuhause bezeichnen werden.

Dank

Wenn dieses Buch irgendetwas wert ist, dann ist das ein Erfolg der Wissenschaftler, die erst Theorien über die Erderwärmung aufgestellt, diese dann in der Realität belegt und schließlich erforscht und erklärt haben, was der Temperaturanstieg für den Rest von uns, die wir auf diesem Planeten leben, bedeuten könnte. Den Auftakt machten Eunice Foote und John Tyndall im 19. Jahrhundert, und die Reihe führt über Roger Revelle und Charles David Keeling im 20. Jahrhundert hin zu den Aberhunderten von Forschern aus dem 21. Jahrhundert, deren Werke in den Anmerkungen zu diesem Buch Erwähnung finden (und natürlich vielen Hundert weiteren, die harte Arbeit leisten). Wie viel wir in den kommenden Jahrzehnten auch gegen die Attacken des Klimawandels ausrichten können, wir haben es ihnen zu verdanken.

Ich persönlich bin jenen Wissenschaftlern, Klimaexperten und Aktivisten zum Dank verpflichtet, die in den vergangenen Jahren so großzügig ihre Zeit und ihre Erkenntnisse mit mir geteilt haben – und mir so dabei halfen, ihre Forschungen zu verstehen, mich auf die Ergebnisse anderer hinwiesen, meinen Bitten um ausgiebige Interviews oder öffentliche Diskussionen über den Zustand des Planeten nachkamen, sich über einen langen Zeitraum hinweg mit mir austauschten und in vielen Fällen meine Texte durchsahen, bevor ich sie veröffentlichte, auch Ausschnitte aus diesem Buch. Zu ihnen zählen Richard Alley, David Archer, Craig Baker-Austin, David Battisti, Peter Brannen, Wallace Smith Broecker, Marshall Burke, Ethan D. Coffel, Aiguo Dai, Peter Gleick, Jeff Goodell, Al Gore, James Hansen, Katherine Hayhoe, Geoffrey Heal, Solomon Hsiang, Matthew Huber, Nancy Knowlton, Robert Kopp, Lee Kump, Irakli Loladze, Charles Mann, Geoff Mann, Michael Mann, Kate Marvel, Bill McKibben, Michael Oppenheimer, Naomi Oreskes, Andrew Revkin, Joseph Romm, Lynn Scarlett, Steven Sherwood, Joel Wainwright, Peter D. Ward und Elizabeth Wolkovich.

Als ich 2017 zum ersten Mal über den Klimawandel schrieb, war ich auch auf die kritische Recherche von Julia Mead und Ted Hart angewiesen. Außerdem bin ich dankbar für all die Reaktionen auf jenen Artikel, die an anderen Stellen veröffentlicht wurden – vor allem für die von Genevieve Guenther, Eric Holthaus, Farhad Manjoo, Susan Mathews, Jason Mark, Robinson Meyer, Chris Mooney und David Roberts. Das schließt auch alle Wissenschaftler ein, die meinen Artikel auf der Website Climate Feedback besprachen und ihn dort Zeile für Zeile durchgingen. Noch eingehender und kritischer hat Chelsea Leu das Manuskript im Rahmen der Vorbereitung für die Veröffentlichung durchgearbeitet, und dafür kann ich ihr gar nicht genug danken.

Dieses Buch wäre niemals entstanden ohne die Weitsicht, Anleitung, Weisheit und Geduld von Tina Bennett, der ich nun den Dank eines ganzen Lebens schulde. Und es wäre kein Buch geworden, hätte ich nicht auf die Genauigkeit, die Genialität und das Vertrauen von Tim Duggan und den enorm hilfreichen Einsatz von William Wolfslau und Molly Stern, Dyana Messina, Julia Bradshaw, Christine Johnson, Aubrey Martinson, Julie Cepler, Rachel Aldrich, Craig Adams, Phil Leung und Andrea Lau, sowie von Helen Conford bei Penguin in London zählen können.

Allen, mit denen ich beim Magazin *New York* zusammenarbeite, bin ich dankbar für ihre fortwährende Ermutigung und Unterstützung. Das gilt insbesondere für meine Chefs Jared Hohlt, Adam Moss und Pam Wasserstein und für David Haskell, meinen Redakteur, Freund und Mitverschwörer. Mein Dank gilt auch allen anderen Freunden und Mitverschwörern, die mir dabei geholfen haben, meine Ideen für dieses Buch zu entwickeln und zu überdenken: Isaac Chotiner, Kerry Howley, Hua Hsu, Christian Lorentzen, Noreen Malone, Chris Parris-Lamb, Willa Paskin, Max Read und Kevin Roose. Darüber hinaus danke ich Jerry Saltz, Mike Marino und Andy Roth und Ryan Langer, Casey Schwartz und Marie Brenner, Nick Zimmerman und Dan Weber und Joey Frank, Justin Pattner und Daniel Brand, Caitlin Roper, Ann Clarke und Noreen Malone und Alexis Swerdloff, Meghan O'Rourke, Robert Asahina, Philip Gourevitch, Lorin Stein und Michael Grunwald für eine Million unaufzählbare Dinge.

Mein bester Leser ist wie immer mein Bruder Ben; wer weiß, wo ich wäre, wenn ich nicht in seine Fußstapfen getreten wäre. In unzähligen Hinsichten inspiriert haben mich auch Harry und Roseann, Jenn und Matt und Heather und ganz besonders meine Mutter und mein Vater – obwohl nur noch einer von beiden da ist und dieses Buch lesen kann, verdanke ich es doch ihnen beiden, so wie alles andere auch.

Mein letzter und größter Dank gebührt Risa, meiner großen Liebe, und Rocca, meiner anderen großen Liebe – für das letzte Jahr, die letzten 20 Jahre und die 50 oder mehr, die uns noch bevorstehen. Hoffen wir, dass sie nicht zu heiß werden.

Quellen

Wissenschaftliche Erkenntnisse sind immer ein Stück weit spekulativ, es sind stets Neubewertungen und Revisionen möglich. Wie spekulativ genau sie sind, ist von Wissenschaft zu Wissenschaft, von Fachbereich zu Fachbereich, ja sogar von Untersuchung zu Untersuchung unterschiedlich.

Im Bereich der Klimaforschung sind sowohl die Tatsache, dass sich die Erde erwärmt (bisher um etwa 1,1 Grad, seit die Menschen fossile Energieträger verbrennen), als auch der Mechanismus, der dahinter steckt (die Treibhausgase, die durch die Verbrennung entstehen, fangen die Wärme ab, die in die Erdatmosphäre abgestrahlt wird), mittlerweile über jeden Zweifel erhaben. Wie genau sich die Erwärmung zunächst im Verlauf der nächsten Jahrzehnte und dann der kommenden Jahrhunderte auswirken wird, ist weniger gewiss, zum einen, weil wir nicht wissen, wie schnell sich die Menschen von ihrer Sucht nach fossilen Brennstoffen befreien werden, und zum anderen, weil wir nicht genau sagen können, wie das Klimasystem auf die vom Menschen verursachte Störung reagiert. Doch die Anmerkungen, die hier folgen, bieten, so hoffe ich, einen Überblick über die aktuelle Lage der Wissenschaft. Darüber hinaus dienen sie als Bibliografie für dieses Buch. Alle Links zu diesen Quellen wurden zwischen dem 21. Januar und dem 26. März 2019, parallel zur Übersetzung, abgerufen.

Anmerkungen

I Kaskaden

1 Diese Massenaussterben ereigneten sich am Ende des Ordoviziums, im oberen Devon, am Ende des Perms, am Ende der Trias und am Ende der Kreide. Ein sehr guter, auch für Laien verständlicher Überblick über jedes einzelne von ihnen findet sich in Peter Brannen, *The Ends of the World,* New York, HarperCollins, 2017.

2 All diese Zahlen sind Schätzwerte, und unterschiedliche Untersuchungen kommen oft zu unterschiedlichen Ergebnissen. Manche Studien des Aussterbens am Ende des Perms legen beispielsweise nahe, dass damals nur etwa 90 Prozent der Lebewesen ausgelöscht wurden, während in anderen von 97 Prozent die Rede ist. Die hier genannten Zahlen stammen aus dem *Cosmos*-Artikel »The Five Big Mass Extinctions«, https://cosmosmagazine.com/palaeontology/big-five-extinctions.

3 Brannen, *Ends of the World.*

4 Welche Kombination von Umweltfaktoren das Massenaussterben am Ende des Perms nun genau herbeigeführt hat (Vulkanausbrüche, Mikroben, Methan aus der Arktis), wird viel diskutiert, aber eine Zusammenfassung der Theorie, dass vulkanische Aktivität für einen Temperaturanstieg auf der Erde sorgte, was dazu führte, dass Methan freigesetzt wurde, was die Erwärmung wiederum beschleunigte, findet sich hier: Uwe Brand et al., »Methane Hydrate: Killer Cause of Earth's Greatest Mass Extinction«, *Paleoworld* 25, Nr. 4, Dezember 2016, S. 496–507, https://doi.org/10.1016/j.palwor.2016.06.002.

5 »Sowohl beim PETM [Paläozän/Eozän-Temperaturmaximum] als auch gegen Ende des Perms wurden maximal eine Milliarde Tonnen Kohlendioxid ausgestoßen, und momentan sind es zehn Milliarden Tonnen«, erklärte mir Lee Kump, ein Geowissenschaftler von der Penn State University, der zu den führenden Fachleuten auf dem Gebiet der Massenaussterben zählt. »Beide Ereignisse dauerten deutlich länger an als die Verbrennung fossiler Energieträger, was die Differenz verringert – aber nicht zehnmal so lang, sondern eher zwei- oder dreimal so lang.«

6 Jessica Blunden, Derek S. Arndt und Gail Hartfield (Hg.), »State of the Climate in 2017«, *Bulletin of the American Meteorological Society* 99, Nr. 8, August 2018, Si–S332, https://doi.org/10.1175/2018BAMSStateoftheClimate.1.

7 Rob Moore, »Carbon Dioxide in the Atmosphere Hits Record High Monthly Average«, Scripps Institution of Oceanography, 2. Mai 2018. Wie Moore es formuliert: »Vor dem Beginn der industriellen Revolution schwankte der CO_2-Gehalt über die Jahrtausende hinweg, aber die Grenze von 300 ppm hat er in den letzten 800 000 Jahren niemals überschritten.« https://scripps.ucsd.edu/programs/keelingcurve/2018/05/02/carbon-dioxide-in-the-atmosphere-hits-record-high-monthly-average/.

8 Siehe zum Beispiel Aradhna K. Tripati, Christopher D. Roberts und Robert A. Eagle, »Coupling of CO_2 and Ice Sheet Stability over Major Climate Transitions of the Last 20 Million Years«, Science 326, Nr. 5958, Dezember 2009, S. 1394–1397. »Als die Kohlendioxidwerte zum letzten Mal so hoch waren wie heute – und auf dem Level verharrten –, lagen die Temperaturen weltweit etwa 2,5 bis fünf Grad höher als heute«, erklärte Tripati in der Pressemeldung der UCLA zur Studie. »Der Meeresspiegel war rund 20 bis 35 Meter höher, das Meer in der Arktis war nicht dauerhaft von einer Eisschicht bedeckt, und auch in der Antarktis und auf Grönland gab es wenig Eis.«

9 Ebd.

10 Carbon Dioxide Information Analysis Center, Oak Ridge National Laboratory, »Global, Regional, and National Fossil-Fuel CO_2 Emissions«, Oak Ridge, Tennessee, 2017, https://doi.org/10.3334/CDIAC/00001_V2017. Es gibt unterschiedliche Berichte und Schätzungen dazu, wie hoch der CO_2-Ausstoß in früheren Zeiten war, aber laut dem Oak Ridge National Laboratory sind es seit dem Jahr 1751 1578 Gigatonnen durch fossile Brennstoffe, davon 820 Gigatonnen seit 1989.

11 Gemäß dem Oak Ridge National Laboratory sind es seit 1946 insgesamt 1376 Gigatonnen, was 87 Prozent von 1578 entspricht.

12 R. Revelle und H. Suess, »Carbon Dioxide Exchange Between Atmosphere and Ocean and the Question of an Increase of Atmospheric CO_2 During the Past Decades«, Tellus 9, 1957, S. 18–27.

13 Siehe zum Beispiel Nicola Jones, »How the World Passed a Carbon Threshold and Why It Matters«, Yale Environment 360, 26. Januar 2017, https://e360.yale.edu/features/how-the-world-passed-a-carbon-threshold-400ppm-and-why-it-matters.

14 Scripps Institution of Oceanography, »Another Climate Milestone Falls at Mauna Loa Observatory«, 7. Juni 2018, https://scripps.ucsd.edu/news/another-climate-milestone-falls-mauna-loa-observatory.

15 IPCC, *Climate Change 2014: Synthesis Report, Summary for Policymakers*, Genf, 2014, S. 11.

16 Gaia Vince, »How to Survive the Coming Century«, *New Scientist,* 25. Februar 2009. Diese Einschätzung ist teilweise recht extrem, aber es trifft unbestreitbar zu, dass weite Teile jener Regionen durch eine Erwärmung dieses Ausmaßes gemäß allen Standards, die wir heute ansetzen, extrem lebensfeindlich würden.

17 Alec Luhn und Elle Hunt, »Besieged Russian Scientists Drive Away Polar Bears«, *The Guardian,* 14. September 2016.

18 Michaeleen Doucleff, »Anthrax Outbreak in Russia Thought to Be Result of Thawing Permafrost«, NPR, 3. August 2016.

19 Phillip Connor, »Most Displaced Syrians Are in the Middle East, and About a Million Are in Europe«, *Pew Research Center* 29. Januar 2018, http://www.pewresearch.org/fact-tank/2018/01/29/where-displaced-syrians-have-resettled.

20 »Bis 2050 wird schätzungsweise jeder siebte Bewohner Bangladeschs durch den

Klimawandel aus seiner Heimat vertrieben worden sein«, sagte Robert Watkins von den Vereinten Nationen 2015; siehe Mubashar Hasan, »Bangladesh's Climate Change Migrants«, ReliefWeb, 13. November 2015.

21 Weltbank, *Groundswell: Preparing for Internal Climate Migration*, Washington, D. C., 2018, S. xix, https://openknowledge.worldbank.org/handle/10986/29461.

22 Connor, »Most Displaced Syrians«. »Nach sieben Jahren Konflikt im Land haben fast 13 Millionen Syrer ihre Heimat verlassen«, berichtet Phillip Connor.

23 Baher Kamal, »Climate Migrants Might Reach One Billion by 2050«, ReliefWeb, 21. August 2017, https://reliefweb.int/report/world/climate-migrants-might-reach-one-billion-2050.

24 U. S. Census Bureau, »Historical Estimates of World Population«, www.census.gov/data/tables/time-series/demo/international-programs/historical-est-worldpop.html.

25 United Nations Convention to Combat Desertification, »Sustainability. Stability. Security«, www.unccd.int/actions/sustainability-stability-security-3s-initiative.

26 U. S. Census Bureau, *Statistical Abstract of the United States: 2012*, www2.census.gov/library/publications/2011/compendia/statab/131ed/tables/12s1329.pdf, S. 835. Demnach werden im Jahr 2020 595 Millionen Menschen in Nord- und 440 Millionen in Südamerika leben.

27 Eukaryote, »The Funnel of Human Experience«, *LessWrong*, 9. Oktober 2018, www.lesswrong.com/posts/SwBEJapZNzWFifLN6/the-funnel-of-human-experience.

28 »Marshalls Likens Climate Change Migration to Cultural Genocide«, Radio New Zealand, 6. Oktober 2015, www.radionz.co.nz/news/pacific/286139/marshalls-likens-climate-change-migration-to-cultural-genocide.

29 Genau genommen handelt es sich nicht um eine Glockenkurve, sondern um eine Verteilungskurve, weil es statt einer gleichmäßigen Verteilung optimistischer und pessimistischer Szenarien einen langen Schwanz negativer Ausgänge gibt (das heißt, die Anzahl der schlimmstmöglichen Ausgänge ist deutlich höher als die der bestmöglichen).

30 Die vielleicht beste Referenz für die verschiedenen Vorhersagemodelle ist der »Climate Action Tracker«, der berechnet hat, dass sich die Erde, wenn alle bestehenden Klimaschutzzusagen umgesetzt würden, bis 2100 um 3,16 Grad erwärmen würde.

31 Alexander Nauels et al., »Linking Sea Level Rise and Socioeconomic Indicators Under the Shared Socioeconomic Pathways«, *Environmental Research Letters* 12, Nr. 11, Oktober 2017, https://doi.org/10.1088/1748-9326/aa92b6. 2017 erklärten Nauels und seine Kollegen, dass schon bei einer Erwärmung um nur 1,9 Grad der Kipppunkt für das Schmelzen der Eisschilde erreicht sein könnte.

32 Der totale Zusammenbruch der Eisschilde würde den Meeresspiegel Schätzungen zufolge letztendlich um mehr als 60 Meter ansteigen lassen, aber diese Städte würden auch schon bei einem weitaus geringeren Anstieg überflutet. Miami liegt knapp zwei

Meter über dem Meer, Dhaka zehn. Bei Shanghai sind es vier Meter, während sich Teile von Hongkong auf einer Höhe mit dem Meeresspiegel befinden – deshalb berichtete die *South China Morning Post* 2015, dass eine Erwärmung um vier Grad in diesen beiden Städten 45 Millionen Menschen aus ihren Häusern vertreiben könnte: Li Ching, »Rising Sea Levels Set to Displace 45 Million People in Hong Kong, Shanghai and Tianjin If Earth Warms 4 Degrees from Climate Change«, *South China Morning Post,* 9. November 2015.

33 Thorsten Mauritsen und Robert Pincus, »Committed Warming Inferred from Observations«, *Nature Climate Change,* 31. Juli 2017; Adrian E. Raftery et al., »Less than 2°C Warming by 2100 Unlikely«, *Nature Climate Change,* 31. Juli 2017; Hubertus Fischer et al., »Paleoclimate Constraints on the Impact of 2°C Anthropogenic Warming and Beyond«, *Nature Geoscience,* 25. Juni 2018.

34 Brady Dennis und Chris Mooney, »Scientists Nearly Double Sea Level Rise Projections for 2100, Because of Antarctica«, *The Washington Post,* 30. März 2016.

35 Alvin Stone, »Global Warming May Be Twice What Climate Models Predict«, UNSW Sydney, 5. Juli 2018, https://newsroom.unsw.edu.au/news/science-tech/global-warming-may-be-twice-what-climate-models-predict.

36 Fischer, »Paleoclimate Constraints on the Impact … 2018.«

37 Will Steffen et al., »Trajectories of the Earth System in the Anthropocene«, *Proceedings of the National Academy of Sciences,* 14. August 2018, S. 8252–8259.

38 Nauels, »Linking Sea Level Rise and Socioeconomic Indicators«, https://doi.org/10.1088/1748-9326/aa92b6.

39 Robert McSweeney, »The Impacts of Climate Change at 1.5C, 2C and Beyond«, *CarbonBrief,* 4. Oktober 2018, https://interactive.carbonbrief.org/impacts-climate-change-one-point-five-degrees-two-degrees.

40 Ebd.

41 Felipe J. Colon-Gonzalez et al., »Limiting Global-Mean Temperature Increase to 1.5–2°C Could Reduce the Incidence and Spatial Spread of Dengue Fever in Latin America«, *Proceedings of the National Academy of Sciences* 115, Nr. 24, Juni 2018, S. 6243–6248, https://doi.org/10.1073/pnas.1718945115.

42 Ana Maria Vicedo-Cabrera et al., »Temperature-Related Mortality Impacts Under and Beyond Paris Agreement Climate Change Scenario«, *Climatic Change* 150, Nr. 3–4, Oktober 2018, S. 391–402, https://doi.org/10.1007/s10584-018-2274-3.

43 Wie bei allen Untersuchungen des Paläoklimas gehen die Ansichten auch hier auseinander, aber diese Zusammenfassung stammt aus Howard Lee, »What Happened the Last Time It Was as Warm as It's Going to Get at the End of This Century«, *Ars Technica,* 18. Juni 2018.

44 Timothy Morton, *Hyperobjects: Philosophy and Ecology After the End of the World,* Minneapolis, University of Minnesota Press, 2013.

45 IPCC, *Climate Change 2014: Synthesis Report,* S. 11.

46 Beispielsweise in »The Scientific Consensus on Climate Change: How Do We Know We're Not Wrong?«, in: *Climate Change: What It Means for Us, Our Children, and Our Grandchildren,* Cambridge, Massachusetts, MIT Press, 2014.

47 Gernot Wagner und Martin L. Weitzman, *Klimaschock: Die extremen wirtschaftlichen Konsequenzen des Klimawandels,* Wien, Ueberreuter, 2016. S. 61–64.

48 »Wenn das Produktivitätswachstum groß ist, beträgt der Anstieg der globalen Temperatur 2100 5,3°C.« William Nordhaus, »Projections and Uncertainties About Climate Change in an Area of Minimal Climate Policies«, Arbeitspapier, National Bureau of Economic Research, 2016.

49 Steven C. Sherwood und Matthew Huber, »An Adaptability Limit to Climate Change Due to Heat Stress«, *Proceedings of the National Academy of Sciences* 107, Nr. 21, Mai 2010, S. 9552–9555, https://doi.org/10.1073/pnas.0913352107.

50 Jason Treat et al., »What the World Would Look Like If All the Ice Melted«, *National Geographic,* September 2013.

51 Das ist eine Zahl, die oft von Klimaforschern genannt wird, unter anderem von Katharine Hayhoe in: Jonah Engel Bromwich, »Where Can You Escape the Harshest Effects of Climate Change?«, *The New York Times,* 20. Oktober 2016. »Zwei Drittel der größten Städte der Welt befinden sich nur wenige Meter über dem Meeresspiegel«, sagt Hayhoe.

52 Wenn jedes Grad Erwärmung die Erträge der Nutzpflanzen um 10 bis 15 Prozent sinken ließe, wie David Battisti und Rosamond Naylor darlegen – wobei sich höhere Temperaturen schlimmer auswirken als niedrigere –, würde ein Temperaturanstieg um acht Grad dazu führen, dass in den heutigen Anbauregionen der Welt kaum noch Nahrung produziert wird.

53 Als die Erde das letzte Mal auch nur fünf Grad wärmer war, war das, was wir heute als Arktis bezeichnen, eine tropische Region, wie Peter Brannen in *Ends of the World* aufzeigt.

54 Peter M. Cox et al., »Emergent Constraint on Equilibrium Climate Sensitivity from Global Temperature Variability«, *Nature* 553, Januar 2018, S. 319–322.

55 Mark Lynas, *Six Degrees: Our Future on a Hotter Planet,* New York, HarperCollins, 2007. Dieses Buch liefert eine wertvolle Übersicht darüber, wie unsere Zukunft durch die Erwärmung aussehen könnte.

56 Edward O. Wilson, *Die Hälfte der Erde: Ein Planet kämpft um sein Leben,* München, C. H. Beck, 2016.

57 Namentlich die Hurrikans Irma, Katia und Jose.

58 Tia Ghose, »Hurricane Harvey Caused 500 000 Year Floods in Some Areas«, *Live Science,* 11. September 2017, www.livescience.com/60378-hurricane-harvey-once-in-500000-year-flood.html.

59 Christopher Ingraham, »Houston Is Experiencing Its Third ›500-Year‹ Flood in Three Years. How Is That Possible?«, *The Washington Post,* 29. August 2017.

60 Das war der Hurrikan Ophelia.

61 UNICEF, »16 Million Children Affected by Massive Flooding in South Asia, with Millions More at Risk«, 2. September 2017, www.unicef.org/press-releases/16-million-children-affected-massive-flooding-south-asia-millions-more-risk.

62 Tom Di Liberto, »Torrential Rains Bring Epic Flash Floods in Maryland in Late May 2018«, NOAA Climate.gov, 31. Mai 2018, www.climate.gov/news-features/event-tracker/torrential-rains-bring-epic-flash-floods-maryland-late-may-2018.

63 Jason Samenow, »Red-Hot Planet: All-Time Heat Records Have Been Set All over the World During the Past Week«, *The Washington Post*, 5. Juli 2018.

64 Rachel Lau, »Death Toll Rises to 54 as Quebec Heat Wave Ends«, *Global News*, 6. Juli 2018, https://globalnews.ca/news/4316878/50-people-now-dead-due-to-sweltering-quebec-heat-wave.

65 Jon Herskovitz, »More than 100 Large Wildfires in U.S. as New Blazes Erupt«, Reuters, 11. August 2018, www.reuters.com/article/us-usa-wildfires/more-than-100-large-wildfires-in-u-s-as-new-blazes-erupt-idUSKBN1KX00B.

66 »Holy Fire Burns 4000 Acres, Forcing Evacuations in Orange County«, Fox 5 San Diego, 6. August 2018.

67 Kirk Mitchell, »Spring Creek Fire ›Tsunami‹ Sweeps over Subdivision, Raising Home Toll to 251«, *Denver Post*, 5. Juli 2018.

68 Elaine Lies, »Hundreds of Thousands Evacuated in Japan as ›Historic Rain‹ Falls; Two Dead«, Reuters, 6. Juli 2018, https://af.reuters.com/article/commoditiesNews/idAFL4N1U21AH.

69 »Two Killed, 2.45 Million Evacuated as Super Typhoon Mangkhut Hits Mainland China«, *The Times of India*, 16. September 2018, https://timesofindia.indiatimes.com/world/china/super-typhoon-mangkhut-hits-china-over-2-45-million-people-evacuated/articleshow/65830611.cms.

70 Patricia Sullivan und Katie Zezima, »Florence Has Made Wilmington, N.C. an Island Cut Off from the Rest of the World«, *The Washington Post*, 16. September 2018.

71 Umair Irfan, »Hog Manure Is Spilling Out of Lagoons Because of Hurricane Florence's Floods«, *Vox*, 21. September 2018.

72 Joel Burgess, »Tornadoes in the Wake of Florence Twist Through North Carolina«, *Asheville Citizen-Times*, 17. September 2018.

73 Hydrology Directorate, Government of India, *Study Report: Kerala Floods of August 2018*, September 2018, https://www.iirs.gov.in/iirs/sites/default/files/upload/document/Kerala_Flood_Sep18a.pdf.

74 Josh Hafner, »Remote Hawaiian Island Vanishes Underwater After Hurricane«, *USA Today*, 24. Oktober 2018.

75 Paige St. John et al., »California Fire: What Started as a Tiny Brush Fire Became the State's Deadliest Wildfire. Here's How«, *Los Angeles Times*, 18. November 2018.

76 Ruben Vives, Melissa Etehad und Jaclyn Cosgrove, »Southern California Fire Devastation Is ›the New Normal‹, Gov. Brown Says«, *Los Angeles Times,* 10. Dezember 2017.

77 »Wallace Broecker: How to Calm an Angry Beast«, CBC News, 19. November 2008, www.cbc.ca/news/technology/wallace-broecker-how-to-calm-an-angry-beast-1.714719.

78 Evakuierungsaufforderungen des County Santa Barbara (Kalifornien) 2018.

79 Michael Schwirtz, »Besieged Rohingya Face ›Crisis Within the Crisis‹: Deadly Floods«, *The New York Times,* 13. Februar 2018.

80 Phil Helsel, »Body of Mother Found After California Mudslide; Death Toll Rises to 21«, NBC News, 20. Januar 2018, www.nbcnews.com/news/us-news/body-mother-found-after-california-mudslide-death-toll-rises-21-n839546.

81 NASA Science, »Is Arctic Permafrost the ›Sleeping Giant‹ of Climate Change?«, NASA, 24. Juni 2013, https://science.nasa.gov/science-news/science-at-nasa/2013/24jun_permafrost.

82 Environmental Protection Agency, »Greenhouse Gas Emissions: Understanding Global Warming Potentials«, www.epa.gov/ghgemissions/understanding-global-warming-potentials.

83 Ein guter Überblick findet sich in: Lee R. Kump und Michael E. Mann, *Dire Predictions: Understanding Global Warming,* 2nd ed., New York, DK, 2015.

84 Bob Berwyn, »Destructive Flood Risk in U.S. West Could Triple If Climate Change Left Unchecked«, *Inside Climate News,* 6. August 2018, https://insideclimatenews.org/news/06082018/global-warming-climate-change-floods-california-oroville-dam-scientists.

85 Ellen Wulfhorst, »Overlooked U.S. Border Shantytowns Face Threat of Gathering Storms«, Reuters, 11. Juni 2018, https://af.reuters.com/article/commoditiesNews/idAFL2N1SO2FZ.

86 Andrew D. King und Luke J. Harrington, »The Inequality of Climate Change from 1.5°C to 2°C of Global Warming«, *Geophysical Research Letters* 45, Nr. 10, Mai 2018, S. 5030–5033, https://doi.org/10.1029/2018GL078430.

87 Andrea Thompson, »Drought and Climate Change Could Throw Fall Colors Off Schedule«, *Scientific American,* 1. November 2016.

88 Pablo Imbach et al., »Coupling of Pollination Services and Coffee Suitability Under Climate Change«, *Proceedings of the National Academy of Sciences* 114, Nr. 39, September 2017, S. 10438–10442, https://doi.org/10.1073/pnas.1617940114. Eine Zusammenfassung dieses Artikels in Yales *E360* lautet: »Lateinamerika könnte bis 2050 bis zu 90 Prozent seiner Kaffeeanbauflächen verlieren.«

89 Caspar Hallman et al., »More Than 75 Percent Decline over 27 Years in Total Flying Insect Biomass in Protected Areas«, *PLOS One* 12, Nr. 10, Oktober 2017, https://doi.org/10.1371/journal.pone.0185809.

90 Damian Carrington, »Climate Change Is Disrupting Flower Pollination, Research Shows«, *The Guardian,* 6. November 2014.

91 Bob Berwyn, »Fish Species Forecast to Migrate Hundreds of Miles Northward as U.S. Waters Warm«, *Inside Climate News,* 16. Mai 2018, https://insideclimatenews.org/news/16052018/fish-species-climate-change-migration-pacific-northwest-alaska-atlantic-gulf-maine-cod-pollock.

92 Kendra Pierre-Louis, »As Winter Warms, Bears Can't Sleep, and They're Getting into Trouble«, *The New York Times,* 4. Mai 2018.

93 Moises Velaquez-Manoff, »Should You Fear the Pizzly Bear?«, *The New York Times Magazine,* 14. August 2014.

94 Joel Guiot und Wolfgang Cramer, »Climate Change: The 2015 Paris Agreement Thresholds and Mediterranean Basin Ecosystems«, *Science* 354, Nr. 6311, Oktober 2016, S. 463–468, https://doi.org/10.1126/science.aah5015. Guiots und Cramers Berechnungen ergeben, dass sich ein Großteil der Region selbst dann in eine Wüste verwandeln würde, wenn die Erwärmung auf unter zwei Grad beschränkt bliebe.

95 »Sahara Desert Dust Cloud Blankets Greece in Orange Haze«, Sky News, 26. März 2018, https://news.sky.com/story/sahara-desert-dust-cloud-blankets-greece-in-orange-haze-11305011.

96 »How Climate Change Might Affect the Nile«, *The Economist,* 3. August 2017.

97 Tom Yulsman, »Drought Turns the Rio Grande into the ›Rio Sand‹«, *Discover,* 15. Juli 2013.

98 Muthukumara Mani et al., »South Asia's Hotspots: Impacts of Temperature and Precipitation Changes on Living Standards«, Weltbank, Washington, D.C., Juni 2018, S. xi, https://openknowledge.worldbank.org/bitstream/handle/10986/28723/97814648 11555.pdf?sequence=5&isAllowed=y.

99 Andreas Malm, *Fossil Capital: The Rise of Steam Power and the Roots of Global Warming,* London, Verso, 2016.

100 Marshall Burke et al., »Large Potential Reduction in Economic Damages Under UN Mitigation Targets«, *Nature* 557, Mai 2018, S. 549–553, https://doi.org/10.1038/s41586-018-0071-9.

101 R. Warren et al., »Risks Associated with Global Warming of 1.5 or 2C«, Tyndall Centre for Climate Change Research, Mai 2018, www.tyndall.ac.uk/sites/default/files/publications/briefing_note_risks_warren_r1-1.pdf.

102 Laut dem *Global Wealth Report 2017* von Credit Suisse betrug das weltweite Vermögen in jenem Jahr 280 Billionen Dollar.

103 Laut der Weltbank lag die globale Wachstumsrate zum letzten Mal im Jahr 1976 bei 5,355 Prozent. Weltbank, »GDP Growth (Annual %)«, https://data.worldbank.org/indicator/NY.GDP.MKTP.KD.ZG.

104 Dieser Begriff gelangte durch Herman E. Daly zu Bekanntheit, dessen Antho-

logie *Toward a Steady-State Economy*, San Francisco, W. H. Freeman, 1973, einen unorthodoxen Blick auf die Geschichte des Wirtschaftswachstums warf, der in Zeiten des Klimawandels besonders bestechend wirkt. (»Die Wirtschaft ist eine hundertprozentige Tochter der Umwelt, nicht andersherum.«)

105 Drew Shindell et al., »Quantified, Localized Health Benefits of Accelerated Carbon Dioxide Emissions Reductions«, *Nature Climate Change* 8, März 2018, S. 291–295, https://doi.org/10.1038/s41558-018-0108-y.

106 IPCC, *Global Warming of 1.5°C: An IPCC Special Report on the Impacts of Global Warming of 1.5°C Above Pre-Industrial Levels and Related Global Greenhouse Gas Emission Pathways, in the Context of Strengthening the Global Response to the Threat of Climate Change, Sustainable Development, and Efforts to Eradicate Poverty*, Incheon, Korea, 2018, www.ipcc.ch/report/sr15.

107 Diesen Wert nannte die Weltgesundheitsorganisation 2014 in einer Einschätzung, in der sie die Luftverschmutzung als das größte Gesundheitsrisiko der Welt bezeichnete: WHO, »Public Health, Environmental and Social Determinants of Health (PHE)«, www.who.int/phe/health_topics/outdoorair/databases/en.

108 Eine praktische Zusammenfassung dieser Frage, die unter den westlichen Liberalen plötzlich allgegenwärtig ist, und eine ausführliche Gegenrede findet sich hier: Connor Kilpatrick, »It's Okay to Have Children«, *Jacobin*, 22. August 2018.

109 Eine umfassende Übersicht über diese Klimalösungen (pflanzliche Ernährung, Dachbegrünung, Frauenbildung) liefert er in *Drawdown – Der Plan: Wie wir die Erderwärmung umkehren können*, Gütersloh, Gütersloher Verlagshaus, 2019.

110 Dieser Wert ist wahrscheinlich zu hoch angesetzt, aber er stammt aus »Less In, More Out«, veröffentlicht von der britischen *Green Alliance* 2018.

111 Anne Stark, »Americans Used More Clean Energy in 2016«, Lawrence Livermore National Laboratory, 10. April 2017, www.llnl.gov/news/americans-used-more-clean-energy-2016.

112 David Coady et al., »Global Fossil Fuel Subsidies Remain Large« Nr. 19/89. International Monetary Fund, 2019. https://sun-connect-news.org/fileadmin/DATEIEN/Dateien/New/WPIEA2019089.pdf.

113 The New Climate Economy, »Unlocking the Inclusive Growth Story of the 21st Century: Accelerating Climate Action in Urgent Times«, Washington, D. C., Global Commission on the Economy and Climate, September 2018, S. 8, https://newclimateeconomy.report/2018.

114 Zach Conrad et al., »Relationship Between Food Waste, Diet Quality, and Environmental Sustainability«, *PLOS One* 13, Nr. 4, April 2018, https://doi.org/10.1371/journal.pone.0195405.

115 Eric Holthaus, »Bitcoin's Energy Use Got Studied, and You Libertarian Nerds Look Even Worse than Usual«, *Grist,* 17. Mai 2018, https://grist.org/article/bitcoins-energy-use-got-studied-and-you-libertarian-nerds-look-even-worse-than-usual. Siehe

auch Alex de Vries, »Bitcoin's Growing Energy Problem«, *Cell* 2, Nr. 5, Mai 2018, S. 801–805, https://doi.org/10.1016/j.joule.2018.04.016.

116 Maxime Efoui-Hess et al, Climate Crisis: The Unsustainable Use of Online Video, The Shift Project, 2019.

117 Nicola Jones, »Waste Heat: Innovators Turn to an Overlooked Renewable Resource«, *Yale Environment 360,* 29. Mai 2018. »In den Vereinigten Staaten erreichen die meisten mit fossilen Brennstoffen betriebenen Kraftwerke heute eine Effizienz von etwa 33 Prozent«, schreibt Jones, »während Heizkraftwerke üblicherweise eine Effizienz von 60 bis 80 Prozent haben.«

118 Die Weltbank schätzte die Kohlendioxidemissionen der USA für das Jahr 2014 auf 16,49 Tonnen pro Kopf, während der Durchschnittsbürger aus der EU in dem Jahr nur für 6,379 Tonnen verantwortlich war (es würden also deutlich mehr als 50 Prozent eingespart). Weltbank, »CO_2 Emissions (Metric Tons per Capita)«, https://data.worldbank.org/indicator/EN.ATM.CO2E.PC.

119 Die reichsten 10 Prozent der Welt sind verantwortlich für rund die Hälfte aller Emissionen, berechnete Oxfam im »Extreme Carbon Equality«-Bericht von Dezember 2015, verfügbar unter www.oxfam.org/sites/www.oxfam.org/files/file_attachments/mb-extreme-carbon-inequality-021215-en.pdf. Der durchschnittliche ökologische Fußabdruck eines Mitglieds des reichsten einen Prozents ist laut der Studie 175-mal größer als der von jemandem, der zu den ärmsten 10 Prozent der Welt gehört.

120 Die vielleicht anschaulichste Illustration stellt der Webcomic »A Timeline of Earth's Average Temperature« von xkcd dar, der am 12. September 2016 erschien, siehe www.xkcd.com/1732.

II Elemente des Chaos

Hitzetod

121 Steven C. Sherwood und Matthew Huber, »An Adaptability Limit to Climate Change Due to Heat Stress«, *Proceedings of the National Academy of Sciences* 107, Nr. 21, Mai 2010, S. 9552–9555, https://doi.org/10.1073/pnas.0913352107.

122 Ebd. Sherwood und Huber schreiben: »Kurze Perioden der Hitzespeicherung sind verkraftbar, aber nur für wenige Stunden, und danach ist eine ausgiebige Erholungsphase nötig.«

123 Mark Lynas, *Six Degrees: Our Future on a Hotter Planet,* Washington, D.C., National Geographic Society, 2008, S. 196.

124 John P. Dunne et al., »Reductions in Labour Capacity from Heat Stress Under Climate Warming«, *Nature Climate Change* 3, Februar 2013, S. 563–566, https://doi.org/10.1038/NCLIMATE1827.

125 Joseph Romm, *Climate Change: What Everyone Needs to Know*, Oxford, Oxford University Press, 2016, S. 138.
126 IPCC, *Climate Change 2014: Synthesis Report, Summary for Policymakers*, Genf, 2014, S. 11, https://www.ipcc.ch/site/assets/uploads/2018/02/AR5_SYR_FINAL_SPM.pdf.
127 Romm, *Climate Change*, 2016, S. 41.
128 Weltbank, *Turn Down the Heat: Why a 4°C Warmer World Must Be Avoided*, Washington, D.C., November 2012, S. 13, http://documents.worldbank.org/curated/en/865571468149107611/pdf/NonAsciiFileName0.pdf.
129 IPCC, *Climate Change 2014*, S. 15, www.ipcc.ch/pdf/assessment-report/ar5/syr/AR5_SYR_FINAL_SPM.pdf. »Für RCP8.5 wird erwartet, dass die Kombination aus hohen Temperaturen und Feuchtigkeit 2100 in einigen Gebieten in bestimmten Abschnitten des Jahres die Alltagsaktivitäten der Menschen einschränken wird, darunter der Anbau von Nahrungsmitteln und das Arbeiten im Freien.«
130 Tom K.R. Matthews et al., »Communicating the Deadly Consequences of Global Warming for Human Heat Stress«, *Proceedings of the National Academy of Sciences* 114, Nr. 15, April 2017, S. 3861–3866, https://doi.org/10.1073/pnas.1617526114. Zum Sommer 2015 schreiben die Autoren: »Die außergewöhnliche Hitze hat tödliche Folgen, allein in Indien und Pakistan wurden 3400 Todesfälle gemeldet.«
131 Weltbank, *Turn Down the Heat*, S. 37, http://documents.worldbank.org/curated/en/865571468149107611/pdf/NonAsciiFileName0.pdf.
132 William Langewiesche, »How Extreme Heat Could Leave Swaths of the Planet Uninhabitable«, *Vanity Fair*, August 2017.
133 Ethan Coffel et al., »Temperature and Humidity Based on Projections of a Rapid Rise in Global Heat Stress Exposure During the 21st Century«, *Environmental Research Letters* 13, Dezember 2017, https://doi.org/10.1088/1748-9326/aaa00e.
134 Weltbank, *Turn Down the Heat*, S. 38, http://documents.worldbank.org/curated/en/865571468149107611/pdf/NonAsciiFileName0.pdf.
135 IFRC, »India: Heat Wave – Information Bulletin No. 01«, 11. Juni 1998, www.ifrc.org/docs/appeals/rpts98/in002.pdf.
136 In Moskau gingen jeden Tag 10 000 Notrufe ein, und viele Ärzte glauben, dass es in Wahrheit mehr Tote gab als offiziell vermeldet.
137 Craig Nelson und Ghassan Adan, »Iraqis Boil as Power-Grid Failings Exacerbate Heat Wave«, *The Wall Street Journal*, 11. August 2016.
138 Ayhan Demirbas et al., »The Cost Analysis of Electric Power Generation in Saudi Arabia«, *Energy Sources, Part B* 12, Nr. 6, März 2017, S. 591–596, https://doi.org/10.1080/15567249.2016.1248874.
139 Internationale Energieagentur, *The Future of Cooling: Opportunities for Energy-Efficient Air Conditioning*, Paris, 2018, S. 24, www.iea.org/publications/freepublications/publication/The_Future_of_Cooling.pdf.

140 Nihar Shah et al., »Benefits of Leapfrogging to Superefficiency and Low Global Warming Potential Refrigerants in Room Air Conditioning«, Lawrence Berkeley National Laboratory, Oktober 2015, S. 18, http://eta-publications.lbl.gov/sites/default/files/lbnl-1003671.pdf.

141 University of Birmingham, *A Cool World: Defining the Energy Conundrum of Cooling for All,* Birmingham, 2018, S. 3, www.birmingham.ac.uk/Documents/college-eps/energy/Publications/2018-clean-cold-report.pdf.

142 Jeremy S. Pal und Elfatih A. B. Eltahir, »Future Temperature in Southwest Asia Projected to Exceed a Threshold for Human Adaptability«, *Nature Climate Change* 6, 2016, S. 197–200, www.nature.com/articles/nclimate2833.

143 Oriana Ramirez-Rubio et al., »An Epidemic of Chronic Kidney Disease in Central America: An Overview«, *Journal of Epidemiology and Community Health* 67, Nr. 1, September 2012, S. 1–3, http://dx.doi.org/10.1136/jech-2012-201141.

144 Internationale Energieagentur, *Global Energy and CO_2 Status Report, 2017,* Paris, März 2018, S. 1, www.iea.org/publications/freepublications/publication/GECO2017.pdf.

145 Siehe »Climate Action Tracker« (s. Anm. 30).

146 Zach Boren und Harri Lami, »Dramatic Surge in China Carbon Emissions Signals Climate Danger«, *Unearthed,* 30. Mai 2018, https://unearthed.greenpeace.org/2018/05/30/china-co2-carbon-climate-emissions-rise-in-2018.

147 Simon Evans und Rosamund Pearce, »Mapped: The World's Coal Power Plants«, *CarbonBrief,* 5. Juni 2018, www.carbonbrief.org/mapped-worlds-coal-power-plants. Evans und Pearce schätzen, dass im Jahr 2000 1061 Millionen und im Jahr 2017 1996 Millionen Megawatt Kohlestrom erzeugt wurden.

148 Yann Robiou du Pont und Malte Meinshausen, »Warming Assessment of the Bottom-Up Paris Agreement Emissions Pledges«, *Nature Communications,* November 2018.

149 European Academies' Science Advisory Council, *Negative Emission Technologies: What Role in Meeting Paris Agreement Targets?,* Halle/Saale, Februar 2018, S. 1, https://easac.eu/fileadmin/PDF_s/reports_statements/Negative_Carbon/EASAC_Report_on_Negative_Emission_Technologies.pdf.

150 »Why Current Negative-Emissions Strategies Remain ›Magical Thinking‹«, *Nature,* 21, Februar 2018, www.nature.com/articles/d41586-018-02184-x.

151 Andy Skuce, »›We'd Have to Finish One New Facility Every Working Day for the Next 70 Years‹ – Why Carbon Capture Is No Panacea«, *Bulletin of the Atomic Scientists,* 4. Oktober 2016, https://thebulletin.org/2016/10/wed-have-to-finish-one-new-facility-every-working-day-for-the-next-70-years-why-carbon-capture-is-no-panacea.

152 Global CCS Institute, »Large-Scale CCS Facilities«, www.globalccsinstitute.com/projects/large-scale-ccs-projects.

153 Linda Poon, »Street Grids May Make Cities Hotter«, *CityLab,* 27. April 2018, www.citylab.com/environment/2018/04/street-grids-may-make-cities-hotter/558845.

154 Environmental Protection Agency, »Heat Island Effect«, www.epa.gov/heat-islands.

155 Eric Klinenberg, *Heat Wave: A Social Autopsy of Disaster in Chicago,* Chicago, University of Chicago Press, 2002.

156 »Around 2.5 Billion More People Will Be Living in Cities by 2050, Projects New U.N. Report«, Vereinte Nationen, Hauptabteilung wirtschaftliche und soziale Angelegenheiten, 16. Mai 2018, www.un.org/development/desa/en/news/population/2018-world-urbanization-prospects.html.

157 Urban Climate Change Research Network, *The Future We Don't Want: How Climate Change Could Impact the World's Greatest Cities,* New York, Februar 2018, S. 6, https://c40-production-images.s3.amazonaws.com/other_uploads/images/1789_Future_We_Don't_Want_Report_1.4_hi-res_120618.original.pdf.

158 Public Citizen, »Extreme Heat and Unprotected Workers: Public Citizen Petitions OSHA to Protect the Millions of Workers Who Labor in Dangerous Temperatures«, Washington, D.C., 17. Juli 2018, S. 25, www.citizen.org/sites/default/files/extreme_heat_and_unprotected_workers.pdf.

159 Weltgesundheitsorganisation, »Quantitative Risk Assessment of the Effects of Climate Change on Selected Causes of Death, 2030s and 2050s«, Genf, 2014, S. 21, http://apps.who.int/iris/bitstream/handle/10665/134014/9789241507691_eng.pdf?sequence=1&isAllowed=y.

160 Camilo Mora et al., »Global Risk of Deadly Heat«, *Nature Climate Change* 7, Juni 2017, S. 501–506, https://doi.org/10.1038/nclimate3322.

161 Langewiesche, »How Extreme Heat Could Leave Swaths«, 2017.

Hunger

162 David S. Battisti und Rosamond L. Naylor, »Historical Warnings of Future Food Insecurity with Unprecedented Seasonal Heat«, *Science* 323, Nr. 5911, Januar 2009, S. 240–244.

163 »Das Verhältnis zwischen Temperatur und Ernte ist nicht linear«, sagt Battisti. »Mit jedem weiteren Grad Celsius, um den die Temperatur ansteigt, gehen die Erträge starker zurück – also ja, wenn sich sonst nichts veränderte, würden die Erträge um viel mehr als 50 Prozent sinken.«

164 Lloyd Alter, »Energy Required to Produce a Pound of Food«, *Treehugger,* 2010. Wie Battisti es in einem Interview formulierte: »Normalerweise heißt es: ›Man braucht acht bis zehn Kilogramm Getreide, um ein Kilogramm Rindfleisch zu erzeugen.‹«

165 Ed Yong, »The Very Hot, Very Hungry Caterpillar«, *The Atlantic,* 30. August 2018.

166 Chuang Zhao et al., »Temperature Increase Reduces Global Yields of Major Crops in Four Independent Estimates«, *Proceedings of the National Academy of Sciences* 114, Nr. 35, August 2017, S. 9326–9331, https://doi.org/10.1073/pnas.1701762114.

167 Ernährungs- und Landwirtschaftsorganisation der Vereinten Nationen, »How to Feed the World in 2050«, Rom, Oktober 2009, S. 2, www.fao.org/fileadmin/templates/wsfs/docs/expert_paper/How_to_Feed_the_World_in_2050.pdf.

168 »In den Tropen überschreitet die Temperatur bereits den optimalen Wert für die großen Getreidearten«, erklärte mir Battisti. »Jeder weitere Temperaturanstieg wird die Erträge weiter senken, selbst unter ansonsten optimalen Bedingungen.«

169 Michelle Tigchelaar et al., »Future Warming Increases Probability of Globally Synchronized Maize Production Shocks«, *Proceedings of the National Academy of Sciences* 115, Nr. 26, Juni 2018, S. 6644–6649, https://doi.org/10.1073/pnas.1718031115.

170 Marlies Kovenock und Abigail L. S. Swann, »Leaf Trait Acclimation Amplifies Simulated Climate Warming in Response to Elevated Carbon Dioxide«, *Global Biogeochemical Cycles* 32, Oktober 2018, https://doi.org/10.1029/2018GB005883.

171 Stacey Noel et al., »Report for Policy and Decision Makers: Reaping Economic and Environmental Benefits from Sustainable Land Management«, Economics of Land Development Initiative, Bonn, September 2015, S. 10, www.eld-initiative.org/fileadmin/pdf/ELD-pm-report_05_web_300dpi.pdf.

172 Susan S. Lang, »›Slow, Insidious‹ Soil Erosion Threatens Human Health and Welfare as Well as the Environment, Cornell Study Asserts«, *Cornell Chronicle,* 20. März 2006, http://news.cornell.edu/stories/2006/03/slow-insidious-soil-erosion-threatens-human-health-and-welfare.

173 Ebd.

174 Richard Hornbeck, »The Enduring Impact of the American Dust Bowl: Short- and Long-Run Adjustments to Environmental Catastrophe«, *American Economic Review* 102, Nr. 4, Juni 2012, S. 1477–1507, http://doi.org/10.1257/aer.102.4.1477.

175 Richard Seager et al., »Whither the 100th Meridian? The Once and Future Physical and Human Geography of America's Arid-Humid Divide. Part 1: The Story So Far«, *Earth Interactions* 22, Nr. 5, März 2018, https://doi.org/10.1175/EI-D-17-0011.1. Weitere Informationen finden sich in Powells eigenem Text: »Report on the Lands of the Arid Region of the United States, with a More Detailed Account of the Lands of Utah. With Maps«, Washington, D. C., Government Printing Office, 1879, https://pubs.usgs.gov/unnumbered/70039240/report.pdf.

176 Seager, »Whither the 100th Meridian?«, 2018, https://doi.org/10.1175/EI-D-17-0011.1.

177 Lamont-Doherty Earth Observatory, »The 100th Meridian, Where the Great Plains Begins, May Be Shifting«, 11. April 2018, www.ldeo.columbia.edu/news-events/100th-meridian-where-great-plains-begin-may-be-shifting.

178 Natalie Thomas und Sumant Nigam, »Twentieth-Century Climate Change over Africa: Seasonal Hydroclimate Trends and Sahara«, *Journal of Climate* 31, Nr. 22, 2018.

179 Ernährungs- und Landwirtschaftsorganisation der Vereinten Nationen, »The

State of Food Insecurity in the World: Addressing Food Insecurity in Protracted Crises«, Rom, 2010, S. 9, www.fao.org/docrep/013/i1683e/i1683e.pdf.

180 Charles C. Mann, *The Wizard and the Prophet: Two Remarkable Scientists and Their Dueling Visions to Shape Tomorrow's World,* New York, Knopf, 2018.

181 Zhaohai Bai et al., »Global Environmental Costs of China's Thirst for Milk«, *Global Change Biology* 24, Nr. 5, Mai 2018, S. 2198– 2211, https://doi.org/10.1111/gcb.14047.

182 Natasha Gilbert, »One-Third of Our Greenhouse Gas Emissions Come from Agriculture«, *Nature,* 31. Oktober 2012, www.nature.com/news/one-third-of-our-greenhouse-gas-emissions-come-from-agriculture-1.11708.

183 Greenpeace International, »Greenpeace Calls for Decrease in Meat and Dairy Production and Consumption for a Healthier Planet« (Pressemitteilung), 5. März 2018, www.greenpeace.org/international/press-release/15111/greenpeace-calls-for-decrease-in-meat-and-dairy-production-and-consumption-for-a-healthier-planet.

184 Kris Bartkus, »W. G. Sebald and the Malthusian Tragic«, *The Millions,* 28. März 2018.

185 Mark Lynas, *Six Degrees: Our Future on a Hotter Planet,* Washington, D. C., National Geographic Society, 2008, S. 84.

186 Ebd.

187 Benjamin I. Cook et al., »Global Warming and 21st Century Drying«, *Climate Dynamics* 43, Nr. 9–10, März 2014, S. 2607–2627, https://doi.org/10.1007/s00382-014-2075-y.

188 Joseph Romm, *Climate Change: What Everyone Needs to Know,* Oxford, Oxford University Press, 2016, S. 101.

189 Ebd., S. 102.

190 Ernährungs- und Landwirtschaftsorganisation der Vereinten Nationen, »The State of Food Security and Nutrition in the World: Building Climate Resilience for Food Security and Nutrition«, Rom, 2018, S. 57, www.fao.org/3/I9553EN/i9553en.pdf.

191 Zhenling Cui et al, »Pursuing Sustainable Productivity with Millions of Smallholder Farmers«, *Nature,* 7. März 2018.

192 Madeleine Cuff, »Green Growth: British Soil-Free Farming Startup Prepares for First Harvest«, *Business Green,* 1. Mai 2018.

193 Helena Bottemiller Evich, »The Great Nutrient Collapse«, *Politico,* 13. September 2017.

194 Donald R. Davis et al., »Changes in USDA Food Composition Data for 43 Garden Crops, 1950 to 1999«, *Journal of the American College of Nutrition* 23, Nr. 6, 2004, S. 669–682.

195 Lewis H. Ziska et al., »Rising Atmospheric CO_2 Is Reducing the Protein Concentration of a Floral Pollen Source Essential for North American Bees«, *Proceedings of the Royal Society B* 283, Nr. 1828, April 2016, http://dx.doi.org/10.1098/rspb.2016.0414.

196 Danielle E. Medek et al., »Estimated Effects of Future Atmospheric CO_2 Concentrations on Protein Intake and the Risk of Protein Deficiency by Country and Region«, *Environmental Health Perspectives* 125, Nr. 8, August 2017, https://doi.org/10.1289/EHP41.

197 Samuel S. Myers et al., »Effect of Increased Concentrations of Atmospheric Carbon Dioxide on the Global Threat of Zinc Deficiency: A Modelling Study«, *The Lancet* 3, Nr. 10, Oktober 2015, PE639–E645, https://doi.org/10.1016/S2214-109X(15)00093-5.

198 M. R. Smith et al., »Potential Rise in Iron Deficiency Due to Future Anthropogenic Carbon Dioxide Emissions«, *GeoHealth* 1, August 2017, S. 248–257, https://doi.org/10.1002/2016GH000018.

199 Chunwu Zhu et al., »Carbon Dioxide (CO_2) Levels This Century Will Alter the Protein, Micronutrients, and Vitamin Content of Rice Grains with Potential Health Consequences for the Poorest Rice-Dependent Countries«, *Science Advances* 4, Nr. 5, Mai 2018, https://doi.org/10.1126/sciadv.aaq1012.

Ertrinken

200 Brady Dennis und Chris Mooney, »Scientists Nearly Double Sea Level Rise Projections for 2100, Because of Antarctica«, *The Washington Post*, 30. März 2016. Zu dem möglicherweise höheren Anstieg siehe: Benjamin Strauss und Scott Kulp, »Extreme Sea Level Rise and the Stakes for America«, Climate Central, 26. April 2017, www.climatecentral.org/news/extreme-sea-level-rise-stakes-for-america-21387.

201 Siehe Grafik »Surging Seas: 2°C Warming and Sea Level Rise« auf der Website der Organisation Climate Central.

202 Jeff Goodell, *The Water Will Come: Rising Seas, Sinking Cities, and the Remaking of the Civilized World*, New York, Little, Brown, 2017, S. 13.

203 Die historische Basis dieser Legende, falls es denn eine gibt, bleibt das Thema vieler Diskussionen und Auseinandersetzungen, doch ein Überblick (und die Theorie, dass die Kultur durch einen Vulkanausbruch auf der heutigen Insel Santorin unterging) findet sich in: Willie Drye, »Atlantis«, *National Geographic*, 2018.

204 Jochen Hinkel et al., »Coastal Flood Damage and Adaptation Costs Under 21st Century Sea-Level Rise«, *Proceedings of the National Academy of Sciences*, Februar 2014, https://doi.org/10.1073/pnas.1222469111.

205 Mayuri Mei Lin und Rafki Hidayat, »Jakarta, the Fastest-Sinking City in the World«, *BBC News*, 13. August 2018, www.bbc.com/news/world-asia-44636934.

206 Andrew Galbraith, »China Evacuates 127 000 People as Heavy Rains Lash Guangdong: Xinhua«, Reuters, 1. September 2018, www.reuters.com/article/us-china-floods/china-evacuates-127000-people-as-heavy-rains-lash-guangdong-xinhua-idUSKCN1LH3BV.

207 Ramakrishnan Durairajan et al., »Lights Out: Climate Change Risk to Internet Infrastructure«, *Proceedings of the Applied Networking Research Workshop,* 16. Juli 2018, S. 9-15, https://doi.org/10.1145/3232755.3232775.

208 Union of Concerned Scientists, »Underwater: Rising Seas, Chronic Floods, and the Implications for US Coastal Real Estate«, Cambridge, Massachusetts, 2018, S. 5, www.ucsusa.org/global-warming/global-warming-impacts/sea-level-rise-chronic-floods-and-us-coastal-real-estate-implications.

209 Svetlana Jevrejeva et al., »Flood Damage Costs Under the Sea Level Rise with Warming of 1.5°C and 2°C«, *Environmental Research Letters* 13, Nr. 7, Juli 2018, https://doi.org/10.1088/1748-9326/aacc76.

210 Andrea Dutton et al., »Sea-Level Rise Due to Polar Ice-Sheet Mass Loss During Past Warm Periods«, *Science* 349, Nr. 6244, Juli 2015, https://doi.org/10.1126/science.aaa4019.

211 »Surging Seas«, Climate Central.

212 Benjamin Strauss, »Coastal Nations, Megacities Face 20 Feet of Sea Rise«, Climate Central, 9. Juli 2015, www.climatecentral.org/news/nations-megacities-face-20-feet-of-sea-level-rise-19217.

213 Ebd.

214 European Academies' Science Advisory Council, »New Data Confirm Increased Frequency of Extreme Weather Events, European National Science Academies Urge Further Action on Climate Change Adaptation«, 21. März 2018, https://easac.eu/press-releases/details/new-data-confirm-increased-frequency-of-extreme-weather-events-european-national-science-academies.

215 National Oceanic and Atmospheric Administration, »Patterns and Projections of High Tide Flooding Along the US Coastline Using a Common Impact Threshold«, Silver Spring, Maryland, Februar 2018, S. ix, https://tidesandcurrents.noaa.gov/publications/techrpt86_PaP_of_HTFlooding.pdf.

216 Internationale Strategie zur Katastrophenvorsorge der Vereinten Nationen, »The Human Cost of Weather Related Disasters 1995–2015«, Genf, 2015, S. 13, www.unisdr.org/2015/docs/climatechange/COP21_WeatherDisastersReport_2015_FINAL.pdf.

217 Sven N. Willner et al., »Adaptation Required to Preserve Future High-End River Flood Risk at Present Levels«, *Science Advances* 4, Nr. 1, Januar 2018, https://doi.org/10.1126/sciadv.aao1914.

218 Oliver E. J. Wing et al., »Estimates of Present and Future Flood Risk in the Conterminous United States«, *Environmental Research Letters* 13, Nr. 3, Februar 2018, https://doi.org/10.1088/1748-9326/aaac65.

219 Oxfam International, »43 Million Hit by South Asia Floods: Oxfam Is Responding«, 31. August 2017, www.oxfam.org/en/pressroom/pressreleases/2017-08-31/43-million-hit-south-asia-floods-oxfam-responding.

220 Generalsekretariat der Vereinten Nationen, »Secretary-General's Press Encounter on Climate Change [with Q&A]«, 29. März 2018, www.un.org/sg/en/content/sg/press-encounter/2018-03-29/secretary-generals-press-encounter-climate-change-qa.

221 U.S. Census Bureau, »Historical Estimates of World Population«, www.census.gov/data/tables/time-series/demo/international-programs/historical-est-worldpop.html.

222 Es gibt eine Reihe von Theorien darüber, welche historischen Überflutungsereignisse der biblischen Geschichte als Grundlage gedient haben könnten, aber diese sehr beliebte ist ausführlich dargelegt in: William Ryan und Walter Pitman, *Sintflut: Ein Rätsel wird entschlüsselt,* Bergisch Gladbach, Bastei-Lübbe, 2001.

223 Michael Schwirtz, »Besieged Rohingya Face ›Crisis Within the Crisis‹: Deadly Floods«, *The New York Times,* 13. Februar 2018.

224 Meehan Crist, »Besides, I'll Be Dead«, *London Review of Books,* 22. Februar 2018, www.lrb.co.uk/v40/n04/meehan-crist/besides-ill-be-dead.

225 Jim Morrison, »Flooding Hot Spots: Why Seas Are Rising Faster on the US East Coast«, *Yale Environment 360,* 24. April 2018, https://e360.yale.edu/features/flooding-hot-spots-why-seas-are-rising-faster-on-the-u.s.-east-coast.

226 Andrew Shepherd, Helen Amanda Fricker und Sinead Louise Farrell, »Trends and Connections Across the Antarctic Cryosphere«, *Nature,* 558, 2018, S. 223–232.

227 University of Leeds, »Antarctica Ramps Up Sea Level Rise«, 13. Juni 2018, www.leeds.ac.uk/news/article/4250/antarctica_ramps_up_sea_level_rise.

228 Chris Mooney, »Antarctic Ice Loss Has Tripled in a Decade. If That Continues, We Are in Serious Trouble«, *The Washington Post,* 13. Juni 2018.

229 James Hansen et al., »Ice Melt, Sea Level Rise and Superstorms: Evidence from Paleoclimate Data, Climate Modeling, and Modern Observations That 2°C Global Warming Could Be Dangerous«, *Atmospheric Chemistry and Physics* 16, 2016, S. 3761–3812, https://doi.org/10.5194/acp-16-3761-2016.

230 University of Maryland, »Decades of Satellite Monitoring Reveal Antarctic Ice Loss«, 13. Juni 2018, https://cmns.umd.edu/news-events/features/4156.

231 Hayley Dunning, »How to Save Antarctica (and the Rest of Earth Too)«, Imperial College London, 13. Juni 2018, www.imperial.ac.uk/news/186668/how-save-antarctica-rest-earth.

232 Richard Zeebe et al., »Anthropogenic Carbon Release Rate Unprecedented During the Past 66 Million Years«, *Nature Geoscience* 9, März 2016, S. 325–329, https://doi.org//10.1038/ngeo2681.

233 C.P. Borstad et al., »A Damage Mechanics Assessment of the Larsen B Ice Shelf Prior to Collapse: Toward a Physically-Based Calving Law«, *Geophysical Research Letters* 39, September 2012, https://doi.org/10.1029/2012GL053317.

234 Sarah Griffiths, »Global Warming Is Happening ›Ten Times Faster than at Any Time in the Earth's History‹, Climate Experts Claim«, *The Daily Mail,* 2. August 2013.

Siehe auch Melissa Davey, »Humans Causing Climate to Change 170 Times Faster than Natural Forces«, The Guardian, 12. Februar 2017; dieser Schätzwert einer 170-mal so schnellen Erwärmung stammt aus: Owen Gaffney und Will Steffen, »The Anthropocene Equation«, The Anthropocene Review, 10. Februar 2017, https://doi.org/10.1177/ 2053019616688022.

235 Dirk Notz und Julienne Stroeve, »Observed Arctic Sea-Ice Loss Directly Follows Anthropogenic CO_2 Emission«, Science, 3. November 2016. Siehe auch Robinson Meyer, »The Average American Melts 645 Square Feet of Arctic Ice Every Year«, The Atlantic, 3. November 2016. Siehe ebenfalls Ken Caldeira, »How Much Ice Is Melted by Each Carbon Dioxide Emission?«, posted on 24. März 2018, https:// kencaldeira.wordpress.com/2018/03/24/how-much-ice-is-melted-by-each-carbon-dioxide-emission.

236 Sebastian H. Mernild, »Is ›Tipping Point‹ for the Greenland Ice Sheet Approaching?«, Aktuel Naturvidenskab, 2009, http://mernild.com/onewebmedia/2009.AN% 20Mernild4.pdf.

237 National Snow and Ice Data Center, »Quick Facts on Ice Sheets«, https://nsidc.org/cryosphere/quickfacts/icesheets.html.

238 Patrick Lynch, »The ›Unstable‹ West Antarctic Ice Sheet: A Primer«, NASA, 12. Mai 2014, www.nasa.gov/jpl/news/antarctic-ice-sheet-20140512.

239 UMassAmherst College of Engineering, »Gleason Participates in Groundbreaking Greenland Research That Makes Front Page of New York Times«, Januar 2017, https://engineering.umass.edu/news/gleason-participates-groundbreaking-greenland-research-that-makes-front-page-new-york-times.

240 Jonathan L. Bamber, »Reassessment of the Potential Sea-Level Rise from a Collapse of the West Antarctic Ice Sheet«, Science 324, Nr. 5929, Mai 2009, S. 901–903, https://doi.org/10.1126/science.1169335.

241 Alejandra Borunda, »We Know West Antarctica Is Melting. Is the East in Danger, Too?«, National Geographic, 10. August 2018.

242 NASA Science, »Is Arctic Permafrost the ›Sleeping Giant‹ of Climate Change?«, 24. Juni 2013, https://science.nasa.gov/science-news/science-at-nasa/2013/24jun_permafrost.

243 Katey Walter Anthony et al., »21st-Century Modeled Permafrost Carbon Emissions Accelerated by Abrupt Thaw Beneath Lakes«, Nature Communications 9, Nr. 3262, August 2018, https://doi.org/10.1038/s41467-018-05738-9. Siehe auch Ellen Gray, »Unexpected Future Boost of Methane Possible from Arctic Permafrost«, NASA Climate, 20. August 2018, https://climate.nasa.gov/news/2785/unexpected-future-boost-of-methane-possible-from-arctic-permafrost. Zum »abrupten Auftauen« siehe Anthony, »21st-Century Modeled Permafrost Carbon Emissions«, https://doi.org/10.1038/s41467-018-05738-9.

244 »What Is Behind Rising Levels of Methane in the Atmosphere?«, NASA Earth

Observatory, 11. Januar 2018, https://earthobservatory.nasa.gov/images/91564/what-is-behind-rising-levels-of-methane-in-the-atmosphere.

245 Anthony, »21st-Century Modeled Permafrost Carbon Emissions«, https://doi.org/10.1038/s41467-018-05738-9.

246 IPCC, *Climate Change 2013: The Physical Science Basis – Summary for Policymakers,* Genf, Oktober 2013, S. 23.

247 Kevin Schaeffer et al., »Amount and Timing of Permafrost Release in Response to Climate Warming«, *Tellus B,* 24. Januar 2011.

248 Ebd.

249 Peter Wadhams, »The Global Impacts of Rapidly Disappearing Arctic Sea Ice«, *Yale Environment 360,* 26. September 2016, https://e360.yale.edu/features/as_arctic_ocean_ice_disappears_global_climate_impacts_intensify_wadhams.

250 David Archer, *The Long Thaw: How Humans Are Changing the Next 100 000 Years of Earth's Climate,* Princeton, New Jersey, Princeton University Press, 2016.

251 Zu all den vorhergehenden Beispielen in den USA siehe Benjamin Strauss, Scott Kulp und Peter Clark, »Can You Guess What America Will Look Like in 10 000 Years? A Quiz«, *The New York Times,* 20. April 2018, www.nytimes.com/interactive/2018/04/20/sunday-review/climate-flood-quiz.html.

252 Treat, »What the World Would Look Like«, 2013.

253 Gordon McGranahan et al., »The Rising Tide: Assessing the Risks of Climate Change and Human Settlements in Low Elevation Coastal Zones«, *Environment and Urbanization* 19, Nr. 1, April 2007, S. 17– 27, https://doi.org/10.1177/0956247807076960.

Flächenbrand

254 CalFire, »Incident Information: Thomas Fire«, 28. März 2018, http://cdfdata.fire.ca.gov/incidents/incidents_details_info?incident_id=1922.

255 CalFire, »Thomas Fire Incident Update«, 11. Dezember 2017, http://cdfdata.fire.ca.gov/pub/cdf/images/incidentfile1922_3183.pdf.

256 Joan Didion, *Stunde der Bestie,* Reinbek bei Hamburg, Rowohlt, 1996.

257 CalFire, »Top 20 Most Destructive California Wildfires«, 20. August 2018, www.fire.ca.gov/communications/downloads/fact_sheets/Top20_Destruction.pdf.

258 CalFire, »Incident Information: 2017«, 24. Januar 2018, http://cdfdata.fire.ca.gov/incidents/incidents_stats?year=2017.

259 California Board of Forestry and Fire Protection, »October 2017 Fire Siege«, Januar 2018, http://bofdata.fire.ca.gov/board_business/binder_materials/2018/january_2018_meeting/full/full_14_presentation_october_2017_fire_siege.pdf.

260 Robin Abcarian, »They Survived Six Hours in a Pool as a Wildfire Burned Their Neighborhood to the Ground«, *Los Angeles Times,* 12. Oktober 2017.

261 Erin Allday, »Wine Country Wildfires: Huddled in Pool amid Blaze, Wife Dies in Husband's Arms«, *SF Gate,* 25. Januar 2018.

262 Megan Molteni, »Wildfire Smoke Is Smothering the US – Even Where You Don't Expect It«, *Wired,* 14. August 2018.

263 Estefania Duran, »B. C. Year in Review 2017: Wildfires Devastate the Province like Never Before«, *Global News,* 25. Dezember 2017, https://globalnews.ca/news/3921710/b-c-year-in-review-2017-wildfires.

264 Mike Davis, *City of Quartz: Ausgrabungen der Zukunft in Los Angeles,* Berlin/Hamburg, Assoziation A, 2006.

265 Tiffany Hsu, »In California Wine Country, Wildfires Take a Toll on Vintages and Tourism«, *The New York Times,* 10. Oktober 2017.

266 Jessica Gelt, »Getty Museum Closes Because of Fire, but ›The Safest Place for the Art Is Right Here‹, Spokesman Says«, *Los Angeles Times,* 6. Dezember 2017.

267 »Climate Change Indicators: U. S. Wildfires«, WX Shift, http://wxshift.com/climate-change/climate-indicators/us-wildfires.

268 W. Matt Jolly et al., »Climate-Induced Variations in Global Wildfire Danger from 1979 to 2013«, *Nature Communications* 6, Nr. 7537, Juli 2015, https://doi.org/10.1038/ncomms8537.

269 Joseph Romm, *Climate Change: What Everyone Needs to Know,* Oxford, Oxford University Press, 2016, S. 47.

270 National Interagency Fire Center, »Total Wildland Fires and Acres (1926–2017)«, www.nifc.gov/fireInfo/fireInfo_stats_totalFires.html.

271 Melissa Pamer und Elizabeth Espinosa, »›We Don't Even Call It Fire Season Anymore … It's Year Round‹: Cal Fire«, KTLA 5, 11. Dezember 2017.

272 William Finnegan, »California Burning«, *New York Review of Books,* 16. August 2018.

273 Jason Horowitz, »As Greek Wildfire Closed In, a Desperate Dash Ended in Death«, *The New York Times,* 24. Juli 2018.

274 Daniel L. Swain et al., »Increasing Precipitation Volatility in Twenty-First-Century California«, *Nature Climate Change* 8, April 2018, S. 427–433, https://doi.org/10.1038/s41558-018-0140-y.

275 Fay H. Johnston et al., »Estimated Global Mortality Attributable to Smoke from Landscape Fires«, *Environmental Health Perspectives* 120, Nr. 5, Mai 2012, https://doi.org/10.1289/ehp.1104422.

276 George E. Le et al., »Canadian Forest Fires and the Effects of Long-Range Transboundary Air Pollution on Hospitalizations Among the Elderly«, *ISPRS International Journal of Geo-Information* 3, Mai 2014, S. 713–731, https://doi.org/10.3390/ijgi3020713.

277 C. Howard et al., »SOS: Summer of Smoke – A Mixed-Methods, Community-Based Study Investigating the Health Effects of a Prolonged, Severe Wildfire Season on a Subarctic Population«, *Canadian Journal of Emergency Medicine* 19, Mai 2017, S. S99, https://doi.org/10.1017/cem.2017.264.

278 Sharon J. Riley, »›The Lost Summer‹: The Emotional and Spiritual Toll of the Smoke Apocalypse«, *The Narwhal,* 21. August 2018, https://thenarwhal.ca/the-lost-summer-the-emotional-and-spiritual-toll-of-the-smoke-apocalypse.

279 Susan E. Page et al., »The Amount of Carbon Released from Peat and Forest Fires in Indonesia During 1997«, *Nature* 420, November 2002, S. 61–65, https://doi.org/10.1038/nature01131. Um ein Bild davon zu erhalten, wie sich die Emissionen in den Torfgebieten entwickeln werden, siehe Angela V. Gallego-Sala et al., »Latitudinal Limits to the Predicted Increase of the Peatland Carbon Sink with Warming«, *Nature Climate Change* 8, 2018, S. 907–913.

280 David R. Baker, »Huge Wildfires Can Wipe Out California's Greenhouse Gas Gains«, *San Francisco Chronicle,* 22. November 2017.

281 Joe Romm, »Science: Second ›100-Year‹ Amazon Drought in Five Years Caused Huge CO_2 Emissions. If This Pattern Continues, the Forest Would Become a Warming Source«, *ThinkProgress,* 8. Februar 2011, https://thinkprogress.org/science-second-100-year-amazon-drought-in-5-years-caused-huge-co2-emissions-if-this-pattern-7036a9074098.

282 Roel J. W. Brienen et al., »Long-Term Decline of the Amazon Carbon Sink«, *Nature,* März 2015.

283 Aline C. Soterroni et al., »Fate of the Amazon Is on the Ballot in Brazil's Presidential Election«, *Monga Bay,* 17. Oktober 2018, https://news.mongabay.com/2018/10/fate-of-the-amazon-is-on-the-ballot-in-brazils-presidential-election-commentary/.

284 G. R. van der Werf et al., »CO_2 Emissions from Forest Loss«, *Nature Geoscience,* 2, November 2009, S. 737–738, https://doi.org/10.1038/ngeo671.

285 Bob Berwyn, »How Wildfires Can Affect Climate Change (and Vice Versa)«, *Inside Climate News,* 23. August 2018, insideclimatenews.org/news/23082018/extreme-wildfires-climate-change-global-warming-air-pollution-fire-management-black-carbon-co2.

286 Daisy Dunne, »Methane Uptake from Forest Soils Has ›Fallen by 77% in Three Decades‹«, *CarbonBrief,* 6. August 2018, www.carbonbrief.org/methane-uptake-from-forest-soils-has-fallen-77-per-cent-three-decades.

287 Natalie M. Mahowald et al., »Are the Impacts of Land Use on Warming Underestimated in Climate Policy?«, *Environmental Research Letters* 12, Nr. 9, September 2017, https://doi.org/10.1088/1748-9326/aa836d.

288 Quentin Lejeune et al., »Historical Deforestation Locally Increased the Intensity of Hot Days in Northern Mid-Latitudes«, *Nature Climate Change* 8, April 2018, S. 386–390, https://doi.org/10.1038/s41558-018-0131-z.

289 Leonardo Suveges Moreira Chaves et al., »Abundance of Impacted Forest Patches Less than 5 km² Is a Key Driver of the Incidence of Malaria in Amazonian Brazil«, *Scientific Reports* 8, Nr. 7077, Mai 2018, https://doi.org/10.1038/s41598-018-25344-5.

Naturkatastrophen, die keine mehr sind

290 Francesco Fiondella, »Extreme Tornado Outbreaks Have Become More Common«, International Research Institute for Climate and Society, Columbia University, 2. März 2016, https://iri.columbia.edu/news/tornado-outbreaks. Siehe auch Joseph Romm, *Climate Change: What Everyone Needs to Know*, New York, Oxford University Press, 2016, S. 69.

291 Congressional Research Service, *The National Hurricane Center and Forecasting Hurricanes: 2017 Overview and 2018 Outlook*, Washington, D.C., 23. August 2018, https://fas.org/sgp/crs/misc/R45264.pdf.

292 Javier Zarracina und Brian Resnick, »All the Rain That Hurricane Harvey Dumped on Texas and Louisiana, in One Massive Water Drop«, *Vox*, 1. September 2017.

293 Jason Samenow, »Red Hot Planet: This Summer's Punishing and Historic Heat in Seven Charts and Maps«, *The Washington Post*, 17. August 2018.

294 U.S. Geological Survey, »Retreat of Glaciers in Glacier National Park«, 6. April 2016, www.usgs.gov/centers/norock/science/retreat-glaciers-glacier-national-park.

295 European Academies' Science Advisory Council, »New Data Confirm Increased Frequency of Extreme Weather Events, European National Science Academies Urge Further Action on Climate Change Adaptation«, 21. März 2018, https://easac.eu/press-releases/details/new-data-confirm-increased-frequency-of-extreme-weather-events-european-national-science-academies.

296 Andra J. Garner et al., »Impact of Climate Change on New York City's Coastal Flood Hazard: Increasing Flood Heights from the Preindustrial to 2300 CE«, *Proceedings of the National Academy of Sciences*, September 2017, https://doi.org/10.1073/pnas.1703568114.

297 U.S. Global Change Research Program, *2014 National Climate Assessment*, Washington, D.C., 2014, https://nca2014.globalchange.gov/report/our-changing-climate/heavy-downpours-increasing.

298 U.S. Global Change Research Program, »Observed Change in Very Heavy Precipitation«, 19. September 2013, https://data.globalchange.gov/report/nca3/chapter/our-changing-climate/figure/observed-change-in-very-heavy-precipitation-2.

299 National Weather Service, »April 2018 Precipitation Summary«, 4. Mai 2018, www.prh.noaa.gov/hnl/hydro/pages/apr18sum.php.

300 Alyson Kenward und Urooj Raja, »Blackout: Extreme Weather, Climate Change and Power Outages«, Climate Central, Princeton, New Jersey, 2014, S. 4, http://assets.climatecentral.org/pdfs/PowerOutages.pdf.

301 Joe Romm, »The Case for a Category 6 Rating for Super-Hurricanes like Irma«, *ThinkProgress*, 6. September 2017, https://thinkprogress.org/category-six-hurricane-irma-62cfdfdd93cb.

302 Frances Robles und Luis Ferré-Sadurní, »Puerto Rico's Agriculture and Farmers Decimated by Maria«, *The New York Times*, 24. September 2017.

303 Diese Bemerkung veröffentlichte Wark auf Twitter: https://twitter.com/mckenziewark/status/913382357230645248.

304 Ning Lin et al., »Hurricane Sandy's Flood Frequency Increasing from Year 1800 to 2100«, *Proceedings of the National Academy of the Sciences*, Oktober 2016.

305 Aslak Grinsted et al., »Projected Atlantic Hurricane Surge Threat from Rising Temperatures«, *Proceedings of the National Academy of Sciences*, März 2013, https://doi.org/10.1073/pnas.1209980110.

306 Greg Holland und Cindy L. Bruyère, »Recent Intense Hurricane Response to Global Climate Change«, *Climate Dynamics* 42, Nr. 3–4, Februar 2014, S. 617–627, https://doi.org/10.1007/s00382-013-1713-0.

307 Ernährungs- und Landwirtschaftsorganisation der Vereinten Nationen, »The Impact of Disasters on Agriculture and Food Security«, Rom, 2015, S. xix, https://reliefweb.int/sites/reliefweb.int/files/resources/a-i5128e.pdf.

308 Wei Mei und Shang-Ping Xie, »Intensification of Landfalling Typhoons over the Northwest Pacific Since the Late 1970s«, *Nature Geoscience* 9, September 2016, S. 753–757, https://doi.org/10.1038/NGEO2792.

309 Linda Poon, »Climate Change Is Testing Asia's Megacities«, CityLab, 9. Oktober 2018, www.citylab.com/environment/2018/10/asian-megacities-vs-tomorrows-typhoons/572062.

310 Judah Cohen et al., »Warm Arctic Episodes Linked with Increased Frequency of Extreme Winter Weather in the United States«, *Nature Communications* 9, Nr. 869, März 2018, https://doi.org/10.1038/s41467-018-02992-9.

311 NOAA National Centers for Environmental Information, »State of the Climate: Tornadoes for April 2011«, Mai 2011, www.ncdc.noaa.gov/sotc/tornadoes/201104.

312 Noah S. Diffenbaugh et al., »Robust Increases in Severe Thunderstorm Environments in Response to Greenhouse Forcing«, *Proceedings of the National Academy of Sciences* 110, Nr. 41, Oktober 2013, S. 16361–16366, https://doi.org/10.1073/pnas.1307758110.

313 Keith Porter et al., »Overview of the ARkStorm Scenario«, U.S. Geological Survey, Januar 2011, https://pubs.usgs.gov/of/2010/1312.

314 Emily Atkin, »Minutes: ›Unbearable‹ Petrochemical Smells Are Reportedly Drifting into Houston«, *The New Republic*, August 2017.

315 Frank Bajak und Lise Olsen, »Silent Spills«, *Houston Chronicle*, Mai 2018.

316 Kevin Litten, »16 New Orleans Pumps, Not 14, Were Down Saturday and Remain Out: Officials«, *The Times-Picayune*, 10. August 2017.

317 Elizabeth Fussell, »Constructing New Orleans, Constructing Race: A Population History of New Orleans«, *The Journal of American History* 94, Nr. 3, Dezember 2007, S. 846–855, www.jstor.org/stable/25095147.

318 Allison Plyer, »Facts for Features: Katrina Impact«, The Data Center, 26. August 2016, www.datacenterresearch.org/data-resources/katrina/facts-for-impact.

319 U.S. Census Bureau, »The South Is Home to 10 of the 15 Fastest-Growing Large Cities«, 25. Mai 2017, www.census.gov/newsroom/press-releases/2017/cb17-81-population-estimates-subcounty.html. Siehe auch Amy Newcomb, »Census Bureau Reveals Fastest-Growing Large Cities«, U.S. Census Bureau, 2018.

320 John Schwartz, »Exxon Misled the Public on Climate Change, Study Says«, *The New York Times*, 23. August 2017.

321 Greg Allen, »Ghosts of Katrina Still Haunt New Orleans' Shattered Lower Ninth Ward«, NPR, 3. August 2015, www.npr.org/2015/08/03/427844717/ghosts-of-katrina-still-haunt-new-orleans-shattered-lower-ninth-ward.

322 Kevin Sack und John Schwartz, »Left to Louisiana's Tides, a Village Fights for Time«, *The New York Times*, 24. Februar 2018, www.nytimes.com/interactive/2018/02/24/us/jean-lafitte-floodwaters.html. Siehe auch Bob Marshall, Brian Jacobs und Al Shaw, »Losing Ground«, *ProPublica*, 28. August 2014, http://projects.propublica.org/louisiana.

323 Jeff Goodell, »Welcome to the Age of Climate Migration«, *Rolling Stone*, 4. Februar 2018.

324 John D. Sutter und Sergio Hernandez, »›Exodus‹ from Puerto Rico: A Visual Guide«, CNN, 21. Februar 2018, www.cnn.com/2018/02/21/us/puerto-rico-migration-data-invs/index.html.

Süßwassermangel

325 USGS Water Science School, »How Much Water Is There on, in, and Above the Earth?«, U.S. Geological Survey, 2. Dezember 2016, https://water.usgs.gov/edu/earthhowmuch.html.

326 USGS Water Science School, »The World's Water«, U.S. Geological Survey, 2. Dezember 2016, https://water.usgs.gov/edu/earthwherewater.html.

327 »Freshwater Crisis«, *National Geographic*.

328 Tariq Khokhar, »Chart: Globally, 70% of Freshwater Is Used for Agriculture«, Datenblog der Weltbank, 22. März 2017, https://blogs.worldbank.org/opendata/chart-globally-70-freshwater-used-agriculture.

329 »Water Consumption in Africa«, Institute Water for Africa, https://water-for-africa.org/en/water-consumption/articles/water-consumption-in-africa.html. Siehe auch UN-Water Decade Programme on Advocacy and Communication and Water Supply and Sanitation Collaborative Council, »The Human Right to Water and Sanitation«, www.un.org/waterforlifedecade/pdf/human_right_to_water_and_sanitation_media_brief.pdf.

330 »Half the World to Face Severe Water Stress by 2030 Unless Water Use Is ›Decou-

pled‹ from Economic Growth, Says International Resource Panel«, Umweltprogramm der Vereinten Nationen, 21. März 2016, www.unenvironment.org/news-and-stories/press-release/half-world-face-severe-water-stress-2030-unless-water-use-decoupled.

331 »Water Audits and Water Loss Control for Public Water Systems«, Environmental Protection Agency, Juli 2013, www.epa.gov/sites/production/files/2015-04/documents/epa816f13002.pdf.

332 »Treated Water Loss Is Still High in Brazil«, Weltwasserforum, 21. November 2017, http://8.worldwaterforum.org/en/news/treated-water-loss-still-high-brazil.

333 »2.1 Billion People Lack Safe Drinking Water at Home, More than Twice as Many Lack Safe Sanitation«, Weltgesundheitsorganisation, 12. Juli 2017, www.who.int/news-room/detail/12-07-2017-2-1-billion-people-lack-safe-drinking-water-at-home-more-than-twice-as-many-lack-safe-sanitation.

334 M. Huss et al., »Toward Mountains Without Permanent Snow and Ice«, *Earth's Future* 5, Nr. 5, Mai 2017, S. 418–435, https://doi.org/10.1002/2016EF000514.

335 P. D. A. Kraaijenbrink, »Impact of a Global Temperature Rise of 1.5 Degrees Celsius on Asia's Glaciers«, *Nature* 549, September 2017, S. 257–260, https://doi.org/10.1038/nature23878.

336 Mark Lynas, *Six Degrees: Our Future on a Hotter Planet,* Washington, D. C., National Geographic Society, 2008, S. 202. Siehe auch Christoph Marty et al., »How Much Can We Save? Impact of Different Emission Scenarios on Future Snow Cover in the Alps«, *The Cryosphere,* 2017.

337 Klimarahmenkonvention der Vereinten Nationen, »Climate Change: Impacts, Vulnerabilities and Adaptation in Developing Countries«, New York, 2007, S. 5, https://unfccc.int/resource/docs/publications/impacts.pdf.

338 Charles Fant et al., »Projections of Water Stress Based on an Ensemble of Socioeconomic Growth and Climate Change Scenarios: A Case Study in Asia«, *PLOS One* 11, Nr. 3, März 2016, https://doi.org/10.1371/journal.pone.0150633.

339 Weltbank, »High and Dry: Climate Change, Water, and the Economy«, Washington, D. C., 2016, S. vi.

340 UN Water, »The United Nations World Water Development Report 2018: Nature-Based Solutions for Water«, Paris, 2018, S. 3, http://unesdoc.unesco.org/images/0026/002614/261424e.pdf.

341 Marcello Rossi, »Desert City Phoenix Mulls Ways to Quench Thirst of Sprawling Suburbs«, *Thomson Reuters Foundation News,* 7. Juni 2018, news.trust.org/item/20180607120002-7kwzq.

342 Edoardo Borgomeo, »Will London Run Out of Water?«, *The Conversation,* 24. Mai 2018, https://theconversation.com/will-london-run-out-of-water-97107.

343 Rina Saeed Khan, »Water Pressures Rise in Pakistan as Drought Meets a Growing

Population«, Reuters, 14. Juni 2018, https://af.reuters.com/article/commoditiesNews/idAFL5N1T7502.

344 NASA Earth Observatory, »World of Change: Shrinking Aral Sea«, https://earthobservatory.nasa.gov/WorldOfChange/AralSea.

345 NASA Earth Observatory, »Bolivia's Lake Poopó Disappears«, 23. Januar 2016, https://earthobservatory.nasa.gov/images/87363/bolivias-lake-poopo-disappears.

346 Amir AghaKouchak et al., »Aral Sea Syndrome Desiccates Lake Urmia: Call for Action«, *Journal of Great Lakes Research* 41, Nr. 1, März 2015, S. 307–311, https://doi.org/10.1016/j.jglr.2014.12.007.

347 »Africa's Vanishing Lake Chad«, *Africa Renewal,* April 2012, www.un.org/africarenewal/magazine/april-2012/africa%E2%80%99s-vanishing-lake-chad.

348 Boqiang Qin et al., »A Drinking Water Crisis in Lake Taihu, China: Linkage to Climatic Variability and Lake Management«, *Environmental Management* 45, Nr. 1, Januar 2010, S. 105–112, https://doi.org/10.1007/s00267-009-9393-6.

349 Jessica E. Tierney et al., »Late-Twentieth-Century Warming in Lake Tanganyika Unprecedented Since AD 500«, *Nature Geoscience* 3, Mai 2010, S. 422–425, https://doi.org/10.1038/ngeo865. Siehe auch unter anderem Clea Broadhurst, »Global Warming Depletes Lake Tanganikya's Fish Stocks«, RFI, 9. August 2016, http://en.rfi.fr/africa/20160809-global-warming-responsible-decline-fish-lake-tanganyika.

350 E. J. S. Emilson et al., »Climate Driven Shifts in Sediment Chemistry Enhance Methane Production in Northern Lakes«, *Nature Communications* 9, Nr. 1801, Mai 2018, https://doi.org/10.1038/s41467-018-04236-2. Siehe auch David Bastviken et al., »Methane Emissions from Lakes: Dependence of Lake Characteristics, Two Regional Assessments, and a Global Estimate«, *Global Biogeochemical Cycles* 18, 2004, https://doi.org/10.1029/2004GB002238.

351 »Greenhouse Gas ›Feedback Loop‹ Discovered in Freshwater Lakes«, University of Cambridge, 4. Mai 2018, www.cam.ac.uk/research/news/greenhouse-gas-feedback-loop-discovered-in-freshwater-lakes.

352 USGS Water Science School, »Groundwater Use in the United States«, U. S. Geological Survey, 26. Juni 2018, https://water.usgs.gov/edu/wugw.html.

353 Brian Clark Howard, »California Drought Spurs Groundwater Drilling Boom in Central Valley«, *National Geographic,* 16. August 2014.

354 Kevin Wilcox, »Aquifers Depleted in Colorado River Basin«, *Civil Engineering,* 5. August 2014, www.asce.org/magazine/20140805-aquifers-depleted-in-colorado-river-basin.

355 Sandra Postel, »Drought Hastens Groundwater Depletion in the Texas Panhandle«, *National Geographic,* 24. Juli 2014.

356 Kansas State University, »Study Forecasts Future Water Levels of Crucial Agricultural Aquifer«, *K-State News,* 26. August 2013, www.k-state.edu/media/newsreleases/aug13/groundwater82613.html. Siehe auch David R. Steward et al., »Tapping

Unsustainable Groundwater Stores for Agricultural Production in the High Plains Aquifer of Kansas, Projections to 2110«, *Proceedings of the National Academy of Sciences of the United States of America* 110, Nr. 37, September 2013, S. E3477-E3486, https://doi.org/10.1073/pnas.1220351110.

357 NITI Aayog, *Composite Water Management Index*, S. 22, www.niti.gov.in/writereaddata/files/document_publication/2018-05-18-Water-index-Report_vS6B.pdf.

358 City of Cape Town, »Day Zero: When Is It, What Is It, and How Can We Avoid It?«, 15. November 2017, www.capetown.gov.za/Media-and-news/Day%20Zero%20when%20is%20it,%20what%20is%20it,%20and%20how%20can%20we%20avoid%20it?.

359 Adam Welz, »Letter from a Bed in Cape Town«, *Sierra*, 12. Februar 2018, www.sierraclub.org/sierra/letter-bed-cape-town-drought-day-zero.

360 Mark Milligan, »Glad You Asked: Does Utah Really Use More Water than Any Other State?«, Utah Geological Survey, https://geology.utah.gov/map-pub/survey-notes/glad-you-asked/does-utah-use-more-water.

361 UNESCO, *Water: A Shared Responsibility – The United Nations World Water Development Report* 2, Paris, 2006, S. 502, http://unesdoc.unesco.org/images/0014/001454/145405e.pdf#page=519.

362 Stephen Leahy, »From Not Enough to Too Much, the World's Water Crisis Explained«, *National Geographic*, 22. März 2018.

363 Public Policy Institute for California, »Water Use in California«, Juli 2016, www.ppic.org/publication/water-use-in-california.

364 Jon Gerberg, »A Megacity Without Water: Sao Paulo's Drought«, *Time*, 13. Oktober 2015. Siehe auch Simon Romero, »Taps Start to Run Dry in Brazil's Largest City«, *The New York Times*, 16. Februar 2015.

365 Graham Keeley, »Barcelona Forced to Import Emergency Water«, *The Guardian*, 14. Mai 2008.

366 »Recent Rainfall, Drought and Southern Australia's Long-Term Rainfall Decline«, Australian Government Bureau of Meteorology, April 2015, www.bom.gov.au/climate/updates/articles/a010-southern-rainfall-decline.shtml.

367 Albert I. J. M. van Dijk et al., »The Millennium Drought in Southeast Australia (2001–2009): Natural and Human Causes and Implications for Water Resources, Ecosystems, Economy, and Society«, *Water Resources Research* 49, Februar 2013, S. 1040–1057, http://doi.org/10.1002/wrcr.20123.

368 »Managing Water for the Environment During Drought: Lessons from Victoria, Australia, Technical Appendices«, Public Policy Institute of California, San Francisco, Juni 2016, S. 8, www.ppic.org/content/pubs/other/0616JMR_appendix.pdf.

369 Michael Safi, »Washing Is a Privilege: Life on the Frontline of India's Water Crisis«, *The Guardian*, 21. Juni 2018. Siehe auch Maria Abi-Habib und Hari Kumar, »Deadly Tensions Rise as India's Water Supply Runs Dangerously Low«, *The New York Times*, 17. Juni 2018.

370 Mesfin M. Mekonnen und Arjen Y. Hoekstra, »Four Billion People Facing Severe Water Scarcity«, *Science Advances* 2, Nr. 2, Februar 2016, https://doi.org/10.1126/sciadv.1500323.

371 Weltbank, »High and Dry«, S. 5.

372 Ebd., S. vi.

373 Ebd., S. 13.

374 »Water Conflict«, Pacific Institute: The World's Water, Mai 2018. www.worldwater.org/water-conflict.

375 International Committee of the Red Cross, »Health Crisis in Yemen«, www.icrc.org/en/where-we-work/middle-east/yemen/health-crisis-yemen.

Sterbende Meere

376 Carson war erst dreißig, als sie diesen Essay in *The Atlantic* veröffentlichte, und arbeitete zu der Zeit noch als Biologin für die Fischereiabteilung des U. S. Fish and Wildlife Service. In den Meeren, schrieb sie, »sehen wir Teile des Plans Gestalt annehmen: Das Wasser empfängt die simplen Materialien von der Erde und aus der Luft, speichert sie, bis die versammelte Energie des Frühlings die schlafenden Pflanzen in einem Ausbruch geballter Energie weckt, hungrige Scharen von Planktontieren wachsen und vermehren sich auf der Pflanzenfülle und werden selbst wiederum zur Beute der Fischschwärme; letzten Endes löst sich alles in seine Bestandteile auf, wenn es die unerbittlichen Gesetze des Meeres verlangen. Einzelne Elemente verschwinden aus der Sicht, nur um immer wieder in einer Art materieller Unsterblichkeit in verschiedenen Verkörperungen wiederzukehren. Verwandte Kräfte derjenigen, die in einer unvorstellbar weit entfernten Ära jenes Urelement des Protoplasmas hervorgebracht hat, das im uralten Meer umhertrieb, führen ihre mächtige und undurchdringliche Arbeit fort. Vor diesem kosmischen Hintergrund erscheint die Lebensspanne einer bestimmten Pflanze oder eines einzelnen Tieres nicht wie ein in sich geschlossenes Drama, sondern eher wie ein kurzes Zwischenspiel in einem Panorama des endlosen Wandels.«

377 National Ocean Service, »How Much Water Is in the Ocean?«, National Oceanic and Atmospheric Administration, 25. Juni 2018, https://oceanservice.noaa.gov/facts/oceanwater.html.

378 »Availability and Consumption of Fish«, Weltgesundheitsorganisation, www.who.int/nutrition/topics/3_foodconsumption/en/index5.html.

379 Malin L. Pinsky et al., »Preparing Ocean Governance for Species on the Move«, *Science* 360, Nr. 6394, Juni 2018, S. 1189–1191, https://doi.org/10.1126/science.aat2360.

380 Kendall R. Jones et al., »The Location and Protection Status of Earth's Diminishing Marine Wilderness«, *Current Biology* 28, Nr. 15, August 2018, S. 2506–2512,

https://doi.org/10.1016/j.cub.2018.06.010. Siehe auch Sigrid Lind et al., »Arctic Warming Hotspot in the Northern Barents Sea Linked to Declining Sea-Ice Import«, *Nature Climate Change* 8, Juni 2018, S. 634–639, https://doi.org/10.1038/s41558-018-0205-y.

381 Rob Monroe, »How Much CO_2 Can the Oceans Take Up?«, Scripps Institution of Oceanography, 13. Juli 2013, https://scripps.ucsd.edu/programs/keelingcurve/2013/07/03/how-much-co2-can-the-oceans-take-up. Siehe auch Peter J. Gleckler et al., »Industrial-Era Global Ocean Heat Uptake Doubles in Recent Decades«, *Nature Climate Change* 6, Januar 2016, S. 394–398, https://doi.org/10.1038/nclimate2915.

382 Australian Government Great Barrier Reef Marine Park Authority, »Managing the Reef«.

383 Robinson Meyer, »Since 2016, Half of All Coral in the Great Barrier Reef Has Died«, *The Atlantic,* April 2018.

384 Michon Scott und Rebecca Lindsey, »Unprecedented Three Years of Global Coral Bleaching, 2014–2017«, Climate.gov, 1. August 2018, www.climate.gov/news-features/understanding-climate/unprecedented-3-years-global-coral-bleaching-2014%E2%80%932017.

385 C. C. Baldwin et al., »Below the Mesophotic«, *Scientific Reports* 8, Nr. 4920, März 2018, https://doi.org/10.1038/s41598-018-23067-1.

386 Lauretta Burke et al., »Reefs at Risk Revisited«, World Resources Institute, Washington, D. C., 2011, S. 6, https://wriorg.s3.amazonaws.com/s3fs-public/pdf/reefs_at_risk_revisited.pdf.

387 Ocean Portal Team, »Corals and Coral Reefs«, Smithsonian, April 2018, https://ocean.si.edu/ocean-life/invertebrates/corals-and-coral-reefs.

388 »Coral Ecosystems«, National Oceanic and Atmospheric Administration, www.noaa.gov/resource-collections/coral-ecosystems.

389 Michael W. Beck et al., »The Global Flood Protection Savings Provided by Coral Reefs«, *Nature Communications* 9, Nr. 2186, Juni 2018, https://doi.org/10.1038/s41467-018-04568-z.

390 Kate Madin, »Ocean Acidification: A Risky Shell Game«, *Oceanus Magazine*, 4. Dezember 2009, www.whoi.edu/oceanus/feature/ocean-acidification--a-risky-shell-game. Siehe auch Cosima Porteus et al., »Near-Future CO_2 Levels Impair the Olfactory System of Marine Fish«, *Nature Climate Change* 8, 23. Juli 2018.

391 Graham Edgar und Trevor J. Ward, »Australian Commercial Fish Populations Drop by a Third over Ten Years«, *The Conversation,* 6. Juni 2018, https://theconversation.com/australian-commercial-fish-populations-drop-by-a-third-over-ten-years-97689.

392 Jurriaan M. De Vos et al., »Estimating the Normal Background Rate of Species Extinction«, *Conservation Biology,* 26. August 2014.

393 A. H. Altieri und K. B. Gedan, »Climate Change and Dead Zones«, *Global Change Biology,* 10. November 2014, https://doi.org/10.1111/gcb.12754.

394 »SOS: Is Climate Change Suffocating Our Seas?«, National Science Foundation, www.nsf.gov/news/special_reports/deadzones/climatechange.jsp.

395 Bastien Y. Queste et al., »Physical Controls on Oxygen Distribution and Denitrification Potential in the North West Arabian Sea«, *Geophysical Research Letters* 45, Nr. 9, Mai 2018. Siehe auch »Growing ›Dead Zone‹ Confirmed by Underwater Robots« (Pressemeldung), University of East Anglia, 27. April 2018, www.uea.ac.uk/about/-/growing-dead-zone-confirmed-by-underwater-robots-in-the-gulf-of-oman.

396 Peter Brannen, »A Foreboding Similarity in Today's Oceans and a 94-Million-Year-Old Catastrophe«, *The Atlantic,* 12. Januar 2018. Siehe auch Dana Nuccitelli, »Burning Coal May Have Caused Earth's Worst Mass Extinction«, *The Guardian,* 12. März 2018.

397 National Ocean Service, »Currents: The Global Conveyor Belt«, National Oceanic and Atmospheric Administration, https://oceanservice.noaa.gov/education/tutorial_currents/05conveyor2.html.

398 Stefan Rahmstorf et al., »Exceptional Twentieth-Century Slowdown in Atlantic Ocean Overturning Circulation«, *Nature Climate Change* 5, Mai 2015, https://doi.org/10.1038/nclimate2554.

399 L. Caesar et al., »Observed Fingerprint of a Weakening Atlantic Ocean Overturning Circulation«, *Nature* 556, April 2018, S. 191–196, https://doi.org/10.1038/s41586-018-0006-5; David J. R. Thornalley et al., »Anomalously weak Labrador Sea convection and Atlantic overturning during the past 150 years«, *Nature* 556, April 2018, S. 227–230, https://doi.org/10.1038/s41586-018-0007-4.

400 Joseph Romm, »Dangerous Climate Tipping Point Is ›About a Century Ahead of Schedule‹ Warns Scientist«, *Think Progress,* 12. April 2018.

Verpestete Luft

401 Joseph Romm, *Climate Change: What Everyone Needs to Know,* Oxford, Oxford University Press, 2016, S. 113.

402 Ebd., S. 114.

403 Ploy Achakulwisut et al., »Drought Sensitivity in Fine Dust in the U.S. Southwest«, *Environmental Research Letters* 13, Mai 2018, https://doi.org/10.1088/1748-9326/aabf20.

404 G. G. Pfister et al., »Projections of Future Summertime Ozone over the U.S.«, *Journal of Geophysical Research Atmospheres* 119, Nr. 9, Mai 2014, S. 5559–5582, https://doi.org/10.1002/2013JD020932.

405 Romm, *Climate Change,* 2016, S. 105.

406 DARA, *Climate Vulnerability Monitor: A Guide to the Cold Calculus of a Hot Planet,* 2nd ed., Madrid, 2012, S. 17, https://daraint.org/wp-content/uploads/2012/10/CVM2-Low.pdf. James Hansen hat diesen Vergleich bei mehreren Gelegenheiten

angestellt, auch in einem Interview mit mir, das unter dem Titel »Climate Scientist James Hansen: ›The Planet Could Become Ungovernable‹« am 12. Juli 2017 in der Zeitschrift *New York* erschien.

407 Xin Zhang et al., »The Impact of Exposure to Air Pollution on Cognitive Performance«, *Proceedings of the National Academy of Sciences* 155, Nr. 37, September 2018, S. 9193–9197, https://doi org/10.1073/pnas.1809474115. Der Co-Autor Xi Chen äußerte sich so gegenüber mehreren Nachrichtenmedien, darunter *The Guardian:* Damian Carrington und Lily Kuo, »Air Pollution Causes ›Huge‹ Reduction in Intelligence, Study Reveals«, 27. August 2018.

408 Joshua Goodman et al., »Heat and Learning«, Arbeitspapier des National Bureau of Economic Research Nr. 24639, Mai 2018, https://doi.org/10.3386/w24639.

409 Anna Oudin et al., »Association Between Neighbourhood Air Pollution Concentrations and Dispensed Medication for Psychiatric Disorders in a Large Longitudinal Cohort of Swedish Children and Adolescents«, *BMJ Open* 6, Nr. 6, Juni 2016, https://doi.org/10.1136/bmjopen-2015-010004. Siehe auch Hong Chen et al., »Living near Major Roads and the Incidence of Dementia, Parkinson's Disease, and Multiple Sclerosis: A Population-Based Cohort Study«, *The Lancet* 389, Nr. 10070, Februar 2017, S. 718–726, https://doi.org/10.1016/S0140-6736(16)32399-6.

410 Adam Isen et al., »Every Breath You Take – Every Dollar You'll Make: The Long-Term Consequences of the Clean Air Act of 1970«, Arbeitspapier des National Bureau of Economic Research Nr. 19858, September 2015, https://doi.org/10.3386/w19858.

411 Janet Currie und W. Reed Walker, »Traffic Congestion and Infant Health: Evidence from E-ZPass«, Arbeitspapier des National Bureau of Economic Research Nr. 15413, April 2012, https://doi.org/10.3386/w15413.

412 Yufei Zou et al., »Arctic Sea Ice, Eurasia Snow, and Extreme Winter Haze in China«, *Science Advances* 3, Nr. 3, März 2017, https://doi.org/10.1126/sciadv.1602751.

413 Steve LeVine, »Pollution Score: Beijing 993, New York 19«, *Quartz,* 14. Januar 2013, https://qz.com/43298/pollution-score-beijing-993-new-york-19.

414 Lijian Han et al., »Multicontaminant Air Pollution in Chinese Cities«, *Bulletin of the World Health Organization* 96, Februar 2018, S. 233–242E, http://dx.doi.org/10.2471/BLT.17.195560; Fred Pearce, »How a ›Toxic Cocktail‹ Is Posing a Troubling Health Risk in China's Cities«, *Yale Environment 360,* 17. April 2018, https://e360.yale.edu/features/how-a-toxic-cocktail-is-posing-a-troubling-health-risk-in-chinese-cities.

415 Jun Liu et al., »Estimating Adult Mortality Attributable to PM2.5 Exposure in China with Assimilated PM2.5 Concentrations Based on a Ground Monitoring Network«, *Science of the Total Environment* 568, Oktober 2016, S. 1253–1262, https://doi.org/10.1016/j.scitotenv.2016.05.165.

416 Michelle Robertson, »It's Not Just Fog Turning the Sky Gray: SF Air Quality Is Three Times Worse than Beijing«, *SF Gate,* 23. August 2018.

417 Eine Twitter-Meldung aus dem Büro des Bürgermeisters im August 2018 lautete: »Die heutige Luftqualität ist offiziell als UNGESUND FÜR DIE GESAMTE BEVÖKERUNG eingestuft worden. Bleiben Sie im Haus, arbeiten Sie so wenig wie möglich draußen und lassen Sie das Auto stehen.«

418 Rachel Feltman, »Air Pollution in Delhi Is Literally off the Charts«, *Popular Science*, 8. November 2016.

419 Richard A. Muller und Elizabeth A. Muller, »Air Pollution and Cigarette Equivalence«, *Berkeley Earth*, http://berkeleyearth.org/air-pollution-and-cigarette-equivalence. Siehe auch Durgesh Nandan Jha, »Pollution Causing Arthritis to Flare Up, 20 % Rise in Patients at Hospitals«, *The Times of India*, 11. November 2017.

420 »Blinding Smog Causes 24-Vehicle Pile-up on Expressway near Delhi«, *NDTV*, 8. November 2017. Siehe auch Catherine Ngai, Jamie Freed und Henning Gloystein, »United Resumes Newark-Delhi Flights After Halt Due to Poor Air Quality«, Reuters, 12. November 2017, https://www.reuters.com/article/us-airlines-india-pollution/united-resumes-newark-delhi-flights-after-halt-due-to-poor-air-quality-idUSKBN1DC142?il=0.

421 Benjamin D. Horne et al., »Short-Term Elevation of Fine Particulate Matter Air Pollution and Acute Lower Respiratory Infection«, *American Journal of Respiratory and Critical Care Medicine* 198, Nr. 6, September 2018, https://doi.org/10.1164/rccm.201709-1883OC.

422 Pamela Das und Richard Horton, »Pollution, Health, and the Planet: Time for Decisive Action«, *The Lancet* 391, Nr. 10119, Oktober 2017, S. 407–408, https://doi.org/10.1016/S0140-6736(17)32588-6.

423 Kuam Ken Lee et al., »Air Pollution and Stroke«, *Journal of Stroke* 20, Nr. 1, Januar 2018, S. 2–11, https://doi.org/10.5853/jos.2017.02894. Zum Schlaganfall siehe auch R. D. Brook et al., »Particulate Matter Air Pollution and Cardiovascular Disease: An Update to the Scientific Statement from the American Heart Association«, *Circulation* 121, Nr. 21, Juni 2010, S. 2331–2378, https://doi.org/10.1161/CIR.0b013e3181dbece1. Zu Krebserkrankungen siehe auch Kate Kelland und Stephanie Nebehay, »Air Pollution a Leading Cause of Cancer U. N. Agency«, Reuters, 17. Oktober 2013, www.reuters.com/article/us-cancer-pollution/air-pollution-a-leading-cause-of-cancer-u-n-agency-id USBRE99G0BB20131017. Zu Atemwegsbeschwerden siehe auch Michael Guarnieri und John R. Balmes, »Outdoor Air Pollution and Asthma«, *The Lancet* 383, Nr. 9928, Mai 2014, https://doi.org/10.1016/S0140-6736(14)60617-6. Zu Komplikationen in der Schwangerschaft siehe auch Jessica Glenza, »Millions of Premature Births Could Be Linked to Air Pollution, Study Finds«, *The Guardian*, 16. Februar 2017.

424 Nicole Wetsman, »Air Pollution Might Be the New Lead«, *Popular Science*, 5. April 2018. Zu ADHS siehe Oddvar Myhre et al., »Early Life Exposure to Air Pollution Particulate Matter (PM) as Risk Factor for Attention Deficit/Hyperactivity Disorder (ADHD): Need for Novel Strategies for Mechanisms and Causalities«, *Toxicology*

and Applied Pharmacology 354, September 2018, S. 196–214, https://doi.org/10.1016/j.taap.2018.03.015. Zu Autismus siehe Raanan Raz et al., »Autism Spectrum Disorder and Particulate Matter Air Pollution Before, During, and After Pregnancy: A Nested Case-Control Analysis Within the Nurses' Health Study II Cohort«, *Environmental Health Perspectives* 123, Nr. 3, März 2015, S. 264–270, https://doi.org/10.1289/ehp.1408133.

425 Sam Brockmeyer und Amedeo D'Angiulli, »How Air Pollution Alters Brain Development: The Role of Neuroinflammation«, *Translational Neuroscience* 7, März 2016, S. 24–30, https://doi.org/10.1515/tnsci-2016-0005. Zu DNS-Deformationen siehe auch Frederica Perera et al., »Shorter Telomere Length in Cord Blood Associated with Prenatal Air Pollution Exposure: Benefits of Intervention«, *Environment International* 113, April 2018, S. 335–340, https://doi.org/10.1016/j.envint.2018.01.005.

426 Weltgesundheitsorganisation, »WHO Global Urban Ambient Air Pollution Database«, 2016, www.who.int/phe/health_topics/outdoorair/databases/cities/en.

427 Health Effects Institute, »State of Global Air 2018: A Special Report on Global Exposure to Air Pollution and Its Disease Burden«, Boston, 2018, S. 3, www.stateofglobalair.org/sites/default/files/soga-2018-report.pdf.

428 Aaron J. Cohen et al., »Estimates and 25-Year Trends of the Global Burden of Disease Attributable to Ambient Air Pollution: An Analysis of Data from the Global Burden of Diseases Study 2015«, *The Lancet* 389, Nr. 10082, Mai 2017, S. 1907–1918, https://doi.org/10.1016/S0140-6736(17)30505-6.

429 Pamela Das und Richard Horton, »Pollution, Health, and the Planet«, https://doi.org/10.1016/S0140-6736(17)32588-6.

430 Das *Smithsonian*-Magazin bezeichnet ihn eher als »Müllsuppe«.

431 Imogen E. Napper und Richard C. Thompson, »Release of Synthetic Microplastic Fibres from Domestic Washing Machines: Effects of Fabric Type and Washing Conditions«, *Marine Pollution Bulletin* 112, Nr. 1–2, November 2016, S. 39–45, http://dx.doi.org/10.1016/j.marpolbul.2016.09.025.

432 Kat Kerlin, »Plastic for Dinner: A Quarter of Fish Sold at Markets Contain Human-Made Debris«, UC Davis, 24. September 2015, www.ucdavis.edu/news/plastic-dinner-quarter-fish-sold-markets-contain-human-made-debris.

433 Lisbeth Van Cauwenberghe und Colin R. Janssen, »Microplastics in Bivlaves Cultures for Human Consumption«, *Environmental Pollution* 193, Oktober 2014, S. 65–70, https://doi.org/10.1016/j.envpol.2014.06.010.

434 Clive Cookson, »The Problem with Plastic: Can Our Oceans Survive?«, *Financial Times,* 23. Januar 2018.

435 Alina M. Wieczorek et al., »Frequency of Microplastics in Mesopelagic Fishes from the Northwest Atlantic«, *Frontiers in Marine Science,* Februar 2018, https://doi.org/10.3389/fmars.2018.00039.

436 Jiana Lee et al., »Microplastics in Mussels Sampled from Coastal Waters and

Supermarkets in the United Kingdom«, *Environmental Pollution* 241, Oktober 2018, S. 35–44, https://doi.org/10.1016/j.envpol.2018.05.038.

437 Matthew S. Savoca et al., »Odours from Marine Plastic Debris Induce Food Search Behaviours in a Forage Fish«, *Proceedings of the Royal Society B Biological Sciences* 284, Nr. 1860, August 2017, https://doi.org/10.1098/rspb.2017.1000.

438 Amanda L. Dawson et al., »Turning Microplastics into Nanoplastics Through Digestive Fragmentation by Antarctic Krill«, *Nature Communications* 9, Nr. 1001, März 2018, https://doi.org/10.1038/s41467-018-03465-9.

439 Courtney Humphries, »Freshwater's Macro Microplastic Problem«, *Nova,* 11. Mai 2017, www.pbs.org/wgbh/nova/article/freshwater-microplastics.

440 Cookson, »The Problem with Plastic«, 2018.

441 Ali Karami et al., »The Presence of Microplastics in Commercial Salts from Different Countries«, *Scientific Reports* 7, Nr. 46173, April 2017, https://doi.org/10.1038/srep46173.

442 5 Gyres, Science to Solutions, »Take Action: Microbeads«, www.5gyres.org/microbeads.

443 Johnny Gasperi et al., »Microplastics in Air: Are We Breathing It In?«, *Current Opinion in Environmental Science and Health* 1, Februar 2018, S. 1–5, https://doi.org/10.1016/j.coesh.2017.10.002. Siehe auch Dan Morrison und Christopher Tyree, »Invisibles: The Plastic Inside Us«, *Orb,* 2017, https://orbmedia.org/stories/Invisibles_plastics.

444 Weltwirtschaftsforum, *The New Plastics Economy: Rethinking the Future of Plastics,* Cologny, Schweiz, Januar 2016, S. 10.

445 Sarah-Jeanne Royer et al., »Production of Methane and Ethylene from Plastic in the Environment«, *PLOS One* 13, Nr. 8, August 2018, https://doi.org/10.1371/journal.pone.0200574.

446 B. H. Samset et al., »Climate Impacts from a Removal of Anthropogenic Aerosol Emissions«, *Geophysical Research Letters* 45, Nr. 2, Januar 2018, S. 1020–1029, https://doi.org/10.1002/2017GL076079.

447 Samset, »Climate Impacts from a Removal«, https://doi.org/10.1002/2017GL076079. Samset selbst sagt: »Die Erderwärmung beträgt heute ungefähr ein Grad. Unser Artikel legt dar, dass der durch die Industrie und vom Menschen verursachte Aerosolausstoß ungefähr ein halbes Grad zusätzlichen Anstieg verdeckt.« Und weil sich die Wärme so ungleich über den Globus verteilt, fügt er hinzu, »gibt es zwei Modelle, in denen die Erwärmung aufgrund der Reduktion der Aerosole in der Arktis in manchen Bereichen vier Grad erreicht.«

448 P. J. Crutzen, »Albedo Enhancement by Stratospheric Sulfur Injections: A Contribution to Resolve a Policy Dilemma?«, *Climatic Change* 77, 2006, S. 211–219, https://doi.org/10.1007/s10584-006-9101-y.

449 Eric Holthaus, »Devil's Bargain«, *Grist,* 8. Februar 2018, https://grist.org/article/geoengineering-climate-change-air-pollution-save-planet.

450 Diese Einschätzung zur Anzahl der Toten durch Luftverschmutzung stammt von der Weltgesundheitsorganisation.

451 Sebastian D. Eastham et al., »Quantifying the Impact of Sulfate Geoengineering on Mortality from Air Quality and UV-B Exposure«, *Atmospheric Environment* 187, August 2018, S. 424–434, https://doi.org/10.1016/j.atmosenv.2018.05.047.

452 Christopher H. Trisos et al., »Potentially Dangerous Consequences for Biodiversity of Solar Geoengineering Implementation and Termination«, *Nature Ecology and Evolution* 2, Januar 2018, S. 472–482, https://doi.org/10.1038/s41559-017-0431-0.

453 Jonathan Proctor et al., »Estimating Global Agricultural Effects of Geoengineering Using Volcanic Eruptions«, *Nature* 560, August 2018, S. 480–483, https://doi.org/10.1038/s41586-018-0417-3.

Seuchenalarm

454 Jasmin Fox-Skelly, »There Are Diseases Hidden in Ice, and They Are Waking Up«, BBC, 4. Mai 2017, www.bbc.com/earth/story/20170504-there-are-diseases-hidden-in-ice-and-they-are-waking-up.

455 »NASA Finds Life at ›Extremes‹«, NASA, 24. Februar 2005, www.nasa.gov/vision/earth/livingthings/extremophile1.html.

456 Kay D. Bidle et al., »Fossil Genes and Microbes in the Oldest Ice on Earth«, *Proceedings of the National Academies of Science* 104, Nr. 33, August 2007, S. 13455–13460, https://doi.org/10.1073/pnas.0702196104.

457 Jordan Pearson, »Meet the Scientist Who Injected Himself with 3.5 Million-Year-Old Bacteria«, *Motherboard,* 9. Dezember 2015, https://motherboard.vice.com/en_us/article/yp3gg7/meet-the-scientist-who-injected-himself-with-35-million-year-old-bacteria.

458 Mike McRae, »A Tiny Worm Frozen in Siberian Permafrost for 42 000 Years Was Just Brought Back to Life«, *Science Alert,* 27. Juli 2018, www.sciencealert.com/40-000-year-old-nematodes-revived-siberian-permafrost.

459 Jeffery K. Taubenberger et al., »Discovery and Characterization of the 1918 Pandemic Influenza Virus in Historical Context«, *Antiviral Therapy* 12, 2007, S. 581–591.

460 Centers for Disease Control and Prevention, »Remembering the 1918 Influenza Pandemic«, www.cdc.gov/features/1918-flu-pandemic/index.html; Jeffrey K. Taubenberger und David Morens, »1918 Influenza: The Mother of All Pandemics«, *Emerging Infectious Diseases* 12, Nr. 1, Januar 2006, S. 15–22, https://dx.doi.org/10.3201/eid1201.050979. Siehe auch U. S. Census Bureau, »Historical Estimates of World Population«, www.census.gov/data/tables/time-series/demo/international-programs/historical-est-worldpop.html.

461 »Experts Warn of Threat of Born-Again Smallpox from Old Siberian Graveyards«, *The Siberian Times,* 12. August 2016, https://siberiantimes.com/science/opinion/

features/f0249-experts-warn-of-threat-of-born-again-smallpox-from-old-siberian-graveyards. Siehe auch Fox-Skelly, »There Are Diseases Hidden in Ice«. Siehe weiterhin Robinson Meyer, »The Zombie Diseases of Climate Change«, *The Atlantic*, 6. November 2017.

462 Michaeleen Doucleff, »Anthrax Outbreak in Russia Thought to Be Result of Thawing Permafrost«, NPR, 3. August 2016, www.npr.org/sections/goatsandsoda/2016/08/03/488400947/anthrax-outbreak-in-russia-thought-to-be-result-of-thawing-permafrost.

463 Weltgesundheitsorganisation, »Yellow Fever – Brazil«, 9. März 2018, www.who.int/csr/don/09-march-2018-yellow-fever-brazil.

464 Shasta Darlington und Donald G. McNeil Jr., »Yellow Fever Circles Brazil's Huge Cities«, *The New York Times*, 8. März 2018. Siehe auch Weltgesundheitsorganisation, »Yellow Fever – Brazil«, 9. März 2018, www.who.int/csr/don/09-march-2018-yellow-fever-brazil.

465 Weltgesundheitsorganisation, »Number of Malaria Deaths«, www.who.int/gho/malaria/epidemic/deaths. Siehe auch Centers for Disease Control and Prevention, »Epidemiology«, www.cdc.gov/dengue/epidemiology/index.html.

466 »Zika Microcephaly Linked to Single Mutation«, *Nature*, 3. Oktober 2017, www.nature.com/articles/d41586-017-04093-x.

467 Ling Yuan et al., »A Single Mutation in the prM Protein of Zika Virus Contributes to Fetal Microcephaly«, *Science* 358, Nr. 6365, November 2017, S. 933–936, https://doi.org/10.1126/science.aam7120.

468 Declan Butler, »Brazil Asks Whether Zika Acts Alone to Cause Birth Defects«, *Nature*, 25. Juli 2016, www.nature.com/news/brazil-asks-whether-zika-acts-alone-to-cause-birth-defects-1.20309.

469 Serie der Weltbankgruppe zu Klimawandel und Entwicklung, »Shock Waves: Managing the Impacts of Climate Change on Poverty«, Washington, D. C., 2016, S. 119, https://openknowledge.worldbank.org/bitstream/handle/10986/22787/9781464806735.pdf.

470 Mary Beth Pfeiffer, *Lyme: The First Epidemic of Climate Change*, Washington, D. C., Island Press, 2018, S. 3–13.

471 Centers for Disease Control and Prevention, »Lyme and Other Tickborne Diseases«, www.cdc.gov/media/dpk/diseases-and-conditions/lyme-disease/index.html.

472 Centers for Disease Control and Prevention, »Illnesses from Mosquito, Tick, and Flea Bites Increasing in the U.S.«, 1. Mai 2018, www.cdc.gov/media/releases/2018/p0501-vs-vector-borne.html. Siehe auch Avichai Scher und Lauren Dunn, »›Citizen Scientists‹ Take On Growing Threat of Tick-Borne Diseases«, NBC News, 12. Juli 2018, www.nbcnews.com/health/health-news/citizen-scientists-take-growing-threat-tick-borne-diseases-n890996.

473 Center for Biological Diversity, »Saving the Midwestern Moose«, www.biologicaldiversity.org/species/mammals/midwestern_moose/index.html.

474 Katie Burton, »Climate-Change Triggered Ticks Causing Rise in ›Ghost Moose‹«, *Geographical,* 27. November 2018, http://geographical.co.uk/nature/wildlife/item/3008-ghost-moose.

475 Dennis Carroll et al., »The Global Virome Project«, *Science* 359, Nr. 6378, Februar 2018, S. 872–874, https://doi.org/10.1126/science.aap7463.

476 Nathan Collins, »Stanford Study Indicates That More than 99 Percent of the Microbes Inside Us Are Unknown to Science«, *Stanford News,* 22. August 2017, https://news.stanford.edu/2017/08/22/nearly-microbes-inside-us-unknown-science.

477 Ed Yong, »Why Did Two-Thirds of These Weird Antelope Suddenly Drop Dead?«, *The Atlantic,* 17. Januar 2018.

478 Richard A. Kock et al., »Saigas on the Brink: Multidisciplinary Analysis of the Factors Influencing Mass Mortality Events«, *Science Advances* 4, Nr. 1, Januar 2018, https://doi.org/10.1126/sciadv.aao2314.

Wirtschaftskollaps

479 Eric Hobsbawm, *Industrie und Empire: Britische Wirtschaftsgeschichte seit 1750,* Frankfurt a. M., Suhrkamp, 1969, S. 55.

480 Solomon Hsiang et al., »Estimating Economic Damage from Climate Change in the United States«, *Science* 356, Nr. 6345, Juni 2017, S. 1362–1369, https://doi.org/10.1126/science.aal4369.

481 Marshall Burke et al., »Global Non-Linear Effect of Temperature on Economic Production«, *Nature* 527, Oktober 2015, S. 235–239, https://doi.org/10.1038/nature15725.

482 Marshall Burke, »Economic Impact of Climate Change on the World«, http://web.stanford.edu/~mburke/climate/map.php.

483 Thomas Stoerk et al., »Recommendations for Improving the Treatment of Risk and Uncertainty in Economic Estimates of Climate Impacts in the Sixth Intergovernmental Panel on Climate Change Assessment Report«, *Review of Environmental Economics and Policy* 12, Nr. 2, August 2018, S. 371–376, https://doi.org/10.1093/reep/rey005.

484 Weltbank, »GDP Growth (Annual %)«, https://data.worldbank.org/indicator/NY.GDP.MKTP.KD.ZG.

485 Burke, »Economic Impact of Climate Change«, http://web.stanford.edu/~mburke/climate/map.php.

486 Katharine Ricke et al., »Country-Level Social Cost of Carbon«, *Nature Climate Change* 8, September 2018, S. 895–900, http://doi.org/10.1038/s41558-018-0282-y.

487 Weltbank, »South Asia's Hotspots: Impacts of Temperature and Precipitation Changes on Living Standards«, Washington, D. C., 2018, S. xi.

488 Serie der Weltbankgruppe zu Klimawandel und Entwicklung, »Shock Waves: Managing the Impacts of Climate Change on Poverty«, Washington, D.C., 2016, S. xi, https://openknowledge.worldbank.org/bitstream/handle/10986/22787/9781464806735.pdf.

489 Union of Concerned Scientists, »Underwater: Rising Seas, Chronic Floods, and the Implications for U.S. Coastal Real Estate«, Cambridge, Massachusetts, 2018, S. 5, www.ucsusa.org/global-warming/global-warming-impacts/sea-level-rise-chronic-floods-and-us-coastal-real-estate-implications.

490 Union of Concerned Scientists, »New Study Finds 251000 New Jersey Homes Worth $107 Billion Will Be at Risk from Tidal Flooding«, 18. Juni 2018, www.ucsusa.org/press/2018/new-study-finds-251000-new-jersey-homes-worth-107-billion-will-be-risk-tidal-flooding#.W-o1FehKg2x.

491 Zach Wichter, »Too Hot to Fly? Climate Change Make Take a Toll on Flying«, *The New York Times,* 20. Juni 2017.

492 Dirk Notz und Julienne Stroeve, »Observed Arctic Sea-Ice Loss Directly Follows Anthropogenic CO_2 Emission«, *Science* 354, Nr. 6313, November 2016, S. 747–750, https://doi.org/10.1126/science.aag2345.

493 Olav Vilnes et al., »From Finland to Switzerland – Firms Cut Output Amidst Heatwave«, *Montel News,* 27. Juli 2018, www.montelnews.com/en/story/from-finland-to-switzerland--firms-cut-output-amid-heatwave/921390.

494 Jim Yardley und Gardiner Harris, »Second Day of Power Failures Cripples Wide Swath of India«, *The New York Times,* 31. Juli 2012.

495 Burke, »Global Non-Linear Effect of Temperature«, https://doi.org/10.1038/nature15725; Interview des Autors mit Marshall Burke.

496 Weltbank, »South Asia's Hotspots«, 2018.

497 Hsiang, »Estimating Economic Damage from Climate Change«, https://doi.org/10.1126/science.aal4369.

498 Zhengtao Zhang et al., »Analysis of the Economic Ripple Effect of the United States on the World Due to Future Climate Change«, *Earth's Future* 6, Nr. 6, Juni 2018, S. 828–840, https://doi.org/10.1029/2018EF000839.

499 The New Climate Economy, »Unlocking the Inclusive Growth Story of the 21st Century: Accelerating Climate Action in Urgent Times«, Washington, D.C., Global Commission on the Economy and Climate, September 2018, S. 8, https://newclimateeconomy.report/2018.

500 Marshall Burke et al., »Large Potential Reduction in Economic Damages Under U.N. Mitigation Targets«, *Nature* 557, Mai 2018, S. 549–553, https://doi.org/10.1038/s41586-018-0071-9.

Klimakonflikte

501 Solomon M. Hsiang et al., »Quantifying the Influence of Climate on Human Conflict«, *Science* 341, Nr. 6151, September 2013, https://doi.org/10.1126/science.1235367.

502 Tamma A. Carleton und Solomon M. Hsiang, »Social and Economic Impacts of Climate«, *Science* 353, Nr. 6304, September 2016, http://doi.org/10.1126/science.aad9837. Siehe auch Marshall Burke et al., »Warming Increases the Risk of Civil War in Africa«, *Proceedings of the National Academy of Sciences* 106, Nr. 49, Dezember 2009, S. 20670–20674, https://doi.org/10.1073/pnas.0907998106. Das entspricht einem Anstieg um 54 Prozent.

503 Union of Concerned Scientists, »The U.S. Military on the Front Lines of Rising Seas«, Cambridge, Massachusetts, 2016, www.ucsusa.org/global-warming/science-and-impacts/impacts/sea-level-rise-flooding-us-military-bases#.W-pKUuhKg2x.

504 »Wir zeigen, dass die nonlineare Interaktion zwischen dem Anstieg des Meeresspiegels und der Wellendynamik über den Riffs bei den aktuellen Treibhausgasemissionen bis zur Mitte des 21. Jahrhunderts zu einem jährlichen wellengetriebenen Überspülen der meisten Atollinseln führen wird. Diese jährliche Überflutung wird die Inseln durch die regelmäßigen Schäden an der Infrastruktur und die Tatsache, dass sich die Süßwasservorkommen zwischen den einzelnen Überflutungsereignissen nicht erholen können, unbewohnbar machen.« Curt D. Storlazzi et al., »Most Atolls Will Be Uninhabitable by the Mid 21st Century Because of Sea-Level Rise Exacerbating Wave-Driven Flooding«, *Science Advances* 4, Nr. 4, April 2018, https://doi.org/10.1126/sciadv.aap9741.

505 Kim Wall, Coleen Jose und Jan Henrik Hinzel, »The Poison and the Tomb: One Family's Journey to Their Contaminated Home«, *Mashable*, 25. Februar 2018.

506 Katharina Nett und Lukas Rüttinger, »Insurgency, Terrorism and Organised Crime in a Warming Climate: Analysing the Links Between Climate Change and Non-State Armed Groups«, Berlin, Adelphi, Oktober 2016.

507 Carl-Friedrich Schleussner et al., »Armed-Conflict Risks Enhanced by Climate-Related Disasters in Ethnically Fractionalized Countries«, *Proceedings of the National Academy of Sciences* 113, Nr. 33, August 2016, S. 9216–9221, https://doi.org/10.1073/pnas.1601611113.

508 Verisk Maplecroft, »Climate Change and Environmental Risk Atlas 2015«, Bath, Oktober 2014, www.maplecroft.com/portfolio/new-analysis/2014/10/29/climate-change-and-lack-food-security-multiply-risks-conflict-and-civil-unrest-32-countries-maplecroft.

509 Christian Parenti, *Im Wendekreis des Chaos: Klimawandel und die neue Geografie der Gewalt*, Hamburg, Laika, 2013.

510 Rafael Reuveny, »Climate Change-Induced Migration and Violent Conflict«,

Political Geography 26, Nr. 6, August 2007, S. 656–673, https://doi.org/10.1016/j.polgeo. 2007.05.001.

511 Adrian Edwards, »Forced Displacement at Record 68.5 Million«, UNHCR, 19. Juni 2018, www.unhcr.org/en-us/news/stories/2018/6/5b222c494/forced-displacement-record-685-million.html.

512 William Wan, »Ancient Egypt's Rulers Mishandled Climate Disasters. Then the People Revolted«, *The Washington Post,* 17. Oktober 2017; H. M. Cullen et al., »Climate Change and the Collapse of the Akkadian Empire: Evidence from the Deep Sea«, *Geology* 28, Nr. 4, April 2000, S. 379–382; Kyle Harper, »How Climate Change and Disease Helped the Fall of Rome«, *Aeon,* 15. Dezember 2017, https://aeon.co/ideas/how-climate-change-and-disease-helped-the-fall-of-rome.

513 Center for Climate and Security, »Epicenters of Climate and Security: The New Geostrategic Landscape of the Anthropocene«, Washington, D. C., Juni 2017, S. 12–17, https://climateandsecurity.files.wordpress.com/2017/06/1_erodingsovereignty.pdf.

514 Weitere Ausführungen zu Pinkers Argumentation, die Welt sei besser geworden, finden sich in: *Gewalt: Eine neue Geschichte der Menschheit,* Frankfurt a. M., S. Fischer, 2011; für seine Darlegung, warum wir das nicht zu schätzen wissen, siehe: *Aufklärung jetzt: Für Vernunft, Wissenschaft, Humanismus und Fortschritt – eine Verteidigung,* Frankfurt a. M., S. Fischer, 2018.

515 Leah H. Schinasi und Ghassan B. Hamra, »A Time Series Analysis of Associations Between Daily Temperature and Crime Events in Philadelphia, Pennsylvania«, *Journal of Urban Health* 94, Nr. 6, Dezember 2017, S. 892–900, http://dx.doi.org/10.1007/s11524-017-0181-y. Siehe auch Patrick Baylis, »Temperature and Temperament: Evidence from a Billion Tweets«, Arbeitspapier des Energy Institute der Haas School of Business, November 2015, https://ei.haas.berkeley.edu/research/papers/WP265.pdf. Siehe weiterhin Richard P. Larrick et al., »Temper, Temperature, and Temptation«, *Psychological Sciences* 22, Nr. 4, Februar 2011, S. 423–428, http://dx.doi.org/10.1177/0956797611399292.

516 Douglas T. Kenrick et al., »Ambient Temperature and Horn Honking: A Field Study of the Heat/Aggression Relationship«, *Environment and Behavior,* März 1986, https://doi.org/10.1177/0013916586182002. Siehe auch Aldert Vrij et al., »Aggression of Police Officers as a Function of Temperature: An Experiment with the Fire Arms Training System«, *Journal of Community and Applied Social Psychology* 4, Nr. 5, Dezember 1994, S. 365–370, https://doi.org/10.1002/casp.2450040505.

517 Matthew Ranson, »Crime, Weather, and Climate Change«, *Journal of Environmental Economics and Management* 67, Nr. 3, Mai 2014, S. 274–302, https://doi.org/10.1016/j.jeem.2013.11.008.

518 Jackson G. Lu et al., »Polluted Morality: Air Pollution Predicts Criminal Activity and Unethical Behavior«, *Psychological Science* 29, Nr. 3, Februar 2018, S. 340–355, https://doi.org/10.1177/0956797617735807.

519 Nett und Rüttinger, »Insurgency, Terrorism and Organised Crime«, 2016, S. 37.

520 Ebd., S. 39. Siehe auch Daron Acemoglu, Giuseppe DeFeo und Giacomo de Luca, »Weak States: Causes and Consequences of the Sicilian Mafia«, VOX CEPR Policy Portal, 2. März 2018, https://voxeu.org/article/causes-and-consequences-sicilianmafia.

521 Nett und Rüttinger, »Insurgency, Terrorism and Organised Crime«, 2016, S. 35. Siehe auch UNICEF, *Hidden in Plain Sight: A Statistical Analysis of Violence Against Children,* New York, United Nations Children's Fund, 2014, S. 35, http://files.unicef.org/publications/files/Hidden_in_plain_sight_statistical_analysis_EN_3_Sept_2014.pdf.

522 Pablo Imbach et al., »Coupling of Pollination Services and Coffee Suitability from Climate Change«, *Proceedings of the National Academy of Sciences* 114, Nr. 39, September 2017, S. 10438–10442, https://doi.org/10.1073/pnas.1617940114; Martina K. Linnenluecke et al., »Implications of Climate Change for the Sugarcane Industry«, WIREs Climate Change 9, Nr. 1, Januar–Februar 2018, https://doi.org/10.1002/wcc.498.

»Systeme«

523 »In Photos: Climate Change, Disasters and Displacement«, UNHCR, 1. Januar 2015, www.unhcr.org/en-us/climate-change-and-disasters.html.

524 Emily Schmall und Frank Bajak, »FEMA Sees Trailers Only as Last Resort After Harvey, Irma«, Associated Press, 10. September 2017, https://apnews.com/7716fb8483 5b48808839fbc888e96fb7. Siehe auch Greg Allen, »Lessons from Hurricane Irma: When to Evacuate and When to Shelter in Place«, NPR, 1. Juni 2018, www.npr.org/2018/06/01/615293318/lessons-from-hurricane-irma-when-to-evacuate-and-when-to-shelter-in-place.

525 Andrew D. King und Luke J. Harrington, »The Inequality of Climate Change from 1.5 to 2°C of Global Warming«, *Geophysical Research Letters* 45, Nr. 10, Mai 2018, S. 5030–5033, https://doi.org/10.1029/2018GL078430.

526 Ebd.

527 Katinka X. Ruthrof et al., »Subcontinental Heat Wave Triggers Terrestrial and Marine, Multi-Taxa Responses«, *Scientific Reports* 8, August 2018, S. 13094, https://doi.org/10.1038/s41598-018-31236-5.

528 Australisches Parlament, »Implications of Climate Change for Australia's National Security, Final Report, Chapter 2«, www.aph.gov.au/Parliamentary_Business/Committees/Senate/Foreign_Affairs_Defence_and_Trade/Nationalsecurity/Final%20Report/c02; Ben Doherty, »Climate Change an ›Existential Security Risk‹ to Australia, Senate Inquiry Says«, *The Guardian,* 17. Mai 2018.

529 Weltbank, *Groundswell: Preparing for Internal Climate Migration,* Washington, D.C., 2018, S. xix, https://openknowledge.worldbank.org/handle/10986/29461.

530 Internationale Organisation für Migration, »Migration, Environment and Climate Change: Assessing the Evidence«, Vereinte Nationen, Genf, 2009, S. 43.

531 Frank C. Curriero et al., »The Association Between Extreme Precipitation and

Waterborne Disease Outbreaks in the United States, 1948–1994«, *American Journal of Public Health* 91, Nr. 8, August 2001, https://doi.org/10.2105/AJPH.91.8.1194.

532 William R. Mac Kenzie et al., »A Massive Outbreak in Milwaukee of Cryptosporidium Infection Transmitted Through the Public Water Supply«, *The New England Journal of Medicine* 331, Juli 1994, S. 161–167, https://doi.org/10.1056/NEJM199407213310304.

533 Thuan Q. Thai und Evangelos M. Falaris, »Child Schooling, Child Health and Rainfall Shocks: Evidence from Rural Vietnam«, Arbeitspapier des Max-Planck-Instituts, September 2011, www.demogr.mpg.de/papers/working/wp-2011-011.pdf.

534 Santosh Kumar, Ramona Molitor und Sebastian Vollmer, »Children of Drought: Rainfall Shocks and Early Child Health in Rural India«, Arbeitspapier, 2014; Santosh Kumar und Sebastian Vollmer, »Drought and Early Childhood Health in Rural India«, *Population and Development Review,* 2016.

535 R. K. Phalkey et al., »Systematic Review of Current Efforts to Quantify the Impacts of Climate Change on Undernutrition«, *Proceedings of the National Academy of Sciences* 112, Nr. 33, August 2015, S. E4522–E4529, https://doi.org/10.1073/pnas.1409769112; Charmian M. Bennett und Sharon Friel, »Impacts of Climate Change on Inequities in Child Health«, *Children* 1, Nr. 3, Dezember 2014, S. 461–473, https://doi.org/10.3390/children1030461; Iffat Ghani et al., »Climate Change and Its Impact on Nutritional Status and Health of Children«, *British Journal of Applied Science and Technology* 21, Nr. 2, 2017, S. 1–15, https://doi.org/10.9734/BJAST/2017/33276; Kristina Reinhardt und Jessica Fanzo, »Addressing Chronic Malnutrition Through Multi-Sectoral, Sustainable Approaches«, *Frontiers in Nutrition* 1, Nr. 13, August 2014, https://doi.org/10.3389/fnut.2014.00013.

536 Ram Fishman et al., »Long-Term Impacts of High Temperatures on Economic Productivity«, Arbeitspapier des Institute for International Economic Policy an der George Washington University, Oktober 2015, https://econpapers.repec.org/paper/gwiwpaper/2015-18.htm.

537 Adam Isen et al., »Relationship Between Season of Birth, Temperature Exposure, and Later Life Well-Being«, *Proceedings of the National Academy of Sciences* 114, Nr. 51, Dezember 2017, S. 13447–13452, https://doi.org/10.1073/pnas.1702436114.

538 C. R. Jung et al., »Ozone, Particulate Matter, and Newly-Diagnosed Alzheimer's Disease«, *Journal of Alzheimer's Disease* 44, Nr. 2, 2015, S. 573–584, https://doi.org/10.3233/JAD-140855.

539 Emily Underwood, »The Polluted Brain«, *Science* 355, Nr. 6323, Januar 2017, S. 342–345, https://doi.org/10.1126/science.355.6323.342.

540 Damian Carrington, »Want to Fight Climate Change? Have Fewer Children«, *The Guardian,* 12. Juli 2017.

541 Maggie Astor, »No Children Because of Climate Change? Some People Are Considering It«, *The New York Times,* 5. Februar 2018.

542 Janna Trombley et al., »Climate Change and Mental Health«, *American Journal of Nursing* 117, Nr. 4, April 2017, S. 44–52, https://doi.org/10.1097/01.NAJ.0000515232.51795.fa.

543 M. Reacher et al., »Health Impacts of Flooding in Lewes«, *Communicable Disease and Public Health* 7, Nr. 1, März 2004, S. 39–46.

544 Mary Alice Mills et al., »Trauma and Stress Response Among Hurricane Katrina Evacuees«, *American Journal of Public Health* 97, April 2007, S. S116-S123, https://doi.org/10.2105/AJPH.2006.086678.

545 Grant N. Marshall et al., »Psychiatric Disorders Among Adults Seeking Emergency Disaster Assistance After a Wildland-Urban Interface Fire«, *Psychiatric Services* 58, Nr. 4, April 2007, S. 509–514, https://doi.org/10.1176/ps.2007.58.4.509.

546 Kevin J. Doyle und Lise Van Susteren, *The Psychological Effects of Global Warming on the United States: And Why the U. S. Mental Health Care System Is Not Adequately Prepared*, Merrifield, Virginia, National Wildlife Federation, 2012, S. 19, www.nwf.org/~/media/PDFs/Global-Warming/Reports/Psych_Effects_Climate_Change_Full_3_23.ashx.

547 Madeleine Thomas, »Climate Depression Is Real, Just Ask a Scientist«, *Grist*, 28. Oktober 2014, https://grist.org/climate-energy/climate-depression-is-for-real-just-ask-a-scientist.

548 Jordan Rosenfeld, »Facing Down ›Environmental Grief‹«, *Scientific American*, 21. Juli 2016.

549 Ernesto Caffo und Carlotta Belaise, »Violence and Trauma: Evidence-Based Assessment and Intervention in Children and Adolescents: A Systematic Review«, in: *The Mental Health of Children and Adolescents: An Area of Global Neglect*, hg. von Helmut Remschmidt et al., West Sussex, Wiley, 2007, S. 141.

550 »PTSD: A Growing Epidemic«, *NIH MedlinePlus* 4, Nr. 1, 2009, S. 10–14, https://medlineplus.gov/magazine/issues/winter09/articles/winter09pg10-14.html.

551 Armen K. Goenjian et al., »Posttraumatic Stress and Depressive Reactions Among Nicaraguan Adolescents After Hurricane Mitch«, *American Journal of Psychiatry* 158, Nr. 5, Mai 2001, S. 788–794, https://doi.org/10.1176/appi.ajp.158.5.788.

552 Haris Majeed und Jonathan Lee, »The Impact of Climate Change on Youth Depression and Mental Health«, *The Lancet* 1, Nr. 3, Juni 2017, S. E94–E95, https://doi.org/10.1016/S2542-5196(17)30045-1.

553 S. Vida, »Relationship Between Ambient Temperature and Humidity and Visits to Mental Health Emergency Departments in Quebec«, *Psychiatric Services* 63, Nr. 11, November 2012, S. 1150–1153, https://doi.org/10.1176/appi.ps.201100485.

554 Alana Hansen et al., »The Effect of Heat Waves on Mental Health in a Temperate Australian City«, *Environmental Health Perspectives* 116, Nr. 10, (Oktober 2008), S. 1369–1375, https://doi.org/10.1289/ehp.11339.

555 Roni Shiloh et al., »A Significant Correlation Between Ward Temperature and

the Severity of Symptoms in Schizophrenia Inpatients: A Longitudinal Study«, *European Neuropsychopharmacology* 17, Nr. 6-7, Mai-Juni 2007, S. 478-482, https://doi.org/10.1016/j.euroneuro.2006.12.001.

556 Hansen, »The Effect of Heat Waves on Mental Health«, https://doi.org/10.1289/ehp.11339.

557 Marshall Burke et al., »Higher Temperatures Increase Suicide Rates in the United States and Mexico«, *Nature Climate Change* 8, Juli 2018, S. 723-729, https://doi.org/10.1038/s41558-018-0222-x.

558 Tamma Carleton, »Crop-Damaging Temperatures Increase Suicide Rates in India«, *Proceedings of the National Academy of the Sciences* 114, Nr. 33, August 2017, S. 8746-8751, https://doi.org/10.1073/pnas.1701354114.

III Das Klimakaleidoskop

Erzählungen

559 Einen guten akademischen Überblick über dieses Phänomen bietet E. Ann Kaplan, *Climate Trauma: Foreseeing the Future in Dystopian Film and Fiction,* New Brunswick, New Jersey, Rutgers University Press, 2015.

560 Das Genre nahm richtig Fahrt auf mit H. G. Wells' *Die Zeitmaschine* und fand schließlich seinen bevorzugten Platz im postapokalytischen Kino, unter anderem in Filmen wie *The World, the Flesh, and the Devil* und *The Day After – Der Tag danach*.

561 »Nihilismus und Defätismus als Reaktion auf die Klimakrise sind weder mutig noch erkenntnisreich, und es ist zutiefst merkwürdig, sie als eine schöne, poetische Regung zu betrachten«, schrieb Kate Aronoff auf Twitter, wahrscheinlich in Bezug auf die Schriften von Roy Scranton. »Der Klimawandel ist vieles. Was er nicht ist, ist ein Vehikel für männliche Literaten, über ihre Existenzangst zu schreiben und das dann als Wissenschaft zu verkaufen.« Siehe: https://twitter.com/KateAronoff/status/1035022145565470725.

562 Siehe insbesondere Jean-François Lyotard, *Das postmoderne Wissen: Ein Bericht,* Wien, Passagen Verlag, 2012.

563 Einen hervorragenden Bericht darüber enthält Morris Dickstein, *Dancing in the Dark: A Cultural History of the Great Depression,* New York, W. W. Norton, 2009.

564 Ghoshs Buch, München, Blessing, 2017, trägt den anschaulichen Untertitel *Der Klimawandel als das Undenkbare*.

565 Der Begriff hat erst im letzten Jahrzehnt Verbreitung gefunden, obwohl es das Genre – meist spekulative Fiktion, in der die klimatischen Bedingungen eine treibende Kraft darstellen – mindestens schon seit der Zeit von J. G. Ballard *(Der Sturm aus dem Nichts, Paradiese der Sonne, Welt in Flammen)* und möglicherweise schon seit H. G. Wells *(Die Zeitmaschine)* und Jules Verne *(Der Schuss am Kilimandscharo)* gibt. Anders

formuliert: Es ist mehr oder weniger genauso alt wie das Genre Science-Fiction, an den sein Name angelehnt ist. Margaret Atwoods *MaddAddam*-Trilogie (bestehend aus *Das Jahr der Flut, Oryx und Crake* und *Die Geschichte von Zeb*) zählt sicherlich dazu, und sogar Ian McEwans *Solar*. Diese Werke stellen Ghoshs These auf die Probe, da es sich bei allen um klimageprägte Romane mit der narrativen Struktur eines bürgerlichen Romans handelt. Etwas anders einzuordnen ist Cormac McCarthys *Die Straße* – dabei handelt es sich um einen Klimaepos. Doch wer heute von Cli-Fi als Genre spricht, scheint damit etwas ... nun ja, *Genrehafteres* zu meinen, beispielsweise Kim Stanley Robinsons *Capital-Code*-Trilogie oder sein späteres Werk *New York 2140*.

566 Ghosh geht hier von einer sehr engen Definition eines archetypischen Romans aus; er denkt hauptsächlich an solche, die sich um die Reise eines Protagonisten durch ein aufkommendes bürgerliches System drehen. Und obwohl er den Kalten Krieg und den 11. September als Beispiele für Geschichten aus dem echten Leben nennt, die Romane dieser Schule inspiriert haben, stimmt es nicht unbedingt, dass die besten Romane – und Filme – über das Ende des Kalten Krieges diejenigen sind, in denen die Figuren exakt in der Landkarte des Jahres 1989 platziert sind, wie aufgespießte Schmetterlinge. Und auch diejenigen, die sich dem 11. September so genähert haben, waren größtenteils Blindgänger, obwohl es manchmal den Eindruck machte, als habe sich eine ganze Generation, insbesondere die männliche Hälfte, zum literarischen Handeln aufgerufen gefühlt. »Wenn der 11. September passieren musste«, schrieb Martin Amis in *The Second Plane*, seinen Überlegungen zum Schicksal der Fantasie im Zeitalter des Terrors, »tut es mir kein bisschen leid, dass er sich zu meiner Lebenszeit ereignet hat«. Die Erderwärmung hat Martin Amis, soweit ich weiß, nicht dazu gebracht, sich zu fühlen wie George Orwell, obwohl sie ein eigenes kleines Genre hervorgebracht hat, den Traueressay: die fatalistische, quasipoetische, ökologische Klage in der ersten Person. Ein Beispiel dafür liefert Roy Scranton in seinen Werken *Learning to Die in the Anthropocene* und *We're Doomed, Now What?* – näher können Geschichten über den Klimawandel wohl nicht an die selbstmythologisierende moralische Klarheit von Orwell herankommen.

567 Das ist eine der klassischen »Konflikterzählungen«. Andere Beispiele reichen von *Robinson Crusoe* bis zu *Schiffbruch mit Tiger*.

568 Oxfam, »Extreme Carbon Inequality«, Dezember 2015, www.oxfam.org/sites/www.oxfam.org/files/file_attachments/mb-extreme-carbon-inequality-021215-en.pdf.

569 Diese Ansicht ist allgegenwärtig, unter anderem, weil sie so überzeugend ist, aber mit besonderem Nachdruck präsentieren sie Naomi Klein in ihren Büchern *Die Entscheidung: Kapitalismus vs. Klima* und *The Battle for Paradise*, Jedediah Purdy in *After Nature* und vielleicht noch eindrucksvoller in den Essays und Diskussionen, die in *Dissent* veröffentlicht wurden, sowie natürlich Andreas Malm in *Fossil Capital*.

570 Die Geschichte hilft da auch nicht viel weiter, denn die Industrialisierung durch

die Linken während Stalins Fünfjahresplan, Maos Großem Sprung nach vorn oder sogar in Venezuela unter Hugo Chávez verfolgte auch keinen verantwortungsbewussteren Ansatz als das, was im Westen geschah.

571 Es gibt eine Vielzahl von Berichten über das Fehlverhalten der Ölkonzerne, aber zwei Werke, die sich gut zum Einstieg eignen, sind: Naomi Oreskes und Erik M. Conway, *Die Machiavellis der Wissenschaft. Das Netzwerk des Leugnens*, Weinheim, Wiley-VCH, 2014, und Michael E. Mann und Tom Toles, *Der Tollhauseffekt*, Erlangen, Solare Zukunft, 2018. Siehe auch Peter Kareiva und Valerie Carranza, »Existential Risk Due to Ecosystem Collapse: Nature Strikes Back«, *Futures*, September 2018.

572 Laut dem Weltklimarat sind es 35 Prozent, siehe: IPCC, *Contribution of Working Group III to the Fifth Assessment Report of the Intergovernmental Panel on Climate Change*, Genf, 2014.

573 Claire Poole, »The World's Largest Oil and Gas Companies 2018: Royal Dutch Shell Surpasses Exxon as Top Dog«, *Forbes*, 6. Juni 2018.

574 Laut dem World Resources Institute waren es 2017 14,36 Prozent, siehe: Johannes Friedrich, Mengpin Ge und Andrew Pickens, »This Interactive Chart Explains World's Top Ten Emitters, and How They've Changed«, World Resources Institute, 11. April 2017, www.wri.org/blog/2017/04/interactive-chart-explains-worlds-top-10-emitters-and-how-theyve-changed.

575 1980 nannte der Kunstkritiker John Berger die modernen Zoos »das Epitaph für eine Beziehung, die so alt war wie der Mensch selbst«. »Der Zoo, in den die Leute gehen, um mit den Tieren zusammenzukommen, sie zu beobachten, sie zu sehen, ist in der Tat ein Denkmal für die Unmöglichkeit solcher Begegnungen.«

»Heute könnten sich diese Worte auf einen Großteil der Massenkultur der Mittelschicht beziehen«, schrieb der Rechtswissenschaftler und Umweltschützer Jedediah Purdy in »Thinking Like a Mountain«, *n+1* 29, Frühjahr 2017, einem Essay über neue Formen des *nature writing* in Zeiten des Anthropozäns. »Sie ist zu einer Art Gedenkstätte für die nicht menschliche Welt geworden, die in tausend Repräsentationen zum Leben erweckt wird, selbst während sie vollständig verschwindet.« Damit meint er, dass wir aus der Natur einen Zoo gemacht haben, ja; aber wir leben immer noch in diesen Käfigen. »Neben der weltweiten Domestizierung lauert ein entgegengesetztes und furchterregendes Potenzial«, schreibt Purdy. »Jeder neue Supersturm, jede Epidemie und jeder jährliche Hitzerekord trägt den Untergang in sich, vor allem für die Armen der Welt, aber letztendlich für fast jeden. Trotz aller tief greifenden und rasant zunehmenden Ungleichheiten ist das Leben heute weniger gefährlich und die Natur eine stabilere und flexiblere Kulisse für das menschliche Tun als je zuvor. Dennoch wirkt es so, als könne die Welt sich auf uns stürzen wie eine Phalanx gekränkter Götter, die gerade die Seiten gewechselt haben.«

576 Diese Vorhersage traf E. O. Wilson in einem Kommentar in der *New York Times*, der am 3. März 2018 unter dem Titel »The Eight Million Species We Don't Know« er-

schien – und der Gedanke findet sich auch in seinem 2016 veröffentlichten Buch *Die Hälfte der Erde. Ein Planet kämpft um sein Leben* (München, C. H. Beck, 2016) wieder. Laut dem »Living Planet Report 2018«, den der World Wildlife Fund und die Zoological Society of London herausgeben, ist die Tierwelt schon um diesen Wert geschrumpft – sogar um 60 Prozent seit 1970.

577 Über dieses Thema habe ich einen langen Artikel mit dem Titel »The Anxiety of Bees« verfasst, *New York,* 17. Juni 2015.

578 Ein Artikel über diese Studie aus dem Jahr 2017 erschien in der Fachzeitschrift *PLOS One,* unter dem sperrigen Titel »More than 75 Percent Decline over 27 Years in Total Flying Insect Biomass in Protected Areas«. 2018 führte eine Untersuchung der Insektenpopulationen in den Regenwäldern Puerto Ricos zu noch besorgniserregenderen Ergebnissen – ein Forscherkollege nannte die Funde sogar »hyperbesorgniserregend«. Der Insektenbestand dort ist auf ein Sechzigstel geschrumpft. (Bradford Lister und Andres Garcia, »Climate-Driven Declines in Arthropod Abundance Restructure a Rainforest Food Web«, *Proceedings of the National Academy of Sciences,* 30. Oktober 2018.)

579 Das jüngste Beispiel dafür ist vielleicht Jamie Lowes Artikel »The Super Bowl of Beekeeping«, *The New York Times Magazine,* 15. August 2018. Die ursprüngliche »Bienenfabel« hatte eine ganz andere Bedeutung: Bernard Mandevilles so betiteltes Gedicht aus dem Jahr 1705 legte ausführlich dar, dass öffentliche Tugendbekundungen unweigerlich heuchlerisch seien und dass die Welt zu einem besseren Ort werde, je rücksichtsloser die Menschen ihre »Laster« verfolgen. Die Tatsache, dass dieses Gedicht später zu einem Grundpfeiler der Idee des freien Marktes wurde und Adam Smith prägte, ist umso bemerkenswerter, wenn man bedenkt, dass es erstmals nach der Südseeblase an Popularität gewann.

580 »Wenn das Geoengineering funktioniert, wessen Hand stellt dann das Thermostat ein?«, fragte Alan Robock 2008 in der Fachzeitschrift *Science.* »Wie soll sich die Welt auf ein optimales Klima einigen?« Zehn Jahre später schrieb sein Student Ben Kravitz auf dem Blog des Forschungsprogramms Geoengineering an der Harvard University – ja, Harvard hat ein Forschungsprogramm zum Thema Geoengineering, und ja, auch einen Blog dazu: »Es könnte möglich sein, im Klimasystem gleichzeitig eine Vielzahl von Zielen zu erreichen.«

581 Jakub Nowosad et al., »Global Assessment and Mapping of Changes in Mesoscale Landscapes: 1992–2015«, *International Journal of Applied Earth Observation and Geoinformation,* Oktober 2018.

582 Yinon M. Bar-On et al., »The Biomass Distribution on Earth«, *Proceedings of the National Academy of the Sciences,* Juni 2018.

583 Brooke Jarvis, »The Insect Apocalypse Is Here«, *The New York Times Magazine,* 27. November 2018.

584 J. E. Hansen, »Scientific Reticence and Sea Level Rise«, *Environmental Research Letters* 2, Mai 2007.

585 Daniel A. Chapman et al., »Reassessing Emotion in Climate Change Communication«, *Nature Climate Change*, November 2017, S. 850–852.
586 IPCC, *Global Warming of 1.5°C: An IPCC Special Report on the Impacts of Global Warming of 1.5°C Above PreIndustrial Levels and Related Global Greenhouse Gas Emission Pathways, in the Context of Strengthening the Global Response to the Threat of Climate Change, Sustainable Development, and Efforts to Eradicate Poverty*, Incheon, Korea, 2018, www.ipcc.ch/report/sr15.

Krisenwirtschaft

587 Die beste Einführung in das, was die Verhaltensökonomik uns über diese Verzerrungen lehren kann, bietet das Buch des Nobelpreisträgers Daniel Kahneman *Schnelles Denken, langsames Denken*, München, Siedler, 2012.
588 Deshalb bezeichnet der Wissenschaftler Timothy Morton den Klimawandel als »Hyperobjekt«. Doch obwohl der Begriff sich gut dazu eignet, zu verdeutlichen, wie immens der Klimawandel ist und wie schlecht es uns bisher gelingt, dieses Ausmaß zu erkennen, gilt dennoch: Je tiefer man in Mortons Analyse einsteigt, desto weniger Erkenntnisse bietet sie. In *Hyperobjects: Philosophy and Ecology After the End of the World* (Minneapolis, University of Minnesota Press, 2013) nennt er fünf Eigenschaften: Hyperobjekte sind 1) *viskos*, womit gemeint ist, dass sie sich an jedes Objekt und jede Idee anheften, mit der sie in Berührung kommen, wie Öl, 2) *schmelzflüssig*, womit gemeint ist, sie sind so groß, dass sie unserem Empfinden von Raumzeit zu widersprechen scheinen, 3) *nicht verortbar*, womit gemeint ist, dass sie so verteilt sind, dass jeder Versuch, sie aus einer bestimmten Perspektive voll zu erfassen, scheitert, 4) *phasig*, womit gemeint ist, dass sie dimensionale Eigenschaften haben, die wir nicht verstehen, so wenig wie wir einen fünfdimensionalen Gegenstand fassen könnten, der unseren dreidimensionalen Raum durchkreuzt, und 5) *interobjektiv*, womit gemeint ist, dass sie gegenläufige Objekte und Systeme verbinden. Viskos, nicht verortbar und interobjektiv – okay. Aber das macht die Erderwärmung noch nicht zu einem Phänomen, das sich von dem unterscheidet, was wir bisher kennen, oder von denen, die wir recht gut verstehen, wie etwa dem Kapitalismus. Was die anderen Eigenschaften angeht: Wenn der Klimawandel unserem Empfinden der Raumzeit widerspricht, liegt es nur daran, dass wir eine dürftige, enge Vorstellung von Raumzeit haben, da die Erderwärmung sehr wohl innerhalb der Atmosphäre unseres Planeten abläuft, und nicht auf unerklärliche Weise, sondern durch Mechanismen, die Wissenschaftler seit Jahrzehnten sehr präzise voraussagen. Dass wir es in diesen Jahrzehnten verpasst haben, uns damit auseinanderzusetzen, bedeutet nicht, dass die Erderwärmung unser Verständnis überstiege. Das zu sagen klingt fast nach einer Ausflucht.
589 Das schrieb Jameson in »Future City«, veröffentlicht in der *New Left Review* in der Ausgabe von Mai/Juni 2003.

590 Die Bedeutung, die der »Fossiler Kapitalismus«-Theorie beigemessen wird, variiert natürlich, aber Spielarten davon finden sich in Vaclav Smils *Energy and Civilization*, in Andreas Malms *Fossil Capital* und in Jason Moores *Capitalism in the Web of Life*.

591 Diese Frage stellt Moore in *Capitalism in the Web of Life* und auch Benjamin Kunkel diskutiert sie ausführlich in: »The Capitalocene«, *London Review of Books*, 2. März 2017.

592 Naomi Klein, *Die Schock-Strategie: Der Aufstieg des Katastrophen-Kapitalismus*, Frankfurt a. M., S. Fischer, 2007.

593 Naomi Klein, *The Battle for Paradise: Puerto Rico Takes On the Disaster Capitalists*, Chicago, Haymarket, 2018.

594 Laut der Internationalen Energieagentur betrugen die Emissionen 2017 weltweit 32,5 Gigatonnen, während es 1990 nur 22,4 gewesen waren. Natürlich darf man dabei nicht vergessen, dass die sozialistischen und selbst die linksgerichteten Staaten in Bezug auf den Kohlendioxidausstoß nie deutlich besser abgeschnitten haben als die stark kapitalistisch geprägten. Daher könnte es ein wenig irreführend sein, zu sagen, dass die Emissionen vom Kapitalismus an sich oder auch nur von Interessen, die innerhalb eines kapitalistischen Systems besonders stark hervortreten, in die Höhe getrieben werden. Stattdessen könnte es auf die universelle Macht des materiellen Wohlergehens verweisen, dessen Nutzen wir meist nur sehr kurzsichtig betrachten.

595 Dieser Artikel von Jonathan D. Ostry, Prakash Loungani und Davide Furceri erschien im Juni 2016.

596 Romer veröffentlichte »The Trouble with Macroeconomics« am 14. September 2016 auf seiner Homepage.

597 Der Nobelpreisträger hat sich in vielen Publikationen über die Einführung einer CO_2-Steuer geäußert; eine klare Aussage darüber, welchen Betrag er für optimal hält, trifft er in: »Integrated Assessment Models of Climate Change«, National Bureau of Economic Research, 2017, https://www.nber.org/reporter/2017number3/nordhaus.html.

598 Adam B. Smith, »2017 U.S. Billion-Dollar Weather and Climate Disasters: A Historic Year in Context«, National Oceanic and Atmospheric Association, 8. Januar 2018.

599 »Risks Associated with Global Warming of 1.5 Degrees Celsius or 2 Degrees Celsius«, Tyndall Centre for Climate Change Research, Mai 2018. Siehe auch: Marshall Burke et al., »Global Non-Linear Effect of Temperature on Economic Production«, *Nature* 527, Oktober 2015, S. 235–239, https://doi.org/10.1038/nature15725.

600 »Negative Emission Technologies: What Role in Meeting Paris Agreement Targets?«, European Academies' Science Advisory Council, Februar 2018.

601 Jason Hickel, »The Paris Agreement Is Deeply Flawed – It's Time for a New Deal«, *Al Jazeera*, 16. März 2018.

602 David Keith et al., »A Process for Capturing CO_2 from the Atmosphere«, *Joule*, 15. August 2018.

603 David Coady et al., »How Large Are Global Fossil Fuel Subsidies?«, *World Development* 91, (März 2017), S. 11-27.
604 David Rogers, »At $2.3 Trillion Cost, Trump Tax Cuts Leave Big Gap«, *Politico*, 28. Februar 2018. Andere Schätzungen liegen höher.

Die Kirche der Technologie

605 Diese Sichtweise legte er im Januar 2016 klar und deutlich auf einer Konferenz in New York dar.
606 Ted Chiang, »Silicon Valley Is Turning into Its Own Worst Fear«, BuzzFeed, 18. Dezember 2017.
607 Nick Bostrom, »Analyzing Human Extinction Scenarios and Related Hazards«, *Journal of Evolution and Technology* 9, März 2002.
608 In »Survival of the Richest« (*Medium*, 5. Juli 2018) beschrieb der Zukunftsforscher Douglas Rushkoff seine Erfahrungen als Vortragsgast auf einer Privatkonferenz für Superreiche – die Veranstalter waren selbst keine Technologen, sondern Hedgefonds-Reiche, die sich aber, so nahm es Rushkoff wahr, von den großen Technologen inspirieren ließen. Rasch, so schrieb er, entwickelte sich das Gespräch in eine Richtung:

Welche Region wird von der kommenden Klimakrise weniger schlimm betroffen sein, Neuseeland oder Alaska? Baut Google Ray Kurzweil tatsächlich ein Zuhause für sein Gehirn, und wird sein Bewusstsein den Übergang überstehen oder sterben und ganz neu geboren werden? Schließlich erklärte der CEO eines Brokerhauses, dass er mit dem Bau seines unterirdischen Bunkersystems fast fertig sei, und fragte: »Wie schaffe ich es, nach dem Ereignis das Bewachtungsteam im Griff zu behalten?«

»Das Ereignis.« Laut Rushkoff ist das eine Art Oberbegriff für alles, was den Status oder die Sicherheit der Privilegiertesten der Welt gefährden könnte – »ihr Euphemismus für den Umweltkollaps, den Aufstand, den Atomschlag, den unaufhaltsamen Virus oder den ultimativen Hackerangriff, der alles zusammenbrechen lässt. Diese eine Frage beschäftigte uns den Rest der Stunde«, fährt Rushkoff fort.

Sie wussten, dass bewaffnete Kräfte nötig sein würden, um ihre Anwesen vor dem wütenden Mob zu schützen. Aber wie sollten sie die Wachen bezahlen, wenn das Geld seinen Wert verloren hatte? Was würde die Wachen davon abhalten, sich ihren Chef selbst auszuwählen? Die Milliardäre zogen in Betracht, die Lebensmittelvorräte mit speziellen Kombinationsschlössern zu sichern, deren Code nur sie kannten. Oder die Wachen als Gegenleistung für ihr Überleben eine Art Strafhalsband tragen zu lassen. Oder vielleicht Roboter zu bauen, die als Wachen und Arbeiter dienen könnten – falls die Technologien rechtzeitig so weit waren.

In *Unsterblich sein* (München, Carl Hanser, 2017) registriert Mark O'Connell den gleichen Impuls innerhalb der obersten Kaste im Silicon Valley. Dem Buch als Motto vorangestellt ist ein Zitat von Don DeLillo: »Genau das ist Sinn und Zweck von Technologie. Auf der einen Seite erzeugt sie eine Sehnsucht nach Unsterblichkeit. Auf der anderen droht sie mit der Auslöschung allen Lebens.« Es stammt aus *Weißes Rauschen,* genauer gesagt vom Kollegen und Freund des Erzählers, Murray Jay Siskind, der sowohl als komischer Gegenpart des Romans auftritt als auch als dessen »Erklärer«. Mir war nie klar, wie ernst wir als Leser Murrays Aussagen eigentlich nehmen sollen, aber diese beschreibt die übliche Doppelzüngigkeit der Tech-Branche ziemlich treffend: Man dreht wegen der »existenziellen Risiken« durch, schafft aber gleichzeitig private Auswege aus der Sterblichkeit.

Für Rushkoff sind das alles Facetten des gleichen Impulses, den die Klasse der Visionäre, Strippenzieher und Wagniskapitalgeber teilt, deren Zukunftsträume allgemein als Arbeitsauftrag aufgefasst werden, insbesondere von den Armeen von Ingenieuren, über die sie verfügen wie über ein Wildes Heer – sie investieren in neue Formen der Raumfahrt, der Lebensverlängerung und eines durch Technologien ermöglichten Lebens nach dem Tod. »Sie bereiteten sich auf eine digitale Zukunft vor, was weitaus weniger damit zu tun hatte, die Erde zu einem besseren Ort zu machen als damit, das menschliche Dasein an sich zu überwinden und sich von der sehr realen und präsenten Gefahr des Klimawandels, des ansteigenden Meeresspiegels, der Massenmigration, der globalen Pandemien, nationalistischen Ängsten und der Ressourcenerschöpfung zu distanzieren«, schreibt Rushkoff. »Für sie dreht sich die Zukunft der Technologie im Grunde nur um eines: Flucht.«

609 Christina Nichol, »An Account of My Hut«, *n+1,* Frühjahr 2018. Nichol erklärt diesen Titel so:

Ich habe einmal eine Geschichte mit dem Titel »An Account of My Hut« (»Aufzeichnungen aus meiner Hütte«) gelesen, von Kamo no Chōmei, einem japanischen Einsiedler aus dem 12. Jahrhundert. Chōmei beschreibt, wie er sich, nachdem er einen Brand, ein Erdbeben und einen Taifun in Kyoto erlebt hat, aus der Gesellschaft zurückzieht und in einer Hütte lebt.

Siebenhundert Jahre später verfasste Basil Bunting, der Dichter aus Northumberland, seine eigene Fassung von Chōmeis Geschichte:

Oh! Es gibt nichts, worüber ich mich beklagen könnte.
Buddha sagt: »Nichts in dieser Welt ist gut.«
Ich mag meine Hütte ...

Doch selbst wenn ich der Welt entsagen wollte, könnte ich mir in Kalifornien keine Hütte leisten.

610 Diese Vorhersage – die seitdem immer und immer wieder diskutiert wird – weitete Keynes zu einem Essay aus, der bemerkenswerterweise am 11. und 18. Oktober 1930 in *Nation and Athenaeum* erschien, kurz nach dem Börsencrash 1929, unter dem Titel »Economic Possibilities for our Grandchildren«.

611 Diese Formulierung tauchte zum ersten Mal in Robert M. Solows Rezension zu *Manufacturing Matters* von Stephen S. Cohen und John Zysman auf (»We'd Better Watch Out«, *The New York Times Book Review,* 12. Juli 1987).

612 Alex Hern, »Bitcoin's Energy Usage Is Huge – We Can't Afford to Ignore It«, *The Guardian,* 17. Januar 2018.

613 Bill McKibben, »Winning Is the Same as Losing«, *Rolling Stone,* 1. Dezember 2017. »Man könnte es auch so sagen: 2075 wird die Welt von Solarpanels und Windrädern angetrieben werden – frei verfügbare Energie ist ein Verkaufsargument, das schwer zu schlagen ist«, schrieb McKibben. »Aber wenn wir so weitermachen wie bisher, wird damit ein kaputter Planet beleuchtet. Die Entscheidungen, die wir 2075 treffen, werden keine Rolle mehr spielen; selbst die Entscheidungen, die wir 2025 treffen, spielen eine deutlich geringere Rolle als diejenigen, die in den nächsten paar Jahren anstehen. Heute haben wir einen Hebel.«

614 Dieser Leitspruch war zum ersten Mal 2003 in *The Economist* zu lesen.

615 IDC, »Smartphone OS Market Share«, www.idc.com/promo/smartphone-market-share/os.

616 David Murphy, »2.4BN Smartphone Users in 2017, Says eMarketer«, *Mobile Marketing,* 28. April 2017, https://mobilemarketingmagazine.com/24bn-smartphone-users-in-2017-says-emarketer.

617 Diese Zahlen stammen von Robbie Andrew, einem Forscher am Center for International Climate Research, und aus seiner Präsentation »Global Collective Effort«, die er im Mai 2018 auf seiner Homepage veröffentlichte (http://folk.uio.no/roberan/t/2C.shtml). Darin beruft er sich auf Daten aus Michael R. Raupach et al., »Sharing a Quota on Cumulative Carbon Emissions«, *Nature Climate Change,* September 2014.

618 »UN Secretary-General António Guterres Calls for Climate Leadership, Outlines Expectations for Next Three Years«, *UN Climate Change News,* 10. September 2018: »Wenn wir nicht bis 2020 einen Kurswechsel vorgenommen haben, riskieren wir es, den Punkt zu verpassen, an dem wir einen unkontrollierbaren Klimawandel noch

verhindern können, mit dramatischen Konsequenzen für die Menschen und die natürlichen Systeme, auf die wir angewiesen sind.«

619 Jocelyn Timperley, »Q&A: Why Cement Emissions Matter for Climate Change«, *CarbonBrief,* 13. September 2018, www.carbonbrief.org/qa-why-cement-emissions-matter-for-climate-change.

620 Ken Caldeira, »Climate Sensitivity Uncertainty and the Need for Energy Without CO_2-Emission«, *Science* 299, März 2003, S. 2052–2054.

621 James Temple, »At This Rate, It's Going to Take Nearly 400 Years to Transform the Energy System«, *MIT Technology Review,* 14. März 2018, www.technologyreview.com/s/610457/at-this-rate-its-going-to-take-nearly-400-years-to-transform-the-energy-system.

622 Informationsdienst der Vereinten Nationen, »New Report on Health Effects Due to Radiation from the Chernobyl Accident«, 28. Februar 2011, www.unis.unvienna.org/unis/en/pressrels/2011/unisinf398.html. Siehe demgegenüber Weltgesundheitsorganisation, »Chernobyl: The True Scale of the Accident«, 5. September 2005, www.who.int/mediacentre/news/releases/2005/pr38.

623 Vereinte Nationen, »Report of the United Nations Scientific Committee on the Effects of Atomic Radiation«, Mai 2013, S. 11, www.unscear.org/docs/GAreports/A-68-46_e_V1385727.pdf.

624 Lisa Friedman, »Cost of New E.P.A. Coal Rules: Up to 1400 More Deaths a Year«, *The New York Times,* 21. August 2018. Siehe auch Pamela Das und Richard Horton, »Pollution, Health, and the Planet: Time for Decisive Action«, *The Lancet* 391, Nr. 10119, Oktober 2017, S. 407–408, https://doi.org/10.1016/S0140-6736(17)32588-6.

625 James Conca, »Why Aren't Renewables Decreasing Germany's Carbon Emissions?«, *Forbes,* 10. Oktober 2017.

626 Andreas Malm, *The Progress of This Storm: On Society and Nature in a Warming World,* London, Verso, 2018.

627 So heißt es im Text ihres Songs »Tunnel Vision«.

Konsumpolitik

628 Annie Correal, »What Drove a Man to Set Himself on Fire in Brooklyn?«, *The New York Times,* 28. Mai 2018.

629 Ein umfassender Bericht über diesen Brief findet sich hier: Theodore Parisienne et al., »Famed Gay Rights Lawyer Sets Himself on Fire at Prospect Park in Protest Suicide Against Fossil Fuels«, *New York Daily News,* 14. April 2018.

630 Bürger, die sich heute mit wohltätigen Spenden für medizinische Forschungen, Universitätsstipendien, Museen oder Literaturmagazine ein reines Gewissen erkaufen, könnten vermehrt dazu übergehen, für einen CO_2-Ausgleich zu bezahlen oder in Fonds für die Kohlenstoffabscheidung zu investieren (einige fortschrittlichere Nationen wür-

den womöglich sogar die Einnahmen aus der Kohlenstoffsteuer direkt in CCS- und BECCS-Maßnahmen überführen.) Progressive Wissenschaftler werden die Gentherapie auf den Klimawandel anwenden, wie sie es beim Wollhaarmammut schon begonnen haben – bei ihm erhoffen sie sich, es könnte, sobald es wieder zum Leben erweckt ist, die Graslandschaften der eurasischen Steppe wiederherstellen und so verhindern, dass Methan aus dem Permafrostboden austritt. Bald werden sie vermutlich zu den Moskitos übergehen, in der Hoffnung, die von ihnen übertragenen Krankheiten auszurotten. Vielleicht wird ein eigensinniger Milliardär versuchen, eigenhändig die Erde mithilfe von Geoengineering abzukühlen, und mit ein paar Privatflugzeugen über dem Äquator herumfliegen, um dort Schwefel auszubringen, während er Bill Gates und seine Moskitonetze als Vorbild anführt.

631 Thomas Piketty, *Das Kapital im 21. Jahrhundert,* München, C. H. Beck, 2014.

632 Über den Gründer von *Modern Farmer,* einem Feinschmeckermagazin für Hipster, ging 2018 das Gerücht um, er wolle ein »Goop für den Klimawandel« lancieren.

633 Alexis Temkin, »Breakfast with a Dose of Roundup?«, Environmental Working Group Children's Health Initiative, 15. August 2018, www.ewg.org/childrenshealth/glyphosateincereal. Siehe auch: »Während eines Waldbrandes reichen reine Staubmasken nicht aus!«, warnte der Nationale Wetterdienst auf Facebook. »Sie schützen nicht vor den kleinsten Rauchpartikeln. Am besten bleiben Sie im Haus und halten die Türen und Fenster geschlossen. Wenn Ihre Klimaanlage läuft, halten Sie die Frischluftöffnung geschlossen und den Filter sauber, damit kein Rauch von außen hineingelangen kann.«

634 Der vielleicht eindringlichste Bericht über dieses Phänomen findet sich in Anand Giridharadas' Buch *Winners Take All: The Elite Charade of Changing the World,* New York, Knopf, 2018. Diese Geschichte wird in Tim Rogan, *The Moral Economists* (Princeton, New Jersey, Princeton University Press, 2018) erzählt; siehe auch Tehila Sassons Rezension des Buches, die unter dem Titel »The Gospel of Wealth« am 22. August 2018 in *Dissent* erschien.

635 Dieses Phänomen hat, als einer von vielen, auch Stephen Metcalf prägnant in seiner kurzen Geschichte des Neoliberalismus beschrieben: »Neoliberalism: The Idea That Swallowed the World«, *The Guardian,* 18. August 2017.

636 Geoff Mann und Joel Wainwright, *Climate Leviathan: A Political Theory of Our Planetary Future,* London, Verso, 2018.

637 Katharine Ricke et al., »Country-Level Social Cost of Carbon«, *Nature Climate Change* 8, September 2018, S. 895–900.

638 Den vielleicht besten Bericht über diese Initiative liefert Bruno Maçães in *Belt and Road: A Chinese World Order,* London, Hurst, 2018. Das Projekt »könnte auch zu dauerhaften Umweltschäden führen«, behauptete eine Gruppe von Forschern kürzlich. (Fernando Ascensão et al., »Environmental Challenges for the Belt and Road Initiative«, *Nature Sustainability,* Mai 2018).

639 Harald Welzer, *Klimakriege: Wofür im 21. Jahrhundert getötet wird*, Frankfurt a. M., S. Fischer, 2008.

640 Laut Hamza Shaban von *The Washington Post* geschah das im Frühjahr 2018 innerhalb von nur zwei Monaten gleich dreimal: »Facial Recognition Cameras in China Snag Man Who Allegedly Stole $17 000 Worth of Potatoes«, 22. Mai 2018. Siehe auch: Stephen Chen, »China Takes Surveillance to New Heights with Flock of Robotic Doves, but Do They Come in Peace?«, *South China Morning Post*, 24. Juni 2018.

Geschichte jenseits des Fortschritts

641 Nicht nur das Wachstumsversprechen wurde zu Zeiten der Industrialisierung erfunden, sondern auch die Idee der Geschichte, die verspricht, dass die Vergangenheit eine Erzählung des menschlichen Fortschritts ist – was suggeriert, dass das Gleiche auch für die Zukunft gelten wird.

Dieser Fortschrittsglaube hat eine im Alltagsleben verankerte Grundlage, nämlich dass sich dieses im Viktorianischen Zeitalter so schnell veränderte, dass niemand, der Augen im Kopf hatte, es übersehen konnte. Es gab aber auch eine intellektuelle Grundlage – im 19. Jahrhundert behaupteten verschiedene Philosophen, von Hegel bis zu Comte, gelegentlich, dass die Geschichte einen Verlauf haben müsse, dass sie auf die eine oder andere Weise auf irgendeine Form des Lichts zuführen müsse. Diese Vorstellung verwunderte die Leser der zeitgenössischen Autoren Darwin und Spencer nicht weiter, genauso wenig wie die Besucher der Ausstellung in Queen Victorias Crystal Palace, der ersten Weltausstellung, in der die nationalen Darbietungen zu einem impliziten Wettbewerb über die Frage der Entwicklung angeordnet waren und die mehr oder weniger versprach, dass die Technologie allen eine bessere Zukunft verhieß.

Als Jacob Burckhardt sein Werk *Die Kultur der Renaissance in Italien* verfasste, in dem er die heute fast sprichwörtliche dreiteilige Struktur der westlichen Geschichte darlegte – auf die Antike folgte das Mittelalter, dann die Moderne –, konnte er sich als Kontrahenten von Hegel und Comte verstehen und dennoch ein Buch schreiben, das die Vergangenheit explizit als ein einziges, in verschiedene Perioden unterteiltes Drama darstellte. So tief war die Vorstellung einer progressiven Geschichte in dieser Zeit der rasanten gesellschaftlichen, wirtschaftlichen und kulturellen Veränderungen verwurzelt: Selbst Kritiker des reflexartigen westlichen Triumphalismus neigten dazu, die Geschichte als Marsch nach vorn zu verstehen. Das beste Beispiel dafür ist Marx: Wer seine Variante des Hegelianismus mit zusammengekniffenen Augen anschaut, erkennt darin die Form des unentrinnbaren Wanddiagramms der Geschichte, das Sebastian Adams 1871 zum ersten Mal veröffentlichte – erstaunlicherweise motiviert durch die christliche Evangelisation.

1920 brachte H. G. Wells seine einflussreiche Version *The Outline of History* heraus; darin erklärte er, dass »die Geschichte der Menschheit«, die er in 40 Kapitel von »Die

Erde in Zeit und Raum« bis zu »Die nächste Phase der Geschichte« einteilte, »eine Geschichte der mehr oder weniger blinden Bemühungen ist, einen gemeinsamen Sinn zu finden, in Bezug auf den alle Menschen glücklich leben können«. Das Buch verkaufte sich millionenfach und wurde in Dutzende Sprachen übersetzt, und es wirft seine langen Schatten auf fast jeden Versuch einer populärwissenschaftlichen, groß angelegten Darstellung der Geschichte, der seitdem unternommen wurde, von Kenneth Clarks *Civilisation* bis zu Jared Diamonds *Guns, Germs, and Steel*.

642 Dass diese Form der absoluten Skepsis Harari eine derart begeisterte Anhängerschaft unter den führenden Gestalten des technokratischen Fortschritts verschaffte, zählt zu den Kuriositäten des TED-Talk-Zeitalters. Aber die Skepsis schmeichelt auch, vor allem denjenigen, die von ihrem Erfolgsbewusstsein dazu verleitet werden, die ausladendsten Bögen der Geschichte zu betrachten. Wenn Harari uns einlädt, die Geschichte in Augenschein zu nehmen, scheint er uns dadurch auch aus ihr herauszuziehen. Dabei tritt eine belehrende Veranlagung zutage, die Harari nicht nur mit Jared Diamond, sondern auch mit Joseph Campbell und sogar Jordan Peterson teilt. In seinem folgenden Buch *Homo Deus* plädiert er für einen neuen modernen Mythos, obwohl er ihn nicht direkt als solchen anerkennt. Er legt dar, dass in naher Zukunft eine supermächtige künstliche Intelligenz aufkommen werde, die alles, was wir unter dem Begriff »Menschheit« kennen, nahezu veraltet dastehen ließe.

643 Die menschlichen Überreste, die aus dieser Zeit gefunden wurden, zeugen klar und deutlich von einem harten Leben: Die Menschen waren kleiner, kränklicher und starben früher als ihre Vorfahren. Die Durchschnittsgröße ging von 1,78 Meter bei Männern und 1,68 Meter bei Frauen auf 1,65 Meter bzw. 1,55 Meter zurück. Die sesshaften Gemeinschaften waren anfälliger für Infektionskrankheiten, aber auch die Fettleibigkeit und Herzerkrankungen erlebten ein Hoch. Deshalb kann die »Anklage gegen die Zivilisation«, wie der Kritiker John Lanchester es genannt hat, im Grunde auch als Anklage gegen die Landwirtschaft geführt werden.

644 Jared M. Diamond, »The Worst Mistake in the History of the Human Race«, *Discover*, Mai 1987.

645 Yuval Noah Harari, »Does Trump's Rise Mean Liberalism's End?«, *The New Yorker*, 7. Oktober 2016.

646 Zur Ekpyrosis: Das war der Glaube, dass der Kosmos in einem sogenannten »Großen Jahr« regelmäßig vollständig zerstört würde, nur um dann wieder neu geschaffen zu werden, damit das Ganze von vorne beginnen konnte. Platon zog die Bezeichnung »perfektes Jahr« vor, in dem die Sterne an ihre ursprüngliche Position zurückkehrten.

Zum »dynastischen Zyklus«: Obwohl in manchen Berichten über den Kreislauf von einem Dutzend Phasen oder mehr die Rede ist, gibt es laut dem chinesischen Philosophen Mengzi nur drei (im Grunde Aufstieg, Höhepunkt und Niedergang).

Zur »Ewigen Wiederkunft«: Zum ersten Mal legte Nietzsche dieses Konzept, dass sich alles ewig wiederholen müsse, als eine Art Gedankenexperiment in *Die fröhliche Wissenschaft* (1882) dar. Aber er kehrte immer wieder zu ihm zurück und beschrieb es oft eher als ein Gesetz des Universums – ganz ähnlich, wie es auch schon die alten Ägypter, die Inder und die griechischen Stoiker sahen.

Zu Arthur Schlesinger: Arthur M. Schlesinger, *The Cycles of American History*, Boston, Houghton Mifflin, 1986.

Zu Paul Michael Kennedy: In seinem Buch *Aufstieg und Fall der großen Mächte* aus dem Jahr 1987 entwirft Kennedy ein recht einfaches Modell für die Geschichte der Großmächte: Wachstum, befeuert durch natürliche Ressourcen, gefolgt von Niedergang, beschleunigt durch militärische Überforderung.

647 Der Tenor dieses Buches, Malms nächstem Werk nach *Fossil Capitalism*, besteht darin, dass wir zwar glauben mögen, dass die »Natur«, als Gegensatz zur »Gesellschaft«, verschwunden sei, dass die Erderwärmung sie aber mit all ihrer strafenden Macht wieder zurückbringt.

Ethik am Ende der Welt

648 McLemore, dessen Ängste teilweise durch eine Quecksilbervergiftung ausgelöst gewesen sein könnten, fürchtete vor allem das Schmelzen des arktischen Eises, Dürren und die Verlangsamung des thermohalinen Förderbandes.

649 Richard Heinberg, »Surviving S-Town«, Post Carbon Institute, 7. April 2017.

650 Thomas' Buch heißt *Inheritors of the Earth: How Nature Is Thriving in an Age of Extinction* (New York, Public Affairs, 2017), und es handelt sich dabei nicht unbedingt um eine vollmundige Feier dessen, was er »Zeitalter des Aussterbens« nennt, sondern eher um den bescheidenen Vorschlag, neben den schlimmen Auswirkungen auch die positiven, schöpferischen Aspekte des Klimawandels zu sehen. Dieser eigenwillige Optimismus klingt auch in Michael Shellenbergers und Ted Nordhaus' Werken *Break Through: Why We Can't Leave Saving the Planet to Environmentalists* und *Love Your Monsters: Postenvironmentalism and the Anthropocene* an, ebenso wie bei den kanadischen, schwedischen und südafrikanischen Wissenschaftlern, die hinter dem Forschungskollektiv »Bright Spots« stehen und, obwohl sie die Auswirkungen der Erderwärmung in erster Linie fürchten, trotzdem eine Liste der positiven Umweltentwicklungen führen, die ihrer Meinung nach für ein »gutes Anthropozän« spricht, wie sie es nennen.

651 Dieses Gedicht stellte beispielsweise Joan Didion ihrem Essayband *Die Stunde der Bestie* voran. Darin finden sich folgende Zeilen: »Alles zerfällt; die Mitte hält nicht mehr;/Die bloße Anarchie ist losgelassen auf die Welt.«

652 Diese Sichtweise tritt auch in Jeffers' berühmtestem Gedicht, »Carmel Point«, deutlich zutage:

Wir müssen unseren Geist von uns selbst lösen;
Wir müssen unsere Ansichten ein wenig deshumanisieren, und zuversichtlich werden
Wie der Stein und das Meer, aus dem wir entstanden.

653 Tatsächlich heißt es im Manifest weiter: »die menschliche Zivilisation ist ein extrem fragiles Konstrukt«, und dennoch, so schreiben die Verfasser, leugneten wir diese Fragilität ständig – unser Alltagsleben hinge davon vielleicht genauso ab wie vom Leugnen unserer Sterblichkeit. Das ist es, was der Philosoph Samuel Scheffler meint, wenn er behauptet, dass die Rolle, die früher das Jenseits gespielt hat, das uns zu einem moralischen und ethischen Verhalten anhielt und dieses ordnete und überwachte, in einer agnostischen Welt zum Teil von der Überzeugung übernommen wurde, dass die Welt nach unserem Tod fortbestehen wird. Mit anderen Worten: Der Gedanke, dass das Leben es nicht nur wert ist, gelebt zu werden, sondern auch, gut gelebt zu werden, »wäre durch die Aussicht auf das Verschwinden der Menschheit stärker bedroht als durch die Aussicht auf den Tod«. Charles Mann fasst die Aussage von Schefflers Ansicht zum ethischen Paradoxon des menschlichen Handelns in Bezug auf den Klimawandel so zusammen: »Der Glaube, dass das menschliche Leben weitergeht, auch wenn wir selbst sterben, ist eine der Grundstützen der Gesellschaft.«

»Sobald dieser Glaube zu bröckeln beginnt, könnte der Zusammenbruch einer Zivilisation unaufhaltsam sein«, schrieben Kingsnorth und Hinc in ihrem Manifest. »Dass Zivilisationen irgendwann untergehen, ist so sehr ein Gesetz der Geschichte wie die Schwerkraft ein Gesetz der Physik. Was nach dem Untergang bleibt, ist eine wilde Mischung aus kulturellen Trümmern, verwirrten und zornigen Menschen, deren Gewissheiten sie betrogen haben, und die Kräfte, die immer schon da waren, die tiefer reichen als das Fundament der Stadtmauern: der Überlebenswille und die Sehnsucht nach einem Sinn.«

654 Paul Kingsnorth, »Dark Ecology«, *Orion*, November/Dezember 2012. Das Manifest enthält diese Passage:

Wie sieht die nahe Zukunft aus? Ich würde auf eine seltsame und unweltliche Kombination des fortschreitenden Zusammenbruchs wetten, der sowohl die Natur als auch die Kultur weiter in Bruchstücke zerfallen lässt, und auf eine neue Welle von grünen Tech-»Lösungen«, die in einem zum Scheitern verurteilten Versuch, diesen Kollaps abzuwenden, aufkommen. Ich glaube heute nicht, dass irgendetwas diesen Kreislauf durchbrechen kann, abgesehen von einer Art Neustart von der Art, wie wir ihn schon oft in der Geschichte der Menschheit erleben konnten. Eine Art Rückfall auf eine niedrigere Stufe der zivilisatorischen Komplexität. Etwas wie der Sturm, der sich deutlich sichtbar um uns herum zusammenzieht.

Wenn euch das alles nicht gefällt, ihr aber wisst, dass ihr es nicht aufhalten könnt, was dann? Die Antwort lautet, dass wir dazu verpflichtet sind, ehrlich zu sagen, an welchem Punkt im großen Kreislauf der Geschichte wir uns gerade befinden, welche Dinge wir mit unserer Macht ändern können und welche nicht. Wer glaubt, wir könnten uns mit neuen Ideen oder Technologien aus der Fortschrittsfalle hinauszaubern, verschwendet seine Zeit. Wer glaubt, dass die übliche »Kampagnen«-Strategie heute dort funktioniert, wo sie es gestern nicht getan hat, verschwendet seine Zeit. Wer glaubt, die Maschine könne reformiert, gezähmt oder ihrer Reißzähne beraubt werden, verschwendet seine Zeit. Wer einen großen Plan für eine bessere Welt erstellt, der auf Wissenschaft und rationalen Argumenten gründet, verschwendet seine Zeit. Wer versucht, in der Vergangenheit zu leben, verschwendet seine Zeit. Wer das Leben als Jäger und Sammler oder das Versenden von Bomben an die Besitzer von Computergeschäften romantisiert, verschwendet seine Zeit.

655 Das erkennt man daran, wie sehr so einige, die eine recht radikale Einstellung hinsichtlich der Umwelt und unseren Verpflichtungen ihr gegenüber hegen, von Jedediah Purdy bis zu Naomi Klein, auf die Probleme des politischen Handelns fokussiert sind. Purdy entwickelt in *After Nature: A Politics for the Anthropocene* (Cambridge, Massachusetts, Harvard University Press, 2015) eine ganze politische Praxis aus der – unbestritten zutreffenden – Erkenntnis, dass die endgültige und absolute Eroberung der Erde durch den Menschen mit deren Zerstörung einhergeht. Er argumentiert, dass das Ende einer derart langen Ära der natürlichen Fülle nach einem demokratischeren Ansatz in der Umweltpolitik und den dazugehörigen Regeln und Gesetzen verlangt – selbst wenn oder gerade weil jede Alternative zum augenblicklichen Kurs infrastrukturell fast unmöglich erscheint. 2017 ging er in einem Austausch mit Katrina Forrester, der später in *Dissent* erschien, ausführlicher darauf ein:

> Hier ist das Paradoxe: Die Welt kann so nicht weitermachen, aber sie kann auch nicht anders. Es war die kollektive Macht einiger – nicht aller – Menschen, die uns in diese Situation gebracht hat: Macht über die Ressourcen, Macht über die Jahreszeiten, Macht über einander. Diese Macht hat eine globale Menschheit erschaffen, die in eine Frankenstein-Ökologie verstrickt ist. Aber sie umfasst bisher noch nicht die Macht der Verantwortung oder der Zurückhaltung, die wir bräuchten. Um sich dem Anthropozän zu stellen, werden die Menschen einen Weg finden müssen, sich einander zu stellen. Als Erstes bräuchten wir ein *Wir*.

Aus einer bestimmten Perspektive mag das nach konventioneller Politik klingen, von der Art, die Kingsnorth als unvorstellbar naiv bezeichnet. Es ist aber auch meine Art der Politik, muss ich zugeben – ich nicke anerkennend mit dem Kopf, wenn ich lese, wie Kate Marvel zu Mut statt zu Hoffnung aufruft oder wie Naomi Klein von einer Gemeinschaft des politischen Widerstands schwärmt, die aus den örtlichen Protestgruppen entsteht und die sie »Blockadia« getauft hat. Ich glaube wie Purdy, dass die Zerstörung der Erde und das Ende der natürlichen Fülle einen neuen Progressivismus erforderlich machen, der von einer frischen egalitären Energie angetrieben wird, und ich glaube wie Al Gore, dass wir im Bereich der Technologien jeden letzten Hoffnungsschimmer verfolgen sollten, um den katastrophalen Klimawandel abzuwenden, selbst wenn wir dafür die Kräfte des Marktes entfesseln – oder ertragen – müssen, damit sie dazu beitragen können. Ich glaube wie Klein, dass einige bestimmte Marktkräfte unsere Politik fest im Griff haben, aber eben nicht vollständig, was uns einen hellen Silberstreif einer Chance lässt, und ich glaube auch wie Bill McKibben, dass bedeutsame und sogar dramatische Veränderungen auf den bekannten Wegen erreicht werden können: durch Wählen, organisierte Aktionen und politisches Handeln auf allen Ebenen. Mit anderen Worten: Ich glaube vor allem an das *Engagement*, wo auch immer es helfen kann. Genau genommen halte ich jede andere Reaktion auf die Klimakrise für moralisch unverständlich.

656 Dass diese Analogie immer wieder herangezogen wird, ist eher unglücklich, weil das den Eindruck trübt, der dadurch eigentlich vermittelt werden sollte: Die Mobilisierung der alliierten Kräfte war in der Geschichte beispiellos und wurde seitdem nie wieder erreicht. Die Alliierten haben die Nazis nicht durch eine Veränderung des Grenzsteuersatzes besiegt, so sehr die Verfechter einer Klimasteuer diese auch als unmittelbares Allheilmittel betrachten wollen. Im Zweiten Weltkrieg wurden außerdem die Wehrpflichtigen einberufen, die Industrie verstaatlicht und die Lebensmittel weitgehend rationiert. Wenn Sie sich einen CO_2-Steuersatz vorstellen können, der in nur drei Jahrzehnten derartige Auswirkungen hätte, haben Sie mehr Fantasie als ich.

657 Wendy Lynne Lee, *Eco-Nihilism: The Philosophical Geopolitics of the Climate Change Apocalypse,* Lanham, Maryland, Lexington, 2017.

658 Diesen Begriff verwendete Parker in seiner Erklärung, warum er aus der kanadischen New Democratic Party austrat, als diese sich für die Subventionierung von Erdgas aussprach.

659 In einem Essay mit dem Titel »Love Your Monsters« entwickelte Latour aus Mary Shelleys Parabel ein Klagelied über die Umweltverantwortung, das mit der vielleicht romantischen Bitte beginnt, klar und deutlich anzuerkennen, was wir angerichtet haben – er schreibt: »So wie wir vergessen haben, dass Frankenstein der Mensch war, nicht das Monster, haben wir auch Frankensteins eigentliche Sünde vergessen.«

Dr. Frankensteins Verbrechen war nicht, dass er in einer Kombination aus Größenwahn und technischen Fähigkeiten eine Kreatur schuf, sondern dass er *diese Kreatur sich selbst überließ*. Als Dr. Frankenstein seine Schöpfung auf einem Gletscher in den Alpen trifft, behauptet das Monster, es sei nicht als Monster *geboren* worden, sondern zum Kriminellen geworden, *nachdem* es von seinem panischen

Schöpfer alleingelassen wurde, der aus dem Labor floh, sobald das fürchterliche Wesen zum Leben erwachte.

Einen ähnlichen Fall von Verantwortung skizziert Donna Haraway, die Theoretikerin hinter *Cyborg Manifesto* (1985), einem Pionierwerk des Feminismus, in ihrem kürzlich erschienenen Buch *Unruhig bleiben*, dessen Untertitel *Die Verwandtschaft der Arten im Chthuluzän* (Frankfurt a. M., Campus, 2018) lautet – nach Chthulu, H. P. Lovecrafts vielgesichtigem Ungeheuer von kosmischer Niedertracht.

660 Sam Kriss und Ellie Mae O'Hagan, »Tropical Depressions«, *The Baffler* 36 (September 2017). »Der Klimawandel bedeutet ziemlich sicher das Ende all dessen, was die Menschheit unserem Verständnis nach heute ausmacht«, schreiben Kriss und O'Hagan. »Etwas am Ausmaß dessen ist niederschmetternd: Die meisten Menschen versuchen, nicht zu viel darüber nachzudenken, weil es unvorstellbar ist, so wie der Tod für die Lebenden immer unvorstellbar ist. Bei den Leuten, die darüber nachdenken müssen – den Klimaforschern, Aktivisten und Verfechtern –, löst die drohende Katastrophe einen ähnlichen Schrecken aus: Die mögliche Auslöschung der Menschheit in der Zukunft stellt die Menschheit heute infrage.«

661 »Wenn die verbreitetsten Ursachen für den individuellen Selbstmord Depressionen und psychische Isolation sind, könnte der Grund für unseren immer rascher herannahenden und kollektiv gewollten Selbstmord die Verzweiflung über das Scheitern des Kapitalismus und des konsumgetriebenen Sinns sein, und der lähmende Umstand, den die Psychologen ›Einsamkeit der Spezies‹ nennen«, sagte Powers Everett Hamner von der *The Los Angeles Review of Books* (7. April 2018), in einem Interview, das unter dem Titel »Auf den Nicht-Selbstmord« erschien. »Wir werden den Pflanzen gegenüber immer Parasiten sein. Aber dieser Parasitismus kann in etwas Besseres umgewandelt werden – ein Gegenseitigkeitsverhältnis. Einer meiner radikalisierten Aktivisten schlägt vor: Wir sollten Bäume fällen, als seien sie Geschenke, nicht etwas, das wir von vornherein verdient haben. Solch ein Bewusstseinswandel könnte eine Verlangsamung der Abholzung nach sich ziehen, da wir Geschenken für gewöhnlich mehr Wertschätzung entgegenbringen als Gratisgegenständen. Aber es würde auch viel dazu beitragen, dem durch die Einsamkeit der Spezies ausgelösten suizidalen Impuls der Menschen entgegenzuwirken. Das wissen viele indigene Völker bereits seit Jahrtausenden: Einem Lebewesen zu danken und es um Verzeihung zu bitten, bevor man es benutzt, trägt viel dazu bei, uns von der Schuld zu befreien, die zu Gewalt gegen uns selbst und andere führt.«

IV Das anthropische Prinzip

662 Eunice Foote, »Circumstances Affecting the Heat of the Sun's Rays«, *The American Journal of Science and Arts* 22, Nr. 46, November 1856. Dieser Artikel, in dem Foote die Auswirkungen des Kohlendioxids auf die globale Temperatur beschreibt, wurde erstmals 1856 auf einem Treffen der »American Association for the Advancement of Science« vorgestellt – wo ihn ein männlicher Kollege vorlas, Joseph Henry. John Tyndall veröffentlichte seine Erkenntnisse mehrere Jahre später, 1859.

663 1985 publizierte Los Alamos eine Geschichte des Gesprächs; siehe Eric M. Jones, »Where Is Everybody?: An Account of Fermi's Question«, www.osti.gov/servlets/purl/5746675.

664 Die vielleicht anschaulichste Illustration stellt der Webcomic »A Timeline of Earth's Average Temperature« von xkcd dar, der am 12. September 2016 erschien.

665 Hanson veröffentlichte seine Überlegungen zu diesem Thema 1998 in einem Artikel, dessen unheilvolle letzte Zeile lautete: »Wenn wir den Großen Filter nicht in der Vergangenheit finden, müssen wir uns in der Zukunft vor ihm fürchten.« Robert Hanson, »The Great Filter – Are We Almost Past It?«, 15. September 1998, http://mason.gmu.edu/~rhanson/greatfilter.html.

666 Diese Geschichte stammt aus Archibald MacLeishs wunderbarem Bericht, der am 25. Dezember 1968 – am Tag, nachdem Apollo 8 den Mond umrundet hatte – unter dem Titel »Riders on Earth Together, Brothers in Eternal Cold« auf der Titelseite der *New York Times* erschien. Darin stellt MacLeish die Behauptung auf, dass es unser Empfinden über unseren Platz im Universum nachdrücklich prägen könnte, die Erde aus der Distanz zu sehen: »Wie die Menschen sich und einander wahrnehmen, hing immer davon ab, wie sie die Erde sahen«, schrieb er.

Jetzt, in den letzten paar Stunden, könnte sich diese Sicht erneut verändert haben. Zum ersten Mal in der Geschichte haben Menschen die Erde nicht als Kontinente und Meere aus einer geringen Entfernung von 100, 200 oder 300 Meilen betrachtet, sondern sie aus der Tiefe des Alls anschauen dürfen, haben sie so ganz und rund und wunderschön und klein gesehen, wie es selbst Dante – die »erste Vorstellung des Christentums« – sich nie erträumt hätte, wie es die von Absurdität und Verzweiflung geprägten Philosophen des 20. Jahrhunderts sich nicht hätten ausmalen können. Und als sie sie so sahen, drängte sich ein Gedanke auf: »Ist sie bewohnt?«, fragten sie einander und lachten – und dann verstummte das Gelächter. Was ihnen bei einer Geschwindigkeit von mehr als 100 000 Meilen pro Stunde im All durch den Kopf ging – »auf dem halben Weg zum Mond«, wie sie sagten –, was ihnen da durch den Kopf ging, war das Leben auf dem kleinen, einsamen, schwebenden Planeten, dem winzigen Floß in der gewaltigen leeren Nacht. »Ist sie bewohnt?«

Die mittelalterliche Sichtweise der Erde stellte den Menschen ins Zentrum von allem. Die atomzeitalterliche Sichtweise verbannte ihn ins Nirgendwo – selbst aus dem Reich des Verstandes –, er ging in Absurditäten und Krieg unter. Diese neue Sichtweise könnte andere Auswirkungen haben. Da sie im Kopf heroischer Reisender entstand, die zudem Menschen sind, könnte sie unser Bild des Menschen verändern. Er wäre dann nicht mehr die absonderliche Figur im Zentrum des Universums, nicht mehr das geschädigte und schädigende Opfer am äußeren Rand der Realität, blind vor Blut, sondern könnte endlich er selbst werden.

667 Drake selbst betrachtete die Gleichung als einen ersten, vorsichtigen Schritt; er hatte die Liste mit Faktoren, die sich auf die Wahrscheinlichkeit auswirkten, eine außerirdische Intelligenz zu finden, 1960 im Vorfeld einer kleinen Konferenz zu dem Thema notiert. Diese Geschichte erzählte er 2003 im *Astrobiology Magazine* (»The Drake Equation Revisited«, 29. September 2003).

668 Diese Möglichkeit erwähnte Dyson zum ersten Mal in einem Aufsatz aus dem Jahr 1960, »Search for Artificial Stellar Sources of Infrared Radiation« (*Science* 131, Nr. 3414, Juni 1960, S. 1667–1668), obwohl das Konzept bereits 1937 im Science-Fiction-Roman *Der Sternenmacher* von Olaf Stapledon aufgetaucht war.

669 Adam Frank, *Light of the Stars: Alien Worlds and the Fate of the Earth,* New York, W. W. Norton, 2018. In diesem Buch schreibt Frank: »Unsere Technologien und die enorme Energie, die diese freigesetzt haben, verleihen uns eine gewaltige Macht über uns selbst und die Welt um uns herum. Es ist, als hätte man uns die Schlüssel zum Planeten überreicht. Jetzt können wir damit über eine Klippe fahren.« Die Formulierung »wie ein Planet zu denken« erinnert auch an Aldo Leopolds Aufforderung, »wie ein Berg zu denken«, die zuerst 1937 in seinem Buch *Sand County Almanac* zu lesen war (Deutsche Fassung: *Am Anfang war die Erde,* erschienen 1992) und den Titel eines hervorragenden meditativen Essays von Jedediah Purdy über das *nature writing* und unsere sich wandelnde Beziehung zur Natur bildete, der 2017 in *n+1* erschien.

Mir persönlich ist diese Perspektive zu stoisch – einem Berg wäre es recht egal, ob die Menschheit, eine einzelne Spezies, gewaltige Rückschläge erlebt, und das Gleiche gilt auch für den Planeten als Ganzes. Wie mir die Forscher immer wieder in Erinnerung riefen: »Die Erde wird den Klimawandel überstehen, aber die Menschen vielleicht nicht.« Und tatsächlich scheint sich die Vorgeschichte von Leopolds Formulierung bis in die antike Philosophie zu Epikur und Lukrez zurückverfolgen zu lassen.

670 Gavin A. Schmidt, »The Silurian Hypothesis: Would It Be Possible to Detect an Industrial Civilization in the Geological Record?«, *International Journal of Astrobiology,* 16. April 2018, https://doi.org/10.1017/S1473550418000095.

671 Ein besonders relevanter Versuch findet sich hier: Anders Sandberg et al., »Dissolving the Fermi Paradox«, Future of Humanity Institute, Oxford University, 6. Juni 2018, https://arxiv.org/pdf/1806.02404.pdf.

672 Ein Bericht darüber – einschließlich der Tatsache, dass Oppenheimer dieses Zitat erst 20 Jahre nach dem eigentlichen Ereignis nannte – findet sich in Kai Bird und Martin J. Sherwin, *J. Robert Oppenheimer: Die Biographie*, Berlin, Propyläen, 2009.

673 Diese Geschichte erzählte Frank Oppenheimer 1981 in der Dokumentation *The Day After Trinity* des Regisseurs Jon H. Else.

674 Connor Nolan et al., »Past and Future Global Transformation of Terrestrial Ecosystems Under Climate Change«, *Science* 361, Nr. 6405, August 2018, S. 920–923.

675 Sein Artikel »The Quest for Gaia« erschien erstmals 1975 im *New Scientist*, und im Verlauf der Jahre wurde Lovelock immer pessimistischer. 2005 veröffentlichte er *Gaia: Medicine for an Ailing Planet*, 2006 *Gaias Rache* und 2009 *The Vanishing Face of Gaia*. Er befürwortet Geoengineering als letzten Versuch, den Klimawandel zu verhindern.

676 Bekannt wurde der Begriff durch Buckminster Fuller, aber er tauchte schon fast ein Jahrhundert vorher auf, in Henry Georges Buch *Fortschritt und Armut* aus dem Jahr 1879 – in einer Passage, die George Orwell später in *Der Weg nach Wigan Pier* zusammenfasste:

Die Welt ist ein durch den Raum segelndes Floß mit potentiell reichlichen Vorräten für jedermann; die Idee, daß wir alle zusammenarbeiten und darauf achten müssen, daß jeder seinen fairen Anteil an der Arbeit verrichtet und seinen fairen Anteil an den Vorräten bekommt, ist so schlagend einsichtig, daß man annehmen würde, keiner, der nicht aus einem korrupten Motiv am bestehenden System festhält, *könnte* überhaupt ablehnen.

1965 fasste Adlai Stevenson das Konzept in einer Rede vor dem Wirtschafts- und Sozialrat der Vereinten Nationen in etwas poetischere Worte:

Wir reisen zusammen, Passagiere auf einem kleinen Raumschiff, sind angewiesen auf seine gefährdeten Luft- und Erdreserven, zu unserer Sicherheit seinem Schutz und dem Frieden verpflichtet, vor der Vernichtung nur geschützt durch die Fürsorge, die Arbeit und, so will ich sagen, die Liebe, die wir unserem empfindlichen Gefährt zukommen lassen. Wir können es nicht halb glücklich, halb elend, halb zuversichtlich, halb verzweifelt, halb als Sklave – der alten Feinde des Menschen –, halb frei bewahren, weil wir Ressourcen freisetzen, wie sie bis heute nie erträumt wurden. Kein Gefährt, keine Besatzung kann mit solchen gewaltigen Widersprüchen sicher reisen. Von ihrer Auflösung hängt unser aller Überleben ab.